MW01485615

# LA HISTORIA PROHIBIDA

# LA HISTORIA PROHIBIDA

## PROHIBIDA

Las tecnologías prehistóricas, la
intervención extraterrestre y la
información sobre los verdaderos
orígenes de la civilización

Editado por J. Douglas Kenyon

Inner Traditions en Español
Rochester, Vermont • Toronto, Canada

Inner Traditions en Español
Rochester, Vermont 05767
www.InnerTraditions.com

El stock de texto está SFI certificado

Inner Traditions en Español es una división de Inner Traditions International

ISBN 978-1-59477-446-1 (pbk.)

Impreso y encuadernado en Estados Unidos por Lake Book Manufacturing, Inc.
El stock de texto está SFI certificado.

10  9  8  7  6  5  4  3  2  1

Diseño del texto y diagramación por Rachel Goldenberg

El presente libro ha sido compuesto con la tipografía Sabon y su presentación con las tipografías Avant Garde y Rubber Stamp.
Salvo indicación en contrario, todas las imágenes reproducidas pertenecen a la revista *Atlantis Rising*.

*Al creciente número de científicos y académicos
dispuestos a arriesgar el prestigio profesional
y sus beneficios y privilegios en pos de algo
tan efímero como la verdad.*

# Agradecimientos

El presente libro no habría sido posible sin la existencia de la revista bimensual *Atlantis Rising* y sus proyectos conexos. Todos los recursos destinados a la publicación durante los últimos diez años sirvieron para la elaboración del libro. Los colaboradores de la revista son los mismos que han permitido que *La historia prohibida* sea una realidad. Si bien el libro contiene solo una pequeña muestra de lo publicado en *Atlantis Rising,* es de todos modos representativo de lo mejor de la revista. Sin duda, estamos en deuda con los numerosos y dedicados autores que contribuyeron al contenido de estas páginas, así como con todos los excelentes escritores que no fueron incluidos en este volumen, pero cuyos esfuerzos esperamos incluir en obras futuras.

Al agradecer a quienes hicieron posible este trabajo colectivo (que incluye el libro, la revista, los videos educativos y nuestro sitio web *AtlantisRising. com*), debo dirigirme en primer lugar a mi querida esposa, Patricia. Sin su leal apoyo y ayuda desinteresada, tal vez habría desperdiciado estos últimos diez años en pesquisas mucho menos productivas. Encabezan también esta lista mi difunto padre, John B. Kenyon, cuyo cuestionamiento del conocimiento convencional me impulsó a pensar desde una edad muy temprana, y mi madre, Bessie, quien siempre me apoyó en todo lo que emprendí, tanto como pudo y con todos los recursos que tenía a su alcance.

Debo también agradecer en especial a mis promotores incondicionales, John Fanuzzi, Gregory Mascari y Michael Stern, mis primeros patrocinadores financieros, así como a Bob y Judy Colee. Posteriormente, Greg Hedgecock (ya fallecido), su esposa, Dianne, y su hijo, Cooper, me tendieron la mano para estabilizar lo que hasta entonces era un ejercicio algo incierto. Sin la generosa ayuda de estas personas extraordinarias, este libro nunca habría salido a la luz.

Merece mención especial mi compañero de tantos años, Tom Miller, cuyas brillantes contribuciones artísticas a las primeras portadas editoriales ayudó a contribuyó a situarnos por encima de la competencia. Sin su participación en gran parte del proceso creativo de nuestros proyectos, habría sido difícil imaginar que las cosas se hubiesen desenvuelto tan maravillosamente como sucedieron.

Nuestra lista de colaboradores fundamentales estaría incompleta si no mencionáramos a Darsi Vanatta, cuyo diligente e incansable trabajo de administración de las oficinas de *Atlantis Rising,* desde hace ya algunos años, le ha impreso una marcha ligera y un crecimiento a un ritmo saludable.

Hay muchos más a quienes podría dar gracias, pero el espacio aquí es limitado, por lo que simplemente les diré: ustedes saben quiénes son y cuáles han sido sus contribuciones. Tengan la seguridad de que se les recuerda y sus valiosos esfuerzos se agradecen. Saben cuánto esto significa para mí y cuánto se los agradezco.

J. DOUGLAS KENYON, EDITOR Y DIRECTOR
DE LA REVISTA *ATLANTIS RISING*

# Contenido

Introducción     1

## PRIMERA Parte • Los modelos antiguos no funcionan: el darwinismo y el creacionismo están en duda

1. El ocaso de Darwin: Sobre la búsqueda inútil de eslabones perdidos
   • Will Hart     8

2. Evolución o creación: ¿Es real este debate?
   • David Lewis     15

3. Un encubrimiento científico al descubierto: Michael Cremo, uno de los autores de *La arqueología prohibida,* habla sobre "el filtro del conocimiento" y otras fórmulas para manipular los textos académicos
   • J. Douglas Kenyon     24

## SEGUNDA Parte • Pruebas del catastrofismo: los cambios repentinos y graduales en la Tierra

4. En defensa de las catástrofes: El geólogo precursor Robert Schoch desafía el conocimiento convencional sobre historia natural
   • William P. Eigles     32

5. El cataclismo de 9500 a.C.: Dos nuevos trabajos de gran erudición ponen en duda las teorías ortodoxas sobre la Edad de Hielo y, con ello, corroboran las crónicas de Platón y muchas otras fuentes antiguas
   • David Lewis     40

6. Argumentos a favor del Diluvio Universal: Cuestionamiento del mito científico de la Edad de Hielo
   • Peter Bros     48

7. El suplicio de Immanuel Velikovski: Mientras los catastrofistas ganan terreno, un precursor recibe un reconocimiento que se le debía desde hace mucho
   • John Kettler     58

8. Los peligros de la amnesia planetaria: El creciente consenso sobre un antiguo cataclismo hace reconsiderar el legado de un genio rechazado
   • **Steve Parsons**                                                66

9. El rayo de los dioses: ¿La creciente evidencia de un universo eléctrico es prueba de que hay un significado oculto en la mitología antigua?
   • **Mel y Amy Acheson**                                           75

## TERCERA Parte • Exploración de la remota antigüedad de la civilización

10. El enigma de los orígenes de la India: La datación de los nuevos descubrimientos en el golfo de Cambay trastoca la hipótesis ortodoxa sobre los albores de la civilización
    • **David Lewis**                                               86

11. Los portales de la civilización se extienden: Para John Anthony West, la búsqueda de pruebas de una civilización prehistórica avanzada rinde nuevos frutos
    • **J. Douglas Kenyon**                                         96

12. Nuevos estudios confirman la gran antigüedad de la Esfinge: Los ortodoxos protestan, pero las evidencias que respaldan las tesis de Schoch y West van en aumento
    • **Doctor en Ciencias Robert M. Schoch**                       105

13. La obra cumbre de R. A. Schwaller de Lubicz: Se han conservado las claves para comprender la sabiduría ancestral
    • **Doctor en Ciencias Joseph Ray**                             112

14. Las huellas de los dioses: Un popular escritor respalda sólidamente la existencia de una gran civilización que había quedado en el olvido
    • **J. Douglas Kenyon**                                         123

15. El enigma de América Central: ¿Qué impidió a la ciencia convencional desentrañar los orígenes de las avanzadas culturas antiguas de Mesoamérica?
    • **Will Hart**                                                 130

16. Destino: el centro de la galaxia: John Major Jenkins cree que el mundo de hoy tiene mucho que aprender de los antiguos mayas
    • **Moira Timms**                                               137

# CUARTA Parte • En busca del origen

17. La Inglaterra megalítica: Las dimensiones de la Atlántida:
Conversación con John Michell
   • J. Douglas Kenyon ............................................. 146

18. La verdad sobre Platón: ¿En qué se sustenta la credibilidad del
cronista más conocido de la Atlántida?
   • Frank Joseph ................................................. 152

19. El fraude de la Atlántida en el Egeo: ¿Fue la gran narración de Platón
solo la saga de una insignificante isla griega?
   • Frank Joseph ................................................. 159

20. La atlantología: ¿Psicosis o inspiración? Al margen de los estereotipos
mediáticos, ¿qué clase de persona se dedica a la investigación sobre
una civilización perdida?
   • Frank Joseph ................................................. 167

21. La Atlántida en la Antártida: "Olvídense del Atlántico Norte y del mar
Egeo", afirma el autor Rand Flem-Ath
   • J. Douglas Kenyon ............................................. 174

22. El modelo de la Atlántida: ¿Es posible que las alineaciones de
monumentos de la antigüedad tengan algo que contarnos sobre los
cambios en la corteza terrestre?
   • Rand Flem-Ath ................................................ 181

23. Las ruinas sumergidas de Japón: ¿Se han hallado restos de la antigua
Lemuria?
   • Frank Joseph ................................................. 189

24. West, Schoch y Hancock se sumergen en aguas lemures
   • J. Douglas Kenyon ............................................. 195

25. La India en el año 30.000 a.C.: ¿Descansan las raíces de la cultura india
bajo el océano Índico?
   • David Lewis .................................................. 197

# QUINTA Parte • La alta tecnología de la antigüedad

26. Conversación con Peter Tompkins: Los secretosde un mundo
olvidado
   • J. Douglas Kenyon ............................................. 208

27. La agricultura antigua, en busca de eslabones perdidos: ¿Crece en nuestros campos la prueba insoslayable de una civilización perdida?
   • Will Hart                                                    214

28. ¿Cuán avanzada era la tecnología de los atlantes?: ¿Qué es lo que realmente demuestra la evidencia?
   • Frank Joseph                                                 222

29. La arqueología y la ley de gravedad: La teoría ortodoxa sobre la capacidad de los antiguos tiende a caer por su propio peso
   • Will Hart                                                    229

30. Un ingeniero en Egipto: ¿Pudieron los antiguos egipcios haber fabricado herramientas comparables a las de la era espacial?
   • Christopher Dunn                                             237

31. La planta de energía de Giza y las tecnologías del Antiguo Egipto: Un nuevo libro propone una novedosa hipótesis sobre la verdadera finalidad de la Gran Pirámide
   • Christopher Dunn                                             245

32. De vuelta a la planta de energía de Giza: El tecnólogo Chris Dunn encuentra nuevo apoyo para su tesis
   • Christopher Dunn                                             254

33. Querella contra Petrie: ¿Se han podido rebatir los argumentos del gran egiptólogo del siglo XIX, Sir William Flinders Petrie, sobre tecnologías avanzadas de mecanizado en la antigüedad? Christopher Dunn hace frente a los detractores
   • Christopher Dunn                                             262

34. ¿Cómo diseñaban las cámaras de descarga los constructores de pirámides? ¿Sabemos realmente por qué los antiguos usaron piedras gigantescas en lo que se conoce como cámaras de descarga?
   • Christopher Dunn                                             270

35. La precisión: ¿Los antiguos dominaban la precisión? Si fue así, ¿deberíamos prestarle atención?
   • Christopher Dunn                                             278

36. El misterio de la cantera de los obeliscos: ¿Los egiptólogos saben realmente cómo se construyeron estos monumentos?
   • Christopher Dunn                                             284

37. Trás las puertas secretas de las pirámides: ¿Qué nos revela la nueva y asombrosa evidencia respecto del verdadero propósito de las pirámides?
• **Christopher Dunn**                                              292

38. Fundamentos para afirmar que en la Gran Pirámide se usó una tecnología avanzada: ¿Qué nos muestran realmente las evidencias acerca del grado de adelanto de sus constructores?
• **Marshall Payn**                                                300

# SEXTA **Parte • Nuevos modelos a considerar**

39. Visitantes del más allá: Nuestra civilización es un legado de viajeros espaciales, dice Zecharia Sitchin, y su nuevo libro promete develar más secretos de encuentros divinos
• **J. Douglas Kenyon**                                            306

40. Artefactos en el espacio: Para el autor Richard Hoagland, estamos mucho más cercanos a la pista de los extraterrestres antiguos
• **J. Douglas Kenyon**                                            312

41. El misterio de los púlsares: ¿Este enigmático fenómeno podría ser obra de una antigua civilización extraterrestre? Un nuevo estudio científico respalda esa sorprendente hipótesis
• **Len Kasten**                                                   320

42. El físico como místico
• **David Lewis**                                                  329

Lecturas recomendadas: bibliografía seleccionada                   337

Colaboradores                                                      352

# Introducción

## J. Douglas Kenyon

Solo algunos siglos después de la aparición de lo que los expertos coinciden en llamar el primer invento racionalizador de la mano de obra en el mundo antiguo (o sea, la rueda), la sociedad traspuso un gran umbral y se encaminó irreversiblemente hacia el mundo moderno. Se nos ha dicho que, por encima de todo, fue la rueda lo que revolucionó la sociedad primitiva y sentó las bases para los grandes logros que habrían de seguir. La hipótesis común sobre el surgimiento de una sociedad altamente organizada es que ello constituyó un hecho sin precedentes hasta entonces. Este es el clásico supuesto de los albores de la civilización en la Tierra.

Se argumenta que, si hubiese existido una civilización avanzada anterior, se habrían descubierto las pruebas irrefutables de su existencia. Es de presumir que se verían los restos de sus carreteras y puentes, así como de su tendido eléctrico. Se habrían encontrado botellas plásticas, vertederos y discos compactos. Después de todo, estas son las cosas que nosotros dejaremos para que las examine una arqueología futura.

Pero, ¿podría una civilización antigua haber alcanzado alturas similares a la nuestra y haber seguido luego otro camino? ¿Qué podríamos entender de un mundo que haya usado técnicas diferentes —aunque no menos efectivas— para controlar las fuerzas de la naturaleza? ¿Entenderíamos, o podríamos entender, un mundo capaz, por ejemplo, de crear y transmitir energía por otros medios que no fueran los de una red eléctrica, viajar a enormes distancias sin motores de combustión interna, o realizar cálculos científicos y astronómicos de alta complejidad sin computadoras electrónicas?

¿Tenemos la cortesía de reconocer y respetar otros logros que no sean exclusivamente los nuestros, o estamos obligados a tomar el camino fácil y recurrir a estereotipos burdos sobre nuestros misteriosos antepasados primitivos, descartando de antemano cualquier cosa que no comprendamos? Lo cierto es que hay muchas personas, incluidos varios colaboradores de este libro, que sostienen que las pruebas de la existencia de una gran civilización original, ya olvidada, son abrumadoras y requieren que, por fin, se les dé la importancia que merecen.

*La historia prohibida,* una recopilación de ensayos que se han ido publicando en la revista *Atlantis Rising,* tiene la intención de presentar esas pruebas y proponer ideas y teorías en relación con los orígenes de la vida y de la propia raza humana, que pudieran estar en gran medida en mayor concordancia con la realidad que con la actual ortodoxia prevaleciente. Al proponer estas ideas, esperamos que nuestras interrogantes sean interesantes e inviten a la reflexión.

Por ejemplo, ¿no será que el concepto imperante sobre las limitaciones de la sociedad prehistórica es simplemente uno más de la larga cadena de conceptos al servicio de la élite dominante, o de nuestra propia naturaleza humana? La visión darwinista y uniformista de la historia sostiene que nuestro mundo experimenta cambios muy lentos y que todo se ha desarrollado en forma espontánea, aunque gradual, a lo largo de millones de años, sin ayuda de ninguna fuerza externa —y sin un ser divino, ¡por Dios!— que haya interferido en el proceso. Según esta escuela filosófica predominante, la forma en que el mundo funciona *en la actualidad* es la misma en que lo ha hecho *siempre.*

Por otro lado, algunos han intentado argumentar (sin tener mucha influencia en el público), que nuestro mundo actual es producto de una serie de catástrofes. Estos "catastrofistas" nos dicen que la historia de la humanidad es un ciclo sin fin de ascensos, seguidos por caídas debido a cataclismos. Durante más de un siglo han dominado el debate los uniformistas, pero tal vez esa circunstancia esté cambiando.

Probablemente, durante los pasados quinientos años, nadie estuvo más estrechamente vinculado al concepto de catastrofismo en el ideario colectivo que el ya fallecido científico ruso-estadounidense Immanuel Velikovski. Cuando en 1950 se publicó su libro *Worlds in Collision [Mundos en colisión],* causó gran sensación. Las obras que le siguieron, *Earth In Upheaval [La tierra convulsionada]* y *Ages In Chaos [Eras de caos],* desarrollaron en mayor detalle sus teorías y dieron alas a la controversia ya existente. Era un científico de considerable autoridad que sugería, entre otras cosas, que quizás hubo una colisión entre la Tierra y Venus, lo que habría traído enormes e incomprensibles consecuencias, cuyas claves, descifradas correctamente, podrían contribuir en gran medida a explicar nuestra peculiar historia.

Por tales sugerencias, Velikovski fue ridiculizado categórica y constantemente. Sin embargo, varias de sus predicciones se han confirmado y muchos que inicialmente estaban en desacuerdo con él en varios temas, incluido el ya fallecido Carl Sagan, se han visto obligados a reconocer que, después de todo, es posible que tuviera cierta razón.

Muy pocos se dan cuenta de que Velikovski era psicoanalista de profesión y que había sido compañero de Sigmund Freud y de Carl Jung. En mi opinión, su visión del impacto psicosociológico de los acontecimientos relacionados con los cataclismos fue su mayor contribución a una comprensión adecuada de nuestra experiencia antigua. A mediados de los años ochenta, en algún momento, descubrí su obra *Mankind in Amnesia [La amnesia de la humanidad]* y mi pensamiento respecto de la condición humana en la Tierra no ha vuelto a ser el mismo. Según él, nuestro planeta se encuentra en un estado semipsicótico, a consecuencia de acontecimientos traumáticos de magnitudes casi inimaginables que somos incapaces de recordar, gracias a un mecanismo colectivo de defensa psicológica.

Hoy en día, los psiquiatras aplican el término "síndrome de estrés postraumático" a un grupo de trastornos mentales que suelen producirse al presenciar sucesos que amenazan la vida (como combates militares, desastres naturales, incidentes terroristas, accidentes graves, violaciones y otros tipos de asaltos violentos). Los síntomas de dicho trastorno incluyen depresión, ansiedad, pesadillas y *amnesia*.

La pregunta que nos debemos hacer es: ¿será posible aplicar tal diagnóstico a la cultura *de todo un planeta*? Por otra parte, la renuencia colectiva a explorar y definir nuestro pasado misterioso, con el temor inconsciente de que al hacerlo se abran antiguas heridas, ¿podría evolucionar hasta convertirse en una represión sistemática de la verdad? ¿Se convertiría en tiranía? Ciertamente, la reticencia a explorar con honestidad el pasado nos ha llevado a muchos males de este tipo. Con el paso del tiempo, esta ofuscación frente a la verdad de nuestros orígenes ha quedado a menudo codificada e institucionalizada, hasta llevar a pesadillas como la inquisición medieval y la quema de libros de la Alemania nazi. ¿Cuántas veces hemos visto como una élite brutal, que supuestamente actúa a nombre nuestro, ha impuesto el deseo del subconsciente colectivo de mantener fuera de nuestro alcance los conocimientos amenazantes y, por tanto, prohibirlos? La respuesta, tal como lo creía Velikovski, es "demasiado a menudo".

En muchos sentidos, sus puntos de vista se apoyaron en el concepto establecido por Carl Jung de un inconsciente colectivo innato que subyace en toda percepción humana. Jung sostenía que, a partir de ese vasto y misterioso acervo de experiencia compartida, surgen muchos de nuestros mayores anhelos y más profundos temores. Su influencia estaría registrada en nuestros sueños y mitos. En el subtexto de este tipo de narrativa fue que Velikovski descubrió el relato de una tragedia antigua monumental, aunque ya olvidada.

Mientras pensaba en estas teorías, mis propias reflexiones se volvieron más definidas, pues tuve la impresión de que, en verdad, nos habían persuadido colectivamente de que cerráramos los ojos ante ciertas realidades y nos disociáramos de ellas. Por si fuera poco, hemos llegado a justificar esta ceguera obtusa y la hemos dotado de cierta autoridad, o incluso *nobleza*. En gran medida, la extraña consecuencia de esto ha sido la de tergiversar muchas cuestiones morales, al punto de convertir lo bueno en malo y lo malo en bueno.

Recordemos a los padres de la iglesia de la Edad Media y su negativa a mirar *por sí mismos* a través del telescopio de Galileo, por considerar que las conclusiones de este último estaban equivocadas. La idea de que el Sol, y no la Tierra, era el centro del sistema solar, se consideró una herejía, sin importar lo que indicaran las evidencias. En otras palabras, en la mente de las autoridades ya se había formado un criterio y no iban a permitir su perturbación por algo tan insignificante como la realidad.

¿Persiste aún esta ceguera? Muchos creemos que sí. La élite dominante se basa en una especie de "religión" igualmente intolerante. Es lo que John Anthony West ha llamado sarcásticamente "la iglesia del progreso". Tal como declarara Graham Hancock a *Atlantis Rising* en una entrevista reciente: "La razón por la que estamos tan mal a comienzos del nuevo siglo, es que somos víctimas de una amnesia planetaria. Hemos olvidado quiénes somos".

Por desgracia, los gobiernos, la industria y el mundo académico, además de quienes categórica y sistemáticamente desprestigian toda teoría alterna que pudiera socavar el paradigma dominante, están decididos a frustrar cualquier despertar de la amnesia reinante.

Con frecuencia, cuando resulta difícil encontrar una justificación racional a las decisiones erradas de nuestros líderes, es tentador pensar en oscuras teorías conspirativas y peligrosas intenciones ocultas. Pero, según Velikovski, la explicación de la conducta que algunos podrían considerar malvada y que otros consideran, cuando menos, autodestructiva e ignorante, radica en el mecanismo clásico de una mente que se esfuerza en recuperar su equilibrio luego del embate de un golpe casi mortal.

En el caso de la amnesia, no basta simplemente con decir que se ha hecho un agujero en la memoria. Al parecer, la víctima de un trauma casi mortal es impulsada por el miedo, tanto consciente como inconsciente, a exorcizar de cualquier forma a su alcance los demonios de tan temible experiencia, para no sentirse abrumada. ¿Cómo, si no, podríamos seguir adelante con nuestras vidas, dejar atrás el pasado y pensar en el futuro? Sin embargo, no es tan fácil liberarnos por completo del recuerdo de ese episodio. En el proceso se podría perder mucho más que solo la información del trauma. La identidad humana —lo que algunos llaman el alma misma— es, a menudo, la primera víctima. Además, Velikovski intuía que lo que era válido a nivel individual también lo era a nivel colectivo.

Este proceso podría ser más lento y permitir algunas excepciones persona-

les. No obstante, las instituciones de la sociedad a la postre reflejarán, y refor-
zarán, el profundo deseo colectivo de que, por el bien de todos, unas puertas
permanezcan cerradas y ciertos hechos inconvenientes sean olvidados, o sea,
que esa historia quede como una zona prohibida. *Mientras tanto, aumenta el
riesgo de volver a representar el viejo drama, así como nuestra necesidad de
una orientación fiable.*

Una de las premisas de este libro es que la hoja de ruta que debemos seguir
a fin de encontrar la salida al dilema actual puede elaborarse a partir de nuestros
mitos, leyendas y sueños, o sea, el inconsciente colectivo universal del que hablaba
Jung. Sospechamos que el *verdadero* relato de la trágica historia de nuestro planeta puede deducirse a partir de esos misteriosos registros.

Si leemos entre líneas, la información que nos da Platón sobre la Atlántida
en los diálogos del *Timeo* y el *Critias* se corrobora en la Biblia, en las leyendas indígenas de América Central y en muchos otros mitos antiguos de todas
partes del mundo. Giorgio de Santillana, profesor del Instituto Tecnológico de
Massachusetts y autoridad en historia de la ciencia, y su coautora, la profesora
de ciencias Hertha von Dechend, en su monumental obra, *Hamlet's Mill: An
Essay Investigating the Origins of Human Knowledge and Its Transmission
through Myth [El molino de Hamlet: Investigación acerca de los orígenes del
conocimiento humano y su transmisión a través de los mitos]*, desarrollaron
la hipótesis de que en los mitos antiguos y en la sabiduría popular sobre las
estrellas se habían codificado conocimientos científicos avanzados.

En efecto, la mitología de muchas sociedades antiguas se encuentra repleta
de historias acerca de la destrucción de la Tierra y de sus habitantes debido a
cataclismos. Coincidimos con Graham Hancock cuando dice: "Desde el momento en que aceptamos que la mitología pudo haberse originado en la mente
despierta de pueblos altamente avanzados, hay que comenzar a escuchar lo que
dicen los mitos".

Creemos que lo que están diciendo es que la Tierra ha experimentado
grandes catástrofes que destruyeron civilizaciones avanzadas (no muy distintas
de la nuestra) y, más aun, que este tipo de destrucción por cataclismos es una
característica recurrente en la vida de nuestro planeta y que, sin dudas, podría
ocurrir de nuevo. Muchas fuentes antiguas (de nuevo, incluida la Biblia), ad-
vierten de una posible devastación en un fin de los tiempos futuro, que aconte-
cerá quizás durante nuestras vidas. Si es cierto que quienes no aprenden de los
errores de la historia están condenados a repetirlos, estos enigmáticos mensajes
del pasado son algo que, si decidimos ignorarlos, podemos terminar pagando
las consecuencias.

Como señala Hancock, recibimos de parte de nuestros antepasados un legado de conocimiento extraordinario y ha llegado la hora de que dejemos de ignorarlo. Debemos recuperar esa herencia y aprender de ella todo lo que podamos, porque contiene orientación de vital importancia. Para prevalecer frente a los desafíos que hoy se nos plantean, hemos de recuperar nuestra identidad perdida y recordar quiénes somos y de dónde venimos.

Debemos, al fin, despertar.

# PRIMERA PARTE

---

# LOS MODELOS ANTIGUOS NO FUNCIONAN: EL DARWINISMO Y EL CREACIONISMO ESTÁN EN DUDA

# 1 El ocaso de Darwin

Sobre la búsqueda inútil de eslabones perdidos

## Will Hart

Charles Darwin fue un agudo observador de la naturaleza y un pensador original que revolucionó la biología. Karl Marx también fue un observador sagaz de la sociedad humana y un pensador original, que revolucionó la ideología económica y política. Fueron dos gigantes contemporáneos del siglo XIX, de gran influencia, que se adhirieron a la teoría del "materialismo dialéctico", según la cual la materia es el único sujeto del cambio y todo cambio es producto de un conflicto surgido de las contradicciones internas inherentes a las cosas. Pero, a pesar del atractivo que tuvo el materialismo dialéctico para los intelectuales y la clase obrera de algunos países, a fines del siglo pasado dicha teoría ya había fracasado ante las pruebas del mundo real.

*Charles Darwin*
(Fotografía de
Benjamin Cummings)

El darwinismo está comenzando a mostrar signos similares de desgaste y fatiga. Mas no son únicamente los creacionistas los que quieren anunciar tal sentencia de muerte. Darwin era muy consciente de los puntos débiles de su teoría. Por ejemplo, consideraba que el origen de las plantas florales era "un misterio abominable". Y, hasta el día de hoy, sigue sin solución.

Durante más de cien años los científicos han buscado arduamente, y sin suerte, las huellas fósiles del "eslabón perdido" en la era primitiva entre las plantas no florales y las florales. En esa búsqueda, ha surgido un sinnúmero de puntos problemáticos. Darwin previó que surgirían problemas si no se encontraban fósiles de transición (en este caso, los fósiles son reproducciones de criaturas vivas, formadas a partir de procesos químicos). En ese entonces, escribió: "Se trata de la objeción más seria que se le pueda hacer a la teoría".

Sin embargo, el científico no pudo prever por dónde aparecerían nuevas fallas estructurales que pondrían en peligro los propios cimientos de su teoría. Esto se debe a que en su época la bioquímica se encontraba en un estado embrionario. Es dudoso que hubiera podido imaginar que, menos de cien años después de la publicación de *Origen de las especies,* se descubriría la estructura del ADN.

Como ironía del destino, uno de los primeros proyectiles en hacer impacto contra la teoría de la evolución fue arrojado por un bioquímico. En su libro *La caja negra de Darwin: El reto de la bioquímica a la evolución,* el profesor de biología Michael Behe señaló un extraño descubrimiento de la bioquímica empírica. Se centró en cinco fenómenos: la coagulación sanguínea, los cilios, el sistema inmunológico humano, el transporte de materiales dentro de las células y la síntesis de nucleótidos. Analizó sistemáticamente cada fenómeno y llegó a una única y asombrosa conclusión: estos sistemas son *tan irreductiblemente complejos* que es imposible que se haya llegado a su creación por la vía darwiniana de evolución lenta y gradual.

El fundamento de la teoría de Darwin es simple, tal vez incluso simplista. Según sus premisas, la vida en la Tierra ha evolucionado mediante una serie de cambios biológicos, producto de mutaciones genéticas aleatorias que funcionan conjuntamente con la selección natural. Con el tiempo, una especie deviene gradualmente en otra. Las que se adaptan a las condiciones medioambientales cambiantes son las más aptas para sobrevivir y propagarse, mientras que las más débiles se extinguen, de lo que se desprende el principio más famoso del darwinismo: la supervivencia de los más aptos.

Durante generaciones se ha enseñado esta teoría a los niños. Todos hemos aprendido que los peces mutaron hasta convertirse en anfibios, estos en reptiles, los reptiles, en aves y las aves en mamíferos. Sin embargo, explicar esto a los escolares —con simpáticas ilustraciones y fotos de una sucesión de simios (que empieza con los de hombros caídos y va pasando hasta los dos últimos, que caminan erguidos)— es mucho más fácil que demostrarlo en la práctica.

De las teorías científicas que se enseñan en todo el mundo, el darwinismo es la única que aún queda por ser demostrada mediante los protocolos rigurosos de la ciencia. No obstante, los darwinistas afirman que no se trata ya de una teoría, sino de un hecho científico establecido. Pero el problema no es una elección entre la creación bíblica y la evolución. El asunto que hay que resolver se reduce a una sola pregunta: ¿esta teoría ha sido puesta a prueba mediante las normas de comprobación científica?

Darwin sabía que la única manera de verificar los principios básicos de la teoría era buscar en el registro fósil. Esa búsqueda continúa hasta nuestros días. ¿Cuántos paleontólogos, geólogos, excavadores, trabajadores de la construcción, perforadores de pozos de agua y de petróleo, arqueólogos y antropólogos, estudiantes y aficionados se han dedicado a hacer huecos en el suelo y han descubierto fósiles desde la época de Darwin hasta la actualidad? Millones y millones.

¿Qué ha revelado el registro fósil en relación con las especies transicionales de Darwin? El fallecido biólogo de la Universidad de Harvard, Stephen Jay Gould, la antítesis de un creacionista obsesionado con la Biblia, reconoció: "Todos los paleontólogos saben que el registro fósil contiene muy pocas formas intermedias; la falta de transiciones entre los principales grupos son una constante".

Nótese que no dice que haya escasez de fósiles, *solo* escasean los que serían necesarios para fundamentar la teoría de Darwin. Existen muchísimos fósiles, tanto de formas antiguas como más recientes. Por ejemplo, los hay de los primeros primates ya extintos, de homínidos, de neandertales y de *homo sapiens,* pero no hay fósiles transicionales que vinculen al primate con el hombre. Nos encontramos ante una situación análoga a la de la temida aparición de las plantas florales, el talón de Aquiles del darwinismo.

Los depósitos de agua del pasado remoto han dejado millones de fósiles, como si fueran una inmensa biblioteca geológica. ¿Por qué encontramos muestras representativas de plantas no florales de hace trescientos millones de años y de plantas florales de hace un millón de años que aún existen, pero *no* encontramos ningún espécimen que muestre el proceso *gradual de mutaciones* que representan a las especies intermedias que deberían unir a ambas?

En la actualidad no existe este tipo de plantas y tampoco se las encuentra en los registros fósiles. Esa es la gran dificultad de Darwin.

Se trata de un asunto serio, incluso decisivo, que debe analizarse detenidamente y con profundidad. El periodista científico Richard Milton, en una entrevista sobre su aguda crítica titulada *Facts of Life: Shattering the Myth of Darwinism, [Realidades de la vida: La decadencia del mito del darwinismo],* describe lo que le hizo escribir su libro: "La ausencia total de fósiles transicionales fue lo primero que me llevó a cuestionarme la idea de Darwin del cambio gradual. También me di cuenta de que los procedimientos utilizados para datar las rocas eran circulares. Para datar los fósiles se usan las rocas; y para datar las rocas se usan los fósiles. A partir de ahí comencé a ponderar lo impensable: ¿Será posible que el darwinismo esté científicamente errado?"

Milton aclara que no apoya a quienes atacan a Darwin porque tienen un interés religioso que defender. "Como periodista y escritor científico apasionado desde siempre por la geología y la paleontología —sin creencias religiosas de por medio— me encontraba en una posición privilegiada para investigar y escribir sobre la situación de la teoría darwinista en los años noventa", declaró. "El resultado fue inequívoco. El darwinismo ya no funcionaba".

Milton en realidad había sido un firme darwinista pero, cuando empezó a reconsiderar la teoría, se convirtió en visitante asiduo del prestigioso Museo de Historia Natural británico. Examinó rigurosamente los mejores ejemplos que los darwinistas habían logrado reunir a lo largo de los años. Ninguno superó la prueba. Entonces se dio cuenta de que varios científicos del mundo ya habían llegado a la misma conclusión. El emperador estaba desnudo, como los propios primates. ¿Por qué nadie había querido publicar una crítica de la teoría?

El Beagle, *barco de exploración de Darwin, varado en Nueva Zelanda para hacerle reparaciones*

¿Qué científico entrenado, de buenas credenciales, que se gane la vida trabajando para una universidad o para el gobierno, desearía poner en peligro su carrera y, por añadidura, ganarse el desdén de sus colegas? Aparentemente ninguno. Ponerse a sacudir la barca nunca ha sido del agrado popular. Hablando de barcas, el bergantín Beagle sigue a flote y parece estar apuntalado por un ejército de darwinistas tan dogmáticos en cuanto a sus creencias como los creacionistas, a quienes los primeros acusaban de tener fines religiosos y no científicos.

No obstante, los científicos han hecho insinuaciones. Durante una conferencia en una universidad en 1967, se le preguntó al mundialmente conocido antropólogo Louis B. Leakey acerca del "eslabón perdido", ante lo cual respondió con un breve: "No hay *uno*, sino cientos de eslabones perdidos".

En un intento por explicar la falta de especies transicionales y la repentina aparición de otras nuevas, Gould propuso una teoría que denominó "equilibrio intermitente".

En general, el público no está bien informado en cuanto a los problemas *científicos* asociados a la teoría de la evolución de Darwin. Aunque el individuo promedio sabe que existe una guerra entre creacionistas y evolucionistas, esta se percibe como una acción de retaguardia, una antigua batalla entre ciencia y religión sobre cuestiones que quedaron zanjadas por los tribunales estadounidenses hace más de una generación. Y hay cierta consternación en torno al "eslabón perdido" entre los simios y el hombre.

Desde hace mucho tiempo los darwinistas realmente convencidos se han quedado intrigados ante la falta de fósiles de transición. Su argumento es, más o menos: ¡Deben estar por ahí, en alguna parte del registro fósil! ¿Cómo lo sabemos? ¡Porque la teoría de Darwin así lo requiere! Y así, la búsqueda continúa. Pero, ¿por cuánto tiempo más y cuántas expediciones y años de investigación harán falta para que reconozcan al fin que debe haber alguna buena razón de que no haya fósiles de transición?

Los críticos sostienen que la explicación sobre la falta de fósiles transicionales es simple: la teoría darwinista no satisface los rigurosos de las pruebas científicas porque tiene defectos insalvables. Sus premisas principales no predijeron el resultado de más de cien años de investigación: eslabones perdidos en lugar de especies transicionales.

Darwin sabía que sobrevendrían las críticas de no encontrarse las especies transicionales necesarias en el registro fósil.

Desde hace mucho tiempo los genetistas saben que la mayoría de las mutaciones suelen ser neutras o negativas. En otras palabras, por lo general las mutaciones son errores del ADN en la copia fiel de la información. Parecería que no se trata de un mecanismo primario muy confiable, aunque debería serlo porque está claro que la selección natural no es una fuerza dinámica que pueda impulsar el tipo de cambios que los evolucionistas le atribuyen a la teoría.

La selección natural actúa más bien como un mecanismo de control, un sistema de retroalimentación que elimina las adaptaciones débiles y selecciona las exitosas.

Situar a la mutación como fuerza impulsora de la evolución nos coloca ante un problema que tiene varias aristas. Como señala Behe en su libro, la vida en el interior de una célula es demasiado compleja como para ser resultado de mutaciones aleatorias. Pero Darwin no disponía de la clase de tecnología de laboratorio con que hoy cuentan los biólogos moleculares, sino que trabajaba con especies y no con la estructura de las células, la mitocondria y el ADN. No obstante, la teoría de las mutaciones tampoco funciona bien en otros niveles.

Volvamos ahora al problema de la aparición repentina de las plantas florales. Las flores presentan un alto grado de organización. La mayoría de ellas están diseñadas para acoger a las abejas y otros agentes polinizadores. ¿Qué surgió primero, la flor o la abeja? Enseguida nos ocuparemos de esa pregunta, pero nuestra primera interrogante es: ¿Qué hizo que las supuestas plantas no florales primitivas, que se habían reproducido de forma asexual durante eones, adquirieran repentinamente las estructuras necesarias para la reproducción sexual?

Según la teoría de Darwin, esto ocurrió cuando una gimnosperma mutó y se convirtió con el tiempo en una planta floral. ¿Es esto posible? Consideremos algunos hechos: en las plantas florales, la transferencia del polen de la antera macho a los estigmas femeninos, debe ocurrir antes de que las plantas de semilla puedan pasar a la reproducción sexual. La mutación tuvo que empezar con una planta, en un lugar, en algún momento. No había insectos ni animales específicamente adaptados para polinizar flores porque estas no habían existido antes de ese momento.

Este es el punto en el que se derrumba la idea de combinar mutación, selección natural y gradualidad. Frente al dilema de una organización avanzada y un salto desde la reproducción asexual a la sexual, los darwinistas afirman simplemente que la evolución opera muy lentamente como para que los nexos sean visibles.

*Darwin nunca pudo explicar la existencia de plantas florales como los nenúfares.*

Eso es incongruente. Si el tránsito es tan lento, entonces deberían abundar los fósiles que demuestren la existencia de los eslabones perdidos.

La selección natural no elegiría a una gimnosperma (por ejemplo, un helecho) que repentinamente mutara hasta producir una estructura que exige una enorme cantidad de energía de la planta pero que carece de propósito. En otras palabras, las plantas no florales no pudieron haber dado lugar a partes florales paulatinamente a lo largo de decenas de millones de años mientras no se hubiese formado una cabeza floral completamente funcional. Eso iría en contra de la propia ley de la selección natural de Darwin, el principio de la supervivencia de los más aptos.

Mientras más se aíslan los pasos lógicos que deben sucederse para que la teoría de Darwin sea correcta, más problemas surgen. ¿Cómo se propagaría una flor recién evolucionada sin tener cerca otras flores? ¿Por qué se encuentran en el registro fósil tantos ejemplos de gimnospermas y angiospermas, pero ninguna especie transicional que demuestre cómo actuaron la mutación y la selección natural para crear las flores?

Si el darwinismo no puede explicar los mecanismos responsables de la creación de especies y la evolución de la vida en este planeta; entonces, ¿cómo se puede explicar? Sir Francis Crick, uno de los descubridores de la estructura helicoidal doble del ADN, propuso el concepto de "panspermia", o sea, la idea de que la vida fue traída a la Tierra por una civilización avanzada de otro planeta. Es obvio que Crick no se plegó al darwinismo. Behe termina su libro proponiendo la integración de la "teoría del diseño inteligente" con los criterios aceptados de la biología.

Otros biólogos, como Lynn Margulis, consideran que el darwinismo se centra demasiado en la idea de que la *competencia* es la principal fuerza motriz de la supervivencia. Esta especialista señala que, como se ha observado recientemente, la *cooperación* es tan importante como aquella, y tal vez más.

La naturaleza está llena de ejemplos de simbiosis: las flores necesitan de las abejas y viceversa. Otro ejemplo es la micorriza, o sea, la relación simbiótica entre los hongos y los árboles en los bosques. También hay bacterias que fijan el nitrógeno para el funcionamiento de las plantas. Y la lista continúa. Por lo demás, ¿qué es el cuerpo humano sino un conjunto de distintos tipos de células y virus que operan al unísono para crear un organismo complejo?

El viejo paradigma está dando paso a nuevas ideas y modelos como el diseño inteligente y la intervención extraterrestre. Marx y Freud fueron precursores del siglo XIX que abrieron caminos y Newton también lo fue. Sus ideas inspiraron nuevas perspectivas y resolvieron viejos problemas. Pero tenían limitaciones. Sus teorías son mecanicistas y materialistas. La decadencia de las teorías de Newton llegó con la teoría de la relatividad de Einstein. El nuevo paradigma de las leyes de la física se ubicó a la par de los hechos para responder a más interrogantes y ser de mayor utilidad. ¿Será Darwin el próximo en la lista?

Mientras no surja una teoría más abarcadora sobre el origen de la vida, cómo cambió y continúa evolucionando, tal como lo expresara Richard Milton, "el darwinismo ya no funciona".

# 2 Evolución o creación

¿Es real este debate?

## David Lewis

E l libro del Génesis, el relato bíblico sobre la creación, nos dice que Dios creó el universo en seis días. Según la Biblia, Dios creó a Adán, el primer hombre, con polvo de la tierra, lo que para muchos cristianos sucedió en el jardín del Edén hace seis mil años. Los científicos y especialistas religiosos denominan a este proceso "creacionismo".

Adán y Eva, *según Rafael*

En 1859, a Charles Darwin se le ocurrió una idea diferente. Propuso que la existencia del hombre se podía explicar en el contexto de la creación material en sí misma, gracias a la evolución y la selección natural, es decir, "la supervivencia de los más aptos". Según el científico inglés, el hombre evolucionó a partir de los simios, una idea claramente en contradicción con la hipótesis bíblica.

Desde entonces, el debate sobre el origen del ser humano no ha cesado. Esta polémica resurgió recientemente en Abbotsford, Columbia Británica, donde una junta de educación dominada por cristianos impuso la enseñanza del "diseño inteligente" (una expresión del creacionismo), junto a la teoría de la evolución de Darwin. Según un artículo de la revista *Maclean's*, "el asunto que se debate va más allá... es posiblemente la pregunta más importante de todas: ¿cómo se originó la vida. . . por un *Big Bang* (gran explosión) o gracias a un ser superior?"

Los detractores de la decisión de Abbotsford temen que la junta escolar ponga el libro del Génesis al mismo nivel que la obra de Darwin *El origen de las especies*. Acusan a la junta de imponer sus creencias religiosas a los estudiantes, mientras que algunos cristianos ven en la enseñanza del darwinismo un acto similar, como la imposición de un sistema religioso *de facto*.

Sin embargo, algunos estudios recientes demuestran que sería prudente que los partidarios de ambos lados del debate revisaran sus posiciones. La

revaluación de investigaciones antiguas y actuales ha indicado que el debate entre el creacionismo y el darwinismo ha errado por completo en el blanco.

Richard Thompson y Michael Cremo,
coautores de *Forbidden Archaeology [La arqueología prohibida]* y su versión abreviada
*Hidden History of the Human Race [La his-
toria oculta de la raza humana]*, han reunido
un cúmulo de evidencias que demuestran la
existencia del hombre moderno millones de
años antes de su supuesta aparición en el África meridional hace cien mil años.

En el documental de la NBC titulado
"Los misteriosos orígenes del hombre", emi-
tido en febrero de 1996, Thompson y Cremo

Evolución
(Diseño de Tom Miller)

presentaron su postura teórica junto a otros expertos. La evidencia que revelan
sugiere que el hombre no evolucionó a partir de los primates, ni se levantó del
polvo de la tierra cuatro mil años antes de la era cristiana. Las implicaciones
son profundas y obligan a reconsiderar toda la cuestión sobre el surgimiento
de los seres humanos.

El documental, narrado por Charlton Heston, se basa en pruebas ignoradas
en gran parte por los científicos convencionales y se sale del habitual debate
entre los bíblicos y los darwinistas. Se analiza el hallazgo de huellas de pasos
humanos en Texas, que aparecen junto a huellas de dinosaurio, herramientas de
piedra que datan de cincuenta y cinco millones de años, mapas sofisticados de
antigüedad desconocida y vestigios de la presencia de civilizaciones avanzadas
en la prehistoria.

A través de investigaciones recopiladas durante la época en que el darwinismo comenzó a dominar el pensamiento científico a finales del siglo XIX y también
de descubrimientos arqueológicos más recientes, el documental "Los misteriosos
orígenes del hombre" pone al descubierto la existencia de un "filtro del conocimiento" en la ciencia convencional, un sesgo que favorece los dogmas aceptados
y rechaza las pruebas que no sean compatibles con las teorías convencionales.

Como resultado, las evidencias fósiles que indican que el ser humano es
mucho más antiguo de lo admitido por las teorías convencionales y que no evolucionó a partir de los primates, han sido olvidadas durante más de un siglo. El
documental de la NBC revela que dicho conocimiento ha sido suprimido porque
entra en contradicción con el sistema de creencias profundamente arraigado.

Además, los científicos que se atreven a desafiar los dogmas aceptados corren el riesgo de verse marginados del debate e incluso de quedarse sin empleo.

Thompson, el investigador científico Richard Milton y otros expertos, han dicho que el problema se debe a los "saltos especulativos" realizados por investigadores demasiado ansiosos por encontrar el eslabón perdido entre el hombre y el mono. Milton piensa que en los ciento veinte años de esfuerzo por demostrar la teoría de Darwin, "al parecer, *cualquier* eslabón perdido serviría".

Por lo que se refiere al llamado pitecántropo (también conocido como antropopiteco, hombre de Java u *homo erectus*), el antropólogo Eugene Dubois hizo su hallazgo en Indonesia, donde encontró un fémur humano y un cráneo de primate separados entre sí por más de doce metros, en 1891. Dubois reconstruyó un esqueleto a partir de estos fragmentos y creó así al famoso hombre de Java. Pero muchos expertos han dicho que el fémur y el cráneo no se relacionan. Poco antes de su muerte, el mismo Dubois confesó que el cráneo había pertenecido a un primate grande y el fémur a un humano. Sin embargo, para muchos, el hombre de Java sigue siendo hasta hoy la evidencia de que el hombre desciende del mono. Ha figurado en instituciones de prestigio tales como el Museo de Historia Natural de Nueva York, donde estuvo hasta el año 1984.

En el caso del hombre de Piltdown, otro aspirante a eslabón perdido "descubierto" en Inglaterra en 1910, el hallazgo resultó ser un sofisticado fraude perpetrado, casi sin duda, por fanáticos del darwinismo. Incluso, la joya de la corona de los supuestos fósiles ancestrales de la humanidad, la famosa Lucy, hallada en Etiopía en 1974, es imposible de distinguir de un mono o algún tipo de primate extinto, según muchos antropólogos.

Un hecho que suelen ignorar las universidades y museos de historia natural es que el antropólogo físico Charles Oxnard y otros científicos han elaborado una versión de la evolución humana que se encuentra en radical contradicción con la teoría convencional. Oxnard sitúa el género *homo,* al que pertenece el hombre, en un período muchísimo más antiguo de lo que prevé la teoría evolutiva convencional, lo que pone en duda los fundamentos de la teoría de Darwin. De acuerdo con el libro *Forbidden Archaeology [La arqueología prohibida],* de Thompson y Cremo, "el concepto tradicional de la evolución humana debe ser profundamente modificado o incluso rechazado. . . deben explorarse nuevas ideas".

Lo que molesta a otros oponentes de la teoría evolutiva estándar es su incapacidad para dar cuenta de cómo se originan las nuevas especies y sus nuevas características, es decir, la suposición de que los innumerables aspectos de la vida biológica, desde los poros de la piel humana y las patas de un escarabajo, hasta las almohadillas de protección en las rodillas del camello, se produjeron de manera accidental gracias a la selección natural. En lo que se refiere a la creación, el concepto de intención, o propósito inherente, no encaja en la versión darwinista de la realidad.

Para los darwinistas, la vida solo existe en el contexto de un materialismo absoluto: una serie de accidentes y reacciones químicas que son responsables de todo en el universo. Hasta el sentido común parece pasar a un segundo plano frente a los dogmas científicos. Por ejemplo, en el caso del cerebro humano, sus capacidades avanzadas (la de calcular, tocar el violín, e incluso la conciencia misma) no se pueden explicar meramente con la doctrina de la "supervivencia de los más aptos".

## ¿QUÉ PASA CON LA BIBLIA Y EL CREACIONISMO?

El argumento creacionista nace de las doctrinas más ortodoxas que rechazan las interpretaciones alegóricas y metafóricas del Génesis. Es un sistema de creencias que muchos cristianos no aceptan de forma literal y que ni la propia Biblia parece respaldar. Además, carece de fundamento científico ya que el registro fósil revela que el ser humano ha existido hace mucho más de seis mil años. Además, si la hipótesis de la creación en seis días se toma literalmente, ello no tiene ninguna semejanza con el tiempo que tomó el surgimiento del universo.

La idea del diseño inteligente (el creacionismo sin el dogma), de mayor sentido común, es mucho más aceptable, incluso para algunos científicos a quienes les es difícil negar la existencia de una inteligencia inherente en el universo. Por lo tanto, la dificultad del creacionismo no radica en la idea de un diseño inteligente, sino en la interpretación dogmática e inflexible de la Biblia con respecto al debate sobre los orígenes de la humanidad.

## ¿IDEAS NOVEDOSAS O SABIDURÍA ANTIGUA?

Las evidencias sobre el origen extremadamente antiguo del hombre harán que muchos se adentren en territorio desconocido, un territorio que algunos preferirían evitar. Para otros, sin embargo, el debate común del creacionismo en contraposición a la teoría evolutiva siempre ha estado incompleto. El "catastrofismo", que hacía alzar las cejas en el pasado y que aún hoy enfrenta una obstinada oposición, se está abriendo paso últimamente en la comunidad científica. Según esta teoría, han ocurrido perturbaciones súbitas de la continuidad de la vida en el planeta, lo que ha alterado el curso de la evolución. (En contraste, el principio de "gradualidad" de Darwin, según el cual toda forma de vida evolucionó lentamente y sin pausas, es hoy poco favorecido en ciertos círculos).

Ciertamente, está claro que en la Tierra, y en el universo en general, ha ocurrido toda clase de catástrofes. Una famosa teoría catastrofista expone que la extinción de los dinosaurios se debió a un gigantesco meteorito que se estrelló contra la Tierra con fuerza equivalente a la de miles de bombas de hidrógeno. Otras teorías de catástrofes planetarias tienen que ver con drásticos cambios climáticos, movimientos sísmicos y fluctuaciones, e incluso inversiones del campo magnético del planeta.

Si bien el debate entre el catastrofismo y la gradualidad muestra la poca certeza que la ciencia tiene sobre la prehistoria, también saca a relucir una antipatía que los científicos han tenido desde la época de Darwin, que se dirige contra cualquier argumento que se refiera, aunque solo sea remotamente, a catástrofes del tipo del gran diluvio universal relatado en la Biblia. Dicha antipatía aflora incluso si lo único que se sugiere es la existencia de cambios súbitos, en lugar de graduales, a lo largo de la evolución.

No obstante, el catastrofismo también sugiere otra hipótesis que concierne a los orígenes humanos y la prehistoria, como se indica en el libro de Graham Hancock *Fingerprints of the Gods: The Evidence of Earth's Lost Civilization* [*Las huellas de los dioses: Evidencias sobre la civilización perdida de la Tierra*] y, en el de Rand y Rose Flem-Ath *When the Sky Fell: In Search of Atlantis* [*Cuando cayó el cielo: En busca de la Atlántida*]. En ellos se explica que hace mucho tiempo pudo haber ocurrido un cambio súbito y catastrófico en la litosfera, fenómeno que se ha denominado "desplazamiento de la corteza terrestre". Albert Einstein dio credibilidad a esta teoría, que sugiere que la corteza exterior del planeta pudo haber sufrido un movimiento súbito (no gradual, como supone la hipótesis de la deriva de las placas continentales), causando que los continentes se deslizaran a posiciones radicalmente diferentes.

El libro de Rand y Rose Flem-Ath se basa en el trabajo de Charles Hapgood, quien elaboró la teoría con la ayuda de Einstein. Los autores explican que este cambio podría ser la razón por la que se han hallado cientos de cadáveres de mamuts, rinocerontes y otros mamíferos prehistóricos repentinamente congelados en una "zona de muerte" a lo largo de Siberia y el norte de Canadá. Algo sorprendente es que en los estómagos de estos cadáveres se encontraron plantas de regiones templadas, lo que querría decir que el clima de los territorios en que estos animales pastaban cambió de pronto de templado a ártico. Hapgood y Einstein especularon que el desplazamiento de la corteza terrestre provocó el cambio y congelamiento repentinos del continente antártico que, probablemente, se encontraba a unos tres mil doscientos kilómetros más al norte de donde está ahora.

Los mapas antiguos que representan con exactitud a la Antártida antes de quedar cubierta por el hielo apoyan la idea de que dicho continente disfrutaba de un clima templado en una prehistoria reciente. Graham Hancock y los Flem-Ath sugieren que los mapas como el de Piri Reis, el de Oronce Finé y el de Mercator, basados en originales de una antigüedad indeterminada, se derivarían de una sociedad prehistórica con la capacidad de calcular con precisión las longitudes y trazar líneas costeras, lo cual en la historia humana conocida solo se logró a partir del siglo XVIII.

Tal como se señala en los libros de estos autores, existe un cúmulo de pruebas, además de los mapas, que demuestran que hubo una sofisticada civilización prehistórica. Durante la narración del programa de la NBC "Los misteriosos orígenes del hombre", Charlton Heston sugirió una conexión de esta hipótesis con las descripciones de Platón sobre el continente perdido de la Atlántida.

## LAS CIVILIZACIONES DESAPARECIDAS: ¿EL VERDADERO ESLABÓN PERDIDO?

Mediante el examen de las construcciones de piedra en sitios ancestrales de Bolivia, Perú y Egipto, Hancock sostiene que es imposible que tales maravillas megalíticas hayan sido erigidas por tribus nómadas de cazadores y recolectores, como nos quiere hacer creer la ciencia convencional. La magnífica ciudad de Tiahuanaco en Bolivia que, según el académico boliviano Arthur Poznansky, data del año 15 000 a.C., es un ejemplo a considerar. El grado de precisión que sus habitantes tenían en el corte de inmensos bloques de piedra (y en otros sitios arqueológicos), con un rango de desviación no mayor de 0,5 milímetros, y el sistema de transporte de estos enormes bloques a través de largas distancias, son proezas tecnológicas que igualan o sobrepasan la capacidad de los ingenieros modernos.

Por ejemplo, una de las cuestiones que sigue siendo un gran misterio y que la ciencia convencional no consigue explicar es la de cómo un pueblo supuestamente primitivo habrá trasladado los megalitos hasta la cima de Machu Picchu en Perú. Aún si se dieran por ciertas las fechas que la mayoría de los arqueólogos atribuyen a tales estructuras, Hancock afirma que los conocimientos y habilidades técnicas de sus constructores tendrían que ser el resultado de una civilización que se desarrolló lentamente y durante un período prolongado. Ello implica que la aparición del hombre civilizado en la Tierra se remontaría a una era anterior a los albores de la historia registrada.

"Mi punto de vista", sostiene Hancock, "es que estamos ante una influencia común que tocó todos estos lugares mucho antes del surgimiento de la historia conocida, una civilización ajena y remota que aún no ha sido identificada por los historiadores".

Hay un amplio abanico de evidencias en el mundo natural y en los precedentes de la experiencia humana que apuntan a que dicha civilización efectivamente existió. La etimología, o sea, el estudio de los orígenes de las palabras, sugiere que tiene que haber existido una lengua prehistórica común indoeuropea, que explicaría las profundas similitudes entre los idiomas del mundo. ¿Será esta la lengua de la civilización prehistórica perdida de Hancock?

*El libro Hamlet's Mill: An Essay Investigating the Origins of Human Knowledge and Its Transmission through Myth [El molino de Hamlet: Investigación acerca de los orígenes del conocimiento humano y su transmisión a través de los mitos]*, escrito por Giorgio de Santillana, profesor de ciencias del Instituto Tecnológico de Massachusetts, y Hertha von Dechend, profesora de igual disciplina de la Universidad de Frankfurt, es un estudio acerca de cómo los mitos de la era antigua describen la precesión de los equinoccios. El estudio también pondera el dilema de una lengua común y da testimonio de la existencia de un conocimiento avanzado que habría proliferado entre los pueblos de la prehistoria. Al estudiar los mitos que se originaron en la noche de los tiempos, así como los valores numéricos y la simbología registrados en ellos, Santillana y von Dechend revelan que los pueblos antiguos de diversas culturas compartían un sofisticado conocimiento de la mecánica celestial, que en la actualidad solo es igualado con la ayuda de satélites y computadoras.

La proliferación de especies estrechamente relacionadas desde un punto de vista biológico y que, sin embargo, están separadas por vastos océanos (fenómeno que aún desconcierta a los darwinistas), solo se puede explicar por la existencia de una avanzada civilización marítima en la prehistoria. De hecho, existe todo un cúmulo de evidencias que apoya la idea de que tanto el ser humano como la civilización han existido desde tiempos mucho más remotos de lo que la ciencia ortodoxa y las religiones quieren aceptar. ¿Será que la existencia de dicha civilización es el verdadero eslabón perdido de la historia humana?

## ¿POR QUÉ LIMITAR EL DEBATE A LOS MODELOS OCCIDENTALES?

El debate convencional sobre nuestros orígenes, tal como es presentado en los medios de comunicación, hace caso omiso de conceptos sobre el origen humano y cósmico que son compartidos por una gran proporción de la población mundial: los del místico Oriente. Incluso el propio Einstein dio crédito a esta sabiduría porque apoyaba su creencia sobre una inteligencia universal. Más

*Albert Einstein (a la derecha)*
*con el poeta indio*
*Rabindranath Tagore*

recientemente, el físico y premio Nobel Brian Josephson, y otros, han establecido paralelos entre el misticismo oriental y la física moderna. Fritjof Capra, en su obra *El tao de la física*, armoniza las filosofías tanto védicas como budistas y taoístas con las sutilezas de la teoría cuántica.

De hecho, los vedas presentan una hipótesis muy similar al concepto de expansión y contracción del universo de la física moderna, con las grandes inhalación y exhalación de la creación, junto a la proyección de la conciencia omnipresente del Brahmán, cuya esencia sigue siendo intrínseca a todas las cosas a medida que evoluciona la creación. Por su parte, el taoísmo ofrece una comprensión de la realidad consciente que se asemeja al "principio de incertidumbre" de Heisenberg, el cual sugiere que la perspectiva, o la conciencia, es lo que da forma a la realidad objetiva.

La idea de una realidad basada en la conciencia —reconocer una presencia consciente universal, inseparable de la identidad y el acto creativo— se convirtió para Einstein (sobre todo en sus últimos años de vida), en una verdad evidente, tal como lo es hoy para otros en los campos de la física, la filosofía y la religión. "A medida que envejecemos", dijo, "la identificación con el aquí y el ahora [su famoso concepto del espacio-tiempo] se va perdiendo poco a poco. Uno se siente disuelto, fusionado con la naturaleza".

Así pues, las mentes más lúcidas de nuestros tiempos y de la antigüedad más remota rechazan la premisa que suele estar implícita en la teoría de Darwin: su creencia en un materialismo absoluto que sostiene que todas las formas de vida evolucionaron por accidente a partir de materias primitivas, sin propósito ni designio. Al mismo tiempo, la idea de una conciencia creadora es una alternativa a las estrictas interpretaciones bíblicas y al concepto de un creador antropomórfico, separado del hombre y la naturaleza.

Sin embargo, la ciencia convencional ha optado por una postura de no intervención hacia la conciencia, sin atreverse a explorar lo que, por definición, no puede ser explicado por las creencias materialistas sobre el origen de la vida. El artículo de David Chalmers "El enigma de la experiencia consciente", publicado en la edición de diciembre de 1995 de la revista *Scientific American*, hace hincapié en este punto.

"Durante muchos años", afirma el articulista, "los investigadores han evitado tocar el concepto de conciencia. . . La visión prevaleciente ha sido que la ciencia, que depende de la objetividad, no puede dar cabida a algo tan subjetivo como la conciencia". Prosigue diciendo que solamente en años recientes los estudiosos en áreas de la neurociencia, psicología y filosofía han comenzado a rechazar la idea de la imposibilidad del estudio de la conciencia. Aunque insiste en que esta tiene una base material, propone que "deberá ser explicada bajo una nueva teoría... [que] probablemente requerirá el descubrimiento de nuevas leyes fundamentales, [con] consecuencias sorprendentes en cuanto a nuestra visión del universo y de nosotros mismos".

En su libro *El sueño de una teoría final,* el prominente físico Steven Weinberg expresa esta idea de una manera distinta. Plantea que la meta de la física es elaborar una "teoría del todo" que explique todo lo que haya que saber acerca del universo: una ley o un principio del que se derive el universo. Al decir esto, Weinberg pone de relieve las limitaciones del materialismo científico, al mismo tiempo que trata de trascenderlo, al confrontar la idea de un absoluto o *logos* que no puede existir en el contexto de una creación basada en la materia. El problema real, admite Weinberg, es la conciencia, ya que esta va más allá de lo que podría provenir únicamente del mundo material.

Así pues, el darwinismo, que depende de la suposición de que toda existencia fue creada a partir de la materia, no puede explicar la característica más intrínsecamente humana, la conciencia, que tampoco puede derivarse de un proceso de selección natural en una creación aleatoria y mecánica, ya que la capacidad de la mente humana supera con creces las necesidades básicas de la simple supervivencia. Entretanto, el creacionismo estricto, enfrentado a un darwinismo que ignora los orígenes de la conciencia junto a otros factores cruciales, parece un mero parapeto que los darwinistas usan para causar una buena impresión.

Entonces, para entender el origen humano y elaborar una "teoría del todo", un verdadero científico no solo debe evaluar las evidencias tangibles presentadas en *Forbidden Archaeology [Arqueología prohibida]* y en el libro de Hancock *Fingerprints of the Gods [Las huellas de los dioses],* sino estudiar la conciencia, sin la cual obviaría la capacidad más básica de los seres humanos: la de pensar en forma creativa. Tal científico tendría que adentrarse en el mundo de lo interno y lo subjetivo, y profundizar en territorios que la ciencia convencional considera prohibidos. Independientemente de cualquier dogma, tendría que dedicarse al estudio de la esencia de su propia existencia consciente, así como de la creación material. Al igual que Einstein, vería esta búsqueda como el objetivo esencial de la ciencia y la religión, encontrar el conocimiento en su sentido más puro, el *sciere* del latín, del que se deriva la palabra *ciencia.* Así esta podrá llegar algún día a una teoría del todo.

# 3 Un encubrimiento científico al descubierto

Michael Cremo, uno de los autores de *La arqueología prohibida,* habla sobre "el filtro del conocimiento" y otras fórmulas para manipular los textos académicos

## J. Douglas Kenyon

En 1966, la respetada arqueóloga Virginia Steen-McIntyre y sus colaboradores que trabajaban en un equipo del Servicio de Estudios Geológicos de Estados Unidos gracias a una subvención de la Fundación Nacional para la Ciencia (*National Science Foundation*), fueron contactados para que dataran dos notables sitios arqueológicos en México. En Hueyatlaco se habían descubierto sofisticadas herramientas de piedra que rivalizaban con las mejores obras del cromañón europeo, mientras que en la cercana localidad de El Horno habían aparecido otros implementos algo más rústicos. Se especulaba que los sitios eran muy antiguos, quizás de unos veinte mil años, lo que, según las teorías prevalecientes, los situaba en un punto muy cercano a los albores del poblamiento humano en las Américas.

*La Doctora Virginia Steen-McIntyre.* (Fotografía cortesía de B.C. Video)

Al ser consciente de que poder autenticar objetos de tal antigüedad equivaldría a la consagración de su carrera, la doctora Steen-McIntyre se dio a la tarea de hacer una exhaustiva serie de pruebas. Empeñada en realizar una buena labor, empleó cuatro métodos distintos de datación, todos de amplia aceptación, incluidos los de secuencias de desintegración del uranio y los surcos de fisión. No obstante, cuando los resultados estuvieron listos, resultó que las estimaciones originales se quedaban muy cortas. Al parecer, muy por debajo. ¡Se demostró en forma concluyente que la edad real de los sitios era de más de un cuarto de millón de años!

Como es de suponer, se desató una controversia. La datación no solo modificaba las cronologías aceptadas respecto de la presencia de humanos en la región, sino que contradecía los conceptos establecidos acerca del tiempo en que estos pudieron haber existido en cualquier punto de la Tierra. Así y todo, no se verificó una detallada revisión de las teorías ortodoxas ni la completa rescritura de los textos, como habría sido lógico esperar. Lo que sí sucedió es que el trabajo de Steen-McIntyre fue ridiculizado públicamente y su figura vilipendiada. A partir de ese momento no pudo volver a trabajar en su especialidad.

Más de un siglo antes, tras el descubrimiento de oro en la zona de Table Mountain, en California, y la ulterior excavación de miles de metros de pozos mineros, los obreros empezaron a sacar cientos de artefactos de piedra e incluso fósiles humanos. Aunque provenían de estratos geológicos fechados como de nueve a cincuenta y cinco millones de años, el geólogo del estado de California, J. D. Whitney, consiguió autenticar varios de los hallazgos y presentar un informe exhaustivo. Las implicaciones de los resultados de este especialista nunca han sido confrontadas ni explicadas debidamente por la ciencia convencional pero, aun así, todo lo sucedido fue virtualmente ignorado y las referencias a su trabajo han sido omitidas de los libros.

Por su parte, durante décadas, los mineros de Sudáfrica han sacado, de estratos de aproximadamente tres mil millones de años de antigüedad, cientos de pequeñas esferas metálicas con ranuras circulares paralelas. Hasta ahora, la comunidad científica no ha tomado nota de esto.

Estos tres ejemplos no son extraordinarios en lo absoluto. Como ellos, existen numerosos casos que Richard Thompson y Michael Cremo citan en su libro *Forbidden Archaeology [La arqueología prohibida]* y su versión condensada *Hidden History of the Human Race [La historia oculta de la raza humana]*. Ellos sugieren, ni más ni menos, que ha habido un "encubrimiento masivo" y creen que, en lo que respecta a explicar los orígenes de la raza humana en la Tierra, la ciencia académica ha manipulado los libros.

Tal vez el público crea que todas las pruebas *reales* respaldan la vertiente convencional de la teoría de la evolución —con su típico esquema del desarrollo humano (es decir, que el *homo sapiens* del tipo moderno surgió hace apenas cien mil años). Pero, al contrario, Cremo y Thompson demuestran que hay montañas de pruebas obtenidas por científicos respetables mediante estándares de igual exigencia que los oficiales, si no más, que han sido no solo

*Michael Cremo*

ignoradas sino, en muchos casos, realmente ocultadas. Según Cremo, en cada una de las áreas de investigación, desde la paleontología hasta la antropología y la arqueología, lo que se da a conocer a la opinión pública como hechos establecidos e irrefutables no es en realidad más que "un consenso al que han llegado grupos de personas poderosas".

¿Este consenso se justifica con las pruebas obtenidas? Cremo y Thompson afirman que no.

Los autores muestran, gracias a la cita meticulosa de la documentación disponible, una tras otra, las investigaciones llevadas a cabo durante los últimos doscientos años que contradicen las versiones oficiales. Dan cuenta de descubrimientos increíbles, luego discuten sobre las controversias resultantes y comentan el consiguiente e invariable ocultamiento de información.

Un caso típico es el de George Carter, quien dijo haber encontrado hogares y herramientas de piedra rudimentarias a niveles correspondientes al último período interglacial, unos ochenta a noventa mil años atrás, en una excavación realizada en San Diego, California. Si bien la labor de Carter obtuvo el respaldo de algunos expertos como el geólogo John Witthoft, los científicos convencionales se burlaron de su trabajo. La Universidad Estatal de San Diego rehusó incluso ver la evidencia que se encontraba en su propio traspatio y la Universidad de Harvard difamó públicamente a Carter con un curso llamado "Arqueología fantástica".

*Richard Leakey*

Se va creando así la imagen de una élite académica arrogante e intolerante, más interesada en conservar sus propias prerrogativas y autoridad que en la verdad.

Huelga decir que el abultado volumen de novecientas cincuenta y dos páginas, *Forbidden Archaeology [La arqueología prohibida]*, ha provocado algo más que un simple revuelo. Como era de esperar, los científicos convencionales están indignados, aunque les ha sido difícil ignorar el libro. El antropólogo Richard Leakey escribió, "su libro es pura patraña y no merece ser tomado en serio por nadie salvo por un loco".

Así y todo, muchas publicaciones científicas prestigiosas como las revistas *American Journal of Physical Anthropology, Geo Archaeology* y *British Journal for the History of Science,* se dignaron a revisar el libro. En general critican sus argumentos pero, aun de mala gana, han reconocido que *Forbidden Archaeology [La arqueología prohibida]* es un libro bien escrito y documentado y algunos incluso lo reconocen como un desafío significativo a las teorías prevalecientes.

Como escribió William Howells en *El antropólogo físico:* "La posibilidad de que el ser humano moderno . . . haya aparecido muchísimo antes, de hecho en una época en la que los primates simples ni siquiera existían como posibles antepasados nuestros, sería devastadora, no solo en cuanto al patrón establecido, sino para toda la teoría de la evolución que hasta el momento se ha considerado bastante sólida".

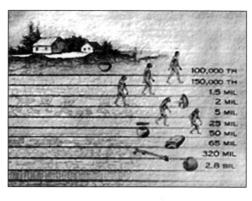

*Línea cronológica de artefactos anómalos*
(Imagen cortesía de B. C. Video)

Sin embargo, a pesar de su considerable desafío al edificio evolucionista, *Forbidden Archaeology [La arqueología prohibida]* prefiere no alinearse con el clásico punto de vista creacionista y tampoco intenta proponer una teoría alternativa propia. Esa tarea la ha emprendido Cremo en otro libro, titulado *Human Devolution [La antievolución humana]*, en el que procura evitar la "falsa opción" entre evolución y creacionismo que generalmente se presenta en los medios. En cuanto al asunto de los orígenes del hombre, insiste: "Realmente, tenemos que volver a empezar de cero".

Como el autor declaró recientemente a *Atlantis Rising:* "*La arqueologia prohibida* da una idea de la necesidad real de una explicación alternativa, una nueva síntesis. En *Human Devolution [La antievolución humana]*, hablo de esto en detalle, con elementos tanto darwinistas, como de la antigua teoría de astronautas y de creacionismo, pero el tema es mucho más complejo. Nos hemos acostumbrado a representaciones sumamente simplistas acerca de los orígenes del hombre, pero la realidad es más complicada de lo que los defensores de las ideas imperantes están dispuestos a admitir".

Tanto Cremo como Thompson son miembros del Instituto Bhaktivedanta: la división de estudios científicos de la Sociedad Internacional para la Conciencia de Krishna. Iniciaron su proyecto con el propósito de encontrar pruebas que corroboraran los antiguos escritos sánscritos de la India, donde se relatan episodios de la historia humana que se remontan a millones de años atrás.

"Pensamos", dice Cremo, "que si hay algo de verdad en esos escritos antiguos, debería haber alguna evidencia física que lo respalde, pero realmente no lo hemos encontrado en los libros de texto actuales". Sin embargo, eso no los detuvo. Durante los ocho años siguientes, investigaron la historia completa de la arqueología y la antropología, sumergiéndose en *todo* lo que se había descubierto y no solamente en lo que se había incluido en los libros de texto. Lo que encontraron fue revelador. "Pensé que tal vez habría alguna que otra cosa escondida bajo la alfombra", afirma Cremo, "pero lo que encontré fue francamente asombroso. En realidad hay una enorme cantidad de pruebas que han sido suprimidas".

Los autores se propusieron publicar un libro de hechos arqueológicos irrefutables. "Los criterios que utilizamos", comenta Cremo, "[eran que] el sitio debía ser identificable, que hubiera buenos indicios de su edad geológica y que hubiera algún informe al respecto, preferiblemente en la bibliografía científica". La calidad y cantidad de las evidencias —esperaban ellos— harían que tanto los profesionales de esta especialidad como los estudiantes y el público en general realizaran un examen serio.

Pocos podrían negar que han tenido un éxito espectacular. En los circuitos científicos alternativos, donde estos autores tienen gran demanda, cuentan con la simpatía especial de los autodenominados "sociólogos del conocimiento científico", un gremio muy consciente del fracaso del método de investigación moderno en cuanto a la presentación de una imagen verdaderamente objetiva de la realidad. Cremo considera que el problema es tanto el abuso de poder como la transgresión. "Hay muchos casos en los que se trata de un proceso automático. Forma parte de la naturaleza humana la tendencia a rechazar algo que no concuerda con nuestra particular visión del mundo", afirma.

Como ejemplo, cita el caso de un joven paleontólogo y experto en huesos antiguos de ballenas del Museo de Historia Natural de San Diego. Al preguntársele si alguna vez había visto huellas de marcas humanas en algún hueso, el científico señaló: "Tiendo a mantenerme al margen de cualquier cosa que tenga que ver con humanos, simplemente porque es demasiado polémico".

Cremo considera que esta es una respuesta inocente de alguien que está tratando de proteger su carrera. Sin embargo, en otras áreas, percibe una actitud más maliciosa, como lo que le sucedió a Virginia Steen-McIntyre. "Lo que le pasó fue que no pudo publicar su informe, perdió su puesto de profesora en la universidad y fue etiquetada como buscadora de publicidad y heterodoxa en su profesión. Desde entonces, no ha podido volver a trabajar como geóloga profesional".

En otros casos, Cremo encuentra signos aun peores de conductas deliberadamente impropias. Menciona las actividades de la Fundación Rockefeller, que financió la investigación de Davidson Black en Zhoukoudian, China. La correspondencia entre Black y sus superiores en la fundación demuestra que la investigación y la arqueología eran parte de un proyecto de investigación biológica mucho más amplio. A continuación, una cita de esa correspondencia: ". . . de este modo podríamos obtener el tipo de información sobre nuestro comportamiento que podría llevarnos a un control amplio y beneficioso". En otras palabras, esta investigación estaba siendo financiada con el propósito específico de controlar. "¿Control a cargo de quiénes?", quisiera saber Cremo.

El interés de la manipulación no es tan difícil de entender. "Hay muchísimo poder social asociado a la capacidad de explicar quiénes somos y qué somos", afirma. "Alguien dijo una vez que 'saber es poder'. También es válido decir que 'el poder es conocimiento'. Hay quienes tienen un poder y prestigio tan particular que les permite dictar las pautas de nuestra sociedad. Creo que no sería de sorprender que se resistan a cualquier cambio".

Cremo coincide en que los científicos de hoy se han convertido en una clase sacerdotal virtual, que disfruta de muchos de los derechos y prerrogativas que sus antecesores de la revolución científico-industrial se esforzaron por arrebatar al arraigado sistema religioso. "Establecieron el tono y el rumbo de nuestra civilización para el mundo entero", dice. "Hoy en día, si quieres saber algo, por lo general no acudes a un sacerdote o a alguien con inclinaciones espirituales, sino a alguna de estas personas, porque nos han convencido de que nuestro mundo es un lugar básicamente mecanicista y que todo puede explicarse de esa manera, mediante las leyes de la física y la química, aceptadas en la actualidad por la ciencia convencional".

Para Cremo, es como si los científicos hubiesen usurpado las llaves del reino y luego no hubiesen estado la altura de sus promesas. "En muchos sentidos las crisis medioambiental, política y de valores son obra de ellos", afirma. "Y pienso que muchas personas están tomando conciencia de que [los científicos] en realidad no han podido hacer realidad el reino del que decían tener las llaves. Creo que muchos han comenzado a darse cuenta de que la visión del mundo que nos proponen, simplemente no sirve para explicar la experiencia humana en toda su magnitud".

Según él, todos somos parte de una jerarquía cósmica de seres, una perspectiva que ve corroborada en las mitologías del mundo: "Si nos fijamos en todas esas tradiciones, al hablar de los orígenes, no hablan de sí mismas como de algo que únicamente ocurre en este planeta. Hay contacto extraterrestre con dioses, semidioses, diosas y ángeles". Cree, además, que podría haber paralelos en el fenómeno moderno de los objetos voladores no identificados (OVNI).

La incapacidad de la ciencia moderna de explicar satisfactoriamente los OVNI, así como la percepción extrasensorial y los fenómenos paranormales, constituye una de sus principales fallas. "Y debo decir que la evidencia que hoy existe sobre esto es abundante", asegura. "Es algo muy difícil de ignorar. Si tuviésemos que rechazar todas las evidencias sobre los OVNI, las abducciones y otros tipos de contactos ofrecidas por tantas fuentes confiables, no nos quedaría otra cosa sino renunciar a la posibilidad de confiar en cualquier tipo de testimonio humano".

Un área en la que la ortodoxia ha sido frecuentemente desafiada, es el concepto de un cambio brusco a consecuencia de enormes cataclismos, frente a la gradualidad propuesta de común por los evolucionistas. Aunque se ha puesto de moda hablar sobre este tipo de acontecimientos, se les ha relegado a un pasado muy distante, que se supone sea anterior a la aparición del hombre. Pero algunas personas, como Immanuel Velikovski, afirmaron que muchos de estos sucesos ocurrieron en nuestro pasado humano y dieron lugar a una especie de amnesia planetaria de la que aún padecemos.

Cremo concuerda en que estos episodios catastróficos efectivamente ocurrieron y que la humanidad ha sufrido enormes olvidos: "Creo que hay un tipo de amnesia por la que, al encontrarnos ante pruebas reales de catástrofes, solemos pensar que solo se trata de mitología. En otras palabras, pienso que algún conocimiento de dichas catástrofes perdura en los escritos y culturas antiguos, así como en las tradiciones orales. Pero, debido a lo que se podría identificar como una especie de amnesia social, cuando nos encontramos frente a este tipo de situaciones somos incapaces de aceptarlas como verdades. También creo que existe un intento deliberado, por parte de quienes tienen el control de la vida intelectual a nivel mundial, de hacernos dudar y olvidar lo paranormal y otros fenómenos conexos. Definitivamente, se nos quiere mantener en un estado de olvido respecto de estos asuntos".

Todo forma parte de la política de las ideas. Afirma Cremo: "Ha sido una batalla que lleva librándose desde hace miles y miles de años, y que aún continúa".

# SEGUNDA PARTE

---

# PRUEBAS DEL CATASTROFISMO: LOS CAMBIOS REPENTINOS Y GRADUALES EN LA TIERRA

# $4$ En defensa de las catástrofes

El geólogo precursor Robert Schoch desafía
el conocimiento convencional sobre historia
natural

## William P. Eigles

n 1989, cuando el egiptólogo heterodoxo John Anthony West fue en busca de pruebas científicas que validaran el hecho de que la Gran Esfin-

*R. A. Schwaller
de Lubicz*

*El Doctor Robert M.
Schoch en Egipto*

ge de Giza (y posiblemente otros monumentos del antiguo Egipto) tenía una antigüedad muy superior a la que le reconocían los expertos ortodoxos, encontró apoyo en Robert M. Schoch, académico joven pero bien acreditado, Doctor en Ciencias y profesor asociado de Ciencia y Matemática de la Universidad de Boston. Las especialidades de Schoch eran geología y paleontología, justamente el cúmulo de conocimientos científicos y técnicas analíticas que West necesitaba para verificar sus ideas. La hipótesis en cuestión fue propuesta por primera vez por el arqueólogo independiente R. A. Schwaller de Lubicz en la década de 1950. Sugiere que el desgaste que se observa en la Esfinge y su superficie de piedra es producto de precipitaciones crónicas, y no de una prolongada exposición a la arena del desierto al ser transportada por el viento.

El hallazgo de Schoch, al que llegó utilizando metodologías geológicas reconocidas, es actualmente de conocimiento público y se popularizó gracias a un polémico programa de televisión titulado "El misterio de la Esfinge", donde fue entrevistado. Schoch concluyó que la erosión en la Esfinge y la superficie del monumento reflejaban indiscutiblemente los efectos de corrientes de agua, lo que significa que las partes más antiguas debían tener por lo menos dos mil quinientos años más de lo estimado hasta entonces, es decir, que se situaban entre los años 7000 y 5000 a.c., que se corresponde con el último período en que se registraron grandes precipitaciones en esa parte del mundo.

La conclusión de Schoch equivaldría a cambiar el calendario convencionalmente aceptado del desarrollo de la civilización humana en el Medio Oriente y colocarlo dos milenios y medio más atrás, tal vez mucho más. El hallazgo puso al geólogo en medio de un vehemente debate con los egiptólogos tradicionales, que unánimemente rechazaron la abrumadora evidencia que respaldaba su fecha mucho más antigua sobre la construcción de la Esfinge.

Esta experiencia, sin embargo, también sirvió para reavivar y amplificar la curiosidad latente del autor por examinar una cuestión aun más importante: ¿cómo y por qué van y vienen las civilizaciones en nuestro planeta? Como resultado de la pesquisa así iniciada, Schoch se dio cuenta de que su propia lealtad, basada en su formación académica en geología, que lo inclinaba incuestionablemente hacia el paradigma científico dominante del uniformismo, comenzaba a sufrir una metamorfosis a favor del catastrofismo como una teoría adecuada para explicar el pasado —y tal vez el futuro— de los cambios planetarios que determinaban las grandes épocas.

Esta indagación personal e intelectual del científico quedó resumida en su primera obra de carácter no técnico, titulada *Escrito en las rocas: Grandes catástrofes y civilizaciones antiguas*, que produjo en coautoría con Robert Aquinas McNally, escritor profesional de temas científicos. En este libro, los autores examinan las pruebas y argumentan de forma convincente que la evolución y los cambios culturales no han sido producto de un proceso gradual de muchos milenios (como lo afirma el punto de vista uniformista), sino que son resultado de catástrofes como terremotos, inundaciones e impactos de origen extraterrestre (asteroides, cometas, meteoritos) que alteraron de manera significativa y abrupta el devenir de la civilización humana (o sea, la perspectiva catastrofista).

De hecho, las investigaciones realizadas y presentadas por Schoch y otros autores dan a entender que los cataclismos naturales han hecho desaparecer civilizaciones en el pasado y que podrían hacerlo de nuevo. El autor comenta que su transformación hacia el catastrofismo no sucedió "sin gritar ni patalear" y que careció de mentores profesionales o profesores universitarios que secretamente apoyaran el paradigma alternativo. En lugar de ello, dice: "Tan solo seguí la evidencia y al hacerlo, llegué a un sitio inesperado. Como científico, no podía descartar las pruebas que tenía y, para explicarlas, requería otra teoría".

Al proponer el catastrofismo como modelo alternativo para explicar sucesos del pasado, el libro de Schoch es un llamado de atención sobre la necesidad de abordar los problemas modernos del medio ambiente como el calentamiento global, la desaparición de la capa de ozono y las amenazas de impactos de gran escala en la superficie terrestre desde el espacio exterior. Cualquiera de estas situaciones puede presagiar un desastre de proporciones globales.

Schoch y McNally comienzan su obra con un examen general del proceso científico y, específicamente, con un examen de cómo ha progresado la ciencia, incluidos los paradigmas del pensamiento y la forma en que estos evolucionan a medida que cambia el mundo, o al menos la percepción humana del mundo. A modo de ejemplo, señalan que la antigua visión del cielo como un lugar peligroso poblado por dioses enfurecidos tal vez no fue una simple fantasía, sino un paradigma basado en el lenguaje religioso para explicar las observaciones de fenómenos reales, como el paso por la órbita terrestre de una densa lluvia de meteoritos del espacio.

Cuando la propia órbita de la Tierra hizo que el planeta dejara de estar expuesto a las lluvias de meteoritos, el paradigma se habría convertido en un modelo irrelevante y quedaría sustituido por otro que reflejara los cielos más tranquilos que vinieron después. Ese es el caso de la teoría de órbitas planetarias concéntricas en relación con la Tierra propuesta más adelante por Aristóteles.

Los autores afirman que el mismo cambio de paradigma está ocurriendo hoy en día con respecto a la geología, la evolución de las especies y el cambio cultural de la humanidad, y que el catastrofismo secular le está ganando terreno al uniformismo. Este cambio se basa, principalmente, en los saltos abruptos de los registros fósiles de plantas y animales del planeta, observados por varios investigadores, lo que indica que habrían ocurrido varias extinciones masivas y súbitas de la vida en la superficie del planeta en distintos momentos del pasado (como el caso de la desaparición de los dinosaurios al término del período cretácico, hace sesenta y cinco millones de años).

En particular, el trabajo iniciado por el equipo de padre e hijo de los doctores Luis y Walter Álvarez en 1980, y posteriormente reproducido por otros especialistas, identifica la presencia de concentraciones de iridio más altas de lo normal en lo que se conoce como el límite K/T (o cretácico/terciario), la fina capa de demarcación compuesta por arcilla que separa los estratos geológicos de dos grandes épocas distintas de la historia terrestre.

Luego de descartar la actividad volcánica como posible causa de esta anomalía, los investigadores concluyeron que la única explicación para una concentración tan alta de iridio tendría que ser la colisión de un asteroide con la Tierra. En 1990, una posible confirmación de tal teoría cobró impulso con el descubrimiento de un enorme cráter en la región de Chicxulub, en la península mexicana de Yucatán, que data de la misma época de las anomalías en el límite K/T. Dichos hallazgos han contribuido al establecimiento de un nuevo modelo del cambio de la Tierra y sus especies, llamado "equilibrio intermitente". La teoría propone que la cronología de nuestro planeta puede compararse a una secuencia de estados uniformes regularmente interrumpidos por períodos de cambios rápidos y radicales causados por acontecimientos catastróficos, como la actividad volcánica masiva, el impacto de un asteroide, o el cambio de temperatura a nivel planetario, ocasionado por diferentes razones.

La labor personal de Schoch en cuanto a redefinir la datación de la Esfinge y situarla en el período neolítico (comprendido entre los años 7000 y 5000 a.c., época que se asocia convencionalmente a la existencia de sociedades y habilidades de construcción muy rudimentarias), lo llevó a cuestionar los conceptos tradicionales de la evolución lineal, uniforme y progresiva de la civilización humana aproximadamente desde el 3100 a.c. Esto le hizo proponer la existencia de culturas sofisticadas desde mucho antes de lo que se suponía.

Como reacción a la supuesta ausencia de pruebas sobre su teoría, Schoch citó interesantes pruebas sobre las técnicas de extracción de sílex desde el año 31 000 a.c. También mencionó los sofisticados poblados neolíticos encontrados en Egipto que datan de 8100 a.c. y, más recientemente, el círculo megalítico de Nabta hallado en el desierto de Nubia, en el sur del Sahara, que presenta una alineación astronómica y data de entre 4500 a 4000 a.c. Se refirió además a los restos arqueológicos de ciudades antiguas en el Cercano Oriente, como la ciudad israelita de Jericó, de 8300 a.c. y la ciudad turca de Çatal Hüyük en Anatolia, del séptimo milenio a.c. Todo esto sirve para reforzar su idea de que hubo pueblos sumamente antiguos que poseían una extraordinaria habilidad organizativa, conocimientos tecnológicos y capacidad para realizar proezas ingenieriles. Hay también evidencias similares fuera de Egipto, en América y Europa, como las imágenes relacionadas con la astronomía, encontradas en las cavernas de Lascaux, Francia, a las que se atribuye una fecha sorprendentemente anterior, del 15 000 a.c.

Al continuar su búsqueda de las civilizaciones sofisticadas de la antigüedad, Schoch se vio obligado a enfrentar la existencia de los famosos continentes perdidos de la Atlántida y Lemuria (o Mu). En su libro, el autor se refiere muy poco a Lemuria, al que después de una breve reseña de la literatura asociada, desmiente como pura fantasía, pero se centra con detalle en los relatos sobre la Atlántida encontrados en los diálogos de Platón y en las posteriores crónicas del historiador romano Diodorus Siculus, para concluir que estos documentos carecen de la información necesaria que sirva en la actualidad para localizar al continente hundido.

Al revisar la lista de las supuestas ubicaciones de una masa terrestre sumergida, el autor desarma hábil y metódicamente los argumentos que sitúan a la Atlántida en el centro del océano Atlántico, o en la Creta minoica, o en el mar de China meridional. Dedica el mayor tiempo a descartar los argumentos compartidos por escritores como Charles Hapgood, Graham Hancock, y Rand y Rose Flem-Ath, quienes sitúan el continente bajo el casquete de hielo de la Antártida.

En última instancia, Schoch no encuentra evidencia que apoye el concepto de que la Antártida haya estado libre de hielo durante el período que Platón adjudica a la existencia de la Atlántida. Señala además que, desde el punto de vista geológico, sin el peso de su enorme cubierta de hielo y rodeada de mayores niveles de agua, la Antártida tendría un aspecto muy diferente al que le confieren los autores modernos citados.

Por último, Schoch presenta pruebas que ponen en duda la exactitud de los mapas en los que se basan dichos autores, que suponen avanzados conocimientos de cartografía usados por el hombre prehistórico. En suma, se adhiere a la teoría sustentada por Mary Settegast en su libro *Plato Prehistorian: 10,000 to 5,000 BC in Myth and Archaeology [Platón el prehistoriador: El período de 10 000 a 5000 a.C. en los mitos y la arqueología]* en el sentido de que la crónica de Platón se referían a los magdalenienses, una cultura paleolítica del Mediterráneo occidental que participó en guerras de forma continua en el noveno milenio a.C. y cuya extinción habría sido ocasionada por la inundación de sus asentamientos costeros debido al derretimiento de los glaciares en la última Edad de Hielo.

En su búsqueda de evidencias concretas, Schoch exploró personalmente un acantilado submarino seccionado en una serie de inmensas superficies geométricas, que fue descubierto en 1987 en la costa de la isla japonesa de Yonaguni, en el archipiélago donde se encuentra Okinawa. La arquitectura de superficies amplias y planas, separadas por bandas verticales de enormes piedras, parece sugerir la intervención humana en una cultura antediluviana.

Sin embargo, después de numerosas incursiones submarinas, observaciones y recogida de muestras de roca, el científico se convenció de que el monumento de Yonaguni es una formación natural de roca madre, configurada en su totalidad por la naturaleza, demasiado imprecisa en cuanto a forma y orientación como para haber sido hecha por las manos del hombre. Los conocimientos científicos de Schoch también lo llevaron a descartar, tras un serio análisis, las recientes afirmaciones sobre intervención inteligente en la famosa

Cara de Marte y otras supuestas estructuras artificiales en la región de Cidonia del Planeta Rojo.

El investigador también exploró minuciosamente el potencial de desplazamiento de los polos, así como de los movimientos tectónicos y otras catástrofes de origen terrestre, como agentes de cambio en la historia humana. Buscó además una explicación para la misteriosa y generalizada desaparición por el fuego de decenas de asentamientos en la región oriental del Mediterráneo cerca de Egipto y Mesopotamia al término de la Edad de Bronce, alrededor del año 1200 a.C. A este fin, empezó por considerar, pero luego descartó, la posibilidad de una acción volcánica (ya que no existe evidencia de erupciones en aquellos tiempos), o de un terremoto devastador (pues no se sabe de ningún sismo de aquella época que pudiera haber provocado una conflagración de gran escala).

En los mitos y el folclore de muchas culturas alrededor del mundo se encuentran historias sobre inundaciones de magnitudes bíblicas. Si a esto se añaden ciertas evidencias científicas, podría concluirse que en un pasado distante hubo algún tipo de destrucción a nivel mundial por acción del agua. Pero estos relatos no explicarían suficientemente el infierno que parece haber arrasado con numerosas comunidades y asentamientos que existían en el Cercano Oriente al término de la Edad de Bronce. Schoch también hace un repaso de los inicios y fines de las distintas edades de hielo y se pregunta si las fuerzas de la naturaleza o la rotación de la Tierra habrían sido responsables de los cambios de temperatura que las originaron.

Como una mención casi casual, Schoch comenta, al menos con la debida sorpresa, la aparente coincidencia de un incidente científicamente validado sobre un dramático calentamiento global hacia 9645 a.C. (un alza de ocho grados centígrados en quince años) y su relación con la hipótesis científica de una afluencia masiva de agua dulce al Golfo de México, que habría coincidido aproximadamente con las fechas dadas por Platón sobre el hundimiento de la Atlántida. A pesar de la aparente importancia de este asunto, el investigador no lo analiza con mayor profundidad.

La revisión del autor abarca también la posibilidad de que un cambio en los polos de la Tierra pudiera ser la causa de las alteraciones en las condiciones de la superficie del planeta, ya sea en forma gradual o súbita, real o aparente. Schoch examina la obra del doctor Charles Hapgood, quien aseveró que la corteza terrestre se ha deslizado sobre las capas internas, desviando los polos por lo menos tres veces, en unos treinta grados de latitud, tan solo en los últimos ochenta mil años. El último de estos desplazamientos habría terminado alrededor del año 10 000 a.C. (¿será acaso otra coincidencia con la supuesta desaparición de la Atlántida?). No obstante, el investigador descarta el trabajo de Hapgood, sobre la base, entre otras, de que se han obtenido "nuevos y mejores datos" paleomagnéticos desde que el difunto profesor desarrollara sus estudios.

El investigador también pone en duda la tesis conexa sobre un "inminente deslizamiento del casquete polar", formulada por el famoso catastrofista Richard Noone, en su libro *5/5/2000 Ice: The Ultimate Disaster [Hielo en el 5/5/2000: El desastre final]*. Schoch afirma que la alineación de planetas ocurrido el 5 de mayo de 2000 fue de escasas consecuencias debido a que, desde la perspectiva de la Tierra, dicho fenómeno se produjo al otro lado del Sol.

Con todo, al tratar de explicar la explosión de nuevas y numerosas formas de vida en la era cámbrica, durante un período de diez millones de años, hace ya más de quinientos millones de años, Schoch concuerda un poco más con el trabajo reciente del geólogo del Instituto Tecnológico de California, Joseph Kirschvink y sus colegas, quienes tuvieron acceso a información más variada, sofisticada y confiable en comparación con Hapgood. Estos geólogos han propuesto que lo sucedido durante el período cámbrico fue un "verdadero movimiento polar", un completo desplazamiento del manto y la corteza terrestres en noventa grados sobre el núcleo de la Tierra. Esto es lo que de algún modo habría hecho posible la gestación de una increíble variedad de nuevas formas de vida. Sin embargo, la forma exacta en que esto habría sucedido sigue siendo un misterio.

En la parte final de su libro, Schoch vuelve su atención hacia el cielo y a la posibilidad de un cambio drástico en la Tierra debido al impacto de asteroides, meteoritos o cometas (todos incluidos en la categoría genérica de bólidos). Desde 1957, cuando los científicos llegaron a la conclusión de que el cráter de Arizona fue resultado de un asteroide que impactó el área hace cincuenta mil años, se han hallado aproximadamente otros ciento cincuenta cráteres de impacto alrededor del mundo. Y el número de hallazgos va en aumento.

Con el descubrimiento en 1993 del cometa conocido como P/Shoemaker-Levy 9 y la observación de su impacto en Júpiter en 1994, la ciencia se vio obligada a reconocer que un cuerpo celeste de esta naturaleza podría, aun en nuestros tiempos, chocar contra un planeta con una fuerza suficiente como para ocasionar extinciones globales.

Se desconoce si la explosión de Tunguska, Siberia, en 1908, fue resultado de un impacto similar, o de un asteroide o incluso una nave espacial extraterrestre, pero lo que sí se sabe es que la devastación masiva que causó esa colisión en ese fatídico día es un alarmante presagio de lo que podría pasar en la Tierra si esto ocurriera de nuevo en una zona densamente poblada. Schoch se aventura a afirmar que si las hipótesis de otros investigadores son correctas, el resultado de una colisión de esa magnitud podría ser incluso un cambio del eje de rotación del planeta.

En cualquier caso, otros dos científicos de alto renombre han citado evidencias sobre el impacto de un gran bólido contra la Tierra alrededor de 10 000 a.c. y que, según ellos, habría sido el causante de la súbita culminación de la última Edad de Hielo, lo que causó probablemente una gran inundación (¿la Atlántida otra vez?). De modo similar, en 1996 y 1998, se identificaron dos cadenas de cráteres en la Tierra que se correlacionan cronológicamente con importantes extinciones de formas de vida en nuestro planeta. Existen demasiadas conjeturas y teorías de parte de los científicos en cuanto a si dichos fenómenos siguen o no un patrón periódico de destrucción, como el que se produciría por un asteroide o cometa que cruzara la órbita de la Tierra en algún momento en el futuro. Sobre esta base, Schoch propone que una serie de bólidos, que se fragmentaron al entrar en la atmósfera terrestre y detonaron sobre su superficie con increíble fuerza y calor, podrían explicar la gran destrucción por fuego que terminó con la Edad de Bronce hacia el año 1200 a.C.

En lo que se refiere al futuro inmediato, además de tomar medidas para proteger la capa de ozono en la atmósfera y contrarrestar la tendencia al calentamiento global, Schoch es partidario de proteger al planeta del impacto de asteroides y cometas. Según el autor, la primera acción que se debería emprender para contrarrestar la amenaza de objetos provenientes del espacio exterior consistiría en crear un sistema dedicado a localizar cualquier objeto espacial que se encuentre relativamente próximo a la Tierra, para luego determinar cuáles de esos objetos representan un riesgo de impacto.

El segundo paso consistiría en buscar una manera de comprender mejor la composición y estructura de tales objetos pues esta información es necesaria para decidir cómo desviar o destruir cualquiera de estas amenazas si se dirige a nosotros. Lo tercero sería desarrollar tecnologías no nucleares que permitan efectivamente desviar o destruir dichos objetos si esto llegara a ser necesario, sin el riesgo añadido de los daños colaterales a la vida humana y otras formas de vida terrestres.

Schoch considera que tenemos un margen de tiempo considerable (quizás hasta el 2200 d.C.) hasta que aparezca el próximo enjambre de bólidos y caiga sobre la Tierra. Una cosa es segura: todos tenemos la esperanza de que esté en lo correcto.

# 5 El cataclismo de 9500 a.C.

Dos nuevos trabajos de gran erudición ponen en duda las teorías ortodoxas sobre la Edad de Hielo y, con ello, corroboran las crónicas de Platón y muchas otras fuentes antiguas

## David Lewis

En la prehistoria reciente, quizás en una fecha tan relativamente cercana como la de 9500 a.C. (la fecha que Platón atribuye al hundimiento de la Atlántida), la Tierra fue asolada por un fenómeno profundamente traumático. Este suceso, resultado de una explosión cósmica distante, produjo violentas erupciones volcánicas, grandes terremotos, inundaciones catastróficas y bruscos cambios en las cadenas montañosas del mundo. Es posible que el eje de la Tierra se haya inclinado y que la corteza terrestre se haya desplazado violentamente, de modo que unos continentes se elevaron y otros se hundieron. Luego habrían sobrevenido extinciones masivas de plantas y animales y habría comenzado un tenebroso período de oscuridad a nivel mundial.

Según los investigadores, la catástrofe habría sido repentina. Los humanos que sobrevivieron buscaron refugio en cuevas y montañas. La constancia de este trance se conserva hasta nuestros días en cientos de antiguos mitos sobre diluvios y conflagraciones en prácticamente todas las tradiciones culturales. En el siglo pasado, así como más recientemente, los científicos han recopilado evidencias sobre una catástrofe como esta pero, a la vez, le han dado una explicación simplista con la "teoría de la Edad de Hielo", que ya se sabe que tiene defectos de base. En cuanto al resto de las pruebas encontradas, hasta ahora la ciencia no ha podido darles una explicación.

No, no se trata de la sinopsis de la próxima producción extravagante de Hollywood sobre desastres naturales, ni la vuelta a la teoría catastrofista de Immanuel Velikovski, sino del producto de investigaciones serias, tema de dos obras escritas por expertos independientes en prehistoria reciente. Las convincentes evidencias que han reunido estos autores revelan la existencia de una realidad prehistórica que destierra al reino de la mera conjetura las anteriores ideas ortodoxas sobre el hombre primitivo. Los títulos son *Cataclysm! Compelling Evidence of a Cosmic Catastrophe in 9500 B.C. [¡Cataclismo! Pruebas*

40

*convincentes de una catástrofe cósmica en 9500 a.c.]* de D. S. Allan y J. B. Delair, y *Earth Under Fire: Humanity's Survival of the Apocalypse [La Tierra bajo ataque: La supervivencia de la humanidad frente al apocalipsis]*, del doctor Paul LaViolette.

## LAS PREMISAS ORTODOXAS

Debido a su tradicional inclinación al uniformismo (doctrina que sostiene que en la prehistoria no ocurrió nada en forma abrupta, sino que la evolución y los cambios geológicos tuvieron lugar lentamente), la ciencia moderna descarta hoy lo que en el siglo pasado se había dado por cierto, sobre la base de las sólidas evidencias descubiertas hasta entonces: que una catástrofe global aconteció no hace tanto en la Tierra. Ese sesgo a favor del uniformismo, unido al dogma del materialismo científico —la presunción de que toda existencia, incluso la de la conciencia, evolucionó únicamente a partir de la materia— sigue siendo la base sin fundamento sobre la que descansan las teorías convencionales sobre los orígenes del hombre.

La teoría de la Edad de Hielo nació hace unos ciento ochenta años, vinculada a estudios realizados en los Alpes. En esos años, la geología apenas comenzaba a nacer. Los precursores de entonces consideraron que la mayor parte de la evidencia fósil era resultado del Diluvio Universal —el hito más importante en la historia del mundo antes del nacimiento de la ciencia moderna— proclamado en los escritos tradicionales del clasicismo y la religión, vinculado con las creencias de que el mundo tendría apenas unos cuatro a seis mil años de antigüedad. Sin embargo, la geología, que es una ciencia sistémica, descubrió que la Tierra tiene millones de años y que las inundaciones producidas por lluvias no son suficientes para dar cuenta de la devastación geológica ocurrida en la época de las extinciones masivas. Al adoptar el dogma uniformista, el movimiento científico intentó explicar *toda* la prehistoria en términos puramente materialistas, desechando cualquier indicio de superstición o *catastrofismo*. De hecho, los científicos de esa época tiraron las frutas frescas con las pochas y adoptaron prejuicios que perduran hasta hoy sobre los orígenes del hombre y las civilizaciones pasadas.

Dentro de este entorno sesgado, buena parte de la evidencia más fehaciente sobre un gran cataclismo en una prehistoria reciente fue atribuida por la ciencia al movimiento de los glaciares, lo que indudablemente ocurrió en algunos lugares. No obstante, para basarse únicamente en esta teoría, era necesario que hubiera existido una verdadera Edad de Hielo, que fuera mucho más prolongada y extrema que cualquier otra anterior de este modo, se podrían explicar las evidencias que iban surgiendo de que algo extraordinariamente dañino golpeó al planeta y barrió con la mayoría de los mamíferos, levantó las cadenas montañosas, ocasionó un sinnúmero de explosiones volcánicas, creó valles y fiordos y dejó enormes depósitos de piedra y grava diseminados a lo largo y ancho de las masas continentales.

## DEJAR QUE LOS HECHOS HABLEN

Para comprender mejor lo que nos cuenta el registro científico, en lugar de mirar hacia lo que se podía describir como posturas forzadas de la ortodoxia, conversamos con J. B. Delair, investigador avezado en el campo de la prehistoria reciente y coautor de ¡*Cataclismo! Convincente evidencia de una catástrofe cósmica en 9500 a.C.* Delair nos dijo que a lo largo de su carrera como investigador se había tropezado con varias "anomalías muy extrañas", que incluían numerosas muestras fósiles en "cuevas de huesos" donde se hallaron en profundas cavidades subterráneas los restos de un incontable número de animales prehistóricos incompatibles entre sí, como tigres diente de sable, leones, lobos, bisontes, rinocerontes y mamuts. Pertenecían a animales que habían perecido en una prehistoria reciente alrededor del mundo.

En muchos casos, se han encontrado restos de seres humanos en condiciones similares y se les han aplicado pruebas de radiocarbono que han dado fechas coherentes con la muerte de los animales. Estos humanos pertenecían a grupos étnicos tan diversos como europeos, esquimales y melanesios (como en un caso en China). Se han encontrado vestigios similares en la India, Brasil, América del Norte y los Balcanes. Los geólogos también han descubierto rastros de centenares de seres humanos que murieron por causas naturales en cuevas, en las que aparentemente se refugiaron por la catástrofe.

"A raíz de esto, no me sentía del todo satisfecho con algunas de las explicaciones", comentó Delair, "como la de la Edad de Hielo o las cronologías". La clave para resolver el problema de las anomalías no fue fácil de encontrar, pero Delair descubrió que no estaba solo en esta indagación. Recibió una llamada telefónica del doctor D. S. Allan, biólogo e investigador en el campo de la ruptura de la corteza terrestre (masas continentales cambiantes) que compartía intereses similares. Nació así una asociación entre ellos. Aunaron talentos y conocimientos interdisciplinarios y trabajaron durante años hasta que encontraron lo que parecía ser el eslabón perdido que develaba el secreto de la prehistoria reciente: "un cataclismo global".

Allan y Delair descubrieron que, contrariamente al dogma científico, algunos acontecimientos en la prehistoria de la Tierra sucedieron muy rápidamente, como los desplazamientos de las masas terrestres, que es el caso de las propias islas británicas, que se desprendieron del continente europeo hace solo seis mil años.

Allan, doctor en Filosofía de la Universidad de Cambridge y versado en Física, Química y Biología, ya había descubierto que muchos tipos iguales de plantas y animales han existido en distintas partes del mundo, cuando no debería haber sido así, pues estaban separados por desiertos o aguas. Delair definió sus hallazgos de evidencias fósiles anómalas, y los de Allan sobre evidencias biológicas inauditas, como "dos caras de la misma moneda . . . trozos y pedazos del mismo rompecabezas".

Después de años de trabajo, se unieron esas piezas gracias a registros científicos ignorados que, una vez dados a conocer en su totalidad, resultaron impactantes. Como nos dijo Delair cuando le consultamos sobre las implicaciones de su trabajo: "Esto hizo caer por tierra casi todo lo que conocíamos, incluso la evolución. Esta no puede ser siempre una cuestión de supervivencia de los más aptos. Puede ocurrir algo que acabe con los mejores y con los peores y, en ese caso, se trataría de la supervivencia de quienes hayan tenido mejor suerte", nos dijo.

Mediante el método de datación con carbono y los recursos disponibles en el Museo Británico y en la biblioteca de la Universidad de Cambridge, Delair y Allan definieron una cronología para los fósiles anómalos, lo que a su vez establecía un marco temporal para el suceso que ocasionó su repentina desaparición.

"Lo principal es la datación de los fósiles", afirmó Delair. "Son extremadamente recientes, en términos geológicos, aunque bastante antiguos en comparación con la historia humana. Indican cambios enormes porque muestran dislocaciones de faunas y floras completas a lo largo de miles de kilómetros. También hay muchísimas combinaciones anómalas de restos mortales. Se ven animales marinos tendidos junto a aves y animales terrestres, carbón junto a erizos de mares tropicales y todo tipo de cosas extrañas".

## CIENCIA ARTIFICIOSA

"[La Edad de Hielo] fue un invento", afirmó categóricamente Delair. En parte, fue una reacción a lo que los primeros geólogos y el movimiento científico en conjunto, consideraban una superchería: las leyendas de inundaciones y conflagraciones. "La idea original de una Edad de Hielo que se remontaría a millones de años atrás, que menguaba y se recrudecía a lo ancho de ambos hemisferios cerca de los polos, simplemente no resiste un análisis profundo, como se puede ver en nuestros escritos. Lo que hicimos fue recurrir a las explicaciones geológicas y biológicas contenidas en la bibliografía existente que, de hecho, está plagada de objeciones [contra el concepto de la Edad de Hielo]".

Por ejemplo, muchos fiordos noruegos, que se pensaba se habían formado cuando los mantos de hielo se deslizaron montaña abajo, tienen una terminación abierta. "No existe ningún lugar desde el cual un glaciar hubiese podido deslizarse", sostiene Delair. "Los fiordos eran fisuras gigantes, que tiempo después se rellenaron con hielo que los pulió un poco, pero que no los formó". Además, se quiere justificar una glaciación mediante evidencias como la estriación (rocas estriadas o rugosas) y piedras esparcidas aleatoriamente —como supuesto resultado de los movimientos glaciares— que se presentan en partes del globo terráqueo donde se sabe que no ocurrió ninguna Edad de Hielo.

Delair apuntó que los fondos para investigaciones que certifiquen resultados convencionales son en parte responsables de que se sigan perpetuando premisas erróneas. Lo mismo sucede con los intentos de hacer que las evidencias encajen en las mismas teorías desgastadas, que requieren la existencia de glaciaciones cada vez más largas, abarcadoras y numerosas. El científico recalca además que para armar las piezas de este inmenso rompecabezas de la prehistoria es necesario tener conocimientos de diversas disciplinas. Por si fuera poco, el doctor Allan ha dedicado su jubilación a concentrar sus esfuerzos en este estudio, lo que habría sido imposible para casi todos los investigadores que tuvieran un empleo convencional.

La imagen que Allan, Delair y otros recrean, respaldados por una enorme cantidad de evidencias sobre el terreno, parece indicar una catástrofe de proporciones míticas. Por su parte, la teoría de la Edad de Hielo nunca logra explicar las abrumadoras evidencias encontradas sobre el terreno. La devastación fue efectivamente tan grande, que ningún fenómeno de origen terrícola pudo haberla ocasionado. Allan y Delair dicen que ni siquiera un cometa o un asteroide provocarían semejantes daños. Indican que el agente destructor no tenía que ser necesariamente grande, pero sí de gran fuerza magnética. Por ejemplo, la explosión de una estrella, una supernova que habría arrojado uno o más pedazos de su masa incandescente en nuestra dirección, desviando los ejes y las órbitas de varios planetas debido a su influencia magnética mientras atravesaba de lado a lado nuestro sistema solar en un período de unos nueve años. Señalan que esto habría provocado enormes conmociones en distintos planetas, incluida la Tierra, pero que, en términos cósmicos, no habría sido más que un incidente menor.

# EXPLOSIONES CÓSMICAS

Junto a otros indicios científicos y mitológicos, la explosión de una supernova que dejó una concentración de aluminio 22 en los límites de nuestro sistema solar fue lo que llevó a Allan y Delair a concluir que fue aquella destrucción masiva la debe haber causado una explosión estelar. El mineral de hierro que había en la Tierra hace once mil años revirtió violentamente su polaridad magnética y esto también indica un impactante encuentro con un fuerte agente magnético de origen extraterrestre en el mismo período.

El doctor Paul LaViolette, autor de *Earth Under Fire: Humanity's Survival of the Apocalypse [La Tierra bajo ataque: La supervivencia de la humanidad frente al apocalipsis]*, descubrió evidencias de una clase distinta de cataclismo: una descarga de ondas cósmicas producidas por una explosión en el núcleo de la galaxia. Al penetrar en nuestro sistema solar, esta "superonda galáctica" (el fenómeno energético más poderoso de la galaxia) habría impedido que el viento solar siguiera repeliendo las partículas de polvo cósmico más intrusivas, lo que habría permitido que el viento interestelar hiciera estragos en nuestro planeta.

LaViolette, científico de sistemas y físico, encontró altas concentraciones de polvo cósmico a profundidades de la Edad de Hielo en hielos polares intactos de Groenlandia. Para determinar la cantidad de polvo cósmico en las muestras, midió la proporción de iridio, que es un metal raro en la Tierra, pero abundante en la materia extraterrestre. La antigua suposición uniformista era que el ritmo de acumulación de polvo cósmico en el suelo no habría variado a lo largo de millones de años, pero LaViolette encontró concentraciones inusitadamente elevadas en sus muestras, así como otras evidencias de una visita cósmica durante dicho período.

En *La Tierra bajo ataque*, un prontuario de astrofísica y mitología antigua junto a tradiciones esotéricas, LaViolette expone en detalle las premisas de cómo aquella superonda pasó recientemente a través de nuestro sistema solar. Entre el conjunto de pruebas presentadas en su libro, incluye el descubrimiento hecho en los anillos de Saturno por el aparato espacial Voyager 2 de la NASA, de unas finas estrías, como las de un fonograma que, si en realidad tuvieran millones de años, como sostienen los uniformistas, ya se habrían unido en una sola banda. LaViolette explica el efecto de la superonda sobre los anillos para que se vean como los apreciamos

*El Doctor Paul
LaViolette*
(FOTOGRAFÍA DE
PATRICIA KENYON)

hoy, en tanto Allan y Delair describen la manera en que un "trozo" de supernova habría perturbado el recorrido orbital y los ejes de rotación de los planetas vecinos. Ya antes de la exploración del Voyager, algunos investigadores afirmaban que los anillos de Saturno no tendrían más de diez a veinte mil años, lo que coincide con el período de tiempo en que LaViolette, Allan y Delair afirman que ocurrió el cataclismo.

Al cabo de pocos meses del suceso, dice LaViolette, un velo de polvo cósmico habría causado cambios climáticos bruscos en la Tierra, períodos de oscuridad, fríos y calores extremos, inundaciones generalizadas y temperaturas incendiarias, debido a la interacción entre el polvo y el Sol, "lo que hacía que el polvo se mantuviera en un estado constante de ignición", afirmó LaViolette. "Imaginemos la peor tormenta solar que jamás haya habido, subámosle la temperatura todavía más, unas mil o cien mil veces, y que sea constante . . . En tales circunstancias, una sola llamarada podría haber envuelto por completo a la Tierra".

## LO QUE LOS ANTIGUOS SABÍAN

LaViolette definió los fundamentos científicos y mitológicos de los cataclismos como acontecimientos cíclicos, una explosión recurrente del núcleo de la galaxia en ciclos de veintiséis mil años —un período que se relaciona con la precesión de los equinoccios. Esa es la duración de un Gran Año según los antiguos griegos, el zoroastrismo y la sabiduría china. Las escrituras hindúes también lo reconocen como una sucesión de eras de retroceso y avance que aparentemente se relacionan con la órbita de nuestro sistema solar en torno al centro de la galaxia. Ello sería el foco astrológico del "sol central" de la existencia, el Brahma, como experiencia consciente que produce el éxtasis trascendental y la liberación de los ciclos de sufrimiento mortal, o *karma*.

"La explosión del núcleo de la galaxia es otro ciclo importante que afecta a la Tierra", dice LaViolette al citar numerosas tradiciones antiguas que revelan que, en épocas anteriores a los cataclismos existió un conocimiento astronómico avanzado y que, por tanto, existieron seres humanos avanzados.

De hecho, argumenta el científico, es probable que el zodíaco haya llegado hasta nosotros en forma de criptograma —una cápsula de tiempo— para alertarnos de las emanaciones que provenían del núcleo galáctico y que la Esfinge y las pirámides de la meseta de Giza sean un memorial astronómico de la gran catástrofe. Los signos zodiacales, nos comentaba Delair, aparecen en la mayoría de los mitos de catástrofes. Es difícil pasar por alto la universalidad del mensaje de tal cápsula, que contiene el conocimiento de los ciclos cósmicos.

LaViolette y otros lo ven codificado en numerosos mitos, así como en las tradiciones culturales y místicas y en la arquitectura megalítica del mundo (véanse las obras *El misterio de Orión: Descubriendo los secretos de las pirámides* de Robert Bauval, *Fingerprints of the Gods: The Evidence of Earth's Lost Civilization [Las huellas de los dioses: Evidencias sobre la civilización perdida de la Tierra]* de Graham Hancock y *The Message of the Sphinx: A Quest for the Hidden Legacy of Mankind [El mensaje de la Esfinge: Búsqueda del legado oculto de la humanidad]* de Graham Hancock y Robert Bauval). Como subrayan estos autores, los mitos antiguos nos hablan universalmente de un pueblo de navegantes que habrían sido los guardianes del conocimiento avanzado. Su mensaje universal, transmitido al parecer desde un mundo olvidado previo al cataclismo, insta al progreso humano y a la armonía con la fuente de toda la creación.

De tal modo, casi inevitablemente, LaViolette, Allan y Delair, Hancock y Bauval (así como Thompson y Cremo en su libro *Forbidden Archaeology [La arqueología prohibida]*) revelan que la prehistoria reciente no fue lo que ha supuesto la ciencia moderna, lastrada con sus prejuicios. Sale a la luz objetivamente un pasado cubierto de misterio. Esta acumulación rica y diversa de obras interdisciplinarias, no solo está llena de antiguas enseñanzas, sino de pruebas sólidas que respaldan tradiciones antiquísimas, todo lo cual nos lleva a pensar que la visión que la humanidad tiene de sí misma debe cambiar profundamente.

# 6 Argumentos a favor del Diluvio Universal

Cuestionamiento del mito científico
de la Edad de Hielo

## Peter Bros

Quienes no quedan satisfechos con los paradigmas sobre la creación del universo propugnados por la ciencia convencional, se interesan naturalmente en los relatos de Platón sobre la Atlántida, una civilización prehistórica destruida por una inundación. Todos somos conscientes del grado de oposición que dicha historia genera entre los científicos. Junto al tema de los platillos voladores y los artefactos de energía libre, la Atlántida resulta ser blanco de los escépticos profesionales (organizados con el objetivo de perpetuar los dogmas científicos arraigados), porque hace surgir el espectro de que exista un origen concreto para los miles de ruinas megalíticas aparentemente inconcebibles que se encuentran sobre la superficie terrestre, incluidas las pirámides.

En su libro *Underworld: The Mysterious Origins of Civilization [Inframundo: El misterioso origen de la civilización],* Graham Hancock visita los restos de una civilización prehistórica de carácter global, a través de los monumentos que erigieron. Sostiene que dicha cultura mundial quedó exterminada debido a inundaciones enormes. El doctor Robert M. Schoch, afirma en su obra *Los viajes de los constructores de pirámides: En busca de una civilización primordial* que las evidencias geológicas, lingüísticas y geográficas asociadas con los monumentos megalíticos demuestran la existencia de tal civilización prototípica, que se habría diseminado alrededor del mundo al elevarse el nivel del mar como consecuencia de una lluvia de cometas.

Si bien las evidencias marginales parecen apoyar el concepto de la Atlántida como una civilización global que sucumbió debido a una inundación catastrófica, muchos autores han intentado ubicarla en lugares determinados porque la ciencia convencional, sin saberlo, condenó la teoría de una civilización prehistórica antes de que las pruebas comenzaran a surgir. Lo hizo mediante la aplicación de la regla racionalista del siglo XVIII que estipulaba que Dios no podía ser usado como explicación de la realidad física, con lo que se rechazó de plano la validez de cualquier crónica de la Biblia y, en el caso de una sociedad prehistórica mundial, la posibilidad de que una inundación de magnitudes bíblicas destruyera todo lo relacionado con ella, a excepción de las evidencias megalíticas.

El objetivo primordial de la ciencia del siglo XIX fue mantenerse a salvo frente a quienes propugnaban las aseveraciones de la Biblia. Con su teoría del torbellino de gas, Pierre-Simon de Laplace apenas había terminado de excluir a Dios como la fuente de movimiento perpetuo newtoniano del sistema solar, cuando ya empezaban a acumularse las evidencias del Diluvio Universal descrito en la Biblia. Hasta ese momento, la ciencia no se había enterado de que el relato sobre una inundación universal aparecía, a lo largo y ancho del globo, en los mitos y tradiciones de más de quinientas culturas marcadamente separadas unas de otras.

Cuando los exploradores comenzaron a regresar con sus descripciones de tierras lejanas, la ciencia quedó horrorizada al ver que emergía el cuadro de un planeta marcado por movimientos masivos de agua sobre su superficie, que iban generalmente del noroeste al sureste. Las laderas noroccidentales de montañas enteras estaban marcadas como si hubieran sido sometidas a un rápido movimiento de masas de agua con grava y cantos rodados. La fuente inequívoca de este efecto eran las inundaciones, pues se podía comprobar científicamente que los ríos de rápido movimiento producían igual efecto. Además, en dichas laderas se habían acumulado enormes cantidades de detritus, que presumiblemente habría quedado atrás, después del retroceso de las aguas. Nuevamente, la evidencia sugería las mismas acciones de la naturaleza que se pueden observar hoy en día. Entre los materiales acumulados por arrastre se han encontrado restos de animales, como el mamut lanudo, entre otros.

Para los científicos del siglo XIX, lo que resultaba aun más terrible que los daños por la acción del agua y la sedimentación eran los gigantescos peñascos que se encontraban a la vista de todos a lo largo de la campiña europea, en lugares donde claramente no debían estar. De enorme tamaño y miles de toneladas de peso, no pudieron haber sido movidos solo por la acción de una inundación, que los arrastrara y luego los depositara al retroceder las aguas. El movimiento de dichas rocas debido a las aguas habría explicado, en parte, las marcas encontradas en las laderas de las montañas como se mencionó antes.

¿Qué hacer con semejantes descubrimientos que constituían pruebas irrefutables de una inundación global? Si la ciencia hubiera sido fiel a la evidencia y concluido que, de hecho, esto era resultado de una inundación, los fanáticos religiosos habrían llenado los púlpitos y periódicos con aclamaciones de que la historia bíblica del diluvio y por lo tanto la Biblia completa, habían sido confirmadas científicamente, lo que sería un resultado nada deseable para la ciencia.

Lo único que esta tenía a su favor era la ausencia de una *fuente* evidente de tales inundaciones. Los argumentos de que el agua provenía del lecho marino visible de la Luna fueron desautorizados con facilidad gracias a la teoría de gravedad de Newton, que sostiene que esta es proporcional a la materia. Toda la materia que ha existido en la Luna parece seguir allí. Por lo tanto, no es posible una disminución de la gravedad lunar o que sus mares y océanos hipotéticos hayan escapado de su influencia gravitacional para desplazarse más de cuatrocientos mil kilómetros a través del espacio, atraídos por la mayor fuerza de gravedad de la Tierra, produciendo una inundación mundial.

Sin embargo, la ciencia se dedica a convertir creencias en hechos y lo consigue con tal eficacia que sus mitos se transforman en una realidad más verídica que los hechos mismos. Toma hipótesis, simples conceptos, y elabora una metodología destinada a lograr lo imposible: transformar esos conceptos en hechos. La ciencia sostiene que las hipótesis que sirven para predecir hechos que luego se demuestran, son tan válidas como los hechos mismos.

El panorama de las ciencias está repleto de hipótesis que han sido aceptadas como hechos científicos, si bien con este término se reconoce que las hipótesis demostradas no son hechos. No hay ninguna forma de hacer de una idea un hecho. El procedimiento científico meramente acepta teorías como verdades científicas mientras estas teorías no sean refutadas. Por supuesto, lo que resulta cuando las ideas que nunca han sido refutadas se aceptan como hechos, es tan solo eso: un montón de ideas cuya falsedad no se ha podido comprobar. Es así como el torbellino de gas de Laplace, la luz como ondas, el ciclo de oxígeno y dióxido de carbono, el electrón, e incluso la teoría newtoniana de la relación entre masa y gravedad de Newton son hechos científicos, es decir, ideas que no se pueden verificar ni refutar.

La tarea que la ciencia tenía por delante al verse ante las pruebas incontrovertibles de un diluvio universal consistía en crear un hecho científico que sirviera como sustituto a las evidencias ya existentes que habían quedado de la inundación real. A principios de la década de 1820, el ingeniero suizo Ignaz Venetz se concentró en analizar los restos de mamuts lanudos descubiertos en depósitos geológicos y señaló que, dado que se estaban encontrando las mismas especies en los sedimentos congelados de Siberia, las áreas donde se encontraban los depósitos deben haber estado cubiertas de hielo en algún momento. Un coro de expertos se sumó a la teoría de Venetz. Entre todos propusieron la idea del lento descenso de los glaciares desde el norte, un proceso que, al visualizarse como el inexorable avance de los cielos a lo largo de eones, capturó hábilmente

*Charles Lyell.*
(Fotografía de
G. Stodart)

el espíritu del uniformismo. Esto quedó expresado en la teoría de Charles Lyell, publicada en la década de 1830, que establece que los procesos geológicos ocurren de forma gradual y no catastrófica. Su reconstrucción de la historia de la Tierra, concentrada en las capas de sedimentos que quedaron luego del retroceso de las aguas, ofrece la explicación de que estos depósitos se formaron durante eones, lo que podía servir para crear un sistema ficticio de datación de la Tierra que negara la historia de la creación según la Biblia.

Una década después, el naturalista suizo Louis Agassiz consolidó las especulaciones de Venetz y su coro de partidarios y se coronó como inventor de la teoría de la Edad de Hielo. La creación de Agassiz para el consumo científico y público es un ejemplo emblemático de la inversión del método científico. En vez de tomar una idea y usar hechos desconocidos para demostrar su validez, tomó datos dispares que conducían inexorablemente a una conclusión incómoda, como la del diluvio universal y reemplazó esta conclusión con otro concepto más satisfactorio, el de la Edad de Hielo. ¡Así fue como Agassiz hizo creer que su teoría era una verdad científica!

*Louis Agassiz*

Como no existe ningún método para demostrar la validez de las *ideas*, estas tienen que ser aceptadas o rechazadas sobre la base de la evidencia que buscan explicar. La teoría de los glaciares no explicaba por qué las marcas (clasificadas como *estrías*) en las que se basa, tan solo aparecen en uno de los lados de las montañas, o por qué los depósitos geológicos (clasificados como *morrenas* para vincularlos a la teoría de los glaciares) contenían restos de animales que solamente se encontraban en regiones ecuatoriales, insectos que se encuentran solo en el hemisferio sur y aves nativas de Asia. Esta teoría no explica por qué los gigantescos peñascos (clasificados como *erráticos* para darles cabida en dicha teoría) fueron encontrados en regiones desérticas donde nunca podría haber llegado un glaciar.

Pero tales discrepancias significaron muy poca cosa comparadas con la realidad científica de los propios glaciares. Su teoría simplemente pasa por alto los hechos básicos de su movimiento. Los glaciares son corrientes de hielo que, al igual que los ríos, se rigen por la gravedad. No suben colinas ni viajan a través de tierras llanas. Sin embargo, como los hechos científicos son simples conceptos, ideas que no se pueden refutar, todo aquel que presente una fuerte confirmación visual de su verdad es aceptado ampliamente y sin cuestiona-miento. Aunque es imposible que los glaciares hayan arrastrado los bloques erráticos a través de los miles de kilómetros de distancia requeridos para alcan-zar y cubrir toda la campiña europea, el hecho de que el Polo Norte está "allá arriba" en el globo terráqueo se consideró razón suficiente para suponer que la gravedad fue la causante de que los glaciares se desplazaran "hacia abajo" sobre la superficie de la Tierra.

Nadie ha presentado la hipótesis de que el hemisferio sur del planeta es-tuviera cubierto por campos de hielo, porque ello requeriría que los glaciares desafiaran a la fuerza de gravedad y viajaran "hacia arriba" de la superficie del globo desde el Polo Sur.

En cosas como estas es que la ciencia empírica basa sus conceptos sobre la realidad.

Al igual que la teoría del torbellino de gas de Laplace, propuesta cuatro décadas antes de la de Agassiz, que sentó la base para transformar teorías en hechos científicos en sí mismos, la de la Edad de Hielo no era más que una pro-puesta, una posible explicación de la realidad observada. Al ver las pruebas del diluvio universal descrito en la Biblia, la ciencia inventó la Edad de Hielo para no tener que dar la impresión de que confirmaba un suceso descrito en aquel texto sagrado.

Una vez que la teoría de la Edad de Hielo fue aceptada como realidad, el último obstáculo con que tropezaba la ciencia era la necesidad de producir un modelo que explicara cómo la Tierra pudo experimentar semejante variación de sus temperaturas, una tarea en la que se ha fracasado hasta hoy. Entretan-to, nuevos descubrimientos siguen apuntando hacia el acaecimiento de una inundación universal y reafirman lo indicado en cientos de mitos y relatos tra-dicionales recién descubiertos que atestiguan la reali-dad del diluvio. Los mismos depósitos geológicos que contenían los huesos de mamuts lanudos que dieron origen a la idea de la Edad de Hielo también conte-nían, además de restos de animales exóticos, partes de insectos y pájaros que nunca han convivido en el mismo hábitat, así como rastros de vegetación que no podían haber sido nativas del área donde se en-contraron los depósitos. No existe hasta el momento una forma de explicar esta mezcla de vida mediante la teoría del movimiento de los glaciares.

Es como si todas las criaturas, los árboles y la

*Pierre-Simon de Laplace*

vegetación de la Tierra hubieran quedado atrapadas en enormes remolinos de agua, mezcladas y luego depositadas en cualquier lugar al calmarse las aguas. Estas mezcolanzas de formas de vida no solo se encontraron al pie de las laderas noroccidentales de las cordilleras, sino en depósitos que llenaron valles aislados y formaron islas completas en el Ártico. Estos yacimientos de huesos contienen, además de restos de animales de climas cálidos, incontables troncos de árboles con sus raíces intactas. Estos árboles solo habrían podido crecer más abajo de la línea ártica donde terminan los bosques.

¡Pero la ciencia no se apresuró a proclamar la existencia de una era de calentamiento!

Por el contrario, tan pronto como la Edad de Hielo devino un hecho científico, los restos fósiles encontrados en los depósitos geológicos, incluidos los de mamuts lanudos, desaparecieron del discurso oficial y las rebautizadas morrenas se convirtieron en simples mezclas de piedra y arena. Cuando esa misma clase de amasijos de vida animal y vegetal fue encontrada en las profundidades de algunas cuevas, un fenómeno que tan solo pudo haber ocurrido si habían sido arrastrados a sus grietas y hendiduras gracias a la acción de ingentes cantidades de aguas en retroceso, los científicos determinaron que estas cavernas constituían anomalías sin significado alguno y las evidencias fueron excavadas hasta que no quedó ni rastro de ellas.

Luego se encontraron huellas de que las islas dispersas del océano Pacífico habían albergado en algún momento a una civilización que se extendía desde las costas de Asia hasta las de América del Sur. Las crónicas de Platón sobre una civilización perdida, que se pueden leer en el Timeo y el Critias, siempre han sido objeto de debate sin mayores consecuencias debido a la falta de evidencia física terrestre que las apoyara. Las pirámides, esas estructuras imposibles, siempre habían existido pero nunca hubo un contexto que les diera sentido hasta que empezaron a salir a la luz los descubrimientos de antiguas ciudades en el océano Pacífico y luego en América del Sur y Central.

Al ser evidentes las similitudes encontradas entre diversas sociedades megalíticas, los teóricos aplicaron el término difusión para describir la forma en que la cultura se traspasa de un grupo de personas a otro. Como la difusión cultural volvía a apuntar con claridad hacia la posible existencia de una civilización antediluviana, provocaron la reacción de la ciencia convencional que invocó la primera regla de la arqueología: la ley férrea de que ninguna transmisión cultural se extiende más allá de las costas de los océanos. A la par, se forjó un movimiento social destinado a preservar la dignidad de las poblaciones indígenas frente a la intrusión de las tecnologías modernas.

En Estados Unidos a finales del siglo XIX, el trabajo de establecer que las comunidades nativas jamás habían sido influenciadas por el contacto con el mundo exterior recayó sobre el mayor John Wesley Powell, creador y director del Departamento de Etnología del Instituto Smithsoniano; fundador y presidente del influyente Club Cosmos; fundador y presidente de la Sociedad de Antropología de Washington; uno de los primeros miembros de la Sociedad de Biología de Washington; organizador de la Sociedad Geológica de Washington; fundador de la Sociedad National Geographic así como de la Sociedad Geológica de Estados Unidos, y presidente de la Asociación Estadounidense para el Avance de la Ciencia.

Durante el siglo XIX, a lo largo y ancho de Norteamérica se estaban descubriendo pruebas tanto de presencia europea como de civilizaciones prehistóricas, principalmente en los túmulos que pueblan el paisaje rural del este de las montañas Rocosas. Powell envió a sus emisarios del área de etnología para que destruyeran de forma sistemática los túmulos y cualquier evidencia en ellos que apuntara a influencias de origen no nativo, con lo que erradicaron por completo esos elementos de la historia del continente norteamericano.

El prestigio y fanatismo de Powell, junto con las nuevas leyes contra la difusión cultural indígena, se tradujeron en una norma científica extendida por el mundo, según la cual las estructuras megalíticas, sin importar su origen, serían creación original de quienes habitaran esas regiones en el momento del descubrimiento de dichos monumentos. Así, se le enseñó al mundo que las pirámides egipcias son producto de cazadores y recolectores que descubrieron la agricultura a las orillas del Nilo; que los enormes complejos megalíticos de América fueron erigidos por los antepasados de los nativos que Hernán Cortés derrotó tan fácilmente y que los monumentos megalíticos que se encuentran en las islas del Pacífico fueron construidos por los antepasados de los nativos, quienes habrían dejado sus embarcaciones e instrumentos de pesca durante un tiempo suficiente como para esculpir y excavar ciudades enteras en placas de roca de cincuenta toneladas de peso.

En aquel tiempo no había cabida para un pasado con una civilización megalítica o una global antediluviana aunque esta pudiera explicar tanto la presencia de los restos físicos encontrados como la inundación que las llevó a su fin. El pasado estaba dominado por la teoría de la Edad de Hielo creada para sustituir la posibilidad de un diluvio que habría destruido a esa civilización mundial.

En la actualidad estamos atascados con la verdad científica, el mito de que el hielo pudo deslizarse desde el Polo Norte y cubrir Europa y Norteamérica. Una vez que la comunidad científica acepta una teoría como un hecho, cualquier evidencia es aceptable siempre que se presente en forma que no contradiga la teoría. Al mismo tiempo, ninguna cantidad de pruebas será nunca suficiente para refutarla. Al no tener oposición, la idea pasa a ser uno de los principios fundadores de nuevos campos de investigación. Entonces, no hay cabida para un nuevo Agassiz que trate de llenar el vacío creado por el abrumador deseo de desacreditar un acontecimiento descrito en la Biblia, ni un nuevo Powell que sea lo suficientemente poderoso para deshacer el daño infligido por el verdadero Powell.

Esto se debe a que ya no existe un supervisor de toda la especialidad, pues esta se encuentra fraccionada en muchas disciplinas cuyos discípulos pueden ser responsables cuando se declara falsa a la teoría. Cuando en los campos particulares que han adoptado el hecho científico de la Edad de Hielo surgen personas que intentan desafiar tal teoría, son acusados de operar al margen de su área de competencia.

La Edad de Hielo se ha convertido en algo más real que las rocas estriadas, que las montañas afectadas por las morrenas y que el concepto de bloques erráticos creado a la medida de su explicación. Se trata de una visión inexistente que, más que el paisaje mismo, es un accesorio visible de este.

Sin embargo, siguen apareciendo evidencias sobre una inundación. Las impresionantes ruinas de una ciudad sumergida en las costas de la isla de Yonaguni en Japón han producido una tormenta de controversias, superada por los gritos de ira en contra del posterior descubrimiento de los restos de una inmensa ciudad sumergida cerca del extremo occidental de la isla de Cuba, al este de la península de Yucatán. Antes de que los críticos llegaran a desgañitarse ante este hallazgo, hizo su aparición una sorprendente ciudad sumergida en el golfo de Cambay, en la India, que llevó a que delirantes de la ciencia convencional, como Richard Meadows, arqueólogo de la Universidad de Harvard, lucharan para que se formara una comisión internacional que tomara el control sobre el tipo de información que se permitiera publicar con respecto a esta clase de descubrimientos.

Cualquier investigador que intente explicar estos nuevos datos sobre nuestro pasado, choca con la realidad científica inexpugnable de la teoría de la Edad de Hielo al tratar de explicar los hechos. Si reconoce esa teoría, termina distorsionando aun más nuestra perspectiva de la realidad. Algunos investigadores echan mano a la hipótesis del "desplazamiento de la corteza terrestre" sugerida por Charles Hapgood y explicada por los Flem-Ath, quienes sostienen que las partes de la Tierra que están ahora en los polos se encontraban en el pasado más hacia el ecuador y especulan que un acontecimiento de tal magnitud pudo ser el causante de movimientos masivos de los océanos. Otros se adhieren a la teoría de que gigantescos cometas o meteoritos hicieron que el eje de la Tierra se inclinara, provocando el desplazamiento de los océanos. Unos más creen que el acercamiento de agujeros negros provocó el alza del nivel de agua de los océanos. Graham Hancock, el proponente más eficaz de la teoría de una civilización mundial, cree que las capas de hielo que se derritieron eran como enormes represas de agua, en concordancia con una teoría de la Edad de Hielo, propuesta originalmente por el fallecido profesor Cesare Emiliani. Según Hancock, estas represas se rompieron, lo que habría dado lugar a la inundación masiva que sumergió a estas ciudades.

Estas teorías buscan alinear la realidad con el mito científico de la Edad de Hielo y no explican de dónde vino el agua de la inundación, es decir, el agua cuyo peso hundió a las tierras limítrofes de los océanos Pacífico y Atlántico y acercó las orillas de dichos océanos a las cumbres montañosas. Pero yo prefiero buscar una respuesta al origen de las inundaciones en otra parte que no sea la Tierra. A mi entender, la fuente más obvia sería la Luna, cuyos fondos marinos delineados en su superficie han sido por largo tiempo reconocidos como vestigios de mares y océanos, tal como lo sugieren sus nombres.

Especulemos por un momento y digamos que la gravedad, más que un resultado estático de la masa, es un producto dinámico del comportamiento de la materia, en este caso del enfriamiento. Tal conclusión se apoya en el hecho de que las medidas del producto del enfriamiento, las emisiones electromagnéticas tales como la luz, son idénticas a las medidas de la gravedad y ambas disminuyen en forma inversamente proporcional al cuadrado de su distancia. Dado esto, la Luna, al ser más pequeña que la Tierra, se habría enfriado primero, disminuyendo su campo gravitacional y permitiendo que la Tierra, aún caliente y con un campo gravitacional más fuerte, atrajera sus océanos a través del espacio.

Según nuestro punto de vista, intentar estar en desacuerdo con la naturaleza de la gravedad estática que hizo que las masas de hielo se deslizaran lentamente por los costados del planeta es un pecado aun más grave que afirmar que los mil millones de kilogramos de cobre extraídos en la región del norte de Michigan durante la Edad de Bronce en el Mediterráneo, fue la base de la Edad de Bronce. La gravedad es una propiedad más que un proceso dinámico y el cobre de Norteamérica no pudo haber cruzado el océano. Nos enfrentamos a un proceder científico que equipara ideas a hechos que, una vez establecidos como realidad consensuada, se hacen intocables porque, al no haber evidencia de su validez, tampoco la hay de su falsedad.

La Edad de Hielo fue creada como base hipotética general para contrarrestar la posibilidad de que las evidencias encontradas en distintas partes del mundo pudieran utilizarse para respaldar las interpretaciones bíblicas de la realidad. Nadie quiere volver al período feudal de la ciencia, en que el conocimiento pasaba por el filtro del sistema de creencias diseñado para proporcionarnos la salvación. Sin embargo, se ha consagrado un sistema científico que entroniza ideas improvisadas de personas que vivieron antes de que se descubriera el átomo y la electricidad, e incluso antes de que se supiera que algunas estrellas son en realidad galaxias. En suma, estamos permitiendo que nuestras perspectivas de la realidad sean controladas por conceptos imposibles de verificar, propuestos por hombres ya desaparecidos que relativamente no sabían nada.

Como la ciencia ya no está unificada, sino que ha quedado fragmentada en miles de disciplinas distintas, estas ideas incorporadas se filtran en ellas sin ser confrontadas y, de este modo, se vuelven inamovibles. Si no nos damos a la tarea de desafiar a cada paso del camino y de manera consciente las suposiciones básicas, quienes estemos involucrados en la búsqueda de explicaciones para la realidad de nuestra existencia (en este caso, las pruebas relativas a una civilización global antediluviana), nos encontraremos atrapados en el mismo paradigma que estamos intentando despejar.

# 7 El suplicio de Immanuel Velikovski

Mientras los catastrofistas ganan terreno, un precursor recibe un reconocimiento que se le debía desde hace mucho

## John Kettler

Tal vez no nos demos cuenta, pero estamos en medio de la agonía de una doctrina geológica fundamental, el uniformismo, que afirma que los procesos geológicos de hoy son los mismos de siempre y que los cambios ocurren mediante un proceso gradual a lo largo de eones.

Muy bien, ahora traten de contar esa historia a los niños. En clases, y a través de la televisión y las películas, se les ha dado una visión mucho más radical, geológicamente hablando, sobre cómo funciona el mundo. Tal modelo se denomina catastrofismo y su ejemplo en la actualidad es el famoso "asteroide que extinguió a los dinosaurios". Efectivamente, hablamos del cráter de Chicxulub en Yucatán, creado por el impacto de un asteroide hace unos sesenta y cinco millones de años.

En 1950, decir esto era la máxima herejía científica concebible. El hereje mayor era un hombre llamado Immanuel Velikovski, que hizo grandes contribuciones a diversas disciplinas, pero que hoy en día es prácticamente desconocido, incluso por muchos de los que se benefician directamente de su obra precursora.

Velikovski fue un ruso judío, nacido el 10 de junio de 1895, en Vítebsk. Desde niño dominó varios idiomas y en 1913 se graduó de secundaria con medalla de oro, con un desempeño excepcional en las materias de Ruso y Matemática. Luego estuvo fuera de su país de origen durante un tiempo, viajó por Europa y Palestina y tomó cursos de ciencias naturales (para luego estudiar medicina) en la Universidad de Edimburgo. Volvió a la entonces Rusia zarista antes del inicio de la Primera Guerra Mundial y se matriculó en la Universidad de Moscú. De alguna forma no fue arrasado por la masacre en el Frente Oriental ni por la guerra civil cuando los bolcheviques tomaron el poder en 1917. Obtuvo en 1921 un título de Medicina, además de tener amplios conocimientos en Historia y Leyes.

*Moisés y las siete plagas de Egipto*
(DISEÑO DE JOHN MARTIN)

Poco después, se trasladó a Viena, donde se enamoró y se casó con la joven violinista Elisheva Kramer. En la capital austriaca, fue editor de *Scripta Universitatis,* una importante publicación académica que contó con la colaboración de Albert Einstein en la sección de Matemática y Física. Además, estudió psicoanálisis con el discípulo de Sigmund Freud, Wilhelm Stekel y, en Zúrich, estudió el funcionamiento del cerebro.

Hacia 1924, Velikovski y su esposa vivían en Palestina, donde se dedicó al psicoanálisis. Continuó su trabajo como editor académico y se hizo cargo de la *Scripta Academica Hierosolymitana,* una gran obra de la erudición judía. En 1930 hizo su primera contribución original con una investigación en la que aducía que los epilépticos presentan patrones característicos de encefalogramas patológicos. Parte de su investigación apareció en la publicación *Imago* de Sigmund Freud. Sin embargo, sería la obra *Moisés y la religión monoteísta,* del propio Freud, lo que sembraría la semilla del destino de Immanuel Velikovski y lo conduciría, desde sus tranquilas incursiones en la salud mental y la formulación de grandes ideas, a la fama mundial, a diez años de ostracismo académico y a la difamación y el desprecio que lo acompañaron por el resto de su vida.

La "semilla" fue la duda constante sobre si el héroe de Freud, el faraón iconoclasta y monoteísta Akenatón, pudo ser el modelo en la vida real para Edipo, el personaje de leyenda cuyos extraños deseos y terribles actos, en opinión de los freudianos, subyacían en la psiquis de todo hombre joven. Posteriormente, Velikovski propuso en *Edipo y Akenatón* que este último había sido en verdad el modelo real de la trágica leyenda. En 1939, se tomó un año sabático y viajó con su familia a Estados Unidos semanas antes de que estallara la Segunda Guerra Mundial. Pasó los ocho meses siguientes haciendo investigaciones en las excelentes bibliotecas de Nueva York.

En abril de 1940, otro asunto clave ocupó la mente inquieta del científico, un intelecto bien entrenado en historia antigua y embebido en la fe hebrea. ¿Existiría en los registros egipcios alguna evidencia de las grandes catástrofes que según la Biblia precedieron al Éxodo?

Velikovski buscó y dio con lo que se conoce como el papiro de Ipuur, que contiene las lamentaciones de un sabio egipcio con este nombre en relación con una serie de desastres que acontecieron en su amado país. Las calamidades coincidían con las que se describen en el libro del Éxodo, fuente de la conocida descripción bíblica de cómo "el granizo y la lluvia de fuego" destruyeron las cosechas de Egipto.

Este insólito bombardeo fue achacado a la intervención humana. Las primeras versiones occidentales de la Biblia que incluyen esta referencia se remontan al siglo XVII y no fue sino después de mediados del siglo XVIII que surgió el concepto científico de *meteorito*. De este modo, cuando los traductores se encontraron con la palabra hebrea *barad* (piedra) en los manuscritos tempranos, decidieron traducirla por "granizo". La descripción reiterada tanto en mitos y leyendas como en narraciones históricas de una "brea ardiente" que caía de los cielos, ya había llamado la atención de Velikovski. A partir de esto, comenzó a desarrollar profundas introspecciones relativas a la naturaleza y estructura de Venus (más adelante volveremos sobre este tema).

El descubrimiento del papiro de Ipuur lo lanzó nada más y nada menos que a intentar una conciliación entre las reñidas cronologías hebrea y egipcia, un esfuerzo que al final lo llevó a una guerra académica con egiptólogos, arqueólogos e historiadores de la antigüedad, cuando publicó, en 1952, *Ages in Chaos [Eras de caos]* y, en 1955, *Earth In Upheaval [La tierra convulsionada]*, obra en la que presenta evidencias geológicas y paleontológicas para *Worlds in Collision [Mundos en colisión]*. Velikovski tuvo un encontronazo titánico con todo tipo de astrónomos, cosmólogos, expertos en mecánica celeste y académicos, cuando en 1950 se atrevió a poner en duda el pulcro modelo de un cosmos ordenado y altamente estable al publicar su libro *Mundos en colisión*.

La idea fundamental de la que nace el libro se le ocurrió en octubre de 1940 mientras leía el libro de Josué y se percató de que, después de una lluvia de meteoritos, se decía que "el Sol se detuvo". Esto le hizo preguntarse si acaso esta sería la descripción de un acontecimiento global más que de uno local. Buscó evidencia tanto en la historia y la arqueología como en los mitos, leyendas y recuerdos reprimidos de toda la humanidad, para lo cual su entrenamiento en psicoanálisis le proporcionaba una base excelente. Lo que encontró le indicó que Venus había sido el principal protagonista en una serie de cataclismos registrados en todo el mundo. También le hizo preguntarse si dicho planeta estuvo relacionado con los trastornos que precedieron al Éxodo.

Durante diez años, Velikovski, ahora residente permanente en Estados Unidos, siguió investigando para sus dos obras, mientras trataba de encontrar un editor para *Mundos en colisión*. Luego de veinticuatro intentos fallidos, la importante editorial de libros académicos Macmillan Company aceptó editarla. Los demás autores científicos que allí publicaban y los académicos que compraban los libros aplicaron tácticas abiertas de presión en un intento de evitar la salida de esa publicación, pero no disuadieron a los editores.

No obstante, cuando *Mundos en colisión* se convirtió en el mayor éxito de ventas de Macmillan, la presión se había vuelto tan grande que la editorial terminó traspasando sus derechos a Doubleday, su competidor. Bajo el nuevo sello editorial, el libro siguió gozando de un éxito mundial, que se acrecentó considerablemente por la reacción unánime del público de condena contra las tácticas de presión.

## FAMOSO INTERNACIONALMENTE, PERO CONDENADO POR LA CIENCIA

*Mundos en colisión* fue como una detonación en pleno centro de la astronomía, cuyo pulcro modelo de un sistema solar estable no incluía en absoluto la posibilidad de que algún planeta se hubiera desviado de su órbita y provocado una destrucción mundial, y mucho menos en repetidas ocasiones. La versión más breve de la premisa de Velikovski era que Venus no había sido siempre un planeta. En lugar de ello, el científico teorizó que salió lanzado como un cometa desde el interior de Júpiter, con una órbita en extremo excéntrica debido a la cual, o bien sucedió una colisión directa con la Tierra, o estuvo varias veces tan cerca de nuestro planeta que desató cataclismos que arrasaron con reinos completos en todo el globo antes de que nuevo planeta "se calmara al ocupar su lugar". En el libro también se argumentaba que hay información de que estos hechos ocurrieron en épocas conocidas de la historia.

Consideremos por qué surge la controversia en el momento de la publicación de este libro. Corría el año 1950 y Estados Unidos, que había triunfado en la Segunda Guerra Mundial, gozaba de gran prosperidad y optimismo. Las personas, tal vez en reacción al caos y el horror de la guerra que acababa de terminar y de lo que se percibía como la amenaza emergente del comunismo global (los soviéticos repentinamente tenían la bomba atómica en 1949), cerraron filas, volvieron al trabajo y reanudaron sus vidas o las comenzaron desde cero. Se hacía énfasis en el patriotismo, la conformidad y el consumo. ¡Qué ironía, entonces, que el público (en su reacción contra la censura del libro) resultara ser más abierto de mente de lo que debieron haber sido la propia academia y la ciencia! Pero así fue.

La revista *Selecciones del Reader's Digest,* reducto del conservadurismo norteamericano, se refirió a la importante obra de Velikovski en estos términos: "Fascinante como un cuento de Julio Verne, pero documentado con una erudición digna de Darwin". El *New York Herald-Tribune* lo describió como "un espléndido panorama de historias terrestres y humanas" y la revista *Pageant* resumió maravillosamente la reacción del público al decir: "Nada ha excitado tanto la imaginación del público durante los últimos años". Todos estos son comentarios publicados en la contracubierta de la edición de Dell, en su undécima impresión, de 1973, correspondiente a la copia que posee este autor. La primera edición de bolsillo se publicó en 1967, unos diecisiete años después de que *Mundos en colisión* hubiera salido a la luz en tapa dura.

La reacción del mundo científico y académico hacia la obra, en lo general, estuvo presagiada por la extorsión hacia Macmillan Company, antes y después de su publicación. A medida que el libro comenzó a despertar el interés y la aclamación del público (y, en algunos casos, de los propios científicos), se echó por la borda toda pretensión de discusión amable. Empezaron las cartas amenazantes, las intimidaciones abiertas, en fin, todo un mar de lodo e inmundicias. Los ataques iban dirigidos principalmente a tres destinatarios: el público, la comunidad científica y académica y el propio Immanuel Velikovski. En muchos casos ni siquiera se tuvo la decencia de haber leído efectivamente el libro antes de denunciar la obra y a su autor.

Aún antes de que Macmillan publicara el libro, el conocido astrónomo Harlow Shapley trató de emponzoñar la opinión pública mediante una publicación académica en la que expuso las críticas de un astrónomo, un geólogo y un arqueólogo, ninguno de los cuales había leído el libro. Dicho patrón se repitió una y otra vez.

Shapley y sus seguidores también se las ingeniaron para lograr que fuera despedido el editor especializado de mayor antigüedad (veinticinco años en

Macmillan Company), que había aceptado la publicación de *Mundos en colisión*. Shapley consiguió además el despido del director del famoso Planetario Hayden por el terrible crimen de proponer hacer una exhibición allí de la particular teoría cosmológica de Velikovski. Mientras tanto, el científico seguía recibiendo ataques sistemáticos en revistas científicas a través de distorsiones, mentiras, malas interpretaciones, acusaciones de incompetencia y ataques personales, sin cabida a la réplica para defenderse.

Curiosamente, uno de los atacantes de Velikovski fue el astrónomo Donald Menzel, a quien el investigador en ovnilogía Stanton Friedman ha identificado como un importante agente especializado en desinformación durante la Segunda Guerra Mundial. Menzel se destacó en desenmascarar asuntos relacionados con el fenómeno de los OVNI, pero su nombre aparece en el célebre documento SECRETO MÁXIMO (Palabra clave) MJ-12, donde figura como parte del equipo que investigó encubiertamente el accidente ocurrido en Roswell en julio de 1947, del que se supone que se obtuvieron tecnologías que se abordaron en un artículo de *Atlantis Rising* titulado "La lucha por la tecnología extraterrestre: Jack Shulman se muestra impertérrito ante la escalada de amenazas".

Echemos un vistazo a algunas de las entonces afirmaciones descabelladas de Velikovski, para ver si tenía razón o no. (Sus afirmaciones aparecen resaltadas en negrita).

**Venus es caliente.**

Correcto. El científico afirmaba que, en tiempos no muy lejanos, Venus se encontraba en estado incandescente y que, por lo tanto, aún estaría caliente. Las mediciones hechas en 1950 a las nubes venusianas habían arrojado temperaturas muy por debajo del punto de congelación tanto de día como de noche. Pero, en 1962, la sonda de la NASA Mariner II mostró que la temperatura de la superficie era de 427 °C, más que suficiente para derretir el plomo. Sondas posteriores determinaron que el valor exacto era de alrededor de 537 °C.

**Un gran cometa chocó contra la Tierra.**

Correcto. Incluso antes de que la famosa historia de Chicxulub se hiciera pública, en agosto de 1950, los investigadores habían encontrado ricos depósitos de níquel meteórico en el limo rojo de los fondos oceánicos y, en marzo de 1959, se halló un estrato de ceniza blanca en mares profundos, depositada durante la "colisión de un cometa" o "el extremo ígneo de cuerpos de origen cósmico".

**Algunas colas de cometas y meteoritos contienen hidrocarburos.**

Correcto. En 1951, los análisis espectrales revelaron la presencia de estos compuestos en las colas de los cometas. En 1959, se observó que los hidrocarburos que se encuentran en los meteoritos están constituidos por muchas de las mismas ceras y sustancias que se encuentran en la Tierra.

**Se hallará evidencia de hidrocarburos de petróleo en la Luna.**
Correcto. Las muestras traídas por la misión Apolo XI contenían evidencia de materia orgánica en forma de hidrocarburos aromáticos.

**Júpiter emite ruidos radioeléctricos.**
Velikovski hizo esta afirmación en 1953, en Princeton. Dieciocho meses después, dos científicos del Instituto Carnegie anunciaron haber recibido fuertes señales de radio desde Júpiter, que hasta entonces se creía un cuerpo frío cubierto por miles de kilómetros de hielo. En 1960, dos científicos del Instituto Tecnológico de California descubrieron que dicho planeta estaba rodeado de un cinturón de radiación que emitía 1014 veces más energía de ondas de radio que el cinturón van Allen de la Tierra.

¿Debemos creer que solo se trata de "felices coincidencias" y "casualidades"?

Volvamos ahora sobre el principal y único "crimen" de Velikovski, que además de ponerlo en un aprieto, lo mantuvo en esa situación: sus investigaciones interdisciplinarias.

## VELIKOVSKI: HEREJE CIENTÍFICO INTERDISCIPLINARIO

El doctor Lynn Rose escribió en la revista *Pensée* una serie de artículos en los que reconsideraba a Velikovski. En uno de ellos, titulado "La censura a la síntesis interdisciplinaria de Velikovski", notó una tendencia automática de todas las disciplinas científicas hacia el uniformismo. Este rasgo había nacido del profundo desconocimiento de las evidencias encontradas por otras disciplinas sobre el catastrofismo, lo que condujo a su ignorancia o rechazo en otros campos específicos.

Como expresara el doctor Rose: "Cada disciplina aislada tiende a ser ajena a la información catastrofista que en otras especialidades se mantiene oculta, como si se tratara de esqueletos en el armario. Velikovski ha sacado esos distintos esqueletos y los ha sacudido fuertemente para que todos oigan. Su sugerencia es que cuando se da una mirada a la totalidad de las evidencias sin restringirse al número limitado de 'hechos' que cada grupo de especialistas generalmente considera, se hace posible establecer una tesis sólida a favor del catastrofismo".

Decir que el estrépito de esos esqueletos no fue bien recibido por muchos, sería quedarse corto. El profesor de astronomía de la Universidad de Michigan, Dean B. McLaughlin, escribió el 20 de mayo de 1950 una carta de protesta y amenaza a Macmillan Company (citada por el doctor Rose) en la que decía: "La afirmación de una eficacia universal, es la marca inequívoca del charlatán . . . Hay especializaciones dentro de cada especialidad. . . . Pero ningún hombre hoy en día puede pretender corregir errores más allá que en un pequeño subcampo de la ciencia. Sin embargo, ¡Ve-likovski afirma que es capaz de poner en duda los

*Immanuel Velikovski*

principios básicos de varias ciencias! ¡Eso sí que es delirio de grandeza!"

¿Explica esto en parte por qué Velikovski fue crucificado y luego relegado al ostracismo por la mayor parte de la comunidad científica?

¿Explica esto por qué fue vituperado hasta la saciedad cuando tuvo su "día para ser escuchado", veinticuatro años después de la publicación de *Mundos en colisión*? Ese día llego cuando se convocó a una reunión especial de la Asociación Estadounidense para el Avance de la Ciencia, que tuvo lugar el 25 de febrero de 1974, en San Francisco. La concertó Carl Sagan y se suponía que sería un foro justo. En lugar de ello, se convirtió en una desaprobación deshonrosa de Velikovski, un ataque inmoral de todos contra un hombre de setenta y nueve años, de hablar sereno, bombardeado por objeciones y afirmaciones y a quien no se le dio prácticamente ni un instante para contestar. Soportó dos sesiones de este abuso, que duró siete horas y, aunque se las arregló para anotarse algunos buenos puntos, varios de los que presenciaron este fraude aseguraron que, en general, no le fue muy bien. Y no le fue mejor a Albert Michelson (famoso por haber medido la velocidad de la luz), quien lo respaldaría con un documento clave que solo se le permitió leer momentos antes de que los periodistas salieran a despachar sus historias.

Los asombrosos hallazgos hechos por las sondas planetarias pusieron fin al exilio académico de Velikovski y saturaron su agenda. Siguió investigando hasta su muerte en 1979 y nos dejó un valiosísimo conjunto de trabajos publicados e inéditos.

# 8 Los peligros de la amnesia planetaria

El creciente consenso sobre un antiguo
cataclismo hace reconsiderar el legado de un
genio rechazado

## Steve Parsons

Hubo un momento en que Immanuel Velikovski fue conocido y respetado como erudito de clase mundial. Luego de haber estudiado en Edimburgo, Moscú, Zúrich, Berlín y Viena, ganó reputación como psicoanalista consumado con estrechos lazos con Albert Einstein y Wilhelm Stekel, primer discípulo de Freud.

Pero, cuando en 1950 decidió publicar su libro *Mundos en colisión,* un gran éxito de ventas bajo el sello editorial de Macmillan Company, su brillante reputación en las salones de la ciencia se desplomó hasta lo más bajo. El reconocimiento de que gozaba como investigador y académico desapareció por el resto de su vida. De la noche a la mañana, se convirtió en persona no grata en instituciones universitarias de Estados Unidos y su obra fue repudiada por la comunidad científica astronómica.

¿Cómo es posible que este judío erudito, originario de Rusia, educado en los centros de enseñanza más respetados del mundo, hubiera atraído sobre sí semejante tormenta de críticas? ¿Qué fue lo que provocó que hombres influyentes en el mundo de las ciencias, basados en rumores, lo señalaran como mentiroso y charlatán y hayan jurado nunca leer su famoso libro? ¿Por qué profesionales respetables perdieron sus empleos por cometer el crimen de recomendar que se abriera una investigación sobre las conclusiones de Velikovski?

Luego de examinar los registros dejados por culturas antiguas alrededor del mundo, este estudioso hizo tres afirmaciones muy insólitas en su citado libro. Propuso lo siguiente: (1) que el planeta Venus se había movido en una trayectoria orbital altamente irregular, pasando muy cerca de la Tierra en tiempos no tan lejanos; (2) que las fuerzas electromagnéticas y electrostáticas operan a escala planetaria, con suficiente poder como para afectar el movimiento y la actividad de otros planetas; y (3) que, en la antigüedad, Venus fue un enorme cometa que inspiró admiración y miedo en los corazones de nuestros antepasados distantes.

Sus conclusiones fueron controvertidas, pero este simple hecho no justifica la intensidad de las reacciones provenientes de los sectores académicos. La polémica como tal no puede explicar por qué el célebre astrónomo Carl Sagan sostuvo durante años una campaña personal de desprestigio en su contra. Normalmente, el mercado de las ideas tiene espacio para un amplio abanico de pensamientos, desde los insólitos hasta los aburridos, pero no fue así esta vez.

La novedad sin par de la obra de Velikovski no puede explicar por qué el doctor Harlow Shapley, director del Observatorio de Harvard, junto al reputado astrónomo Fred Whipple y otros científicos influyentes, decidieron obligar a Macmillan Company a suspender la publicación del libro y a despedir al editor James Putnam, aun cuando *Mundos en colisión* se había colocado en la cima de la lista de los libros más vendidos. Algunos han especulado que solamente el efecto de la verdad sobre el nervio sensible de la negación colectiva pudo haber causado que personas adultas se salieran de sus cabales hasta tal punto.

Solo un trauma profundamente oculto en la conciencia colectiva podía generar una furia tan irracional. En el caso del "asunto Velikovski", la frenética defensa organizada de las creencias entronizadas dio como resultado uno de los episodios más patológicos de la historia de la ciencia. ¿Acaso Immanuel Velikovski había roto el velo de la "amnesia planetaria"?

Como psicoanalista, estaba bien cualificado para reconocer la patología en la conducta humana. En una obra posterior, *Mankind in Amnesia [La amnesia de la humanidad]*, afirma que los sabios de la antigüedad experimentaron un estado mental de pánico, atormentados por un miedo particular que se basaba en terribles acontecimientos que sus antepasados habían experimentado cuando el mundo había sido destrozado por fuerzas monstruosas de la naturaleza. Describió el mecanismo según el cual estos traumas colectivos profundos fueron gradualmente reprimidos y olvidados durante años, aunque no eliminados del todo.

La cosmología de Aristóteles, que dominó el pensamiento académico durante dos mil años, actuó con sorprendente precisión para suprimir todo temor persistente de un desorden planetario. Luego, en el siglo XIX, la ciencia moderna acordó que el sistema solar, la Tierra y todas las formas de vida de nuestro planeta jamás habían pasado por ningún tipo de fase desordenada o traumática en el pasado. Esta idea, conocida como uniformismo, se convirtió en un dogma científico establecido. Las mareas del pensamiento humano apartaron con éxito cualquier recuerdo consciente al respecto, pero las evidencias indican que esta reminiscencia sigue latente en la psiquis colectiva de la humanidad.

Velikovski comprendía nuestra tendencia humana a reprimir los traumas, pero también la de expresarlos y repetirlos de manera peculiar. Por ejemplo, las primeras guerras de conquista se habrían llevado a cabo como un ejercicio ritual consciente para revivir el caos y la destrucción causada por los dioses planetarios de la antigüedad.

En el mundo actual, casi no reconocemos la propia violencia y, ciertamente, no la asociamos con nuestras raíces ancestrales. Así es la naturaleza de los traumas reprimidos. Uno no ve su propia sombra.

En un inicio, Velikovski creyó que los propios mecanismos de contrapesos y equilibrios de la ciencia alentarían a otros a examinar sus conclusiones y realizar sus propias investigaciones en líneas similares. Desgraciadamente, antes de morir en 1979, había llegado a la conclusión de que sus ideas jamás serían tomadas en serio por la ciencia convencional. Aunque a principios de los años setenta se despertó un renovado interés público por su obra, las puertas académicas han permanecido herméticamente cerradas sobre este tema hasta el día de hoy. Tan solo los individuos más motivados y con apoyo económico independiente han podido continuar las investigaciones allí donde él las dejó.

Curiosamente, los resultados recientes del programa espacial han confirmado mucho de lo que afirmaba. Considérense los siguientes rompecabezas con respecto a Venus.

Este planeta gira en dirección opuesta a la de sus iguales y tiene una temperatura de 537 °C, mucho más elevada de lo previsible para un objeto en su posición orbital. Su composición química rompe con la teoría establecida de la formación planetaria. Las capas altas de su atmósfera están marcadas por vientos extremos, más rápidos que la velocidad de rotación y las capas bajas, en calma, se ven afectadas por continuas descargas eléctricas. El planeta está cubierto por cien mil volcanes que han modificado por completo la superficie del planeta en una época geológica reciente.

Por último, las teorías convencionales no pueden explicar que este planeta tenga el remanente invisible de una cola, como la de un cometa, que se extiende a lo largo de más de cuarenta y cinco millones de kilómetros en el espacio. Dicha cola fue detectada por el satélite SOHO, desde su órbita terrestre, y dada a conocer en el número de junio de 1997 de la revista *New Scientist*. Se podría decir que el rompecabezas de Venus cobra sentido si se estuviera dispuesto a admitir lo que decían los pueblos de la antigüedad, al asegurar que era un cometa. Lo llamaban la estrella de cabellos largos, la estrella con barbas y la estrella de la bruja. Decían que Venus tomó la forma de una diosa, con su dualidad entre lo hermoso y lo terrible y que era un feroz dragón que había atacado al mundo. Un cuerpo recién llegado al sistema solar, que aún no ha alcanzado un equilibrio térmico y eléctrico con su entorno, podría presentar un comportamiento similar en el cielo.

Al parecer, Velikovski había abierto una puerta hacia la memoria colectiva enterrada al considerar que los testimonios de pueblos de la antigüedad eran pruebas creíbles de fenómenos naturales insólitos de nuestro pasado.

Su aventura comenzó cuando estudiaba textos egipcios y hebreos fechados aproximadamente en 1500 a.C., que relataban acontecimientos sobre los desastres y maravillas que acompañaron al éxodo descrito en el Antiguo Testamento. Descubrió paralelismos entre estos y los relatos históricos de otras culturas, lo que sugería que iguales secuencias de acontecimientos catastróficos aquejaron a todo el planeta y fueron experimentadas simultáneamente por todos los pueblos.

En 1950, la ciencia aún no estaba preparada para aceptar los testimonios de pueblos de la antigüedad como evidencia veraz de acontecimientos insólitos en el planeta. Las ciencias físicas no iban a tolerar la intromisión de un extraño cuyas conclusiones traspasaban los límites académicos. Pero, al cabo de casi cincuenta años, la ciencia ha entreabierto un poco la puerta.

Recientemente, dos teóricos innovadores dentro de la ciencia convencional han publicado un libro que tiene un tono muy afín a Velikovski. El doctor Victor Clube, decano del departamento de Astrofísica de la Universidad de Oxford, y su colega, el doctor William Napier, desarrollaron una tesis sobre una catástrofe causada por la acción de un cometa, basándose en temas míticos de la antigüedad como evidencia primaria. Aunque el cometa al que Clube y Napier se refieren no es un planeta, su versión es sorprendentemente similar a la de *Mundos en colisión*.

Otros teóricos innovadores se han lanzado aún con más intensidad a esta línea de investigación. El experto en mitología comparada David Talbott y el físico Wallace Thornhill, han reconocido, cada quien por su parte, el poder de los descubrimientos de Velikovski y les han dado seguimiento con un total combinado entre ambos de cuarenta y cinco años de investigación.

## ABRIR LA MENTE AL UNIVERSO ELÉCTRICO

Wallace Thornhill se desvió de la norma de su grupo y se aventuró a observar los hechos con una nueva mirada. Así, llegó a la conclusión de que los planetas y las estrellas funcionan en un entorno de electricidad dinámica. La cola de Venus, descubierta hace pocos años, mantiene su estructura filamentosa a lo largo de cuarenta y cinco millones de kilómetros porque es un plasma que conduce corriente eléctrica. Este tipo de estructuras o corrientes de Birkeland, son

*Catástrofes antiguas*
(Diseño cortesía del Grupo Kronia)

bien conocidas por los físicos expertos en plasma, pero resultan relativamente desconocidas para los astrónomos. La propia presencia de dichas corrientes en el sistema solar demuestra la existencia de un flujo eléctrico que lo inunda. Y esto abre una nueva forma de ver las cosas.

Thornhill afirma que las estrellas no producen toda su luz y calor mediante procesos termonucleares, sino que el Sol y otras estrellas se asemejan a enormes esferas de descargas eléctricas. Afirma que estas esferas reciben energía desde afuera, en lugar de recibirla a través de procesos de fusión en su núcleo. La teoría aceptada de que las estrellas producen energía gracias a la fusión nuclear se aviene a los cánones de la era atómica, pero no a las observaciones reales.

Por desgracia, el público en general no tiene forma de saber que el comportamiento del Sol no es acorde con las teorías convencionales. Se observa la falta de neutrinos, la reducción de la temperatura en vez de su aumento al acercarnos a su superficie, vientos solares acelerados, una extraña forma de rotación y agujeros en la superficie que revelan un interior comparativamente más frío, en vez de más caliente.

"Hay que observar lo que la naturaleza hace realmente", dice Thornhill, "no lo que uno cree que debería hacer". Su enfoque empírico da cabida a la consideración de los testimonios humanos de la antigüedad como evidencias

creíbles. Las fábulas, leyendas y mitos de la antigüedad no prueban estas ideas pero, sin dudas, propor-
cionan indicios.

Un ejemplo de ello es la creencia de que los dioses míticos se lanzaban rayos unos a otros durante
sus batallas celestiales. Los rayos destellantes eran
sus armas favoritas. Y los precedentes más antiguos
en existencia, escritos por sabios y observadores de
estrellas de la antigüedad, confirman que los dioses que se enfrentaban en el cielo tenían los mismos
nombres de los planetas más conocidos.

*Wallace Thornhill*
(FOTOGRAFÍA DE
PATRICIA KENYON)

Pero, (1) si los dioses de la mitología eran pla-
netas, (2) si los planetas se movían tan cerca unos de otros en el cielo que
intercambiaban colosales descargas eléctricas, y (3) si esto tuvo lugar en tiempos registrados por la memoria humana, entonces, ¿dónde se encuentran las
cicatrices y los cráteres?

A decir verdad, las cicatrices de estos colosales impactos eléctricos cu-
bren literalmente la faz de la Luna y de la mayoría de los planetas. Son
frescas y abundantes y están a la espera de ser estudiadas bajo una nueva
perspectiva. Siguen patrones específicos que tienen una semejanza notable
con los patrones de la caída de rayos en la naturaleza y los arcos eléctricos
producidos en laboratorios en la Tierra.

Los geólogos planetarios especulan que las grandes fisuras sinuosas y de-
crecientes de la Luna y Marte, que parecen ir cuesta arriba y cuesta abajo por
cientos de kilómetros, son tubos de lava colapsados, lechos de ríos secos, o
grietas en la corteza. Pero, aunque los expertos convencionales están perdidos
en este caso, la marca de la acción eléctrica es inconfundible.

Las evidencias demasiado concluyentes son peligrosas para la ciencia. ¿Qué
pasaría si las afirmaciones de Thornhill fueran tomadas en serio? ¿Qué sucedería si las muestras de cristales recuperadas del fondo de pequeños cráteres en la
Luna por los astronautas fueron ciertamente calentadas y fundidas por descargas
eléctricas y no por el impacto de un meteorito? ¿Qué tal si el *Valles Marineris*
en verdad fue creado por un rayo gigante que arrasó con la superficie de Marte,
dejando un abismo tan enorme que podría tragarse mil veces al Gran Cañón del
Colorado?

Si las miles de marcas y cicatrices de los planetas fueron causadas por
poderosas descargas eléctricas —las centellas de los dioses— entonces la astronomía enfrentaría más que una simple humillación. Quedaría totalmente
ridiculizada.

Por fortuna, Thornhill no ha sido perseguido por sus insólitas ideas, por lo menos hasta el momento. Tal vez esto se debe a que las opiniones de este humilde australiano no han recibido mucha cobertura pública. Pero eso cambiará pronto.

## EL DESBLOQUEO DE LA AMNESIA MEDIANTE LOS MITOS

David Talbott ya ha tenido la distinción de ser protagonista de un documental de noventa minutos titulado "Recordando el fin del mundo". A diferencia del trabajo de Thornhill, perteneciente al mundo de las ciencias físicas, el de Talbott se centra en patrones de memoria humana insólitos o inexplicables. ¡Y qué memoria!

Imaginemos un drama de escala global que ha sido experimentado por toda la raza humana y que involucra impresionantes prodigios en el cielo. Supongamos que la intensidad y el recuerdo de la experiencia resultan tan profundos que son capaces de alterar el curso del desarrollo humano. Por primera vez, naciones completas se dieron a la tarea de erigir enormes monumentos a los dioses y realizar rituales apasionados, como un intento inútil de recuperar la experiencia anterior y restablecer en forma mágica la forma de vida que disfrutaban antes del desastre.

Según Talbott, en los albores de la civilización, tal vez cinco mil años atrás, cada dimensión de la vida civilizada se basaba en un tiempo anterior, en que las cosas estaban mejor y el cielo estaba cerca de la Tierra, antes de que los dioses se alejaran de ella. Las artes, los cantares, los relatos, la arquitectura, las creencias religiosas, los asuntos militares y el significado de las palabras y su simbología, nos dan pruebas perdurables de lo que los pueblos experimentaban en aquel entonces. Según Talbott, la gente utilizó todos los medios que tenía a su alcance para mantener vivo el recuerdo de la gloria anterior, cuyo violento colapso involucró situaciones catastróficas en los cielos, cuando los planetas pasaron cerca de la Tierra y se veían enormes en el firmamento.

Sin embargo, tal como desaparecieron los dioses de las fábulas, lo hicieron los recuerdos de los tiempos dorados. Y el recuerdo del violento colapso de esta etapa también se desvanecería, aunque sus cicatrices permanecen. Son las marcas de un enorme trauma colectivo, del fin de la humanidad, que viven dentro de cada ser humano que hoy respira y afectan profundamente la forma en que nos relacionamos con el mundo y el resto de las personas.

Immanuel Velikovski comprendió el mecanismo por el cual la psiquis humana suprime un recuerdo traumático. Llegó a la conclusión de que la raza humana había reprimido colectivamente el trauma de su expulsión de la matriz de los años dorados. Sin embargo, este sigue expresándose entre los hombres en forma de violencia y alienación. Hemos aprendido a aceptar el dolor y la pena como un estado normal de la existencia porque eso es lo que todo el mundo siempre ha sentido, desde tiempos que se remontan más allá de lo que se puede recordar. Pero Velikovski diría que ese estado no es "normal". Colectivamente, sufrimos una visión distorsionada de la vida debido al más grande de los traumas, cuando el Tiempo de la virtud perfecta (como se le denomina en la cultura china) encontró un final abrupto y amargo.

*David Talbott*
(Fotografía de
Patricia Kenyon)

Talbott amplió la obra de Velikovski al demostrar, con detalles exquisitos, la manera en que Saturno, Júpiter, Marte y Venus estaban íntimamente conectados con la experiencia humana durante tiempos primigenios. Estos planetas pasaron muy cerca de la Tierra, posicionándose en una configuración colineal, simétrica y estable, en la época inmediata anterior a la creación de los relatos míticos. Según la asombrosa historia de Talbott, la "Era de los Dioses" evoca tanto al período estable y pacífico como al período violento y dramático cuando dicha configuración se desestabilizó y colapsó por completo.

Por ejemplo, en todas partes del mundo, los pueblos han perfilado imágenes y símbolos que incluyen una característica media luna. Tanto laicos como expertos siempre han supuesto que este símbolo de un cuarto creciente se refiere a la Luna. A veces, aparece dibujado con una estrella en el centro. Pensemos en ello por un momento. Ninguna estrella puede ser vista dentro del cuarto creciente ya que la Luna misma ocupa ese espacio. Tampoco existe ninguna esfera que se encuentre directamente frente a la Luna que observamos hoy en día.

Talbott podría hablar durante horas tan solo sobre este símbolo, para demostrar que estamos ante una imagen cuya huella en la conciencia humana es mucho más profunda y asombrosa que nuestra conocida y familiar Luna. De hecho, el científico no encontró constancia astronómica alguna de la Luna antes de 500 a.C., a pesar de que los pueblos de los tiempos primarios estaban obsesionados con la observación de la actividad celeste.

Según Talbott, el cuarto creciente estaba formado por la proyección del Sol sobre Saturno, cuando este ocupaba en el cielo una posición tan cercana al polo como para subtender un arco de veinte grados o más. La pequeña esfera en el centro era Venus, en su fase latente. Dicho planeta empezó a verse como una estrella brillante al pasar a su fase radiante.

El entendimiento de Wallace Thornhill sobre los fenómenos de descarga de plasma permite, incluso a una mente no técnica, visualizar cómo el joven planeta Venus pudo haber producido la cola luminosa y radiante que los antiguos ilustran en sus representaciones.

Mediante los métodos de investigación de Velikovski, Talbott examinó la mitología de cada una de las principales culturas del mundo. Como los relatos míticos son adornados por cada pueblo con el paso del tiempo, los rastreó hasta sus fuentes más antiguas y puras. La investigación lo llevó a las más ancestrales escrituras de la cuna de la civilización en el Medio Oriente y Egipto.

Encontró que las grandes pirámides de Egipto están repletas de escritos humanos que describen un mundo y un cielo inexistente en la actualidad. Por eso es que el significado real de los jeroglíficos escapa de las manos de los expertos más avezados. *Son inscripciones que no se corresponden con nuestro mundo.* Este es un indicio importante.

Gracias al apoyo de Thornhill y un número creciente de eruditos consumados, Talbott está elaborando una herejía más radical aun que la de Velikovski. El investigador afirma con absoluta seguridad que Venus, Marte, Saturno y Júpiter pasaron muy cerca de la Tierra en tiempos no tan lejanos. Concluye que estos planetas en conjunto creaban en el cielo una portentosa formación, a veces tranquila y a veces violenta.

La gente que vivió en esa "era de los dioses" sentía una profunda conexión con estas formaciones. Es por ello que la posterior batalla de los dioses y su partida causaron tanta confusión y trauma. El clima emocional en que vivían debe haberse parecido a una situación en que niños inocentes ven a sus amados y confiables padres transformarse de manera súbita en tiranos caprichosos que luego los abandonan. Por primera vez, la gente empezó a experimentar la sensación ilusoria de separación y las distintas formas de violencia humana. Lo demás es historia.

# $9$ El rayo de los dioses

¿La creciente evidencia de un universo
eléctrico es prueba de que hay un significado
oculto en la mitología antigua?

## Mel y Amy Acheson

¿Quién iba a decir que los mitos de las culturas antiguas arrojarían una nueva luz sobre los rasgos misteriosos de la superficie de planetas y lunas? ¿O que darían un nuevo sentido al trabajo de laboratorio actual sobre la luz artificial? Si el mitólogo David Talbott de Portland, Oregón, y el físico Wallace Thornhill de Canberra, Australia, están en lo cierto, los mitos y símbolos antiguos serían entonces una clave hacia una comprensión amplia y holística de la historia y el universo físico.

Sin embargo, en nuestra era, nos parece improbable que la mitología mundial sea una fuente de descubrimientos. Hasta hace poco, los estudiosos trataban de explicar las narraciones antiguas con referencias a hechos de la vida cotidiana, como las estaciones, el poder de una tormenta, las fases de la Luna o el movimiento del Sol. Pero sus esfuerzos han producido un enredo de contradicciones y han reforzado la creencia popular de que el mito es pura y simplemente ficción, es decir, cualquier cosa menos una guía confiable sobre el pasado.

## MITOLOGÍA COMPARATIVA

En contraste, David Talbott, inspirado por la teoría de Immanuel Velikovski sobre una conmoción interplanetaria, desarrolló un método para comparar mitos de culturas distantes entre sí. Su objetivo era descubrir si las distintas historias contenían recuerdos confiables. Este procedimiento es similar al que usan los abogados en un tribunal, en que hacen preguntas a testigos que podrían estar mintiendo, ser incompetentes, o recordar de manera equivocada. Cuando las declaraciones independientes convergen en detalles únicos, tienden a corroborarse entre sí, incluso si los testigos no son confiables en otros aspectos. De modo similar, según este investigador, en la mitología mundial existen cientos de temas comunes en los que distintas palabras y símbolos apuntan al recuerdo de los mismos acontecimientos. Mientras más peculiares sean los puntos de convergencia, menos razones hay para descartarlos.

Talbott afirma que si se les deja hablar por sí mismos, estos recuerdos universales cuentan una historia coherente y detallada. Pero se trata de algo que parece descabellado para nuestra actual visión del mundo: según él, lo que los antiguos reverenciaban y temían como dioses poderosos eran *planetas* ubicados extremadamente cerca de la Tierra. Esta aglomeración de cuerpos celestes sugería la presencia de grandes poderes en el cielo. Su inestabilidad y movimientos impredecibles dieron origen a uno de los temas más comunes de los mitos —las guerras de los dioses. En estos dramáticos relatos, se golpeaban unos a otros con rayos cósmicos mientras que en la Tierra caían fuego y piedras.

## EL ARMA DE LOS DIOSES

Talbott recalca que hay pocas imágenes tan vívidamente representadas en las tradiciones antiguas como los rayos de los dioses planetarios. Piénsese en Júpiter, el gigante planeta gaseoso, a quien los griegos recordaban como el regente

*Zeus, portador del rayo, dios griego que representa al planeta Júpiter*

Zeus, vencedor en el choque celestial de titanes. "En nuestro cielo, Júpiter es apenas una manchita de luz, pero los pueblos antiguos recordaban a este *dios* como una forma imponente en el firmamento, que empuñaba el rayo como su arma predilecta. ¿Qué significa esto? Si los dioses fueran planetas, sus centellas serían nada menos que descargas eléctricas interplanetarias".

En la *Teogonía* de Hesíodo leemos respecto de Zeus: "Del firmamento y del Olimpo vino inmediatamente, lanzando sus destellos: sus rayos volaron recios y veloces desde su fuerte mano junto al trueno y el relámpago, arremolinados en una flama asombrosa . . ."

Cuando el dragón Tifeo atacó al mundo, hubo "truenos y centellas y . . . fuego del monstruo y vientos abrasadores y relámpagos deslumbrantes". El dragón que amenazaba al mundo fue destruido por un rayo de Zeus y se le dio a conocer como "el abatido por un rayo". En realidad, es notable el número de figuras míticas que son derribadas por centellas.

Si nos circunscribimos a los mitos clásicos, dichas descripciones corresponden a Encélado, Mimas, Menecio, Aristodemo y Capaneo, así como a Idas,

Yasión y Asclepio. Talbott afirma que "el mayor error que un estudioso puede cometer es buscar explicaciones terrestres. Las formas más tempranas de estos relatos son cósmicas. Los dioses, los grandes héroes y los rayos que pasan entre ellos son completamente celestiales". Por su parte, la tradición hebrea recuerda con detalle la centella de los dioses. En el salmo 77 se proclama: "La voz de tu trueno estaba en el torbellino; tus relámpagos alumbraron el mundo; se estremeció y tembló la tierra". En la India, las narraciones del *Mahabharata* y el *Ramayana* relatan que "los rayos de los dioses llenaron los cielos como una lluvia de flechas en llamas". Y en el antiguo Egipto, Babilonia, Escandinavia, China y las Américas, existen mitos y leyendas que describen conflagraciones atribuidas a los rayos de los dioses.

Tales relatos de batallas cósmicas conforman gran parte del contenido de los mitos que hoy conocemos. Talbott escribió: "Si no hemos sido capaces de reconocer a los participantes celestiales, es porque los planetas que inspiraron estas historias se han retirado hasta verse como pequeños puntos de luz. En los tiempos modernos, no se ven rayos interplanetarios que forman arcos entre ellos".

Pero, nos recuerda el investigador, si hubo algo de cierto en estos recuerdos globales, las evidencias físicas deberían ser incontables. Esto ameritaría una investigación objetiva de las características de la superficie de los planetas y sus lunas, para ver si están presentes las señales inconfundibles de las descargas interplanetarias.

## LA ELECTRICIDAD Y LA ASTRONOMÍA

Sin que Talbott lo supiera, el físico australiano Wallace Thornhill estaba realizando precisamente ese tipo de investigación. Thornhill había descubierto los libros de Velikovski poco después de iniciar su carrera universitaria. "Yo era el único estudiante de física que buscaba en las estanterías de antropología en la biblioteca de la universidad", cuenta. "El resultado fue una profunda convicción de que Velikovski había formulado planteamientos que requerían mayor estudio". Pero su próximo descubrimiento fue la reticencia, e incluso hostilidad, de parte de los científicos a la hora de cuestionarse las suposiciones subyacentes en sus propias teorías.

Uno de los supuestos que Thornhill cuestionó era el de la insignificancia de los fenómenos eléctricos a escala astronómica. Hannes Alfven, premio Nobel, investigador precursor acerca de las propiedades del plasma durante descargas eléctricas como las de los rayos, ya había advertido a los físicos teóricos de que sus modelos eran incorrectos. El plasma real no se comportaba como predecían las deducciones matemáticas. Thornhill explicó que no es un superconductor, ni puede ser tratado como gas, como está implícito, por ejemplo, en el término *"viento solar"*. En su interior fluyen corrientes eléctricas, que se mueven en largos filamentos para luego trenzarse en estructuras acordonadas. Dichas estructuras son visibles en las prominencias solares, los chorros galácticos y las colas de cometas. Fueron detectadas el año pasado en la cola de Venus, de cuarenta millones de kilómetros, bajo la apariencia de "estructuras filamentosas".

Por sugerencia del ingeniero eléctrico Ralph Juergens, que había estudiado la obra de Alfven, Thornhill comenzó a reunir evidencias que demuestran que la mayor parte de las peculiaridades de planetas, satélites y asteroides que se han fotografiado hasta hoy, corresponden a cicatrices de descargas plasmáticas, o sea, rayos interplanetarios.

"Mediante el estudio a mayor escala de los efectos eléctricos que se observan en la Tierra y en el laboratorio, se puede recrear perfectamente la imagen antigua de un cielo diferente y, a partir de ahí, la probabilidad de que los planetas y lunas efectivamente se hayan movido muy cerca unos de otros en un pasado reciente", asegura Thornhill. "Un modelo eléctrico ofrece un mecanismo simple para reordenar en muy poco tiempo un sistema planetario caótico y mantener dicha estabilidad".

Uno de los efectos de laboratorio se recrea desplazando una varilla puntiaguda de alto voltaje justo por encima de la superficie de un aislante cubierto de polvo, colocado sobre una placa de metal conectada a tierra. La chispa forma trazos característicos en el polvo. Un canal principal largo y angosto, de una medida bastante uniforme, contiene otro canal más estrecho y sinuoso grabado a lo largo de su centro. Los canales tributarios van paralelos al canal principal por un trecho y luego vuelven a conectarse con estos, casi perpendicularmente.

Thornhill apunta que estas son las mismas características que se observan a mayor escala cuando un rayo cae sobre la tierra, como las que se ven en los campos de golf. Se forman zanjas de un ancho constante con otros surcos más pequeños en su interior que serpentean alrededor de su centro. A ambos lados queda depositada la tierra que se desprende al abrirse el surco. Pueden aparecer canales secundarios paralelos al canal principal y los canales tributarios se les unen en ángulos rectos.

## EFECTOS DEL PLASMA PLANETARIO

Thornhill describe cómo estos mismos efectos se repiten a escala planetaria en lo que se denomina fisuras sinuosas. De un lado a otro de la superficie serpen-

*Fisura de Hyginus en la Luna. Ni el agua ni la lava producen canales rodeados de hoyos circulares pero, según Wallace Thornhill, es un rasgo común en los canales de descarga.*
(FOTOGRAFÍA DE LA NASA)

tean largos y estrechos canales de grosor uniforme, a menudo con un borde de material depositado a cada lado.

Los canales internos más sinuosos suelen tener hileras de pequeños cráteres circulares, centrados con exactitud a lo largo de sus ejes, o cráteres que se superponen y crean paredes en forma de flauta. Por lo general, no hay restos de cubiertas colapsadas, como podría esperarse si fuera correcta la explicación convencional de que las fisuras de la Luna corresponden a "tubos de lava". Tampoco hay evidencia de depósitos como consecuencia de canales formados por agua, según se ha propuesto en relación con las fisuras de Marte.

Thornhill señala además que las fisuras van cuesta arriba y cuesta abajo, siguiendo un potencial eléctrico, no gravitacional, como ocurriría con el agua y la lava. En el punto de intersección, el canal más nuevo y sus bordes continúan ininterrumpidos hasta atravesar el surco más antiguo, como si este no existiera. Esto resulta especialmente evidente en el satélite de Júpiter llamado Europa, donde los bordes son casi siempre más oscuros que el terreno circundante. Y también son más oscuros que el canal central, lo que crea un problema en relación con la explicación aceptada de que son así porque se trata de otro material que aflora a través de grietas en el hielo. Thornhill conjetura que las fuerzas del arco eléctrico alteraron la composición química del desecho, o tal vez su composición nuclear.

La serie de fisuras en *bucle* en la luna Europa es particularmente curiosa. Nunca se ha visto que el hielo se rompa en forma de bucles; pero esta configuración sí se explicaría fácilmente si se tiene en cuenta la típica forma en tirabuzón de un filamento de plasma que crea un arco sobre la superficie.

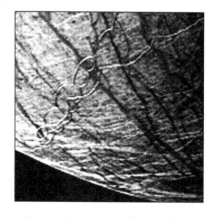

*Forma típica en tirabuzón de un filamento de plasma que hace un arco sobre la superficie de Europa, una de las lunas de Júpiter.*
(FOTOGRAFÍA DE LA NASA)

*Cráter con surcos debido a rayos en Fobos, un satélite de Marte.*
(Fotografía de la NASA)

Thornhill señala además las similitudes entre los cráteres de los planetas y sus lunas con los que son recreados a nivel de laboratorio. Ambos tienden a ser perfectamente circulares, pues el arco eléctrico siempre golpea la superficie en forma perpendicular. Las paredes son prácticamente verticales y los fondos casi totalmente planos, debido a que el movimiento circular del arco crea un vacío que produce el cráter. En contraposición, los cráteres formados por impacto y explosión, suelen tener forma de tazón. En vez de elevarse desde la superficie, el material excavado se desplaza, se fragmenta y corre como un fluido mientras dura el impacto.

Thornhill explica que otra característica común de los cráteres creados por la electricidad es la formación de terrazas a los lados, a veces en forma de tirabuzón hacia el suelo, siguiendo el movimiento rotatorio del arco. La Luna y Marte tienen muchos ejemplos de cráteres en forma de terrazas y de espiral.

Las cimas centrales tienden a ser simétricas y con lados escarpados, similares a la "boquilla" central que deja la acción del plasma cuando el movimiento rotatorio en forma de tirabuzón del arco excava el material alrededor de este. Thornhill contrastó estas con la masa irregular de los picos de rebote que se forman por impacto o explosión a nivel de laboratorio. En varios cráteres de la Luna, la cima central se conecta con el terreno circundante mediante un istmo, igual que en el caso del cráter que produce el plasma cuando el arco se tensa antes de completar una rotación.

Según este investigador, un rasgo evidente de que un cráter es de origen eléctrico sería cuando esté centrado en el borde de otro cráter, lo que es común en la Luna y algunos planetas. Es un efecto previsible que el arco salte hasta las elevaciones más altas o que choque con estas.

Por último, afirma que muchos volcanes son más bien fulguritas gigantes. Estas son burbujas de materia que se forman en los supresores de rayos durante su caída. Por lo común, las fulguritas tienen un lado externo escarpado y aflautado, además de estar coronadas por un cráter, que se forma cuando la descarga difusa se contrae en un arco más angosto. El ejemplo más notable lo constituye el monte Olimpo en Marte, de seiscientos kilómetros de diámetro y veinticuatro de alto. En la cima, quedó labrado un cráter debido a seis descargas, ocurridas mientras el arco se estrechaba y saltaba a puntos elevados en cada borde sucesivo.

# EL DIOS MARCADO POR EL RAYO

La posibilidad de que los recuerdos de la humanidad expliquen algunas de las mayores sorpresas de la era espacial *no* es sorpresa para Talbott. Como ejemplo de ello se refiere al antiguo motivo de Cara Marcada.

Un tema recurrente en muchas culturas es el del guerrero-dios que, en una época de conmociones, recibe una enorme herida o cicatriz en la frente, cara o muslo. A primera vista, esto no tiene por qué sorprender, pues los guerreros y las heridas van juntos. Sin embargo, no se trata solamente del relato de un guerrero, sino de un *arquetipo* celestial de guerreros: el dios al que los humanos rendían culto para que les sirviera de inspiración en el campo de batalla. En las astronomías tempranas, a este luchador arquetípico se le identificaba con un planeta específico, Marte, que los griegos llamaban Ares.

De esta deidad se cuenta que recibió un profundo tajo en su enfrentamiento con Diomedes. Entonces profiere un bramido de mil guerreros y corre adonde Zeus para lamentarse de su herida. A se le conocía entre los griegos como Marte, que Ares también sufrió una severa herida en el muslo.

Sin embargo, los indígenas Pie Negro, de Norteamérica, no parecen haber conservado ninguna relación astronómica en su versión del legendario guerrero Cara Marcada. En la historia del célebre Tláloc, marcado por una cicatriz, los aztecas tampoco le atribuyeron ninguna conexión planetaria. Pero Talbott insiste en que un estudio comparativo puede demostrar las raíces comunes de tales temas míticos.

¿Es posible, entonces, que la "herida" del planeta rojo se refiera a un acontecimiento real? "Recuerdo haber visto una de las primeras fotografías de Marte tomadas por la sonda Mariner", comenta Talbott. "Mostraba un descomunal abismo que se extendía sobre la faz del planeta. Incluso visto desde una distancia considerable, parecía una cicatriz". Los astrónomos lo bautizaron *Valles Marineris*. Su tamaño es tal que se tragaría mil veces o más al Gran Cañón del Colorado. "En ese momento me di cuenta de que, entre todos los planetas y lunas de nuestro sistema, solo Marte llevaba la herida del dios guerrero".

El método comparativo también permite dar cuenta de numerosos detalles que los expertos han pasado por alto. El más importante es la conexión entre el tema de Cara Marcada y el del rayo de los dioses. Talbott pone como ejemplo al dios Encélado, derribado por una centella de Zeus, que pasó a ser recordado como "el dios marcado por el rayo". Pareciera que es la contraparte del monstruo Tifeo, "el dios abatido por un rayo". Según Talbott, ambos pueden identificarse con el aspecto temible del guerrero celestial, pues Ares recibió su herida cuando Tifeo se enloqueció y se dedicó a matar.

Este investigador fue el primero en establecer la relación entre el rayo y la visible cicatriz del dios azteca Tláloc. "Ello se debe completamente a que los expertos no han mirado el tema a escala mundial", nos comenta. De hecho, Tláloc estaba directamente vinculado con el rayo, pues era lo que utilizaba para enviar las almas al cielo de los aztecas. Dicha mitología reserva un mundo especial en el más allá para quienes mueren debido a la acción de las centellas. Este lugar es regido por Tláloc y se llama Tlalocan.

"¿Podría algo tan enorme como el *Valles Marineris* haber sido producto de rayos interplanetarios?", se preguntaba Talbott. Luego tuvo la oportunidad de hacerle esta misma pregunta a Wallace Thornhill.

## EL PLANETA MARCADO POR EL RAYO

Thornhill y Talbott se conocieron casi una década después que las primeras imágenes del *Valles Marineris* llegaron a la Tierra. Talbott sintetizó su investigación sobre el tema del dios marcado por el rayo con la pregunta: "¿El *Valles Marineris* podría haber sido causado por un rayo?"

"No pudo haber sido de ningún otro modo", le contestó Thornhill.

Con sus cuatro mil kilómetros de largo, setecientos de ancho en algunos puntos y hasta seis de profundidad, es algo comparable a tomar el Gran Cañón del Colorado y estirarlo desde Nueva York hasta Los Ángeles. Aproximadamente dos millones de kilómetros cúbicos de la superficie marciana fue arrancada, pero no se nota que haya quedado ningún campo de residuos.

"El *Valles Marineris* fue creado en minutos por un arco eléctrico gigantesco que barrió la superficie de Marte", sostiene Thornhill. "Las rocas y el suelo fueron levantados hasta el espacio. Parte del material volvió a caer y se esparció por el planeta, y se formaron las extensas planicies pobladas de grandes piedras, que fueron avistadas por las dos sondas *Viking* y la *Pathfinder*".

El investigador explica que las paredes escarpadas y festoneadas del cañón, y sus crestas centrales, son efectos típicos de la acción del plasma. Los barrancos laterales a menudo terminan en salientes circulares que dan al vacío sin crear un área de residuos en el canal principal y tienden a unirse en ángulos rectos. Surcos y cadenas de cráteres más pequeños corren paralelos al canal principal. Thornhill especula: "Es probable que el arco haya comenzado en el este, en la región de terreno más caótico. Luego se desplazó hacia el oeste, formando los grandes cañones paralelos. Por último, terminó en las enormes fisuras del *Noctis Labyrinthus* (El laberinto de la noche)".

Thornhill publicó una conferencia en disco compacto titulada *El universo eléctrico*, que describe este y otros fenómenos eléctricos a escala astronómica.

Es en ella donde cita la investigación de Talbott que demuestra que los pueblos antiguos fueron testigos de una era dominada por energías hoy en reposo.

Todos los planetas asociados a deidades míticas están cubiertos de cicatrices cuya mejor explicación es que son resultado de descargas de plasma. Al ser examinados en detalle, sus cráteres, volcanes y cañones muestran diferencias importantes con sus homólogos terrestres. Y dichos rasgos anómalos se corresponden con las cicatrices que producen los rayos. La predicción de Talbott, de que los temas míticos redescubiertos encontrarían respaldo en evidencias físicas ineludibles en los demás planetas, gana terreno con cada imagen que envían las sondas espaciales.

El *Valles Marineris* presenta la correspondencia más impresionante con la descripción de las heridas de los dioses guerreros de los mitos. Este abismo extraordinario muestra la confluencia de dos visiones del mundo: la dramática e histórica de la mitología y la objetiva y física de la ciencia. Si Talbott y Thornhill están en lo cierto, la forma aceptada de entender los mitos y la ciencia deberá ser reformulada sobre bases nuevas que sustenten al pasado histórico junto al futuro eléctrico.

# TERCERA PARTE

## EXPLORACIÓN DE LA REMOTA ANTIGÜEDAD DE LA CIVILIZACIÓN

# 10 El enigma de los orígenes de la India

La datación de los nuevos descubrimientos en el golfo de Cambay trastoca la hipótesis ortodoxa sobre los albores de la civilización

## David Lewis

Aunque nuestro planeta tiene tres cuartas partes de su extensión cubiertas de agua, se sabe más acerca de la superficie de Venus que sobre lo que se encuentra bajo el mar. Sin embargo, esto podría estar cambiando. En la primavera de 2001, el mundo arqueológico fue conmocionado con el descubrimiento en la costa occidental de Cuba de lo que podría ser una ciudad perdida. Informes provenientes de La Habana hablaban de enormes bloques de piedra apilados a una profundidad de seiscientos cuarenta metros, en formaciones perpendiculares y circulares, algunas semejantes a pirámides. Valiéndose de un submarino en miniatura, los investigadores describieron el área como un asentamiento urbano, con estructuras que pudieron haber sido calles y puentes.

Una "ciudad perdida" antediluviana no encaja con el paradigma oficial de la prehistoria y por ello los salones de la ortodoxia han permanecido en silencio al respecto, al menos hasta ahora. Y aunque sus criterios siguen en pie, los descubrimientos recientes han empezado a erosionar seriamente sus cimientos. Los hallazgos de antiguas ruinas de civilizaciones sumergidas plantean más preguntas que respuestas y causan más problemas de los que resuelven. ¿Cómo se hundió esa porción de tierra y sus estructuras? ¿Qué pudo haber causado semejante cataclismo de gigantescas proporciones? ¿Cuándo se originó verdaderamente la civilización? ¿Qué es lo que en verdad sabemos acerca de la antigüedad y los orígenes del hombre? Y, ¿cómo es que la comunidad científica, tan arraigada en sus doctrinas, podrá lidiar con el posible ocaso de sus hipótesis más apreciadas?

Como si no fuera suficiente con la ciudad perdida del Caribe, casi al mismo tiempo se hacía un descubrimiento igualmente sorprendente a cuarenta kilómetros de la costa de Guyarat, en la India. El hallazgo ocurrió en una parte del mar Arábigo, conocida como golfo de Cambay. El Instituto Nacional de Tecnología Oceanográfica de la India (NIOT, por su sigla en inglés) obtuvo sorprendentes imágenes de sonar de las profundidades del golfo mientras escaneaba las aguas para determinar los niveles de contaminación. Mediante equipos que penetran en el suelo marino, los oceanógrafos descubrieron un patrón de formaciones creadas indiscutiblemente por la mano del hombre en un tramo de unos ocho kilómetros del lecho marino.

Según informes publicados a nivel mundial, la tecnología de imágenes de sonar del instituto indio detectó lo que parecen ser pilares de piedra y murallas derrumbadas pertenecientes a dos ciudades, cuando menos. Se cree que el sitio formó parte de una antigua civilización que habitaba a las orillas de un río, como pudo ser el Saraswati de los relatos del Rig Veda, considerados como leyendas míticas pero que, según investigaciones independientes recientes realizadas por especialistas indios, se ha demostrado que existió y que corría hacia la región de Guyarat. Según el diario *The Times of London*, los buzos que se sumergieron después en el golfo de Cambay recuperaron más de dos mil artefactos hechos por el hombre, que se encontraban a treinta y seis metros y medio de profundidad. Entre estos objetos había piezas de cerámica, joyas, esculturas, huesos humanos y evidencias de materiales escritos.

"Las estructuras sumergidas que se han encontrado a lo largo del golfo de Cambay, en Guyarat, indican la presencia de una población antigua que puede datar de cualquier fecha anterior a la civilización de Harappa, o contemporánea con ella", declaró Murli Manohar Joshi, ministro de Ciencia y Tecnología, en una conferencia de prensa en mayo de 2001.

La estimación inicial de este funcionario era que las ruinas de ocho kilómetros de largo tenían una antigüedad de cuatro a seis mil años y que habían quedado sumergidas debido a un terremoto extremadamente fuerte. Pero, en enero de 2002, el sistema de datación de carbono reveló que uno de los artefactos encontrados en el sitio era increíblemente antiguo, situándose en un rango de 8500 a 9500 años de edad (la civilización más antigua del mundo por un margen de miles de años). Según los estándares arqueológicos tradicionales, en esta época la India estaba poblada por escasos asentamientos primitivos de cazadores-recolectores y no por habitantes pertenecientes a una civilización perdida.

El autor e investigador de sitios submarinos Graham Hancock hizo referencia a edificios de decenas de metros de longitud, con sistemas de desagüe en las calles. "Si realmente se comprueba [la edad de la ciudad sumergida revelada por el sistema de carbono], entonces ello significa que los cimientos de la arqueología se derrumbarían", comentó Hancock.

Según Hancock, el alcance y la sofisticación del sitio en el golfo de Cambay

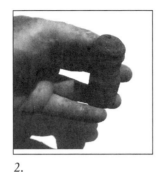

1.                    2.                         3.

4.                              5.

1. *Pieza de cerámica grabada encontrada en el golfo de Cambay.*
2. *Artefacto del golfo de Cambay. Objeto pequeño de forma cilíndrica asimétrica y de centro hueco.* (FOTOGRAFÍA DE SANTHA FAIIA)
3. *Artefacto encontrado en el golfo de Cambay. Objeto tallado simétricamente a ambos lados y que posiblemente representa a un ciervo u otro animal.* (FOTOGRAFÍA DE SANTHA FAIIA)
4. *Grupo de cuatro objetos encontrados en el golfo de Cambay.* (FOTOGRAFÍA DE SANTHA FAIIA)
5. *Artefacto encontrado en el golfo de Cambay. Se trata de una lápida que, según el NIOT, estaría grabada con escrituras arcaicas u otra forma de marcas o símbolos deliberados.* (FOTOGRAFÍA DE SANTHA FAIIA)

desmantela por completo la creencia específica de que la civilización comenzó hace cinco mil años en Sumeria y desafía incluso al movimiento académico alternativo del cual él mismo es una figura central y, en general, pone en duda las posturas dogmáticas sobre los orígenes humanos. Desde el punto de vista ortodoxo (darwinista), la vida y luego los seres humanos surgieron de manera extremadamente lenta por causas accidentales, muy improbables, durante un período conforme a lo que requieren las leyes de las probabilidades.

Según Richard Milton, escritor de temas científicos y autor del libro

*Facts of Life: Shattering the Myth of Darwinism [Realidades de la vida: La decadencia del mito del darwinismo]*, la teoría de que el planeta tiene cuatro mil millones de años no fue determinada mediante evidencias científicas o geológicas, sino por un cálculo estimativo de cuánto tiempo le debió haber tomado al proceso accidental de formación de la vida en su conjunto, dada la extrema improbabilidad de que ese proceso pudiera basarse en causas aleatorias y materiales.

Según esta teoría, la civilización vino después de las migraciones hipotéticas "desde África", de hace aproximadamente cien mil años, tiempo relativamente reciente de la prehistoria. Pero las evidencias de civilizaciones extremadamente arcaicas y de graves perturbaciones debido a cataclismos (que se asemejan a lo que cuentan los relatos míticos de cómo se formó el mundo antiguo), vienen a echar abajo dicha maquinaria convencional. Los descubrimientos que revelan la existencia de civilizaciones varios miles de años antes de lo que se creía han sido recibidos con incredulidad, consternación y silencio. De tal manera, los hallazgos de la presencia de hombres modernos en regiones de América del Sur hace doscientos cincuenta mil años, son considerados absurdos y heréticos, aunque existan pruebas de ello.

Otras perspectivas, modernas y antiguas, dan la imagen del origen de la vida como algo que sucedió por vías misteriosas, no a través de una serie de accidentes improbables desde el punto de vista astronómico, ni mediante el creacionismo bíblico, sino en virtud de la acción de algún otro agente desconocido. Dicho agente, cimiento de toda la fuerza vital, más próximo a las teorías expuestas en *El tao de la física* que las de *Origen de las especies*, está presente en los métodos orientales de sanación y ha dejado su huella codificada en las mitologías del mundo.

Según este último punto de vista, la idea de la existencia de civilizaciones prehistóricas no está necesariamente reñida con la presunción de que la vida evolucionó a partir de causas solamente materiales a lo largo de una línea temporal arbitraria improbable. De hecho, la tradición india siempre ha sostenido que el origen de su cultura es anterior a todo lo que conocemos y que es virtualmente intemporal, perdida en las brumas de la antigüedad, de donde salieron los dioses y los mitos. Esto se asemeja a la realidad sin tiempo ni espacio de las teorías de la física moderna.

Como se verá, ciertas tradiciones míticas sostienen que la masa territorial de la India antigua superaba con creces su tamaño actual y se extendía desde Australia hasta Madagascar, tal vez en forma de archipiélago. Como sucedió con el descubrimiento arqueológico de Troya, que antes se creía que era un lugar mítico, hay que reconocer que al menos parte de las tradiciones indias consideradas como mitológicas tienen sus raíces en la realidad histórica. Esto nos conduce a la idea de "una Atlántida asiática" que puede parecer salida de la fantasía, pero muchos de los primeros geólogos creyeron que dicho continente existió. Tal probabilidad podría estar ganando credibilidad gracias a los descubrimientos en el golfo de Cambay y en vista de las declaraciones del NIOT acerca de su intención de estudiar otros sitios arqueológicos sumergidos en las costas de Mahabalipuram y Poompuhar, en la región de Tamil Nadu.

Las teorías actuales de los académicos occidentales entran en conflicto con las creencias tradicionales de la India. Pero esto no siempre fue así. De mediados a finales del siglo XIX, cuando las ideas científicas sobre los orígenes de la humanidad habían comenzado a formarse en Europa, los geólogos y arqueólogos aceptaban conceptos como el de una inundación semejante a la del diluvio bíblico, continentes perdidos (sobre lo cual encontraron abundantes evidencias) y la existencia previa de una masa de tierra en el océano Índico —el gran continente austral, como lo llamó el naturalista británico Alfred Russell Wallace.

Incluso hoy, algunos científicos admiten que existieron masas terrestres como Gondwana y Pangea, si bien sitúan su existencia en épocas tan antiguas como ciento ochenta a doscientos millones de años atrás, para hacerla concordar con las creencias sobre la edad del planeta necesaria a los efectos de los cánones del improbable proceso evolutivo. Además, habría que considerar los relatos legendarios del sur de Asia que tienen paralelo en los hallazgos de los primeros geólogos y cuentan sobre un continente inhabitado que existió al otro lado de lo que es hoy el océano Índico, el mar Arábigo y la bahía de Bengala. Tales relatos perduran hasta la actualidad en las tradiciones del sur de la India, Sri Lanka y las islas del mar de Andamán.

"En un tiempo pasado", cuenta un antiguo texto de Sri Lanka, "la ciudadela de Rawana (Señor de Lanka), con veinticinco palacios y cuatrocientas mil calles, fue tragada por el mar".

De acuerdo con un relato de la antigüedad, la masa continental sumergida estaba entre Tuticorin, en el suroeste de la costa del Índico, y Mannar en Sri Lanka. Este territorio no era del tamaño previsto por los primeros geólogos pero, si en verdad existió, fue parte del subcontinente indio.

Otra tradición cultural, citada en el libro de Allan y Delair *¡Cataclismo! Pruebas convincentes de una catástrofe cósmica en 9500 a.C.*, es la de los selung, del archipiélago de Mergui, al sur de Birmania, que también contaban sobre una masa terrestre hundida: ". . . antiguamente, [el] territorio tenía proporciones continentales, pero la hija de un espíritu maligno arrojó muchas rocas al océano . . . las aguas se levantaron y se tragaron la tierra. . . . Toda vida pereció, a excepción de los que se salvaron en una isla que permaneció sobre la superficie de las aguas".

Uno de los relatos épicos de los tamiles, del sur de la India, el *Silappadhikaram*, menciona con frecuencia una vasta extensión de tierra llamada Kumara Nadu, o Kumari Kandam, que se extendía más allá de las costas actuales del país. Los sabios de la antigüedad escribieron en detalle acerca de una academia espiritual del tiempo de la prehistoria, situada en estas tierras, a la que llamaban "Tamil Sangham". También se refirieron al sumergimiento de dos ríos, el Kumari y el Pahroli, junto al continente, y a un territorio con cadenas montañosas, animales, vegetación y cuarenta y cinco provincias. De acuerdo con la tradición, el reinado de Pandya floreció entre 30 000 a.C. y 16 500 a.C. Por lo menos una rama de místicos modernos del sur de la India, alega pertenecer al linaje directo de los antepasados de aquellos tiempos extraordinarios, en los que, según sus progenitores espirituales, se habría alcanzado una longevidad extrema mediante las técnicas del yoga.

El poema épico del *Mahabharata* que, según los eruditos hindúes no occidentalizados se remontaría a cinco mil años antes de la era cristiana, contiene referencias a Rama, su héroe protagónico, quien contempla desde la costa oeste de la India actual una masa de tierra hoy ocupada por el mar Arábigo. Dicho relato ha sido validado gracias a los recientes descubrimientos submarinos. Otros textos indios menos conocidos mencionan incluso tecnologías avanzadas, como aeronaves que servían para transportar a la élite de la sociedad y para la guerra.

Los eruditos e historiadores han quedado desconcertados ante la descripción detallada de estas aeronaves. Por si fuera poco, los grandes relatos épicos indios describen vívidamente devastaciones a causa de acciones militares comparables solamente con una guerra nuclear. ¿Acaso existió alguna vez en la India una civilización no solo muy antigua, sino muy avanzada?

Máquinas voladoras . . . continentes perdidos . . . ¿Se refieren estos relatos a territorios míticos, o tal vez las antiguas narraciones nos ofrecen un registro histórico hace ya mucho tiempo olvidado y posteriormente descartado por la ciencia occidental como simple fantasía?

Para responder esta pregunta, debemos analizar la historia de la erudición relacionada con la India. Desde el siglo XIX, los estudiosos occidentales han desestimado la importancia histórica de las tradiciones culturales de los pueblos antiguos, incluyendo las tradiciones culturales del sur de Asia. Con base en prejuicios abiertamente etnocentristas, los expertos reinterpretaron la historia según los puntos de vista orientales. Por ejemplo, al darse cuenta de que las raíces de las palabras del sánscrito antiguo de la India tenían eco universal en los principales idiomas del mundo, idearon un esquema etnocéntrico para explicar el fenómeno y los pensadores de la India moderna han llegado a aceptarlo.

Los eruditos especularon que debió haber existido una población europea anterior, una raza indoeuropea que transmitió sus raíces lingüísticas y su material genético al resto del mundo, incluida la India. Para dar validez a dicha hipótesis, se valieron de la raza aria de la India antigua. Nos pretendieron imponer que esta raza surgió en Europa y luego invadió el valle del Indo, al norte de la India, con lo que las tradiciones sánscritas y védicas serían culturas relativamente nuevas y no fuente, sino producto, de la civilización occidental.

Pero la teoría de la "invasión aria" ya ha caído en el descrédito. James Schaffer de la Universidad Case Western, arqueólogo reconocido que se especializa en el estudio de la India antigua, comentó al respecto: "Los registros arqueológicos están convergiendo últimamente con las antiguas tradiciones escritas y orales del sur de Asia".

En otras palabras, se está demostrando que la mitología de la India es históricamente correcta. Sobre ello Schaffer escribió: "Algunos estudiosos han propuesto que no hay nada en la 'literatura' que respalde sólidamente la presencia de los indoarios fuera del sur de Asia y, ahora, los registros arqueológicos lo están confirmando . . . Rechazamos enfáticamente las interpretaciones históricas simplistas [de los académicos occidentales] que se remontan al siglo XVIII . . . Dichos razonamientos, aún prevalecientes, están condicionados en gran medida por el etnocentrismo, el colonialismo y el racismo europeos . . ."

Un destino similar sufrió el sur de la India, un territorio que algunos creen tiene raíces culturales en una antigüedad aun anterior a la del norte. Los estudiosos occidentales insisten en que los pueblos que hablaban el protodravídico, precursor de una familia de lenguas del sur (e incluso el propio sánscrito, según algunos), llegaron a la India desde el noroeste. Ambas hipótesis de invasiones eran necesarias a la línea de razonamiento occidental; primero, para apoyar la teoría de los orígenes en el jardín del Edén y, luego, para los darwinistas, a fin de dar sustento a la creencia de la expansión humana a partir de la salida de África.

Pero la teoría de las "invasiones arias" ha sido desmentida. No se ha encontrado ningún resto de esqueletos que muestren alguna diferencia entre los supuestos invasores y los pueblos nativos de la India. Las imágenes satelitales han demostrado que la antigua civilización de Harappa en el valle del Indo, así como la de Moenjodaro, entraron en declive y desaparecieron, no por la llegada de invasores imaginarios sino, probablemente, debido a cambios climáticos que provocaron la sequía del mítico río Saraswati. Luego, con el ocaso de la teoría de la invasión aria y los recientes descubrimientos de las ruinas sumergidas, se abre una caja de Pandora para los académicos ortodoxos, no solo respecto al pasado de la India sino de la raza humana en general. Si el sánscrito precede a las demás lenguas del mundo, y si existieron civilizaciones antiguas donde ahora está el mar, ¿cómo se puede explicar la prehistoria desde la perspectiva occidental moderna?

Y ¿cuánto más de la historia actual de la India queda todavía en tinieblas debido al etnocentrismo, el colonialismo o el materialismo científico? La decadencia de la teoría de la invasión aria puede ser tan solo la punta del iceberg de las concepciones erróneas sobre la edad y la naturaleza de la India antigua, su cultura, su gente y sus logros.

Desde hace mucho tiempo se viene diciendo que la Madre India nació en un tiempo anterior a los mitos, cuando los *rishis*, hombres de gran sabiduría y capaces de proezas espirituales fenomenales, habitaban la Tierra. Esta India antigua data de los tiempos en que prosperaron los poemas épicos como el *Ramayana,* el *Mahabharata* y las antiguas tradiciones de Tamil Nadu. Estas florecieron en una región cuya cultura algunos creen que precedía a la del norte y formaba parte de Kumari Kandam, en tiempos tan remotos como el año 30 000 a.C.

Textos misteriosos de la tradición Siddhanta de la región de Tamil Nadu cuentan que un gran diluvio inundó Kumari Kandam. Tanto el coronel James Churward como W. S. Cervé, que alegan conocer dichos escritos, uno en la tradición india y otro en la tibetana, se hicieron eco de esta idea, que habla de un continente del Oriente desaparecido hace mucho tiempo.

La teoría de la deriva continental presume que el desplazamiento de las masas de tierra ha sido extremadamente lento y uniforme, a lo largo de cientos de millones de años. Sin embargo, existe una buena cantidad de evidencia de que la superficie de la Tierra ha sufrido cambios rápidos y violentos en la prehistoria reciente. Hacia el final de la última Edad de Hielo, tal vez hace solo doce mil años, tuvo lugar una extinción súbita de mamíferos y plantas. Cientos de estas especies desaparecieron de la faz del planeta y sus restos fueron arrastrados por la acción de las aguas hasta cavernas profundas, dejando montículos carbonizados por todas partes. La ciencia moderna ha sido incapaz de explicar estos acontecimientos y se resiste a considerar la posibilidad de lo que parece obvio cuando se analizan las evidencias.

D. S. Allan y J. B. Delair, en su libro *¡Cataclismo! Pruebas convincentes de una catástrofe cósmica en 9500 a.C.,* exponen una cantidad formidable de pruebas que corroboran las leyendas de una inundación o conflagración, que han quedado registradas en los anales mitológicos del mundo. Si dejamos de creer por un momento en las versiones de la prehistoria que nos dan los libros de texto, Allan y Delair llenan el vacío de manera convincente al remplazar las doctrinas gradualistas que hablan de movimientos extremadamente lentos de los glaciares (que se supone hayan sido la causa de las grandes extinciones de especies) con lo que, según las pruebas obtenidas, parece haber sido un desastre colosal que sumergió masas continentales completas y fracturó la corteza terrestre.

La mayor parte de la evidencia se encuentra en el sur de Asia. *Albatros,* un barco sueco de investigación, reveló en 1947 que en el sureste de Sri Lanka una vasta meseta de lava endurecida de al menos varios cientos de kilómetros. La lava, que evidencia una enorme ruptura en la corteza terrestre, cubre la mayor parte de los valles que en la actualidad se encuentran sumergidos. La inmensa erupción que produjo toda esa lava puede haber coincidido con la destrucción del continente austral, descrito por Wallace (o Kumari Kandam). Según Allan y Delair, ello podría ser la razón de la existencia de abundantes evidencias botánicas y zoológicas, que otorgan a dicho continente una fecha más reciente y no la de ciento ochenta millones de años, como aseguran los especialistas ortodoxos. Las ciudades perdidas del golfo de Cambay pudieron haber tenido igual destino, ya sea simultáneamente, o como resultado de condiciones tectónicas inestables debido a la catástrofe inicial —o tal vez el impacto de un asteroide o un desplazamiento de la corteza terrestre— que causó la reciente extinción y destrucción de las ciudades de la antigüedad.

Entre las numerosas pruebas encontradas por los primeros geólogos, que fueron recuperadas por Allan y Delair, se encuentran cuevas con huesos en Asia que corresponden, ni más ni menos, a diversas especies de animales prehistóricos recientes de distintas partes del mundo. Estos restos pueden haber llegado a su destino final solamente por la acción de ingentes cantidades de agua en movimiento a través del globo. A la luz del trabajo de Allan y Delair, otra evidencia es la de la cordillera del Decán de la India, una vasta planicie triangular de lava de varios cientos de metros de espesor que cubre una superficie de más de 647 000 kilómetros cuadrados, además de la fosa del valle del Indo y el Ganges, una grieta gigantesca en la superficie de la Tierra que parte de Sumatra y atraviesa la India hasta llegar al golfo Pérsico. Dichos fenómenos pueden ser interpretados como prueba de un cataclismo que fracturó la corteza terrestre, sumergió numerosos territorios y causó las grandes extinciones.

Otros fragmentos interesantes de evidencias anómalas sugieren la existencia en la India antigua de una cultura dominante avanzada, marinera e, incluso, aerotransportada —por ejemplo, la naturaleza idéntica de los grabados del valle del Indo a la de las inscripciones encontradas en la isla de Pascua, al otro lado del océano Pacífico. Es de notar también, que los informes iniciales sugieren que los grabados hallados recientemente en el golfo de Cambay se asemejan a los de valle del Indo. Según algunos estudiosos sobre el sur de la India, las indescifrables inscripciones fueron hechas en una lengua prototamil, lo que conectaría a la distante cultura de la isla de Pascua y sus famosas estatuas megalíticas con Kumari Kandam, el antiguo sur de la India, una idea que tiene eco en el folclore de los pobladores de la isla de Pascua, que cuentan sobre un continente perdido al oeste, de donde serían originarios.

Los nuevos descubrimientos arqueológicos submarinos permiten reescribir los registros del pasado. Se necesita más investigación y expediciones a las fascinantes aguas y las profundidades de los océanos del mundo. Pero, más que nunca, las hipótesis de los libros de texto sobre la prehistoria se hunden bajo su propio peso, en tanto las escenas de un pasado más glorioso se alzan hasta la superficie gracias a las imágenes acústicas. Si el pasado es solo un prólogo, estas imágenes revisten interés tanto para el mundo académico como para todos aquellos que contribuirán a resolver el misterio de los orígenes humanos.

# 11 | Los portales de la civilización se extienden

Para John Anthony West, la búsqueda de pruebas de una civilización prehistórica avanzada rinde nuevos frutos

## J. Douglas Kenyon

D e igual modo que el ego de un atleta se alimenta con el triunfo y se desanima con la derrota", comenta entre risas John Anthony West, "el de los eruditos y científicos necesita estar en lo cierto. No tienen mucho dinero, fama, ni glamur en sus vidas y por eso, cuando aparece alguien como yo, como un extraño en su campo, reaccionan como gatos escaldados".

Atormentar a la casta de gatos dominante sigue siendo un buen pasatiempo para este autoproclamado flagelo de la "iglesia del progreso". Para West, la versión occidental moderna de civilización, con "sus bombas de hidrógeno y su pasta dental rayada", no está a la altura de sus predecesores que yacen bajo la tierra desde hace mucho tiempo (tanto los históricos como otros). West tacha a los eruditos que no respetan el legado de sus antepasados, cuando menos, de "estúpidos".

Cuando comenzó la saga de la revista *Atlantis Rising,* en noviembre de 1994, nuestro artículo de portada, "En busca de respuestas de la Esfinge", esbozaba el clima de tormenta que se venía gestando en torno al estudio de West y Robert M. Schoch, doctor en Geología de la Universidad de Boston. Allí declararon que la Esfinge de Giza había quedado desgastada debido a la lluvia y que, por tanto, era miles de años más antigua de lo que habían establecido los egiptólogos convencionales. La controversia apenas comenzaba.

A partir de esto, los escritores Graham Hancock y Robert Bauval se unieron a la contienda con un enorme éxito de venta de sus libros a nivel internacional. En ellos se destacan las controversias de West, además de su teoría sobre la finalidad astronómica de los monumentos de Giza. Y, si bien los cuatros autores siguen siendo *personas no gratas* en la comunidad de los egiptólogos profesionales, sus ideas —dadas a conocer mundialmente en numerosos reportajes de los medios— han alcanzado una notoriedad sin precedentes y obligado a la ciencia

*John Anthony West en la Esfinge*
(FOTOGRAFÍA DE PATRICIA KENYON)

convencional a desistir de la práctica común de simplemente ignorar las ideas atrevidas y, en ocasiones, incluso llegar a defender sus méritos.

El resultado no ha sido particularmente alentador para la "iglesia del progreso". El 16 de septiembre de 2002, se emitió en vivo desde Giza y en horario estelar, un programa especial de la cadena Fox TV y la *National Geographic* titulado "Abriendo las tumbas perdidas: En vivo desde Egipto". Fue la más reciente de varias trasmisiones que están otorgando un espacio importante a los puntos de vista heréticos de West, Schoch, Hancock y Bauval. A pesar de todos los esfuerzos de los oponentes, el apoyo a sus ideas va en aumento.

En el centro de la controversia se encuentran los misterios que rodean el nacimiento de la civilización. Como tanto insisten los académicos convencionales, ¿provenimos de la Edad de Piedra de hace aproximadamente cinco mil años y, a partir de entonces, comenzamos el lento y difícil ascenso hasta nuestro actual nivel "superior"? ¿O existió en una remota antigüedad una civilización primigenia que alcanzó niveles de sofisticación iguales a los nuestros, si no superiores, pero que desapareció por completo sin dejar apenas vestigios?

Si lo anterior es cierto y puede demostrarse, sus implicaciones serían trascendentales o, cuando menos, profundas. La posibilidad de que West y Schoch estén sobre la pista de la primera evidencia irrefutable de la existencia de esa cultura progenitora sería uno de los logros de investigación más importantes de nuestro tiempo, que podría aguarle la fiesta convincentemente a la "iglesia del progreso".

La revista *Atlantis Rising* entrevistó a John West acerca de su lucha con la ciencia convencional y de la nueva evidencia que ha reunido para reafirmar, y quizás hacer prevalecer, su idea de la existencia de una sofisticada civilización prehistórica. También nos comentó de su deuda con un desconocido arqueólogo alsaciano cuya contribución a nuestra comprensión del antiguo Egipto recién comienza a apreciarse.

## EL LEGADO DE SCHWALLER DE LUBICZ

West cree que el plan maestro para entender la sabiduría del antiguo Egipto ya existe, pero no proviene, como se podría esperar, de los recintos de la egiptología convencional. R. A. Schwaller de Lubicz, tras una investigación colosal y exhaustiva llevada a cabo en el templo de Lúxor, de 1937 a 1952, llegó a la conclusión de nada menos que "una teoría de campo unificada" en cuanto a la filosofía y la ciencia del antiguo Egipto. Dicho estudioso es más conocido por su trabajo precursor y abarcador sobre el antiguo Egipto bajo el título de *The Temple of Man [El templo del hombre]*. Fundó la escuela "simbolista" de la egiptología, que tiene a West, abiertamente, como su mayor defensor en la actualidad. El libro de este último *Serpent in the Sky [La serpiente en el cielo]*, sigue siendo la obra más completa, escrita en inglés, sobre el trabajo de Schwaller de Lubicz.

El arqueólogo alsaciano buscaba evidencia de algún conocimiento antiguo sobre los principios de la armonía y la correlación. En particular, le interesaba la proporción áurea (una relación matemática equivalente a uno más la raíz cuadrada de cinco dividida entre dos), que se le había acreditado a los griegos y no a los egipcios. Gracias a mediciones que estaban en ese momento en vías de ser determinadas por un equipo de arquitectos y arqueólogos franceses, Schwaller de Lubicz pudo demostrar que, en efecto, la proporción áurea fue aplicada en Lúxor, con una complejidad y sofisticación que los griegos nunca habían alcanzado.

Ahí estaba la evidencia irrefutable de que ya se había alcanzado un gran desarrollo en matemáticas más de mil años antes que Pitágoras. "Obviamente, esto no surgió de la nada", dice West. "El Egipto del nuevo imperio (Lúxor fue construido por Amenofis III en el siglo XIV a.C.) continuó la tradición de los imperios Medio y Antiguo por lo que, por extensión, Schwaller de Lubicz, demostró suficientemente que Egipto había comprendido la armonía y la proporción desde los propios inicios de su existencia conocida, cercana al 3000 a.C. o un poco antes". Todo ello sugiere la posibilidad de desarrollos anteriores, lo que coincide perfectamente con las teorías de West y Schoch en cuanto a la edad de la Esfinge, que curiosamente nacieron de una observación casual hecha por Schwaller de Lubicz en el sentido de que la Esfinge habría sido erosionada por el agua.

"Egipto *no* fue una suerte de lugar de ensayo para Grecia, de donde partió nuestra genial civilización", dice West. "Los propios griegos lo reconocían como una fuente mayor y punto de partida de la sabiduría que se estableció más adelante. En otras palabras, la civilización ha ido decayendo gradualmente desde la época del antiguo Egipto. De hecho, esta propia cultura iba cuesta abajo desde sus propios inicios porque, aunque parezca raro, había alcanzado su cenit absoluto —la cumbre de su destreza y sofisticación— muy tempranamente en el Imperio Antiguo, cerca del 2500 a.C. . . . y después, prácticamente, todos fueron logros menores, incluidos los fabulosos templos del Imperio Nuevo".

"Pero. . .", la pregunta siempre ha persistido, "si en la prehistoria hubo una civilización avanzada, ¿dónde han quedado sus artefactos?" Es algo que John West ha querido responder desde hace mucho tiempo y, con los descubrimientos que se han hecho sobre la Esfinge, ha dado un primer paso de importancia.

Con todo, West insiste en que las innegables pruebas físicas de una cultura madre no se limitan a la Esfinge. Varios sitios, potencialmente igual de convincentes, demuestran que miles de años antes de los vestigios reconocidos más antiguos del llamado Imperio Antiguo, Egipto albergó una civilización altamente desarrollada. West cree que un sitio antes desapercibido podría servir de fundamento a su tesis.

## LOS SECRETOS DE LA PIRÁMIDE ROJA

La pirámide roja de Dashur, comúnmente atribuida al faraón Seneferu de la cuarta dinastía, forma parte de una reserva militar y hasta hace poco permanecía cerrada al público. Casi idéntica en volumen total a la Gran Pirámide (atribuida a Keops, hijo de Seneferu, y conocida por su color rojo debido al granito rosado con que está revestida) esta tiene una inclinación un poco más suave que aquella. Actualmente, es bastante accesible y el visitante tiene la oportunidad de subir por una escalinata empinada por la cara norte. Después, puede descender ciento treinta y ocho peldaños en un largo e inclinado corredor hacia la primera de dos cámaras de altos gabletes que, aunque horizontales, se parecen a los de la galería principal de la Gran Pirámide.

Al final de la segunda cámara se ubican unos peldaños de madera colocados por el Departamento de Antigüedades de Egipto para pasar a una tercera cámara en gablete, elevada a un poco más de quince metros, en ángulo recto con las dos anteriores. El visitante puede pararse sobre un balcón de madera y mirar hacia abajo sobre una especie de foso, rodeado de un conjunto desordenado de piedras talladas. En esta pirámide no se ha encontrado signo alguno de entierro de ninguna especie.

Cuando recorrí por primera vez el lugar, varias cosas me parecieron obvias. Las piedras en el foso eran de un tipo claramente distinto a las de la estructura de arriba. Además, si bien la pirámide había sido construida con gran precisión, el ordenamiento del foso era caótico. Aunque sin lugar a dudas

*(Arriba) Cripta fúnebre debajo de la pirámide roja de Dashur.*
(FOTOGRAFÍA DE J. DOUGLAS KENYON)
*(Centro) Cripta fúnebre de la pirámide roja. Nótese, arriba, la línea entre la albañilería del Imperio Antiguo y, abajo, la estructura anterior.*
(FOTOGRAFÍA DE COOPER HEDGECOCK)
*(Abajo) Antiguo trabajo erosionado de albañilería en la cripta fúnebre bajo la pirámide roja.* (FOTOGRAFÍA DE J. DOUGLAS KENYON)

las piedras habían sido cortadas de manera artificial, tenían los bordes redondeados de un modo que sugería un desgaste por agua. Le hice notar a West que pensaba que el lugar debió haber sido parte de un emplazamiento mucho más antiguo sobre el que se habría construido esta pirámide, tal vez para conmemorar un sitio sagrado. Cualquier tipo de erosión que hubiese ocurrido, claramente había sido detenida por la pirámide que le protegía. Para mí, estas observaciones eran más que obvias pero, para mi sorpresa, John West reaccionó con un entusiasmo inusitado. "Creo que tienes toda la razón", exclamó. "No veo ninguna otra posible explicación".

Resultó ser que esa no era la primera vez que West había tenido curiosidad sobre el significado de esa cámara. "He estado en la pirámide roja unas seis veces desde que reabrió hace un par de años", recordó, "y me rompía la cabeza sobre cómo hallar una respuesta para la llamada cripta fúnebre, que no parecía haber sido saqueada. . .".

Y continuó: "¿Por qué está en tal estado de desorden? Es como si la hubiesen desmontado, pero no parece haber sido así. No se me había ocurrido pensar que una vez esto fue el exterior —no el

*interior.* Sí, estas son piedras antiguas muy erosionadas. Habría que llamar a los geólogos para saber de qué tipo de rocas se trata".

West cree que expertos como Schoch van a encontrar también modos de datar el lugar. Actualmente opina que se trata de duras piedras calizas, cuya datación sería en efecto muy remota. "Creo que fue un lugar sagrado para los egipcios más antiguos", afirmó "y que construyeron la pirámide roja a su alrededor".

Durante el resto de nuestra excursión, el investigador se refirió una y otra vez a su impresión de que este era un "descubrimiento verdaderamente importante". Llegó a dar a la cámara el nombre de caverna de Kenyon y agregó que creía que esto le ayudaría a afianzar su tesis más que cualquier otra cosa.

*Rincón de la tumba de Jentkaus. La albañilería del Imperio Antiguo revela un área más antigua y erosionada en la parte inferior.*
(Fotografía de J. Douglas Kenyon)

*El Osireion de Abydos*
(FOTOGRAFÍA DE J. DOUGLAS KENYON)

"Mis opositores siempre alegan que la Esfinge no puede ser la única evidencia de una civilización más antigua", se queja West. "Pero no es así. Cuando comienzo a mostrarles otras evidencias, se vuelven selectivamente sordos". Antes del descubrimiento en la pirámide roja, West buscaba en los campos de mastabas, al suroeste de la Esfinge, donde hay una estructura que una vez sirvió de tumba a Jentkaus, la reina de Micerino, que supuestamente fue quien mandó construir la tercera, y más pequeña, pirámide de Giza. La desplomada esquina suroeste de la estructura muestra que la reparación de hace cuatro mil quinientos años cubrió bloques de piedra evidentemente más antiguos, que revelan los mismos signos de erosión por agua que han causado controversia en la Esfinge, su vecina cercana.

Y hay otras anomalías, "La construcción en dos etapas de la pirámide de Kefrén (el historiador griego Herodoto es nuestra única fuente para confirmar a quien perteneció) —los bloques gigantes de la parte de abajo y de la calzada y las losas que rodean la base— está absolutamente desfasada con la otra parte de la albañilería del Imperio Antiguo que conforma dicha pirámide. Lo mismo ocurre con la de Micerino. Y también está el túnel profundamente erosionado al este del punto medio de la pirámide de Saqqara está muy erosionado".

West también observa incongruencias extrañas entre el templo del valle cercano a la Esfinge y otras construcciones atribuidas a Kefrén. Además, cree que el denominado Osireion de Abydos, con sus enormes bloques de granito sin adornos, es mucho más antiguo y de un estilo completamente ajeno al del vecino templo de Osiris construido por Seti I durante el Imperio Nuevo. "Atribuir estos dos templos al mismo constructor es como decir que la catedral de Chartres y el edificio Empire State fueron erigidos por las mismas personas". West tiene la esperanza de que los numerosos estratos de cieno del Nilo que antes cubrían el Osireion, y que aún lo circundan, se puedan datar mediante el método del carbono y que esto permita poner punto final al debate.

Los hallazgos de West no se limitan al campo arquitectónico. Por ejemplo, en el Museo Egipcio de El Cairo hay una pequeña vasija asociada a los inicios del Imperio Antiguo. Está hecha de la diorita más dura y la precisión de su forma y su interior perfectamente hueco, son imposibles de explicar ya que no se conoce ninguna herramienta de esa época capaz de tornearla de esa manera. Podría ser mucho más antigua, al igual que muchas otras vasijas parecidas que se han descubierto.

Y, por supuesto, están los textos tallados en las paredes de las pirámides de la quinta y sexta dinastías. El consenso entre los expertos es que los escritos fueron copiados de fuentes mucho más antiguas. Pero la cuestión es saber de qué época datarían. En ese mismo viaje a Egipto, West estuvo acompañado por Clesson H. Harvey, un físico y lingüista que ha pasado la mayor parte de sus cuarenta años de profesión traduciendo los textos de las pirámides. Harvey cree que los textos revelan que la religión egipcia se remonta no a milenios, sino a decenas de milenios antes del Imperio Antiguo. West cree que Harvey está bien encaminado.

No obstante, a pesar del peso de la evidencia, West no espera que la egiptología oficial ceda terreno con rapidez. "Esto es muy parecido a la iglesia de la Edad Media y su rechazo al sistema heliocéntrico de Galileo. No estaban preparados para abandonar fácilmente la idea de que la humanidad ocupaba un lugar central en el esquema de Dios. . . Hoy, la idea de una fuente de la civilización mucho más antigua es algo muy difícil de reconocer para los egiptólogos. No es solo porque la civilización sea más antigua, sino porque habría sido más sofisticada y capaz de realizar proezas tecnológicas que nosotros no podemos reproducir".

## HACIA UNA EGIPTOLOGÍA ADECUADA

En lo que se refiere al camino que debería seguir la egiptología, West no deja de ser generoso en consejos. Cree que los doctorados en esta materia deberían basarse en desafíos de mayor trascendencia que el inventario de la ropa interior de Tutankamón. De hecho, West podría enumerar decenas de ideas de proyectos de investigación que resultarían más esclarecedores. Por ejemplo, le gustaría que se realizaran estudios arquitectónicos meticulosos en todos los sitios, como los que Schwaller de Lubicz llevó a cabo en el templo de Lúxor.

Considera que dicha clase de estudios se debería aplicar en ciertos templos para determinar armonías, proporciones, medidas y otros aspectos. "Los templos han sido examinados, pero nadie ha observado los detalles de su geometría: la forma en que se elevan desde el santuario central hasta la parte final del templo. Ese es el tipo de estudio que lleva a entender la doctrina esotérica, la matemática, la geometría, la armonía y otros temas vinculados con cada uno de los dioses o principios".

West también cree que arrojaría mucha información un estudio de las expresiones gestuales en las representaciones artísticas de los templos. Otra línea de investigación posible tiene que ver con el borrado sistemático de ciertas imágenes en las paredes de los templos. Ha observado, en varios templos, que la selección cuidadosa de algunas imágenes para suprimirlas no se debe a la acción de fanáticos religiosos posteriores sino, en efecto, a las acciones cuidadosamente pensadas de sacerdotes egipcios que visualizaban el término de una era y el comienzo de otra, y actuaban en consecuencia.

Sin embargo, hasta ahora, nadie parece tener prisa en asumir ese reto. Pero si continúa el creciente interés en lo que West y Schwaller de Lubicz llamarían "una vuelta al origen", surgirá una nueva generación de estudiosos, equipados con información fresca y una perspectiva más profunda, que pronto se aventurarán en territorios donde pocos de sus antecesores osaron adentrarse.

# 12 Nuevos estudios confirman la gran antigüedad de la Esfinge

Los ortodoxos protestan, pero las evidencias
que respaldan las tesis de Schoch y West
van en aumento

## Doctor en Ciencias Robert M. Schoch

urante los últimos diez años, he estado trabajando en estrecha colaboración con John Anthony West en la nueva datación de la Gran Esfinge de Giza. La fecha tradicional que se le atribuye al monumento es hacia 2500 a.C. pero, según mis análisis geológicos, estoy convencido de que sus partes más antiguas se remontan por lo menos a fechas cercanas a 5000 a.C. (si bien John Anthony West cree que son considerablemente más antiguas). Sin embargo, tal cronología no solamente va en contra de la egiptología clásica, sino de las suposiciones arraigadas acerca de la datación y el origen de las primeras civilizaciones. Son incontables las veces que mis propios ex colegas universitarios me han dicho que una fecha tan temprana para la Esfinge es simplemente imposible, porque los seres humanos de entonces no poseían las capacidades tecnológicas ni la organización social para llevar a cabo semejante empresa. Aun así, debo seguir el camino que trazan las evidencias.

En última instancia, mi investigación de la edad de la Gran Esfinge me ha llevado a cuestionar varios aspectos de la cosmovisión científica tradicional que prevalece, hasta nuestros días, entre la mayor parte de los académicos. Llegó un momento en que tenía tantas ideas nuevas en mi mente, que las organicé por escrito para publicar, en 1999, la obra *Escrito en las rocas: Grandes catástrofes y civilizaciones antiguas,* en coautoría con Robert Aquinas McNally.

El manuscrito de este libro se concluyó en agosto de 1998. Desde entonces, he conocido de la existencia de dos estudios geológicos independientes sobre la edad de la Gran Esfinge. Ambos recorren un largo camino, respaldan mis análisis y conclusiones y refutan las réplicas improcedentes de los críticos.

En dichos estudios se corroboran las conjeturas básicas de mis investigaciones originales sobre la Gran Esfinge. Entre tales reflexiones se puede mencionar que tanto la Esfinge como su recinto muestran evidencia significativa de desgaste y erosión (degradación) debido a precipitaciones, y que el núcleo del monumento y las partes más antiguas del templo son anteriores al reinado del faraón Kefrén (alrededor de 2500 a.C.) y de Keops (el predecesor de Kefrén, que reinó aproximadamente entre 2551 y 2528 a.C.).

El primer estudio fue realizado por el geólogo David Coxill y publicado en la revista *Inscription: Journal of Ancient Egypt* en un artículo titulado "El enigma de la Esfinge". Después de confirmar mis observaciones sobre el desgaste y erosión de la Esfinge y de señalar que otras posibles explicaciones no funcionan, Coxill dice muy claramente: "Esto [los datos y el análisis que aparecen en la parte anterior del artículo] implica que la Esfinge tiene por lo menos cinco mil años de edad y que es anterior a los tiempos dinásticos".

Más adelante en su artículo, Coxill analiza brevemente los estudios sísmicos que realizamos Thomas Dobecki y yo, así como mis estimaciones, basadas en datos sísmicos, de una fecha cercana a los años 5000 o 7000 a.C. para las partes más arcaicas de la Esfinge. Coxill no apoya ni refuta dicha parte de mi trabajo de investigación, sino que simplemente concluye: "Sobre el esculpido de la Esfinge, las fechas absolutas deben tomarse con extrema precaución y por ello juzgarse lo más conservadoramente posible, hasta que salgan a la luz evidencias más concluyentes".

Puedo comprender que Coxill haya tomado esta postura, aunque tal vez me sienta más cómodo y confiado con el análisis sísmico que hicimos. En el siguiente párrafo de su artículo, Coxhill continúa diciendo: "Sin embargo, [la Esfinge] es claramente más antigua que las fechas tradicionales que se asocian con sus orígenes (en el reinado de Kefrén, de 2520 a 2490 a.C.)".

En resumen, Coxill está de acuerdo con la esencia de mi análisis y, al igual que yo, concluye que las partes más antiguas de la Esfinge datan de una época previa a las dinastías faraónicas, lo que nos lleva a tiempos probablemente anteriores a 3000 a.C.

Otro geólogo, Colin Reader (graduado de ingeniería geológica de la Universidad de Londres), llevó a cabo un estudio meticuloso sobre el desgaste y la erosión (degradación) en el cuerpo de la Esfinge y su recinto. Reader combina este estudio con un detallado análisis de la hidrología antigua en la meseta de Giza, cuyas conclusiones fueron dadas a conocer en un artículo titulado "Estudio geomorfológico de la necrópolis de Giza, con repercusiones para el desarrollo del sitio", de la publicación *Archaeometry*. Este experto, al igual que Coxill, hace énfasis en los problemas y debilidades de los argumentos de mis adversarios.

Además, hace notar que existe "un marcado aumento en la intensidad de la degradación [o sea, el desgaste y la erosión] en dirección oeste [extremo occidental] del recinto de la Esfinge". Y continúa diciendo: "En mi opinión, el único mecanismo que podría explicar satisfactoriamente este aumento de intensidad es la acción del agua de lluvia proveniente de las mesetas más altas del norte y del oeste, que se precipitaron en el recinto de la Esfinge . . . Sin embargo, las enormes canteras excavadas durante el reinado de Keops [como se señaló anteriormente, predecesor de Kefrén, y al que se le atribuye "tradicionalmente" la construcción de la Esfinge], que se encuentran ubicadas inmediatamente arriba de la pendiente, habrían impedido que cualquier penetración importante de agua de lluvia pudiera llegar a la Esfinge".

Así, Reader concluye que "si se considera la cuestión en términos del análisis hidrológico del sitio, la distribución de la degradación en el recinto de la Esfinge indica que su excavación es anterior a las construcciones en Giza de la época de la cuarta dinastía de Keops".

De modo curioso, el geólogo asevera que la llamada calzada de Kefrén (que va desde el área donde se encuentra la Esfinge, su templo y el del valle de igual nombre, hasta el templo mortuorio en el lado este de la pirámide), parte del templo mortuorio (al cual se refiere como "templo protomortuorio") y el templo de la Esfinge, todos, datan de tiempos anteriores al reinado de Keops.

Mis argumentos no son solo a favor de una Esfinge más antigua, sino de un templo de la Esfinge contemporáneo con ella (y así anterior a la fecha que se le reconoce, al menos en lo que se refiere a la muestra de piedra caliza, que sería previo a la cuarta dinastía). En forma independiente de Reader, John Anthony West y yo hemos concluido que parte del templo mortuorio de Kefrén antecedió a este gobernante. Pero no he publicado esta conclusión ni la he comentado con detalle en público, ya que tenía la intención de reunir primero más pruebas que lo corroboraran. Reader ha llegado a las mismas conclusiones con respecto al templo mortuorio de Kefrén. Me complace esta confirmación. Creo que hubo mucha más actividad humana en Giza en tiempos anteriores al Imperio Antiguo de lo que se ha querido admitir hasta ahora. Incluso, sospecho que la segunda pirámide (la de Kefrén) fue construida encima de un sitio o estructura más antigua.

Según los egiptólogos John Baines y Jaromír Málek, tal como se explica en la obra *Atlas of Ancient Egypt [Atlas del Antiguo Egipto]*, en tiempos antiguos se hacía referencia a esta como la Gran Pirámide, mientras que la de Keops (que en tiempos modernos llamamos la Gran Pirámide) era conocida como "el lugar del amanecer y el atardecer". ¿Acaso el nombre de Gran Pirámide designado para la pirámide de Kefrén indica que el sitio, sino el monumento en sí mismo, era de suprema importancia y que precede en el tiempo a la mayoría de las construcciones y estructuras de la meseta de Giza?

Reader ofrece una fecha tentativa del "esculpido de la Esfinge" y de la construcción del Templo de la Esfinge, el templo protomortuorio y la calzada de Kefrén, de "alrededor de la segunda mitad del período dinástico temprano" (entre 2800 y 2600 a.c.), basándose en "el uso conocido de la piedra en la arquitectura del Antiguo Egipto". En mi opinión, la edad que estima Reader para las partes más antiguas de la Esfinge es posterior a lo que indica la evidencia. Haría tres comentarios generales al respecto:

1. Considero que la naturaleza y el grado de desgaste y erosión (degradación) en la Esfinge y su recinto, son muy diferentes a lo que cabría esperar si el monumento hubiese sido esculpido en 2800 a.C. o incluso en 3000 a.C. Además, las mastabas de adobe encontradas en la meseta de Saqqara, que datan de alrededor de 2800 a.C., no muestran evidencia significativa de desgaste por lluvia, lo que indica lo seco que fue el clima en esa zona en los últimos cinco mil años. Sostengo la idea de que la erosión de la Esfinge y su recinto sugiere fechas anteriores a 3000 o 2800 a.C.

Me parece que es difícil creer que la cantidad, tipo y grado de erosión inducidos por precipitaciones en el recinto de la Esfinge pudieron haberse producido en apenas unos pocos siglos. Reader señala, como lo hice yo anteriormente, que incluso el egiptólogo Zahi Hawass (uno de los más ardientes opositores a mi nueva datación de la Esfinge) sostiene que algo del desgaste y la erosión del cuerpo de la Esfinge (causados por precipitaciones pluviales según Reader, Coxill y yo) fue recubierto y reparado durante el período del Imperio Antiguo, por lo que podemos presuponer que el cuerpo principal de la Esfinge fue esculpido mucho antes.

2. Reader no menciona el estudio sísmico que realizamos alrededor de la Esfinge que me sirvió, en parte, como base para calcular un estimado bruto de la edad de las primeras excavaciones del recinto de la Esfinge. Creo que la fecha arrojada por el estudio es compatible con el tipo y cantidad de erosión y desgaste observados en el recinto y concuerda adecuadamente con la historia paleoclimática conocida de la meseta de Giza. Algunos de mis críticos han dado a entender que nuestros estudios sísmicos se basaron solamente en las capas de piedra de la subsuperficie y no en el desgaste en sí mismo.

Sobre ello debo aclarar que el patrón de desgaste diferencial que registramos en la subsuperficie abarca toda la pendiente de las capas de roca y es paralelo al suelo del recinto de la Esfinge (como era de esperar para un proceso de desgaste). Además, la profundidad mucho menor en la capa de baja velocidad, situada inmediatamente detrás de la grupa de la Esfinge, es totalmente incompatible con la idea de que los datos sísmicos solo consideran el lecho original en la piedra caliza.

3. No me resulta convincente hacer la datación de la Esfinge con base

en "el uso conocido de la piedra en la arquitectura del Antiguo Egipto". Al respecto hay que apuntar que existen registros de grandes construcciones de piedra que fueron trasladadas miles de años antes de alrededor de 2800 a.c., en otras partes del Mediterráneo (como en Jericó, Palestina). Hoy se sabe que, incluso en Egipto, se erigieron estructuras megalíticas en Nabta (al oeste de Abu Simbel en el Alto Egipto en 5000 a.c.) y que la predinástica "paleta de Libia" (de entre 3100 y 3000 a.c.) que hoy se conserva en el Museo Egipcio de El Cairo, muestra ciudades fortificadas (que posiblemente se hayan construido parcialmente de piedra) a lo largo de la ribera occidental del delta del Nilo, en fechas muy tempranas. Me parece bastante concebible que en Giza se hubiese llevado a cabo algún trabajo arquitectónico en piedra en una fecha anterior a 2800 o 3000 a.c.

En resumen, en cuanto a mis observaciones y conclusiones, Reader es otro geólogo que las ha corroborado: las partes más antiguas de la Esfinge pertenecen a un período muy anterior a 2500 a.C.

Pero no solo se han dado pasos importantes en cuanto a establecer la edad de la Esfinge desde la primera edición de *Escrito en las rocas*. En junio de 1999, participé en una conferencia extraordinaria organizada por el profesor Emilio Spedicato, de la Universidad de Bérgamo, bajo el tema de "Nuevas hipótesis sobre la evolución del sistema solar y sus consecuencias para la historia de la Tierra y del hombre", a la que fui invitado a hablar sobre mis estudios acerca de la edad de la Esfinge.

Muchos investigadores y científicos que asistieron a la conferencia eran representantes de criterios "alternativos", "heréticos" y "catastróficos". En particular, el geólogo Alexander Tollmann, profesor de la Universidad de Viena, expuso acerca de su trabajo realizado en conjunto con su fallecida esposa Edith Tollmann. Ellos acumularon una enorme cantidad de evidencias que apoyan la idea de que la Tierra sufrió impactos de cometas al término de la última Edad de Hielo, hace entre unos trece mil a nueve mil quinientos años (de 11 000 a 7500 a.C., aproximadamente).

Otro importante investigador que participó como exponente en la conferencia fue el doctor Mike Baillie, un dendrocronólogo (que estudia los anillos de los árboles) de la Universidad de la Reina, en Belfast. Como una confirmación más de los temas desarrollados en *Escrito en las rocas*, Baillie ha logrado documentar una serie de "acontecimientos en los anillos más delgados" en la cronología arrojada por los robles irlandeses en relación con las siguientes fechas aproximadas: 3195 a.C., 2345 a.C., 1628 a.C., 1159 a.C., 207 a.C. y 540 d.C.

Tal como él señala, estos momentos marcan importantes deterioros del medio ambiente y, además, son períodos generales de tiempo de grandes perturbaciones y cambios en la historia de las civilizaciones humanas. Baillie también indica que la mayoría de estas fechas, o tal vez todas, podrían estar asociadas con actividad de cometas que influenciaron al planeta. De hecho, creo que tales fechas, junto con la de 1178 d.C. esclarecida por el profesor Spedicato, podrían representar impactos de cometas, de mayor o menor intensidad, en algún lugar de nuestro planeta. Es de notar que estos momentos parecen seguir un ciclo aproximado de entre quinientos a mil años.

Al observar cada una de las fechas, podemos hacer unas cuantas observaciones y especulaciones:

3195 a.C.:   Posiblemente este momento marca el final de la "cultura de la Esfinge" (el tiempo en que fueron construidos la Gran Esfinge y otros monumentos megalíticos muy antiguos). Su colapso y el vacío cultural que dejaron al desaparecer, prepararon el camino para el surgimiento de la cultura dinástica de Egipto y otras civilizaciones del Mediterráneo, así como el desarrollo de la escritura tal como se conoce hoy.

2345 a.C.:   Crisis de los inicios de la Edad de Bronce.

1628 a.C.:   Fin del Imperio Medio en Egipto. Cambios dinásticos en China.

1159 a.C.:   Fin de la Edad de Bronce.

207 a.C.:   Perturbaciones sociales en China y en el Lejano Oriente. Decadencia de varios imperios helénicos de la región mediterránea, hecho que despejó el camino para la dominación del Imperio Romano.

540 d.C.:   Desmoronamiento del Imperio Romano tradicional, lo que puso fin al mundo antiguo y dio inicio a la Edad Media.

1178 d.C.:   Malestar social y disturbios, en especial en regiones del Pacífico y Asia (incluido el auge de los mongoles liderados por Gengis Kan)

Según el patrón anterior, no me sorprendería si nuestro planeta experimentara otro impacto mayor de un cometa en el curso del siglo XXI o a inicios del XXII. Es posible que tal acontecimiento se haya visto prefigurado en el impacto extraterrestre de 1908 (que creo fue a causa de un cometa) en la región de Tunguska, en Siberia.

Recientemente, se ha reconocido que los sucesos extraterrestres han tenido un importante papel en el desarrollo de la cultura humana en un pasado muy lejano. La edición de 3 de marzo de 2000 de la revista *Science* trae un artículo sobre las herramientas de piedra encontradas en el sur de China que tienen aproximadamente ochocientos mil años de edad. Lo más interesante de estas herramientas es su asociación con las tectitas, fragmentos vítreos de roca fundida que resultan del impacto de un meteorito (es decir, de un cometa o un asteroide) con nuestro planeta. Al parecer, el impacto chamuscó las tierras, alteró dramáticamente el medio ambiente local, expuso las rocas con las que luego se fabricarían herramientas y cimentó el camino para la innovación humana en una era temprana. De entre la devastación del impacto y sus consecuencias, surgieron nuevas oportunidades de desarrollo cultural.

Claramente, sigue acumulándose la evidencia de que el curso de la civilización humana ha sido marcado por sucesos de origen extraterrestre, en particular por los cometas. Mantengo las ideas y argumentos presentados en la obra *Escrito en las rocas*. Hoy más que nunca, creo que debemos aprender de nuestro pasado mientras nos preparamos para el futuro. Espero que seamos capaces de aprender a tiempo.

# 13 La obra cumbre de R. A. Schwaller de Lubicz

Se han conservado las claves para comprender la sabiduría ancestral

## Doctor en Ciencias Joseph Ray

De vez en cuando, suceden eventos significativos que son virtualmente ignorados por el mundo entero. Grandes descubrimientos, inventos formidables y legados trascendentes han sido ofrecidos a la humanidad de modo relativamente oscuro y, a veces, en contra del inconsciente colectivo. Un hecho de esta naturaleza fue la publicación, a fines de 1998, de la extraordinaria obra *El templo del hombre,* de R. A. Schwaller de Lubicz.

El libro constituye un logro de proporciones verdaderamente hercúleas. Nada de lo escrito en los doscientos años pasados, a excepción de una obra, se acerca siquiera a la inmensidad de su propósito, alcance, contenido, majestuosidad y profundidad. Además, físicamente es tan enorme como hermoso y leerlo bien es una tarea para un año entero. Llegar a comprenderlo podría requerir más tiempo de esfuerzo, relecturas, ponderación y, sobre todo, de revelación.

Hay que aprender a leer este libro y luego sumergirse en él. Si esto se hace con diligencia, sinceridad, determinación y algo de ingenio por parte del lector, se tendrá garantizado el resultado hacia el que está orientada toda vida humana, o sea, la evolución de la conciencia. "La conciencia no puede evolucionar inconscientemente", dijo G. I. Gurdjieff. Su gran obra *Relatos de Belcebú a su nieto,* contiene buena parte de las profundas enseñanzas ocultas ofrecidas en *El templo del hombre y* requiere un esfuerzo de lectura parecido, para ejercer un efecto similar en el lector.

En ambos, lo esencial es la apertura mental y un estado de receptividad, que se logra posponiendo conscientemente toda reacción mental hasta que los maestros (los sabios antiguos cuyo modo de enseñanza se está transmitiendo) hayan concluido su trabajo y los transcriptores de este conocimiento, los autores de ambos libros, lo hayan comprendido a cabalidad.

Todo el que intenta desentrañar lo profundo se expresa al respecto de manera única. Así, tendrá sus propios giros en las frases, el orden de los pensamientos y la manera peculiar en que se aproxima mentalmente al objeto (a saltos, a grandes pasos, peldaño a peldaño o en línea recta). Para llegar a ser discípulo de Schwaller de Lubicz hay que lograr un estado de máxima sensibilidad a la expresión de sus ideas y familiarizarse con su uso del lenguaje y modo de expresión. En la medida en que se logre pensar, razonar y ponderar de un modo similar al del maestro, puede producirse una fusión psicológica que, gracias a una especie de "resonancia" interior en el discípulo lector, hace que, metafóricamente hablando, el conocimiento incorporado salga del lugar donde nació y brote un conocimiento nuevo de "la inteligencia del corazón".

Mientras más sutil, oblicuo e inefable sea un conocimiento, menos inteligible resulta ser para la comprensión cerebral y mayor será la reacción que produce ante estos intentos. "El conocimiento (e incluso elementos de él) no puede ser transmitido por el solo medio escrito; es indispensable el simbolismo de la imagen", dice Schwaller de Lubicz. De esta forma, lo "simbólico" es "la imagen concreta de una *síntesis* que no puede expresarse en el tiempo . . ." y estas *imágenes* son las que evocan la síntesis. Puede sonar extraño, pero el proceso es sencillo. Los símbolos verdaderos apelan a la inteligencia del corazón, de donde extraen el conocimiento. El lenguaje común y el pensamiento que se manifiesta en él, distintivos de la inteligencia cerebral, no son apropiados para este conocimiento y siempre lo distorsionan.

Pero no solo el modo faraónico de pensar, sino también el de percibir diferían de los nuestros. Según Schwaller de Lubicz, somos víctimas de nuestra propia "mentalidad mecanicista" y por ello adolecemos de una incomprensión materialista de la naturaleza. (Vale la pena recordar que, desde la época de dicho estudioso, el materialismo ha ganado aun más terreno en el pensamiento humano. Hoy en día, a pesar de la imprecisión e ineficiencia verbal que conlleva, prácticamente todo es descrito en términos de "cantidad", por ejemplo, una "considerable cantidad" de conocimiento, exactitud, tiempo, competencia, rapidez, y/o cualquier recurso psicológico. ¡No todo es cantidad o volumen!)

Como seguidores del estilo faraónico hay que estar dispuesto al esfuerzo, el sufrimiento y la experimentación. Es aconsejable tener como antecedente de *El templo del hombre,* ya sea como lecturas previas o relecturas, dos breves obras de Schwaller de Lubicz, *Palabra natural* y *El templo en el hombre.* Un lector fortuito tampoco debe amedrentarse, pues podría llevarse la sorpresa de quedar atrapado por la belleza, la interconexión y la profundidad de las extraordinarias enseñanzas de los antiguos sabios. Tal conocimiento es para los que están dispuestos a luchar y Schwaller de Lubicz nos advierte que no debemos concluir "que los antiguos querían decirnos algo que pudiéramos comprender; más bien, deberíamos intentar descubrir por qué se expresaron como lo hicieron".

*El templo del hombre* no presenta directamente las enseñanzas antiguas. Tampoco es un relato del camino personal de su autor, contado de una forma objetiva, basado en descubrimientos e iluminaciones propias. Es todo esto y mucho más. Schwaller de Lubicz asimiló las enseñanzas ancestrales: se permitió dejarse *afectar* (recibir el impacto emocional) por el lenguaje simbólico revelado en el Templo de Lúxor, que trasciende el lenguaje cotidiano, tiene

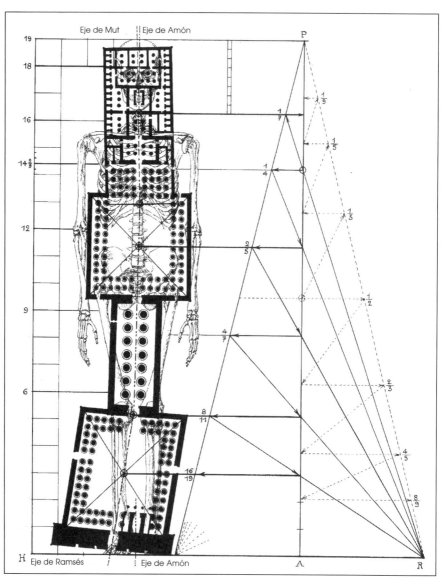

*El Templo de Lúxor superpuesto sobre la forma de un esqueleto humano, con proporciones geométricas sagradas, según la demostración de R. A. Schwaller de Lubicz*

vitalidad, no está muerto y, por ello, es la única forma de transmitir lo inefable a una humanidad futura en una forma libre de distorsiones.

El templo de Lúxor es un instrumento pedagógico, construido para atesorar y codificar conocimiento mediante el uso de diversas claves sutiles (por ejemplo, la representación de un detalle anatómico incorrecto como dos manos izquierdas, o un aspecto que se omite, pero está presente en el otro lado del muro). Meticulosamente, los antiguos incorporaron un conocimiento oculto mediante

*Templo en Lúxor*

expresiones simbólicas visuales, auditivas, conceptuales y arquitectónicas. Lo hicieron con la intención específica de eludir la inteligencia cerebral.

Su objetivo era evocar en el estudiante que el conocimiento sublime y evanescente que sabían yace en la inteligencia del corazón. Esta educación real, que implica experiencia, impacto emocional y esfuerzo (acción), hace que el discípulo *se convierta en* el conocimiento, en oposición al recuerdo de algo. Como expresara Gurdjieff: "Un hombre es lo que sabe".

La educación real es un fin en sí mismo, aunque también es un medio de evolución consciente, porque contiene su propia forma de sufrimiento. *El templo del hombre* puede enseñar al lector mediante la experiencia de Schwaller de Lubicz interpretada según su entendimiento. Nuestra experiencia será menos rica, pero puede lograrse el entendimiento en tanto las ideas propias le den vida.

¿Cómo reaccionarán los "eruditos" de la egiptología convencional ante este trabajo esencial? Unos cuantos lo examinarán, muchos lo evitarán (fingiendo desconocerlo). Algunos tal vez describan la obra de Schwaller de Lubicz como el resultado de una fértil imaginación. A este respecto debe decirse que ningún simple mortal, en la historia pasada o futura, ha tenido una inteligencia tan vasta, una imaginación tan fecunda y una capacidad de integración tan completa como para concebir, de algún modo, el contenido de *El templo del hombre*.

Es una obra que se supera a sí misma por lo inimaginable. Más aun, muchas de sus enseñanzas y conceptos unificadores pueden encontrarse en fuentes del pensamiento egipcio totalmente independientes entre sí. A este respecto, considérese el conocimiento de la "ciencia de las correspondencias" subyacente en la elección de los símbolos por parte de los antiguos.

Swedenborg, que vivió durante el siglo XVIII y nunca visitó Egipto, escribió ampliamente sobre el tema de las "correspondencias", y tal fue el título de uno de sus libros. Una parte de su obra *Del cielo y del infierno* está dedicada al tema. "La gente más antigua, que eran hombres celestiales, pensaban sobre la base de la correspondencia, igual que los ángeles"; "Todo el mundo natural se corresponde con el mundo espiritual . . ."; "el conocimiento de las correspondencias se ha perdido hoy por completo".

De hecho, el principio antropocósmico esencial, del que depende la correspondencia y que subyace en la enseñanza faraónica, es considerado extensamente por Swedenborg, quien describió al universo como "el Gran Hombre" y a la humanidad como lo mismo en miniatura. Schwaller de Lubicz usa la expresión "Coloso del Universo", con lo que confirma y amplifica todo lo dicho por Swedenborg en 1758.

*El templo del hombre* está dividido en seis partes. Tiene cuarenta y cuatro capítulos y se presenta en dos grandes volúmenes. Desde el capítulo veintisiete en adelante se trata la particular arquitectura del templo de Lúxor: se muestran ciento una imágenes que conforman casi un tercio del total de las trescientas ilustraciones que contiene el libro.

Esta parte incluye comentarios sobre las placas y su contenido. Ocasionalmente, el estilo de presentación varía, según lo requiere el tema. Los primeros capítulos conforman una plataforma para muchos de los análisis que vienen después. Algunos temas son difíciles y puede que otros despierten menor interés. Cuando sentí que releer un capítulo me ayudaría en la comprensión de otro, lo hice de inmediato. Uno no se debe dejar inhibir por una aparente opacidad del texto ni porque las ideas contenidas puedan estar más allá de nuestra comprensión actual, pues con toda seguridad puede haber una alquimia mental.

Schwaller de Lubicz advierte que se necesita un "esfuerzo", o sea, una forma de sufrimiento. Y los sabios antiguos establecieron claramente que el sufrimiento es el motor para la evolución de la conciencia: "Es el sufrir lo que produce el ensanchamiento de la conciencia", donde sufrir "se entiende como una experiencia profunda ocasionada por el conflicto de la conciencia, no como un pesar". Adquirir apenas una parte de la mentalidad faraónica es de hecho un sufrimiento, ya que la moderna "mentalidad mecánica interpone una barrera formidable", según las palabras de este estudioso. Así, describe el carácter de la inteligencia cerebral, el pensamiento común, como restrictivo y "centrípeto".

Ciertamente, la mayoría de nosotros vive dentro de los límites de la conciencia ordinaria, establecida y mantenida por la inteligencia cerebral. Inversamente, la mentalidad faraónica, la inteligencia "no cerebral" del corazón, es expansiva, sintética (no analítica), intuitiva, no comparativa, directa e innata, y así es como se evoca. Adentrarse en su territorio es una aventura personal de muerte y vida: sufrir de buena gana.

Schwaller de Lubicz escribió *El Templo del hombre* ". . . en primer lugar, para mostrar los medios de expresión que los antiguos usaron para transmitir el conocimiento" y ". . . en segundo lugar, para presentar un bosquejo de la doctrina del antropocosmos, como guía para aproximarse al modo de pensar de los sabios". Para cumplir con este propósito se requiere de la consideración y discusión de materias difícilmente vistas en textos de ocultismo, esoterismo o espiritualidad, como: "antropocosmos", "cálculo faraónico", "principio cósmico del volumen", "el templo encubierto", "la cabeza", "el cruce", "las rodillas" o "recibir y dar".

Para poder apreciar en su totalidad estos últimos capítulos, se necesita tener una apreciación acertada de temas como "elementos", "conciencia" y "magnitudes irreductibles", además de lo "simbólico". Esto puede tomar algún tiempo. Pero, como lo dijimos anteriormente, aun los lectores fortuitos —o sea, los no estudiantes— encontrarán por todas partes palabras sabias, conjeturas hoy verificadas (este libro es de hace más de cuarenta años) y un notable entendimiento. Sus páginas contienen mucho alimento espiritual y una parte de este se puede ingerir tal cual.

"En la doctrina antropocósmica [se sostiene que] cada planta y animal representa un ciclo en la evolución de la conciencia . . .". El hombre es un microcosmos de un macrocosmos. "Luego, el universo está encarnado en el hombre y no es más que un hombre potencial, un antropocosmos". En tal sistema, la creación y la generación son centrales; las fuerzas del génesis y el momento de la expansión son el tema principal.

Por cierto, la humanidad procrea, pero no crea nada. El aplauso a nuestra pseudocomprensión de lo que es la vida, solo porque se le aplique ingeniería genética a una planta, se clone una oveja, o se haga crecer una oreja humana sobre el lomo de un ratón, es sucumbir al orgullo y el autoengaño, las grandes flaquezas del hombre.

Incluso si la humanidad moderna no tuviese una vida tan desordenada, desvinculada de la naturaleza y desequilibrada, le resultaría difícil alcanzar perspectivas faraónicas. Hemos desarrollado el "culto a la conveniencia" en un

*El templo de Amón en Lúxor*

altísimo grado y nos guiamos por otro principio moderno: el de obtener "algo a cambio de nada". Puesto que en el ámbito espiritual el pago es un principio, esa visión del mundo amplifica aun más los obstáculos que se interponen a la mentalidad faraónica.

En general, quienes han reconocido la vacuidad del pensamiento moderno deben tener dificultad para descubrir sus efectos en ellos mismos: así de fatigoso es el proceso. La necesidad de estar rodeado de personas, sonidos, actividad e incluso ruido, surge de la conciencia psicológica de la inteligencia cerebral, que subsiste con los estímulos. Schwaller de Lubicz decía que la mayoría de la gente moderna (desde los años cincuenta), no habría "soportado" la serenidad que prevalecía en el Antiguo Egipto.

Este pensador nos enseña que, a fin de comprender la esencia de las enseñanzas antropocósmicas, se necesita restablecer en nuestras mentes un concepto adecuado del término "símbolo". No se trata simplemente de "cualquier letra o imagen que sirve para evocar una idea", sino que es "una representación resumida, que comúnmente se conoce como síntesis". Este proceso suscita algún tipo de "sensación", a menudo de regocijo.

Los antiguos seleccionaron estos símbolos sabiendo virtualmente todo sobre la contraparte natural (el correspondiente), desde la gestación hasta su muerte. No obstante, es necesario tener cautela mental y evitar la tendencia a

*Sala hipóstila en Lúxor*

"arreglar", por definición, la esencia de la representación simbólica. Las cualidades de un símbolo son muchas y variadas y no se debe buscar su rigidez lingüística, del mismo modo que la lava derretida perdería su cualidad al solidificarse. El símbolo es algo vivo, vital y dinámico ya que la doctrina del antropocosmos es una filosofía vitalista.

"Explicar el símbolo es matarlo. . ." y, en efecto, sobre el paisaje de la egiptología académica se esparcen los cadáveres de los símbolos no escuchados. "Los pensadores racionales" creen que hemos superado el pensamiento simplista. Pero, más bien, en los dos últimos milenios, nos hemos hundido en él.

Muchos conceptos del pensamiento moderno se definen y comprenden de una manera diferente en *El templo del hombre* —de hecho, tantos, que los científicos, académicos y la gente en general, que inconscientemente han abrazado un racionalismo mecanicista, se verán obligados a rechazar de plano estas ideas. "La causa y el efecto no están separados por el tiempo". Hay un "principio del (momento presente) de carácter místico que la ciencia moderna ignora", según Schwaller de Lubicz.

Estas y otras afirmaciones similares no se pueden reconciliar con la actual visión del mundo en contrario. Pero a la luz de estas ideas se puede examinar la situación social, científica y tecnológica moderna y, a partir de ello, extraer conclusiones tentativas acerca del mérito relativo de las enseñanzas de los antiguos.

La historia de la ciencia demuestra que rara vez se avanza tomando como referencia los grandes descubrimientos de las generaciones de científicos anteriores. Pocos físicos de hoy conocen las leyes de Kepler sobre el movimiento planetario y menos matemáticos aun aprecian que su uso poco convencional de la notación fraccional de las potencias (por ejemplo, x potencia de 2/3) o la posición especial que le asignó al número cinco (que condujo a esto), formaban parte, miles de años antes, de la matemática faraónica. Para citar a Gurdjieff, la ciencia actual es como "ir de lo vacío a lo vacuo". Según Schwaller de Lubicz, la ciencia moderna se basa en premisas incorrectas. Conocemos la energía cinética, no la vital, y manipulamos fuerzas, poderes y procesos que no podemos entender: somos efectivamente el aprendiz de brujo.

La inteligencia cerebral se basa en la información sensorial que trasmiten los principales sistemas de los sentidos. Los antiguos entendían estos sistemas tanto en términos de su función natural, exotérica (la de proveer información al cerebro) como en la de su finalidad esotérica y espiritual. Uno no puede sino asombrarse, una vez más, de la sutileza de los conocimientos que así se trasmiten. Por ejemplo, "la facultad de discernimiento, localizada en el bulbo olfatorio, es la base del juicio en el hombre . . ."

Pues bien, el bulbo olfatorio es una estructura primitiva del cerebro sin conexión directa con la corteza, la materia gris "desarrollada". Sin embargo, aparentemente en consideración a sus características anatómicas únicas, los antiguos le asignaron al olfato uno de los tres santuarios secretos en la cabeza del templo de Lúxor, o sea, la sala V.

El sentido moral, la sexualidad y la distribución fisiológica de la energía vital se combinan en el símbolo pertinente: la serpiente cobra. En la sala V del templo se encuentra la "conciencia". La divinidad tiene una fragancia espiritual (un hecho apuntado por Swedenborg, que dijo que los antiguos egipcios fueron los últimos que comprendían plenamente la ciencia de las correspondencias).

La sutileza es tanto más difícil de aceptar y de reconocer si lo que se enseña entra en conflicto diametral con lo que la gente ya cree. Irónicamente, rara vez hemos tenido evidencias que parezcan contradecir las enseñanzas de los antiguos, que comúnmente van más allá de los hechos aceptados.

Schwaller de Lubicz incluye un amplio análisis del denominado "papiro quirúrgico" de Edwin Smith. Este manuscrito (hallado en Lúxor en 1862) fue traducido después de 1920 por el renombrado egiptólogo J. H. Breasted. Este trabajo convenció al traductor (y también a otros estudiosos) del elevado nivel de la antigua ciencia y matemática egipcia, pero aparentemente los egiptólogos modernos no se han dejado influenciar por sus escritos. Un extenso diccionario anatómico del cráneo, la cabeza y la garganta (expresado en jeroglíficos), permite al lector comprender los diversos casos de lesiones de la cabeza descritas en el papiro. A pesar de que los antiguos no contaban con muy buenas fuentes para estas lesiones (como accidentes automovilísticos), su conocimiento de la neuroanatomía clínica era detallado y correcto, sin haber dispuesto de electroencefalogramas, tomografías axiales computarizadas, ni imágenes por resonancia magnética.

Describieron al ser humano como una entidad compuesta de tres seres interdependientes, cada uno con su cuerpo y sus órganos. Por supuesto, todos eran esenciales e iguales en importancia, pero la cabeza era especial, por ser el centro del ser espiritual. Allí, la sangre era espiritualizada, infundida de energía vital antes de seguir su curso a través de los organismos corpóreo y sexual. Estos últimos, vivificados por el ser espiritual, subsisten siempre en un estado de ignorancia o autoengaño, sin percatarse de ello.

La humanidad moderna ha chocado con el iceberg que ella misma erigió. Hemos manipulado, y luego liberado, fuerzas que no comprendemos y que ahora amenazan con exterminarnos. Tenemos un papel en el metabolismo cósmico, pero somos incapaces de desempeñarlo. Debemos dejar de tocar la lira mientras el planeta arde, dejar de entretenernos con la liposucción, de matar pájaros para acabar con los insectos, envenenar el suelo para matar la hierba, contaminar el aire y el agua. Cualquier persona cuerda puede darse cuenta de que nuestra forma de "vida" ha dejado de ser natural y ello es algo que los antiguos previeron.

Toda conciencia necesita expandirse, evolucionar. Debemos darnos cuenta de que hay muchas cosas que ahora mismo se nos escapan. Se puede hacer por elección —y el precio es cierto sufrimiento. "Y ahora que el templo de Lúxor nos ha indicado el camino a seguir, empecemos a explorar el significado más profundo de las enseñanzas de los sabios faraónicos", escribió Schwaller de Lubicz. A medida que avancemos por el camino, iremos descubriendo que el precio que se nos pide pagar es ínfimo.

# 14 Las huellas de los dioses

Un popular escritor respalda sólidamente la
existencia de una gran civilización que había
quedado en el olvido

## J. Douglas Kenyon

P ocos se atreverían a poner en duda la popularidad de la película *Los
cazadores del arca perdida,* pero ningún académico serio se atrevería a
dar otro crédito a la película que el de una fantasía de Hollywood. Así, cuando,
en 1992, el respetado autor inglés Graham Hancock anunció al mundo que, en
efecto, había logrado rastrear la legendaria Arca de la Alianza que se menciona
en el Antiguo Testamento y que habría permanecido hasta la actualidad en
Etiopía, por todas partes se alzaron las miradas de incredulidad. Sin embargo,
a ambos lados del océano Atlántico los lectores objetivos del monumental volumen *The Sign and the Seal [El signo y el sello],* se dieron cuenta de que aunque
parecía increíble, la afirmación de Hancock no podría descartarse fácilmente.
Su exhaustivo trabajo recibió amplia acogida de la crítica y se convirtió en un
éxito de venta en Estados Unidos y en el Reino Unido y ha sido objeto de varios
programas especiales de televisión.

El estilo literario y habilidades periodísticas de Hancock se afinaron durante su trabajo como corresponsal de guerra en África para la revista *The
Economist* y el diario *The London Sunday Times.* Fue acreedor de una mención honorable del premio H.L. Mencken por su obra *The Lords of Poverty
[Los señores de la pobreza]* de 1990, y escribió también *African Ark: Peoples
of the Hom [El arca africana: La gente de Hom]* y *Ethiopia: The Challenge of Hunger [Etiopía: El desafío del hambre].* El diario *The Guardian* comentó sobre el nuevo libro que Hancock había "inventado un género, el de
una novela policiaca intelectual protagonizada por un detective que es uno
mismo . . ."

Al parecer, el éxito de *El signo y el sello* solo consiguió aumentar el gusto
de Hancock por importunar a los científicos convencionales. En su siguiente
libro, *Fingerprints of the Gods: The Evidence of Earth's Lost Civilization [Las
huellas de los dioses: Evidencias sobre la civilización perdida de la Tierra],* pre-
tendió, nada menos, que echar abajo la doctrina más respetada que se imparte

en los salones escolares de todo el mundo, esto es, que la civilización nació aproximadamente hace cinco mil años.

Se nos ha enseñado que antes de esa fecha los seres humanos eran inexorablemente primitivos. En uno de los esfuerzos más abarcadores sobre el tema hasta la fecha —más de seiscientas páginas de investigación meticulosa— Hancock presenta nuevos descubrimientos de una época olvidada de la historia humana, que precedió en miles de años a las civilizaciones de Egipto, Mesopotamia y el Lejano Oriente que hoy se dan como originarias. Más aun, el autor sostiene que tal cultura perdida no solo era muy avanzada, sino que disponía de grandes capacidades tecnológicas y que fue destruida por el mismo cataclismo global que puso término repentino y drástico a la Edad de Hielo, hace más de doce mil años.

Los críticos de libros de *Kirkus Reviews* dijeron que *Las huellas de los dioses: Evidencias sobre la civilización perdida de la Tierra* era "una pieza de lujo de trabajo detectivesco histórico: emocionante y fascinante, entretenida y suficientemente sólida como para dar qué pensar por un largo rato".

Graham Hancock fue entrevistado por la revista *Atlantis Rising* y, en esa oportunidad, indicó que esta obra estaba recibiendo atención de los medios de comunicación, como había sucedido con *El signo y el sello,* que fue un éxito de ventas en Estados Unidos. Consideró que, en general, los espectadores tuvieron una actitud positiva y abierta hacia sus ideas. Sin embargo, como era de esperarse, entre los académicos la recepción de la obra difícilmente podría calificarse de cordial.

"Una de las razones de que mi libro sea tan largo", explicó el autor, "es que en verdad he intentado documentar toda las evidencias de forma muy detallada, de modo que los académicos puedan apreciarlas en vez de criticarme a mí como persona, o (como les gusta pensar) tener que reparar en ideas vagas e imprecisas. En la medida de lo posible, he tratado de respaldar cada conclusión con hechos concretos".

La documentación exhaustiva de hechos llevó a Hancock por el camino de una odisea mundial que implicó estancias en Perú, México y Egipto. Entre los muchos misterios fascinantes que el autor estaba decidido a investigar a fondo se encontraban los siguientes:

*Graham Hancock
en la Gran Pirámide*
(FOTOGRAFÍA DE CHRISTOPHER DUNN)

- Mapas de la antigüedad que muestran un conocimiento preciso de las líneas costeras reales de la Antártida, a pesar de que esta lleva miles de años enterrada bajo cientos de metros de hielo.
- La tecnología de construcción con piedra —que hasta el día de hoy no podemos reproducir— en América Central y del Sur, así como en Egipto.
- Las sofisticadas alineaciones arqueoastronómicas en sitios de la antigüedad alrededor del mundo.
- La evidencia del conocimiento abarcador de los antiguos acerca del ciclo de 25 776 años de la precesión de los equinoccios (codificado inconfundiblemente en la mitología y en las obras de construcción antiguas, aunque la detección de estos ciclos habría tomado, como mínimo, varias generaciones de observación sistemática, mientras que los historiadores convencionales nos dicen que ello no fue descubierto sino hasta la época del gran filósofo griego Hiparco, en 150 a.C.).
- La erosión provocada por el agua en la Gran Esfinge que la sitúa en tiempos anteriores a la desertificación de la meseta de Giza (según resulta de investigaciones de especialistas como el erudito estadounidense John Anthony West y el geólogo y doctor en ciencias, Robert M. Schoch).
- La evidencia de que los monumentos de la meseta de Giza fueron alineados en armonía con el cinturón de Orión hacia 10 500 a.C. (como quedó demostrado por el ingeniero belga Robert Bauval).

Hancock cree estar particularmente cualificado para realizar un estudio tan ambicioso como este, al no estar atado por las limitaciones con las que trabajan muchos de los supuestos especialistas. "Uno de los problemas de los académicos y, en especial, de los historiadores", comenta, "es que tienen un enfoque demasiado reducido y, como resultado, padecen de miopía severa".

Hancock es francamente despectivo con la egiptología organizada, a la que coloca en la categoría de "enfoques particularmente miopes". El autor se queja de que "existe un paradigma rígido a la hora de contar la historia de Egipto, que funciona como una suerte de filtro del conocimiento e impide a los egiptólogos, como profesionales, estar abiertos en lo más mínimo a cualquier otra posibilidad". En su opinión, estos especialistas tienden a comportarse como sacerdotes de una religión muy limitada, dogmática e irracional, por no decir supersticiosa. "Hace solo algunos cientos de años, habrían quemado en la hoguera a gente como John West o yo", dice entre risas.

Hancock teme que este tipo de fanatismo ilógico se interponga en el camino

*Rudolph Gantenbrink
y su cámara robótica*

de los derechos del público a estar informado sobre lo que podría ser uno de los descubrimientos más significativos hechos en la Gran Pirámide. En 1993, el inventor alemán Rudolf Gantenbrink envió a la cámara de la Reina, a través de un estrecho túnel, un robot equipado con una cámara de televisión y descubrió lo que parecía ser una puerta con manillas de hierro. Hancock sospecha que esa puerta podría ser la legendaria Sala de los Registros de los antiguos egipcios. Pero cree que lo que esté detrás de esa puerta debe ser debidamente investigado.

No obstante, hasta ahora no ha habido una acción oficial al respecto, al menos no que se haya dado a conocer al público. Hancock cita episodios presenciados en persona y protesta ante ello: "Hay egiptólogos que dicen que 'no tiene ningún sentido investigar si hay algo detrás de esa placa' —se rehúsan a llamarla puerta y le llaman placa— 'porque se sabe que no existe otra cámara dentro de la Gran Pirámide'". Esa actitud le enfurece. "Me pregunto cómo pueden afirmar eso sobre una estructura de seis millones de toneladas que tiene espacio suficiente para albergar tres mil cámaras del porte de la cámara del Rey. ¿Cómo pueden tener la audacia y el temple para sugerir que no vale la pena ver más allá?"

La tentadora promesa tras esa puerta ha llevado a Hancock a especular que los constructores pueden haberla ideado a propósito para que los exploradores que la descubran lo hagan solamente con una tecnología específica. "Nadie podría alcanzar esa puerta a menos que tenga un cierto nivel de tecnología", dice Hancock y señala que ni siquiera hace cien años disponíamos de los medios para lograrlo. Solo en los últimos veinte años se ha logrado el desarrollo requerido para explorar lo que hay en ese túnel, "y he aquí que lo que se aprecia al final, es una puerta con manillas. Es como una invitación para entrar y mirar adentro cuando se esté listo".

El autor no se muestra nada optimista en cuanto a las intenciones oficiales. "Si alguna vez se abre esa puerta, probablemente no se dará acceso público a lo que allí suceda". Le gustaría que en esa oportunidad esté presente un equipo internacional, pero sospecha que, en lugar de ello, "lo más probable es que lo haga un grupo élite de egiptólogos que controlará estrictamente la información que se obtenga". De hecho, cree que es posible que ya se haya observado lo que hay detrás de esa puerta. Es sospechoso que la cámara de la Reina se mantuviera cerrada más de nueve meses después que Gantenbrink hizo su descubrimiento.

"La explicación dada fue que estaban limpiando los grafitis de las paredes, pero esto no se ha hecho. Es de cuestionarse qué estuvieron haciendo ahí durante esos nueve meses. He aquí lo que realmente me molesta, y es que este pequeño grupo de académicos controle el conocimiento de lo que, en última instancia, forma parte del legado de toda la humanidad".

La puerta de Gantenbrink no es el único portal que llama la atención en la meseta de Giza. Hancock también está interesado en la cámara secreta que está bajo las garras de la Esfinge, que fue descubierta por John Anthony West y el doctor en ciencias Robert M. Schoch cuando hacían una investigación sísmica sobre la erosión de dicho monumento. Cualquiera de estos emplazamientos podría ser la "sala de los registros". En ambos casos, las autoridades han impedido todos los intentos de investigaciones posteriores.

Hancock cree que todo el sitio de Giza fue construido después que la corteza terrestre se había estabilizado, luego de haber sufrido un desplazamiento de treinta grados que destruyó la mayor parte de la avanzada civilización que existía en aquel entonces. Para ello, se basa en la teoría de Rand y Rose Flem-Ath expuesta en la obra *When the Sky Fell: In Search of Atlantis [Cuando cayó el cielo: En busca de la Atlántida]* en la que proponen que el desplazamiento de la corteza terrestre movió todo un continente desde zonas templadas hasta el Polo Sur, donde quedó cubierta de grandes capas de hielo. Considera que tal es la verdadera historia del destino final de la Atlántida de Platón, aunque esta referencia no se menciona sino hasta un punto bien avanzado en su libro. "No tiene sentido dar herramientas a grupos hostiles entre los científicos convencionales para que las usen como garrote para agredirme", comenta Hancock. "Es una cuestión de simple táctica".

Hancock especula que el complejo de Giza fue construido como parte de un esfuerzo por marcar un nuevo punto de ubicación y reorientación de la civilización. De tal modo, cree que la fecha de 10 500 a.C. (demostrada por Bauval) reviste especial importancia. "Las pirámides son una forma de decir 'aquí hubo una interrupción'. Por eso la alineación perfecta hacia el Norte, por ejemplo, de la Gran Pirámide es extremadamente interesante, ya que obviamente habrían tenido un nuevo Norte en ese momento".

A pesar de su determinación de aferrarse a las evidencias concretas, a Hancock no le incomoda que su trabajo sirva para corroborar las interpretaciones de muchos intuitivos y místicos. Por el contrario, cree que "la [clarividencia] de los seres humanos es una más de las facultades latentes que la ciencia moderna racional simplemente se rehúsa a reconocer. Creo que somos una especie mucho más misteriosa de lo que imaginamos. Nuestro condicionamiento cultural nos lleva a negar los elementos de intuición y misterio en nuestro propio ser. Pero todo indica que estas facultades son, de hecho, una parte vital de los seres humanos y sospecho que la civilización destruida, aunque fue tecnológicamente adelantada, era muy superior espiritualmente a lo que somos hoy en día".

Hancock cree que dicho conocimiento es parte del legado de los antiguos y que debemos procurar recuperarlo. "La idea que surge una y otra vez", dice el autor, "especialmente a partir de documentos como los textos de las antiguas pirámides egipcias, que contienen el legado del conocimiento y las ideas de esta civilización perdida, es algo como la ciencia de la inmortalidad —una búsqueda de la inmortalidad del alma, el sentimiento de que ello no necesariamente está garantizado para todos por el simple hecho de haber nacido. Tal vez sea algo por lo que se tiene que trabajar y que resulta de la capacidad de una mente enfocada hacia ello". Hancock sugiere que el propósito real de las pirámides es enseñarnos a acceder a la inmortalidad del alma. Pero, antes de poder comprenderlo, es preciso recuperarnos de una arcaica amnesia.

Considera que somos una especie que sufre de amnesia. "Creo que presentamos todos los síntomas de un suceso traumático de nuestro pasado, tan terrible que no podemos reconocerlo. Colectivamente, nos comportamos igual que una víctima que tiene amnesia tras un terrible episodio porque teme avivar el recuerdo del trauma y trata de evitarlo". Desde luego, la víctima de amnesia está obligada a volver al origen de su trauma y "si uno quiere seguir adelante y desarrollarse como persona, está obligado a sobreponerse. Hay que confrontar el trauma, cara a cara, entender su significado, sobrellevarlo y seguir adelante con la vida", nos dice Hancock. "Eso es lo que la sociedad debería hacer".

El autor aprecia un patrón inconsciente de temor en la resistencia institucionalizada a considerar los logros de los antiguos: "Existe un tremendo impulso por negar todo esto porque, de pronto, todos los cimientos se tambalean bajo nosotros y nos vemos perdidos, flotando en el espacio, sin un punto de referencia". Pero no es necesario que el proceso resulte tan amenazador. "Si logramos sobrellevar esta experiencia y llegar a su otro lado", nos dice, "creo que esto nos hará ser mejores. Cada vez estoy más convencido de que la razón por la cual estamos tan aquejados, confundidos y totalmente desequilibrados a finales del siglo XX, es por eso, por haber olvidado nuestro pasado".

Si es cierto que los que no aprenden de la historia están condenados a repetirla, hay lecciones de nuestro pasado que solo pueden ser ignoradas a nuestro propio riesgo. Las historias de destrucción por cataclismos están claramente descritas en la mitología de muchas sociedades. Hancock cita la obra del experto del Instituto Tecnológico de Massachusetts Giorgio de Santillana, una autoridad en historia de la ciencia que, junto a Hertha von Dechend, escribió la obra *Hamlet's Mill: An Essay Investigating the Origins of Human Knowledge and Its Transmission through Myth [El molino de Hamlet: Investigación acerca de los orígenes del conocimiento humano y su transmisión a través de los mitos].* En este libro, los autores plantean la hipótesis de que los mitos de la antigüedad contendrían, codificados en ellos, conocimientos científicos avanzados.

Hancock señala que "una vez que aceptemos que la mitología pudo haberse originado en pueblos muy avanzados, entonces comenzaremos a escuchar lo que estos mitos nos dicen". El mensaje, según el autor, es que un gran cataclismo azotó a la Tierra y destruyó una civilización avanzada y con ello una era dorada de la humanidad. Y las catástrofes son un aspecto recurrente de la vida del planeta y sucederán de nuevo.

Los mensajes provenientes de muchas fuentes antiguas, incluida la Biblia, apuntan a la repetición de un cataclismo en nuestro tiempo. Pero, a pesar de tal criterio, Hancock insiste en que no es un profeta de la fatalidad. A lo que se refiere es a que "hemos recibido un legado de conocimientos extraordinarios desde el pasado y ha llegado el momento de dejar de ignorarlo. Debemos recuperar este patrimonio y aprender lo que podamos de él, porque contiene información de vital importancia para la humanidad".

Están en juego muchas cosas. "Estoy convencido de que estamos atrapados en una batalla de ideas", dice. "Creo que es de suma importancia el triunfo de las ideas que nos conducirán a recuperar nuestra memoria como especie. Por ello debemos ser fuertes, elocuentes y presentar nuestros argumentos con claridad y coherencia. Tenemos que observar lo que nuestros oponentes planean hacer, cómo piensan derrocarnos y qué trucos van a intentar jugar en contra nuestra. Hay que enfrentarlos en su propio terreno".

# 15 El enigma de América Central

¿Qué impidió a la ciencia convencional desentrañar los orígenes de las avanzadas culturas antiguas de Mesoamérica?

## Will Hart

Aunque han pasado veintitrés años, recuerdo esa mañana como si fuera ayer. Una niebla envolvía la jungla sobre el Templo de las Inscripciones. Una serie de sonidos como rugidos rompieron de pronto el silencio y un grupo de monos aulladores se abrió paso entre los árboles. Me tomó por sorpresa. Pensé que los rugidos podrían ser de jaguar, pero la cacofonía incrementó la sensación de misterio.

Me explotaba la cabeza. Desde que había llegado a Palenque, habíamos visitado decenas de sitios arqueológicos, partiendo desde la parte más septentrional de México hasta la península de Yucatán y Quintana Roo. Estaba colmado de preguntas y misterios. Me quedaron claras varias cosas: las culturas que habían construido las pirámides y otras edificaciones mostraron de avances en artes y ciencias. Presencié muchas cosas hermosas y múltiples enigmas rondaban mi cabeza.

La civilización olmeca fue la que más me sorprendió. Había leído sobre los mayas y conocía a los aztecas, pero no estaba preparado para lo que encontré en la zona de Villahermosa: grandes cabezas de piedra con rasgos negroides y

*Cara olmeca gigante*
(Diseño de Tom Miller)

estelas talladas con representaciones de curiosos embajadores. Claramente, las figuras no pertenecían a ninguna cultura mexicana.

Dichos objetos eran algo más que un fascinante rompecabezas; representaban un dolor de cabeza para la ciencia. Eran una anomalía. ¿Quién había tallado esas cabezas? ¿Quién había creado las estelas? ¿De dónde habían salido los modelos para tales cabezas y figuras? Eran preguntas que surgían debido a la manera en que los científicos habían reconstruido la historia del hombre en Mesoamérica. Los africanos no tenían relación con ella, ni tampoco las imágenes caucásicas en capas talladas en las estelas. No tendrían por qué estar ahí, pero así era.

Los científicos no pretendían haber resuelto el enigma. Antropólogos y arqueólogos reconocían que no sabían mucho de la cultura olmeca. No se conoce el grupo étnico ni el lenguaje que usaban y no se sabe nada de su organización social, sus creencias o sus tradiciones. Nadie tiene idea de por qué tallaron cabezas con cascos y luego las enterraron. No tiene mucho sentido. Por lo general, los monumentos no se entierran (si es que son monumentos).

El único registro que tenemos son los impresionantes vestigios que nos dejaron. Pero, ¿cómo entenderlos? ¿En qué lugar encajan en el mosaico de la historia humana? En México no hay claves directas. Los olmecas no nos dejaron ningún registro escrito. Sin embargo, hay una pista que podemos considerar.

La Biblia es un documento extremadamente importante, para creyentes y no creyentes por igual. Contiene un recuento muy antiguo de la historia humana recopilada a partir de una diversidad de fuentes primigenias. Esto es válido, al menos, en cuanto al libro del Génesis. Pero no siempre es fácil de descodificar. ¿Habría alguna referencia en la Biblia que pudiera servirnos para descifrar el enigma olmeca?

Si nos remitimos al capítulo 11 del libro del Génesis, se puede leer: "Tenía entonces toda la Tierra una sola lengua y unas mismas palabras". Esto indica que hubo un período de la historia del hombre en el que existió una civilización humana de alcance mundial. También se nos dice que durante esa época los hombres querían construir una torre: "Vamos, edifiquémonos una ciudad y una torre, cuya cúspide llegue al cielo; y hagámonos un nombre, por si fuéramos esparcidos sobre la faz de toda la Tierra".

El hecho de que la civilización olmeca le plantee a la ciencia una anomalía indica algo profundo: la información no concuerda con el modelo actual. Los científicos no pueden cambiar los datos observables debido a su objetividad. Pero sí podrían cambiar el modelo para conciliarlo con la información. He ahí el problema. Los antropólogos y arqueólogos han invertido grandes esfuerzos en ese modelo como edificio intelectual que se ha construido a lo largo de generaciones.

Los especialistas prefieren ignorar las preguntas difíciles y dejar a los olmecas tranquilos en la sombría niebla de su olvidada antigüedad. Ese no es un enfoque muy científico que digamos. ¿Dónde queda la búsqueda de la verdad? ¿Qué pasó con el método científico? Simplemente, esto no es aceptable. ¿Por qué?

Una sociedad antigua construyó un enorme túmulo, arrastró unas cabezas de basalto desde una distancia aproximada de noventa y seis kilómetros desde la cantera hasta el lugar de entierro (las piedras pesaban de cinco a veinticinco toneladas) y tallaron figuras en las estelas. No se habrían tomado todo ese trabajo si las personas representadas en los monumentos no hubieran sido importantes para ellos. Esto es una suposición lógica y es de esperar que los científicos de un futuro lejano lleguen a la misma conclusión cuando estudien las representaciones de las personas cuyas caras aparecen en el monte Rushmore.

Puesto que los objetos existen, sabemos que debe haber una explicación acerca de quiénes fueron sus constructores. Al igual que en cualquier misterio, lo que hay que hacer es buscar pistas. Se empieza por los lugares más probables y se continúa con los demás sitios de la lista hasta llegar a México. El problema es que los olmecas desaparecieron de la escena antes de la llegada de Hernán Cortés. Ninguna cultura contemporánea a la de los aztecas hizo referencia alguna a los olmecas; parecían no saber nada de ellos. Tampoco se han encontrado más cabezas negroides en Mesoamérica. Otro hecho curioso es que no se tiene ninguna evidencia de registro del período de desarrollo previo al de la construcción de túmulos y la talla de cabezas.

¡Los olmecas de repente aparecieron y luego desaparecieron!

Tardé años de investigación en darme cuenta de que la respuesta más probable estaba en la Biblia e, irónicamente, fue precisamente este el último lugar en el que pensé. ¿Venían los olmecas del espacio exterior, como han propuesto algunos investigadores? No necesariamente. En primer lugar, no hay evidencias que respalden esa teoría. Además, las cabezas negroides y las personas representadas en las estelas son obviamente humanas.

La idea de que hubo una civilización global en tiempos antiguos no concuerda con el modelo actual de la ciencia. Sin embargo, la Biblia sí tiene referencias que lo corroboran. El problema con el modelo científico es que no puede explicar los datos disponibles, y ese es un asunto *serio* que tiene muchas consecuencias. Si todo se limitase a la civilización olmeca, podríamos dejarlo pasar. Pero hay objetos en Egipto, América del Sur y otros lugares de México que tampoco se atienen al esquema ortodoxo.

Con frecuencia, los científicos han mostrado una ceguera deliberada en cuanto a los artefactos y avances antiguos que no pueden explicar a través de su sistema de creencias. O peor, han ignorado cuestiones importantes o desacreditado los hechos. Muchos datos concretos, como los restos de civilizaciones perdidas y los registros culturales de numerosos pueblos, confirman el enigma olmeca y lo escrito en la Biblia.

La referencia a un cataclismo producido por una inundación aparece en doscientas treinta culturas distintas. Las tradiciones mayas ofrecen un relato de cómo vinieron sus antepasados desde una tierra del Este que había sido destruida. En su *Historia*, Herodoto habla de la Atlántida perdida. Puede que todo esto suene a mitos románticos provenientes de imaginaciones remotas, pero cuando se está en un sitio antiguo rodeado de extrañas ruinas… uno empieza a preguntarse si acaso esas leyendas no tendrán un ápice de verdad.

Subí los peldaños del Templo de las Inscripciones y visité la tumba de Pakal. Luego, decidí hacer el largo viaje hacia el río Usumacinta, para ir a Bonampak y Yaxchilán. Fue una jornada de algo más de ciento sesenta kilómetros por un camino en malas condiciones y sucio, con tramos llenos de baches. Al final había tanto barro que la camioneta quedó hundida en el lodo hasta más arriba de los ejes. Como solo faltaba una corta distancia para llegar a Bonampak, me dirigí allí a pie.

Mi siguiente destino era Yaxchilán, una ruina descubierta en la jungla a unos trece kilómetros de Bonampak. Contra el consejo de los nativos, decidí acortar camino y abrirme paso a machetazos. "¡La selva es muy tupida!", me habían prevenido. Tenían razón. Me di por vencido después de cuatro extenuantes horas en las que pude recorrer menos de cuatrocientos metros. La mayor parte del tiempo me arrastré boca abajo para evitar unos arbustos con espinas como hojas de afeitar. Los insectos estaban haciendo estragos en mi cuerpo.

Yaxchilán está situada a la orilla del río y se cree que fue el centro del florecimiento maya en esta región. En febrero de 1989, James O'Kon se las ingenió para llegar a este sitio que los especialistas han estudiado desde hace un siglo. Al ojo entrenado de O'Kon le llamó la atención un túmulo de rocas en particular. Los científicos lo habían desechado por considerarlo un misterio menor, pero el arqueólogo aficionado era también un ingeniero experto y de inmediato supo que el supuesto túmulo en realidad era parte de un puente.

O'Kon recurrió a la tecnología moderna para demostrar que una vez en ese lugar existió un puente. Fue presidente del consejo de expertos de la Sociedad Estadounidense de Ingenieros Civiles y había usado técnicas similares

*El arqueólogo James O'Kon sostiene un dibujo de un puente maya.*
(FOTOGRAFÍA DE WILL HART)

durante investigaciones de rutina. En el sitio maya, recogió información sobre el terreno y usó computadoras para integrar los estudios arqueológicos, las fotos aéreas y los mapas, y así desarrollar un modelo tridimensional del sitio para determinar la ubicación y dimensiones exactas del puente.

Terminó haciendo un descubrimiento asombroso: los mayas habían construido el puente más largo de la antigüedad. Cuando finalizó sus cálculos y modelos computacionales, resultó ser que el puente tenía una extensión de más de ciento ochenta metros. Era una estructura de suspensión mediante cuerdas de cáñamo con dos pilares y tres arcadas. Conectaba Yaxchilán, en México, con sus dominios agrícolas en el Petén (hoy Guatemala), donde se encuentra Tikal.

Lo que los arqueólogos consideraron como un insignificante montón de piedras resultó ser parte de un hallazgo trascendental: un pilar de algo más de tres metros y medio de alto y diez de diámetro. Mediante fotos aéreas se localizó una base más al otro lado del río. Ambos pilares fueron construidos de concreto hecho en el lugar con un recubrimiento exterior de piedra, que es exactamente igual a la forma en que se construyeron las pirámides mayas.

O'Kon, quien ha estudiado a los antiguos mayas durante treinta años, declaró en entrevistas: "Los mayas eran sofisticados en cuanto a matemática y ciencias". Sostiene que la precisión del diseño de los puentes mayas es equiparable a la de los puentes del siglo XX.

Hoy nos maravillamos frente a estas ruinas y especulamos sobre cómo y por qué se construyeron dichos sitios ceremoniales. No debemos olvidar que los mayas eran una raza avanzada. Entendían de astronomía, tenían un calendario preciso, comprendieron el concepto del "cero" por lo menos setecientos años antes que los europeos, construyeron caminos pavimentados y, como sabemos ahora, tuvieron el puente colgante más largo del mundo antiguo.

Mientras estaba parado en la cima de otra pirámide en Cobá, Quintana Roo, e inspeccionaba una selva tupida, me di cuenta de que los mayas lograron todo eso en medio de la jungla. No sé de ninguna otra civilización avanzada que haya emergido desde un ambiente selvático. Esto hace más misteriosa a esta raza antigua.

Los *sacbé* son un sistema de caminos que interconectan los sitios. Esta es otra característica que ha desconcertado a científicos e investigadores independientes por igual. Los caminos se construyeron con piedras, fueron nivelados y pavimentados con cemento hecho de piedra caliza. Su ancho varía de dos metros y medio a nueve metros. El misterio es simple: ¿por qué un pueblo de la "Edad de Piedra" que no disponía de transporte de ruedas o animales de tiro necesitaría de una red de caminos tan elaborada y sofisticada?

Después de terminar su trabajo sobre el puente, O'Kon volvió su atención sobre los *sacbé* y reportó haber descubierto que el camino de más de noventa y seis kilómetros, que se extendía desde Cobá a Yaxuná, era tan recto como una flecha, a excepción de una desviación menor. Sus estudios revelaron que los mayas no estaban en la Edad de Piedra (los llamó "tecnolíticos"). No usaron el hierro porque las minas más cercanas estaban a más de dos mil cuatrocientos kilómetros de distancia. Alega O'Kon: "Usaron herramientas de jade que eran más duras que el acero".

Prácticamente sería preciso encontrarse en un sitio maya e imaginar cómo debió ser la escena en la cúspide de esa civilización para poder comprender y valorar verdaderamente la magnitud de lo que alcanzó esta cultura. Hoy vemos ruinas, junglas y pirámides que son apenas simples edificaciones de piedra que se desmoronan, rodeados de selva. Sin embargo, en aquellos tiempos las pirámides estaban recubiertas de estuco. Eran lisas y brillaban al sol. Los muros de las estructuras estaban pintados con variados diseños de vivos colores. Los patios estaban pavimentados. Las calles, planas y blancas, iban hacia todas direcciones y se conectaban con los distintos centros.

Pero, a pesar del avanzado conocimiento maya en astronomía y matemática y de sus logros en arte y arquitectura, los científicos aún los consideran una cultura de la Edad de Piedra.

El tiempo es la esencia de la vida. Los seres humanos siempre hemos estado inmersos en él y lo hemos medido de una u otra forma: en minutos, horas, días, semanas, meses, años, siglos y milenios. Sabemos de muchas de las dimensiones que lo conforman y las hemos usado en nuestro beneficio. Supuestamente, sabemos hace cuánto tiempo los dinosaurios deambulaban por la tierra, cuál es la tasa de decadencia de los isótopos radioactivos, cuándo nuestros antepasados homínidos se separaron de los simios, la disposición del genoma humano y la fecha exacta de los eclipses lunares y solares del futuro, incluso lejano.

El tiempo hace que todas las cosas crezcan y mueran. Parece tan obvio y ubicuo que somos como peces y el tiempo es nuestra agua. Nunca nos hacemos las preguntas básicas: ¿Qué es el tiempo? ¿Lo entendemos? ¿Es algo más que un sistema de medición, ya sea del momento presente o de la edad del universo?

Ciertamente, todas las culturas se han enfocado en el tiempo. Sin embargo, los mayas estaban obsesionados con él. Siguieron y midieron el período sinódico de Venus, que equivale a quinientos ochenta y cuatro días terrestres. Su calendario anual de trescientos sesenta y cinco días era más preciso que el gregoriano. Establecieron tres sistemas de divisiones para la cronología: el *tzolkin* (calendario sagrado), el *haab* (calendario civil) y la *cuenta larga*.

El *tzolkin* es un ciclo de doscientos sesenta días (trece meses de veinte días cada uno) y el *haab* es el ciclo solar. Estos dos calendarios se combinaban de forma intercalada, generando un ciclo de 18 980 días, que se conocía como ciclo calendario, de unos cincuenta y dos años.

Cada día tenía un glifo particular asociado a un significado. Al final del ciclo de cincuenta y dos años se efectuaba una ceremonia de renovación. El período de la cuenta larga duraba unos cinco mil años. Era el equivalente a una era. Según los mayas, hoy la humanidad estaría en el quinto "Sol" o "Era". A su término, se cerrará otro lapso de cinco mil años desde el inicio de su calendario, que ocurrió en 3011 a.C. y expirará en 2012.

El ciclo más largo en la cosmología maya es de veintiséis mil años y corresponde a la precesión de los equinoccios. ¿Por qué los mayas tenían tal fascinación con la astronomía? ¿Por qué confeccionaron un sistema de calendarios tan complicado? ¿Para qué una sociedad agraria de la Edad de Piedra necesitaría todos esos conocimientos astronómicos y matemáticos avanzados? ¿Cómo pudieron adquirirlo en tan breve tiempo? ¿Cómo tuvieron conocimiento de un fenómeno tan complejo como el ciclo sinódico de Venus o la precesión de los equinoccios?

O los mayas son mucho más antiguos de lo que la ciencia admite, o tuvieron una tecnología mucho más sofisticada de la que conocemos. ¿Pudo haberles transmitido alguien estos conocimientos? ¿Es acaso coincidencia que el comienzo de la quinta era sea el año 3000 a.C., que corresponde al inicio de los calendarios judío y chino? La afirmación de que "el mundo" tiene solo cinco mil años de antigüedad podría contener más verdad de lo que conocemos. ¿Es también una coincidencia que tantos cristianos crean que nos encontramos en el fin de los tiempos?

La obsesión maya con el tiempo pudo haberse basado en un profundo conocimiento de cómo este funciona a escala cósmica y de qué modo afecta a la Tierra en ciclos cortos y largos. Puede que ese haya sido el mensaje que las civilizaciones perdidas trataron de dejarnos; y tal vez recién estemos empezando a comprenderlo.

# 16 Destino: el centro de la galaxia

John Major Jenkins cree que el mundo de hoy
tiene mucho que aprender de los antiguos
mayas

## Moira Timms

**L**os clarines de los antiguos mayas resuenan en un baño de sonido chamá-
nico excepcional. La enorme cúpula del planetario, como un lente ojo
de pez, resplandece con una multitud de estrellas antes del amanecer. Mientras
el sol se levanta rompiendo el horizonte artificial, a la izquierda de los espectadores, la música antigua comienza a desvanecerse y se abre una vez más la
brecha entre los mundos. Con su manera concentrada y serena, el investigador
y escritor John Major Jenkins da inicio a su presentación y nos informa que,
según la antigua cosmología maya, vivimos en una época de una infrecuente
alineación galáctica, en que nuestro sistema solar se alinea con el corazón o
centro de la galaxia. Nuestra era es una época de transformación, fijada para
el momento final del calendario maya, el 21 de diciembre de 2012.

Jenkins, experto reconocido internacionalmente en astronomía antigua y en el calendario
maya, habló recientemente sobre su trabajo y su
vida. "Estoy dedicado a la reconstrucción de cos-
mologías perdidas", dijo "para desentrañar los
hilos enredados de un paradigma vasto y global
ya olvidado". El escritor enfatiza que su trabajo
es, a la vez, una explicación y una celebración
de la Tradición Primordial o filosofía perenne
—términos que se refieren a las verdades universales que forman el núcleo de las principales
religiones y filosofías del mundo que han sobrevivido durante eras.

*John Major Jenkins*

"Creo que la raza humana puede crecer espiritualmente si revive la antigua Tradición Pri-
mordial que ha sido enterrada bajo el materialismo del mundo moderno",
dice el escritor. El trabajo de investigación detectivesco de Jenkins, perspicaz y

detallado, sobre los orígenes de esta tradición, ha penetrado los ricos sustratos que yacen bajo el materialismo de nuestros tiempos para descubrir antiguos "tesoros" ocultos —entre ellos, el alineamiento de la galaxia como base del calendario maya, de la cosmología védica y de otras tradiciones del Viejo Mundo, con inclusión del mitraísmo, la arquitectura sagrada y la geografía sagrada de los griegos. Nos proporciona los detalles de su reconstrucción progresiva en dos obras innovadoras: *Maya Cosmogenesis 2012: The True Meaning of the Maya Calendar End Date [Cosmogénesis maya 2012: El verdadero significado de la fecha final del calendario maya]* y *Galactic Alignment: The Transformation of Consciousness According to Mayan, Egyptian, and Vedic Traditions [Alineación galáctica: La transformación de la conciencia según las tradiciones maya, egipcia y védica]*.

A mediados de la década de 1990, mientras investigaba la fecha de 2012 para el final del calendario maya, Jenkins descodificó lo que él llama la "cosmología galáctica" de los antiguos mayas. Se dio cuenta de que estos habían entendido un ciclo de veintiséis mil años, conocido como precesión de los equinoccios y el cambio de orientación de la Tierra con respecto al centro de la galaxia. Al sintonizar con esta variación estelar, los antiguos mayas llegaron a la inevitable conclusión de que en algún momento, en un futuro lejano para ellos, el sol del solsticio de diciembre se iba a alinear con la Vía Láctea, lo que sería visto como un "bulto nuclear" entre las constelaciones de Sagitario y Escorpión. Consideraron el centro galáctico como el vientre de eterna renovación de la Gran Madre y establecieron el momento de esta alineación como la fecha de término de su calendario.

En su enfoque, Jenkins se vale de una hábil "polinización" cruzada de descubrimientos en arqueoastronomía, iconografía y etnografía, entrelazándolos en una síntesis profundamente coherente. Esto le ha permitido reavivar una visión fragmentada del mundo que él llama "multidimensional". No está interesado en la invención de un nuevo sistema, sino en reactivar el antiguo que, gracias a su enfoque galáctico, es tan avanzado que la ciencia moderna apenas lo puede apreciar. Al acceder a los mitos, símbolos, textos y voces, Jenkins declara que "es evidente que la Tradición Primordial es galáctica por naturaleza —el centro de la galaxia es su eje de orientación y la fuente trascendental de la sabiduría que encierra, que ahora parece estar lista para hacer una aparición espectacular en el escenario de la historia humana . . . como una dimensión atlante desaparecida del alma humana".

Los libros recientes de Jenkins dan a conocer una cartografía astronómica que se conecta de manera muy significativa con las alineaciones y geodesias de muchos sitios sagrados, con lo que se revela como un hecho la máxima hermética esotérica de que "como es arriba, es abajo". Esto es particularmente cierto en Izapa, Chiapas, en México. "Este es el sitio que nos ofrece el calendario de 2012", dice. "¡Aquí está, codificada en el interior de la escultura monumental, la sabiduría maya acerca de lo que significa la alineación de 2012 para nosotros!"

Hay tres grupos de monumentos ceremoniales en Izapa que contienen el "legado" para nuestro tiempo, en términos del entendimiento de la cosmología galáctica de los antiguos mayas. Jenkins describe al grupo de monumentos que constituyen allí la cancha del juego de pelota como "la zona cero de este conocimiento y hay mucho en este lugar para ayudarnos a entender lo que hoy estamos destinados a vivir. Los mensajes codificados en el sitio del juego de pelota, son un testimonio del genio de los antiguos observadores del cielo de Izapa".

## LA BÚSQUEDA DE UNA VISIÓN

Jenkins recuerda que cuando niño le fascinaban los artilugios y la ciencia. "Me gustaba desmantelar y desarmar cosas, y también reconstruirlas. Mi héroe era Thomas Edison". Durante la enseñanza secundaria, comenta, se le había agotado la ciencia como forma de autoconocimiento y empezó a leer filosofía. "Y ello", continúa, "me condujo al misticismo oriental. Esto me abrió un camino gnóstico, una vía de conocimiento interior, y empecé a practicar yoga y meditación. Estudié el misticismo tibetano, practiqué el celibato y escribí poesía devocional. Estaba tratando de crecer espiritualmente y de liberarme de la pesadilla del materialismo de clase media que me rodeaba".

Cuando alcanzó la edad de veinte años, era difícil de contener lo que había estado abrigando. "Una crisis espiritual interior estaba brotando dentro de mí y partí en una peregrinación que me llevó por todo el sureste de Estados Unidos. Mi ermita móvil era una camioneta Dodge de 1969 donde viví por siete meses. A medida que mi peregrinación alcanzaba un punto culminante, medité, entoné cánticos y ayuné en diferentes partes a lo largo de la costa del Golfo o en campamentos de parques forestales en la región noroeste de la Florida". Jenkins escribió sobre este período de su vida en su obra de 1991 *Mirror in the Sky [Un espejo en el cielo]*. "Es la primera vez que he compartido públicamente este aspecto de mi pasado", dice el autor.

"La peregrinación culminó en forma espontánea con una vigilia de tres días, mientras pedía a gritos una visión, entonaba cantos y rezaba. Fui presa de una crisis en conexión con una fuerza orientadora superior a la que anhelaba servir. En las primeras horas del amanecer, mirando hacia el punto cúspide de Piscis, tuve una revelación mística de la diosa Góvinda, dadora de gracia, a la que también llamo la Guardiana de la Tierra". Jenkins dice que la experiencia fue acompañada por lo que se llama en el yoga un aumento del *kundalini*. "No fue 'solo' un sueño o una visión, sino que experimenté un proceso físico llamado 'giro diametral en lo más profundo del ser' o 'método de flujo contrario' descrito en el libro de inspiración taoísta *The Secret of the Golden Flower [El secreto de la flor dorada]*.

Jenkins considera que esa experiencia con la diosa fue la "bendición" que le concedió la misión de ir hacia los mayas, un camino que ahora recorre al servicio de la Gran Madre y la sabiduría perenne. "Esta experiencia me abrió un camino de conocimiento", dice. "Menos de una semana después de aquella visión, conocí a la persona que me animó a viajar a México y conocer a los mayas". También por ese tiempo, se encontraba leyendo lo que hoy en día es un clásico, *Mexico Mystique [La mística de México]*, de Frank Waters.

Más de veinte años después, hoy Jenkins declara que la conexión con la fuerza original que lo guía "sigue actuando dentro de mí, para que pueda ser el vocero de la filosofía perenne. Sin embargo, mantener el equilibrio entre tal llamado y las exigencias de ganarse la vida y pagar las cuentas, ha sido desalentador en ciertos momentos".

## EL PENSAMIENTO Y EL CONOCIMIENTO

En sus libros más recientes, las inclinaciones místicas de Jenkins no se hacen tan presentes sino que, sin negar las verdades espirituales más profundas, son académicamente más rigurosas y muy bien documentadas. Desde su punto de vista, "el intelecto no es incompatible con la espiritualidad. Al principio de mis investigaciones, cuando mis escritos iban de hacer poemas y componer canciones hasta la investigación de temas reales, sentí que era de suma importancia ser claro y conciso en mis hallazgos, sobre todo porque el materialismo espiritual de las publicaciones de la Nueva Era parecía diluir la pureza prístina de las verdades universales con las que dicho materialismo entraba en contacto.

"Se extraían metáforas de la cultura moderna y profana, y se acuñaban nuevas terminologías como verdades eternas . . . se estaba dando una distorsión de la sabiduría antigua. Así es que decidí poner mi intelecto racional al servicio del intelecto superior, es decir, el del corazón. El corazón es realmente superior al cerebro". Con este enfoque, la obra de Jenkins es un ejemplo de la capacidad de ir más allá de la astronomía y aventurarse de manera más profunda en la metafísica de la transformación espiritual que nos espera cuando nos acercarnos a los umbrales galácticos.

La puerta de la galaxia y su significado para nuestra época es el tema central de la obra *Alineación galáctica*. A medida que nos acercamos a la fecha final del calendario maya, en 2012, queda claro que el conocimiento expuesto en muchos de los textos de sabiduría del mundo con respecto al final de la era actual, han sido unificados e interpretados sólidamente en este libro de Jenkins. De acuerdo con sus hallazgos, el último de los cuatro ciclos de tiempo hindú, denominados *yugá*, converge sincrónicamente con la fecha final del calendario maya y de la era de Piscis.

El milenarismo cristiano, que se enfocó en el año 2000, también es sorprendentemente afín a la alineación galáctica. El propio año 2012 es un momento astronómicamente bien definido en que el Sol del solsticio de invierno se alineará con el centro de la Vía Láctea. Jenkins se refiere a la obra del filósofo galáctico Oliver Reiser, para ofrecer una interpretación de cómo quedarán alineados nuestro sistema solar y el plano galáctico y, en consecuencia, qué efectos podrían darse para la vida y la conciencia en la Tierra.

La pregunta inevitable que surge es, "¿acaso un cambio en nuestra relación con el universo tiene algún significado?" Una meditación anticipada sobre dicha interrogante es desarrollada a cabalidad en la obra de Jenkins *Alineación galáctica*, pero insiste en que la base para una respuesta a esta cuestión es que "lo que está sucediendo en estos momentos fue centro de atención de muchísimos sistemas y filosofías antiguas en prácticamente todas las tradiciones del mundo. Si nuestra civilización, incluyendo a sus líderes científicos y religiosos, se rehúsa a aceptar el significado de este suceso, entonces nos encontraremos solos y ajenos a las tradiciones del mundo que lo tomaron muy en serio."

Jocelyn Godwin, profesor de la Universidad Colgate y autor de obras de temas esotéricos, aprecia el valor de explorar el ciclo de veintiséis mil años (donde la alineación galáctica es el evento de "culminación"), por su significado. Godwin dice que "John Major Jenkins es una de las voces más universales y eruditas dentro del creciente grupo de teóricos del 'centro galáctico'. Al enmarcar el asunto dentro del contexto de la Tradición Primordial, eleva la cuestión a un nivel inédito de seriedad y reafirmación".

Jenkins insiste en que su trabajo no promueve un nuevo "sistema" o "modelo", sino que ofrece una reconstrucción del conocimiento perdido. El autor agrega que, en retrospectiva, su búsqueda parece haber sido guiada por la inspiración inicial de su contacto original con la diosa de la Tierra. Tiene la impresión de como si "los hilos hubieran sido manejados por detrás del escenario" para ayudarlo a dar a conocer su obra que, en última instancia, tiene que ver con el renacimiento del mundo. Le parece "increíblemente triste" la enorme cantidad de ignorancia y desinformación que está circulando y lo que más anhela es que su trabajo sea una fuente de inspiración para ayudar a la gente a entender con mayor profundidad las antiguas enseñanzas sobre el proceso de la transformación humana.

# ¡EL COMIENZO ESTÁ CERCA, EL COMIENZO ESTÁ CERCA!

En muchas de las principales culturas del mundo de la antigüedad, el núcleo de la Vía Láctea como galaxia era concebido como el vientre de la Gran Madre, diosa, fuente y centro de los mundos manifiestos y vía primordial de renovación al final de un "capítulo" histórico. Para la cultura maya, el centro de la galaxia era un punto de partida o lugar de nacimiento.

Debido a ello, la vivencia original de "renacimiento" experimentada por Jenkins con la diosa dadora de gracia es especialmente significativa, en el sentido de que lo adentró muy directamente en una obra que le ha revelado plenamente toda la estructura mítica que rodea al tiempo astronómico relacionado con el año 2012, cuando "renacerá" el Sol en el "vientre" de la Gran Madre, al centro de la Vía Láctea. Jenkins destaca la importancia de entender que 2012 indica un proceso de alineación y que ninguna expectativa debería centrarse en una fecha exacta.

Sin embargo, 2012 se ha instalado en la conciencia popular y puede considerarse que es el final de un Gran Año de precesión, la muerte de lo viejo y el nacimiento de lo nuevo, tal como el ciclo de los días, el mes lunar o el año solar. Nuestro periplo de precesión alrededor de la gran rueda del zodíaco es el período de gestación de veintiséis mil años de la humanidad y su hora de nacimiento es la era que se abrirá en 2012. Como en todos los comienzos, su propósito es la creación de nueva vida, pero siempre existe la posibilidad de un accidente o un desastre si el todo no está en armonía con la fuerza y la magnitud del "rito de transición" conocido como nacimiento. La resistencia en lugar de aceptación puede llevar a resultados divergentes.

De forma natural, emanan las preguntas acerca de lo que Jenkins ve en el horizonte de aquí a 2012. Facilita el camino mediante esta afirmación: "Puede que sea impopular lo que voy a decir, pero es la verdad", nos dice. "El verdadero objetivo del 2012 no tiene que ver con el propio 2012, sino con un cambio orientado a los procesos. Se trata de una puerta abierta, una zona de oportunidad única en el ciclo de la precesión para armonizarnos con el origen galáctico de la vida". Aclara que existen fuerzas que ya se han puesto en marcha "para impulsarnos gracias a un crisol de transformaciones que no se comparan con nada de lo que se haya experimentado en milenios . . . El detalle aleccionador y profundo es que hemos sido llamados a crear, nutrir y ayudar a desarrollar algo que no florecerá hasta mucho tiempo después que nosotros como individuos hayamos desaparecido. La cadena vital de la humanidad en general está en juego". Jenkins nos recuerda la enseñanza de los indígenas norteamericanos de tener en cuenta lo sucedido en siete generaciones anteriores para tomar decisiones sabias, y sugiere que tal debería ser nuestra máxima orientadora.

En cuanto a la fecha de 2012 en sí misma, la obra *Alineación galáctica* apunta su brújula no hacia un suceso de causa y efecto, sino hacia un proceso superior de transformación espiritual (que puede ser intenso y difícil). Si la fecha de 2012 significa algo *específico*, para la tradición maya es muy probable que sea una fecha de reunión, y 2012 se yergue como la fecha de término de la Era del Mundo, una verdad arraigada profundamente en la leyenda maya de la creación.

Las mentes brillantes de Mesoamérica que entretejieron la mitología, la organización política, la religión y la astronomía en un todo coherente, seguramente querían que los mayas de la era moderna entendieran e hicieran valer la grandeza de los logros de sus antepasados.

En el libro *Alineación Galáctica,* Jenkins explora cómo la alineación de la Tierra con la galaxia es una doctrina central en todas las tradiciones a nivel global. Considera que tal concepto aparece en las tradiciones del mitraísmo, la astronomía védica, la doctrina de los *yugas,* la astrología islámica, la geografía sagrada europea, la arquitectura religiosa cristiana de la Edad Media y diversas tradiciones herméticas. "Para mí, esto significa que la sabiduría maya sobre la alineación galáctica en 2012 está muy al centro de la espiritualidad occidental y puede unificar tradiciones que en lo superficial parecen ser muy diferentes".

La pregunta que sigue es cuál cree Jenkins que será la esencia de su tarea y hacia dónde será su próximo paso. "¿La esencia? Mi relación actual con Sofía, la sabiduría superior. Lo que me condujo a estas áreas de investigación fue aquella visión de 1985 y mi labor en la simbología del Árbol de la Vida. El arquetipo de renovación y sabiduría de la Gran Madre es un motivo recurrente que asoma en casi todos mis libros, incluso cuando no haya sido la intención desde el principio. Sobre todo, el eje de la obra es la sanación, la renovación y la apertura de una pequeña puerta al final del tiempo que conduzca a un nuevo mundo, un ciclo renovado en el acontecer de la humanidad".

# CUARTA PARTE

## EN BUSCA DEL ORIGEN

# 17 La Inglaterra megalítica: las dimensiones de la Atlántida

Conversación con John Michell

## J. Douglas Kenyon

Entre quienes han sostenido en sus escritos que una vez existió una grandiosa y resplandeciente civilización originaria, sepultada en la historia y cuyos fantasmas aún hoy nos rondan, hay pocos que hayan sido tan elocuentes como John Michell.

Autor de más de una veintena de trabajos sobre misterios de la antigüedad, geometría sagrada, objetos voladores no identificados, fenómenos no explicados y otros, Michell es conocido entre los lectores estadounidenses, principalmente, por su ya clásico y visionario *The View Over Atlantis [La visión sobre la Atlántida]* (una versión revisada y rescrita de este libro se publicó en 1995 y se tituló *The New View Over Atlantis [La nueva visión sobre la Atlántida]*. Por su parte, la obra *The Earth Spirit [El espíritu de la Tierra]* incluye sus ensayos, con profusión de ilustraciones sobre senderos, sitios sagrados y misterios de las fuerzas sutiles que animan a la Tierra y su celebración casi universal desde el inicio de los tiempos.

Michell sostiene que a lo largo de gran parte del planeta existen antiguas marcas y monumentos de piedra construidos con fines desconocidos. Sus características comunes sugieren que pudieron haber formado parte de un sistema global, que él considera habría servido a la ciencia básica de la civilización arcaica que Platón decía que era la Atlántida. En relación con esto, Michell sugiere que el descubrimiento moderno más importante es el de las líneas telúricas, una misteriosa red de líneas continuas que une lugares arcaicos dentro de Gran Bretaña y que tiene su contraparte en China, Australia, América del Sur y otros lugares del mundo.

En *La nueva visión sobre la Atlántida,* la perspectiva del autor, graduado de Cambridge, acerca de una avanzada civilización megalítica que conocía principios fuera del alcance de nuestra actual comprensión, resulta tan minuciosa y hermosamente formulada que se hace difícil, si no imposible, dar crédito a las ideas ortodoxas respecto a que nuestra herencia megalítica tuvo su origen en sociedades cazadoras-recolectoras de la Edad de Piedra con poco más en su mente primitiva que la supervivencia y la procreación. Michell reconstruye la imagen de un orden global vasto y coherente que va más allá de cualquier idea imaginable en la actualidad, gracias a descripciones detalladas de fenómenos como las precisas correspondencias terrestres y celestiales de los antiguos monumentos a lo largo de extensas líneas telúricas, las adelantadas ciencias numerológicas antiguas y la geometría sagrada, así como la sofisticada ingeniería prehistórica.

*John Michell en Avebury*
(Fotografía de Tom Miller)

"Vivimos en las ruinas de una antigua estructura", escribía en la primera edición de *La nueva visión sobre la Atlántida,* "cuyas enormes dimensiones la han vuelto invisible hasta hoy". Los datos que han salido a la luz en investigaciones actuales permiten que se vaya manifestando la imagen asombrosa de una estructura antigua tan inmensa cuyos contornos, hasta la fecha, habían escapado a nuestra comprensión. Un mundo que ha esperado pacientemente a que ascendamos lo suficiente como para apreciar por fin, en toda su extensión, su magistral diseño.

Colin Wilson describió *La visión sobre la Atlántida* como "una de las grandes obras fundacionales de nuestra época, una obra sobre la que hablarán muchas generaciones por venir". En una entrevista con la revista *Atlantis Rising,* se le preguntó a Michell si estaba al tanto de la reciente investigación que llevaron a cabo Graham Hancock, Robert Bauval y otros sobre el tema de las alineaciones celestiales del monumento egipcio de Giza con la constelación de Orión y otras estrellas. La conoce y ve en ella un eco de la evidencia hallada en sitios británicos en "piedras mucho más antiguas", en que las alineaciones con estrellas importantes señalan también la ruta del alma después de la muerte.

"Por todas partes en el mundo antiguo se ve esa terrible obsesión con la muerte reflejada en la orientación de los monumentos", comenta. Para él es evidente que los antiguos disponían de una especie de ciencia de la inmortalidad, semejante a lo que ha sugerido Graham Hancock.

A diferencia de Colin Wilson, cuya teoría es que los hombres de la antigüedad tenían facultades psíquicas avanzadas, pero no tecnológicas, al menos no en los términos que nosotros lo entendemos, para Michell resulta claro que sí las tuvieron. Las aprecia en el trabajo elaborado de emplazamiento y construcción de los monumentos muy anteriores a las pirámides y en el alto grado de desarrollo de sus ciencias numerológicas y geométricas.

"Es realmente extraordinario que hayan puesto tantas armonías numéricas en estructuras básicamente muy simples", se maravilla, "y cómo diseñaron otras que se concentran a largo plazo. En estos bellísimos patrones está implícita la filosofía que dice que es posible construir, aquí en la Tierra, el camino hacia el paraíso". Cita el uso frecuente del número doce, como en las doce tribus de Israel y la conexión con los doce signos del zodíaco, que marcan un intento de ordenar la vida en la Tierra siguiendo el modelo de los objetos celestes.

El tema de la tecnología se hace algo aun más decisivo y difícil de responder cuando se piensa de qué manera se cortaron, tallaron y trasladaron las gigantes piedras de los sitios antiguos. "Ciertamente, esa increíble precisión es un misterio", reconoce. "Y hay que insistir en que fue en tiempos megalíticos que se movieron estos extraordinarios pesos, lo que implicó levantar bloques de cien o más toneladas, transportarlos y disponerlos. Trabajaron con un enorme ingenio y, sin dudas, con principios que hoy no conocemos.

¿Pudieron estos principios implicar algún tipo de levitación? "Existen referencias reiteradas de los escritores clásicos sobre el poder del sonido", dice, "el uso del canto y la música y el tono para hacer que las cosas fueran más ligeras, cantos de trabajo en los que se genera un ritmo y se pueden mover objetos sin demasiado esfuerzo".

Cualesquiera que hayan sido los secretos perdidos que poseían los antiguos, Michell cree que podemos recuperarlos y que, de hecho, lo haremos cuando sea el momento adecuado. "El ingenio del hombre es tal que podemos hacer lo que queramos. Si en un momento se necesita de veras [el conocimiento antiguo], entonces reaparecerá. No hay duda de ello", asegura. En cuanto a la sugerencia de si nos dejaron escondrijos con registros como los del legendario Salón de los Registros en Egipto, él lo cree muy probable, pero no está seguro de si seremos capaces de reconocerlos cuando los encontremos.

"Platón llamaba la atención sobre cierto canon de ley del que disponían los antiguos egipcios, según el cual las proporciones numéricas y las armonías musicales que dominaban una sociedad le permitían continuar en el mismo nivel, literalmente, durante miles de años", explica. "La civilización antigua perduró mucho más de lo que hoy podríamos concebir, por lo que tengo la impresión de que toda la sociedad se basaba en una comprensión de las armonías que rigen el universo. Y al valerse de ellas mediante los rituales correspondientes y ese tipo de cosas, se podía mantener cohesionada a la sociedad en momentos de crisis". No obstante, reconoce que otro asunto es ser lo suficientemente evolucionado como para apreciar el conocimiento de tales leyes.

La posibilidad de que hayamos comenzado, al menos en algunos sitios, a resonar en armonía con los acordes ancestrales de la sabiduría, podría abrirnos la puerta de un *regreso* al conocimiento antiguo. Michell aprecia en relatos religiosos como el Apocalipsis de San Juan, en los que se describe una "nueva Jerusalén" que desciende de los cielos ya erigida, la manifestación de un despertar y de todo un cambio de pauta respecto de la era anterior.

Piensa que una revelación como esta proviene de la naturaleza y que "se le invoca", nos dice. "Cuando la necesitamos, la pedimos y aparece. Hoy en día, en que la gente se siente tan insegura, creo que se está buscando una verdad y un entendimiento que está más allá de este mundo de caos —de teorías seculares y de todas las hipótesis científicas a la moda, una tras otra, que nunca confirman nada— una verdad superior que siempre está ahí. Cuando la pidamos, la obtendremos".

En un mundo caótico donde aparentemente impera el desacuerdo y la música disonante, parecería haber poca esperanza de que tal fuerza sea superada, pero Michell es optimista. "Se superará sola", declara. "La verdad es que siempre se ha reconocido a la música como el arte más vital. Como dijo Platón, los diversos tipos de gobierno, de alguna manera, siguen una forma musical. Esa es la razón por la que los antiguos eran tan cuidadosos con el manejo de este arte y no se permitía la cacofonía. Cada año en los festivales se escuchaba la misma música y las personas caían en una especie de encantamiento [mediante el cual] la mente quedaba bajo una sola influencia.

A todas luces, la música es el medio terapéutico más efectivo. Ciertamente, junto a otras formas de arte, la música actual amenaza con sembrar el caos en la sociedad. Es una vasija que no solo refleja lo que ocurre sino que, de hecho, determina lo que ocurrirá. No tengo la menor idea de cómo se desenvolverá esto, pero cada vez me convenzo más de que se encuentra en manos de Dios, que ya está ideando un procedimiento alquímico y que los cambios provendrán de la naturaleza, por medio de los procesos normales de causa y efecto. Las cosas están funcionando de manera caótica y nuestra reacción ante ello es anhelar que haya una fuente de orden. Hay una búsqueda e invocación en tal sentido, que será seguida por la *revelación*".

¿Podría el ansiado cambio llegar sin necesidad de un cataclismo? "Cada cosa hecha por el hombre, cada objeto creado tiene su fin tarde o temprano", dice Michell. "Es tan inevitable, como el amanecer que sucederá mañana, que todas esas frutas caerán al suelo. Lo artificial no dura mucho tiempo. Miren la caída del comunismo. Parecía un régimen tan seguro, con un control absoluto, y se desvaneció prácticamente de un día para otro, destrozado por sus propias contradicciones internas. La gente simplemente no pudo soportarlo más. Se parece mucho a la descripción de la caída de Babilonia [según el Apocalipsis de Juan]. Un día se erguía con toda su riqueza, haciendo gala de su esplendor y al día siguiente era como si nunca hubiera existido. No cabe duda de que todas las instituciones que conocemos van a colapsar. ¿De qué manera discurrirá el orden de este proceso? Mientras más nos adentremos en las actitudes de megalomanía y en la dependencia de los sistemas artificiales, más drástica será la reacción".

Michell aprecia un claro paralelo entre la destrucción de Babilonia descrita en el libro del Apocalipsis y la representación que hace Platón del ocaso de la Atlántida, y cree que la historia nos está advirtiendo sobre el peligro que encierra seguir ciertos patrones: "Platón fue muy claro al describir un modelo geométrico, como el plano de la Atlántida, que era inapropiado —algo ideado por el hombre— por basarse en el número diez, mientras que su ciudad ideal se basaba en el número doce. Platón vio en la Atlántida la prevalencia de un elemento mortal y su colapso . . ."

Michell afirma que "fue un error en la ley fundacional, que se volvió más y más exagerado y que, en cierto momento, condujo a la caída de toda la armazón. A través de este proceso de revelación, la vida nos trae algo impensable hasta hace menos de cien años, como la idea de la existencia de un patrón cosmológico, expresable de manera numérica, geométrica y estética, que es la mejor reflexión posible que se puede hacer del cosmos. Ese proceso establece patrones perfectos en la mente de cada persona para luego convertirse en la pauta de la sociedad.

"Entonces, desde luego, una y otra vez, a lo largo de muchas generaciones, lo que empezó como revelación se transforma en ley inevitable, se torna injusto y conduce a un efecto en que lo ideal se convierte en otra Babilonia lista para ser destruida. Cuanto mejor sea el patrón cosmológico que se mantenga en las bases de la sociedad, más posibilidades habrá de que esta sobreviva durante largo tiempo, pero nada material dura para siempre. Al final, todo se convierte en polvo".

No obstante, según Michell, los seres humanos por naturaleza siempre perdurarán más que cualquier sistema tiránico que se les imponga y renacerán como el ave fénix. Considera que hoy estamos viviendo como murciélagos en las ruinas de una casa embrujada, entre reliquias y restos del pasado, no solo desde el punto de vista físico, sino mental, atrapados en formas obsoletas de pensamiento. Para él, si uno quiere liberarse de las fascinaciones de antaño, hay que desafiar los mitos imperantes, tal como se ha hecho con la teoría más dominante de la biología: la evolución.

"No es que estén totalmente equivocados", explica. "Es que son parciales y arbitrarios. Así es la enseñanza en escuelas y universidades. Uno tiene que desafiarlos y aproximar su mente a la realidad de las cosas. Si uno toma al pie de la letra cualquier explicación científica, las cosas se le harán difíciles porque, como es sabido, las teorías que se dan por ciertas son siempre cambiantes. Si crees en lo que hoy te enseñan en la escuela, para cuando tengas mi edad estarás muy desfasado con la realidad".

# 18 La verdad sobre Platón

¿En qué se sustenta la credibilidad del cronista
más conocido de la Atlántida?

## Frank Joseph

*La leyenda egipcia de la Atlántida, presente en los cuentos*
*folclóricos de varias culturas a lo largo de la costa atlántica,*
*desde Gibraltar hasta las islas Hébridas, y en el pueblo*
*yoruba en África Occidental, no debería ser descartada*
*como mera fantasía.*

ROBERT GRAVES,
LOS MITOS GRIEGOS

Para los investigadores que están tras la civilización perdida de la Atlántida, el relato de Platón es la fuente más importante de su tipo que haya sobrevivido desde la Edad Antigua. Su versión sigue atrayendo la atención tanto de escépticos que buscan desacreditar la existencia de un continente perdido, como de fieles que sostienen que cada palabra del relato corresponde a un hecho literal. Sin embargo, una lectura imparcial de esta obra, tal como se presenta en los diálogos del *Timeo* y el *Critias*, deja a la mayoría de los lectores la impresión de que los sucesos que con tanta claridad se describen, también se podrían encontrar en los escritos, más autentificables, de Herodoto o Tucídides.

Como es de esperar, dioses, diosas y titanes se emplean como representación de los poderes de la naturaleza, el destino y el pasado remoto, tal y como sucede, virtualmente, en casi todas las historias griegas. Desde esta perspectiva, los mitos eran metáforas más que personajes religiosos reales. Pero, en su mayor parte, lo que cuentan es la historia de personas y acontecimientos del mundo real de la región del Mediterráneo, no historias que desafíen excesivamente el poder de nuestra imaginación.

El relato, tal como se presenta, no parece ser una fábula, sino un recuento realista, aunque solo sea por su estilo directo, sin adornos narrativos. Como escribiera William Blackett en *Lost History of the World* [*La historia perdida del mundo*] en 1881: "El caso es expuesto en forma muy diferente por Platón.

Despojado de la simplicidad de las narraciones de ficción y libre del encubrimiento del misticismo y la fantasía, su crónica de lo ocurrido asume la forma de un gran acontecimiento histórico".

El argumento más común que se emplea contra la veracidad de la existencia de la Atlántida, tal como se presenta en los diálogos del *Timeo* y el *Critias*, es que el objetivo de Platón era que los textos fuesen entendidos simplemente como una alegoría ficticia sobre el estado ideal. Pero, aunque es obvia la admiración por su cultura superior, la Atlántida de Platón no es un reflejo de la sociedad que describe en *La República*. Hay diferencias significativas y fundamentales entre ambas. Su régimen ideal era un autoritarismo gobernado por reyes filósofos con un Estado único y consciente de los linajes, y no una confederación de pueblos distantes entre sí, bajo el antiguo sistema de monarcas, que no podían ejercer un poder absoluto debido a la existencia de un consejo de iguales en realeza.

Incluso si la Atlántida hubiera sido concebida a partir de *La República* (y no fue así), la incorporación innecesaria de material no filosófico (como las largas descripciones de su arquitectura y circuitos de carreras, entre otras) no puede haber tenido el fin de ilustrar ninguna idea que no hubiera sido exhaustivamente desarrollada en aquella obra y, por lo tanto, ser una repetición tan superflua sin paralelo en ninguno de sus escritos.

Además, la Atlántida estaba corrompida y esa era la razón de su castigo por parte de los dioses, lo que difícilmente sería el destino de la sociedad perfecta que Platón aspiraba inmortalizar. Su relato adquiere más sentido cuando se comprende que no fue concebido para ser tomado como algo único, una suerte de anomalía en medio de sus trabajos filosóficos, sino como la primera parte de una antología incompleta que pretendía recopilar los sucesos de mayor importancia y que más influyeron en el curso de la historia del mundo hasta su época. Dada su naturaleza, habría sido entonces una historia interpretativa, una más entre sus trabajos filosóficos.

El *Timeo* se refiere a la creación del mundo, la naturaleza del hombre y las primeras sociedades civilizadas. Por su parte, el *Critias*, del que solamente tenemos un borrador manuscrito, iba a ser un relato completo de la guerra atlante-ateniense y sus consecuencias, y su sección final estaba destinada a la descripción de eventos cruciales en el pasado reciente, hasta el siglo IV a.C. Así, la historia de la Atlántida estaba destinada a ser parte de un proyecto mayor, pero en esencia no diferente en sus características al resto de las obras de Platón. Aun más, si este relato fuera una simple invención, no entraría en correspondencia tan clara con la historia que se conoce de aquella época, ni llenaría de manera tan lógica tantos vacíos en nuestros conocimientos sobre la antigüedad preclásica, entrelazando una gran cantidad de información que de otro modo habría permanecido desvinculada y aislada.

Pero la exactitud de Platón como historiador no pudo ser verificada hasta el siglo XX. Su descripción de un manantial sagrado que corría por la Acrópolis fue considerada completamente mítica hasta el descubrimiento de restos de cerámica micénica del siglo XIII a.C., en la que aparece la ilustración de una fuente en el centro de la Acrópolis, lo que llevó a varios investigadores a reconsiderar su crónica. Luego, en 1938, nuevas excavaciones revelaron que la actividad sísmica habría clausurado un manantial subterráneo que estaba debajo de la Acrópolis, precisamente en el sitio donde Platón lo había descrito. En la década de 1950, un equipo conjunto de arqueólogos griegos, alemanes y estadounidenses encontró una reconstrucción de los manantiales, hecha en el siglo V a.C. La ciudad de Atenas comenzaba a asemejarse a los detalles de Platón con una exactitud inesperada. En consecuencia, tenemos suficientes motivos para asumir que su descripción de la Atlántida es igualmente exacta. Tanto la ubicación que ofreció del manantial de la Acrópolis como su conocimiento fidedigno de la ciudad de Atenas, dan fe de su credibilidad histórica.

Existe también alguna evidencia de que los relatos de Platón, antes de que fueran publicados, no eran del todo ajenos al conocimiento de los griegos del período clásico anterior. En el festival de las Panateneas, que tenía lugar cada año en Atenas, las mujeres se ponían el *péplum*, una especie de túnica bordada con diseños simbólicos que conmemoraban a la diosa de su ciudad. Algunas de las imágenes representaban la victoria de la diosa Atenea sobre los atlantes, un detalle sin mayor importancia de no ser por el hecho de que las Panateneas fueron fiestas que se venían realizando ciento veinticinco años antes del nacimiento de Platón.

La obra *Viaje a la Atlántida*, de Dionisio de Mileto, redescubierta y luego trágicamente perdida en tiempos modernos, fue otra fuente que data de ciento cincuenta años antes de la época de Platón. Todavía existen algunos increíbles fragmentos y restos del incendio que aconteció en la Gran Biblioteca de Alejandría, como los que hacen referencia a Eliano, escritor romano del siglo II, cuya *Historia natural* describe cómo los gobernantes de la Atlántida vestían de forma que indicara su descendencia del dios Poseidón. El filósofo Proclo le dio una credibilidad especial a esta historia, al contar cómo Crantor, uno de los primeros discípulos de Platón, en su intento de validar la leyenda de la Atlántida, en 260 a.C. viajó personalmente al templo egipcio en Sais. Allí descubrió las tablillas originales que confirmaban los relatos. Al traducirlas, su contenido correspondía detalladamente con la narración de Platón.

Crantor fue un prominente erudito de la Gran Biblioteca de Alejandría, antiguo centro de aprendizaje del mundo clásico, donde la leyenda de la

Atlántida se consideraba, en general, como un episodio creíble de la historia al entender de los líderes intelectuales de la época, incluido Estrabón, cronista oficial del imperio romano. Mucho antes de su destrucción, es posible que la Gran Biblioteca dispusiera de una buena cantidad de materiales de apoyo que convencieron a casi todos los investigadores de entonces que Platón había descrito una ciudad real en el "océano exterior".

Solamente cuando se consolidó la fe cristiana fue que se perdió la información concerniente a la Atlántida, tal como pasó con los registros de la mayoría de las civilizaciones "paganas". La historia fue condenada como una herejía al no aparecer en los textos bíblicos y porque, supuestamente, era anterior a la creación divina del mundo en 5508 a.c., fecha determinada por la curiosa cronología de algunos teólogos cristianos.

El tema se mantuvo sellado hasta el descubrimiento de América, cuando muchos paralelos misteriosos entre el Nuevo y el Viejo Mundo les hicieron recordar a los académicos el imperio atlántico descrito por Platón. Entre ellos se encontraba Francisco López de Gómara, explorador y cartógrafo del siglo XVI, quien quedó sorprendido por la descripción de un "continente opuesto" (América) en el *Timeo*. Pero lo cierto es que la Alejandría de la antigüedad clásica se encontraba tan solo a ciento veinte kilómetros de Sais. Además, cualquier investigador que deseara verificar los detalles de los relatos de Platón no tenía que viajar demasiado lejos para leer las tablillas en el templo de Neit.

Según el historiador romano Marcelino (330 a 395 d.C.), los estudiosos de la Gran Biblioteca sabían de una convulsión geológica que "súbitamente, con un violento movimiento, abrió sus gigantescas fauces y devoró una porción de la Tierra en el mar Atlántico, en las costas de Europa, y una enorme isla fue tragada por completo". El historiógrafo Teopompo y el famoso naturalista Plinio el Viejo creían los relatos de Platón. Las pruebas originales que una vez tuvieron en su poder y que se han perdido desde el colapso de la civilización clásica, así como las evidencias fragmentadas que se conservan hasta nuestros tiempos, se inclinan de forma coherente a favor de la credibilidad de Platón.

Tal como lo expresa el crítico moderno, Zadenk Kukal, "es probable que aun si Platón no hubiese escrito ni una sola línea sobre la Atlántida, todos los misterios arqueológicos, etnográficos y lingüísticos que no se podían explicar hubiesen llevado a concluir que existió una civilización primigenia localizada entre las culturas del Viejo y el Nuevo Mundo".

R. Catesby Taliaferro escribió en el prólogo de la traducción al inglés de Thomas Taylor de los diálogos del *Timeo* y el *Critias,* "Me da la impresión de que, cuando menos, es una narración tan bien documentada como cualquier otra de los historiadores de la antigüedad. En verdad, es imposible suponer que [Platón], que proclamaba que 'la verdad es la fuente de todo bien, para los dioses y para los hombres', y cuyas obras tenían la finalidad de encontrar el error y explorar la certeza, haya engañado deliberadamente a la humanidad al publicar un cuento extravagante como si fuera un hecho verdadero, con toda la precisión de los detalles históricos". Plutarco, el gran biógrafo griego del siglo I d.C., escribió en su obra *Vida de Solón* que el legislador griego citado en los relatos de Platón "había decidido llevar a los versos esta gran historia de la Atlántida, que le había sido narrada por los sabios de Sais".

La propia ciudad de Sais jugó un papel importante en la epopeya de la Atlántida. Fue uno de los asentamientos importantes más antiguos en Egipto y fungió como primera capital del Bajo Nilo después de la unificación que tuvo lugar hacia 3100 a.C., es decir, en el comienzo mismo del Egipto dinástico e histórico. Como referencia a ello y a la antigüedad de la ciudad y de las tablillas que contaban la historia de la Atlántida, el templo de Neit, donde las tablillas fueron consagradas, fue erigido por el faraón Hor Aha, el primer rey de la dinastía del Egipto unificado.

Incluso Sonchis, el oscuro personaje que habría relatado la historia de la Atlántida a Solón, fue una figura histórica cuyo propio nombre da fe de la autenticidad de la leyenda. Sonchis es una derivación griega del nombre del dios egipcio Suchos, conocido en su tierra natal del Nilo como Sobek, y este último era una deidad del agua que, muy apropiadamente, era venerada en el templo de Sais —donde quedó registrada la historia de la Atlántida— junto a su madre Neit. Según Platón fue en este templo donde se guardaron las tablillas.

Neit fue una de las más antiguas de las figuras de la época predinástica, que personificaba a las Aguas del Caos de las que surgió el Montículo Primario o la Primera Tierra. Era conocida como la guardiana de la historia más antigua de los hombres y los dioses. La Madre Tierra de los minoicos y la diosa griega Atenea, fueron manifestaciones posteriores de Neit, la cual fue casi olvidada del todo después de la caída del Imperio Antiguo. Pero "la iniciadora del nacer" fue revivida durante el período de Saite de la dinastía XXVI, cuando se restauró su templo y salieron a la luz los registros más antiguos, precisamente la época en que Platón cuenta que Solón visitó Egipto. Herodoto escribió que el faraón Ahmose II recién había terminado la restauración del templo de Neit cuando Solón arribó a Sais.

Cuesta creer que Platón hubiera ofrecido detalles míticos e históricos tan acabados para crear una simple fábula. Es menos improbable que haya conocido la conexión entre el sacerdote Sonchis, el dios Sobek, su madre la diosa Neit, y su íntima relación con la historia de la Atlántida, registrada tan apropiadamente y desenterrada de manera tan oportuna en Sais.

También cabe señalar que, según Crantor, la historia fue inscrita en tablillas montadas sobre una columna del templo de Neit, mientras que en el *Critias* Platón cuenta que las proclamaciones reales en la Atlántida eran inscritas en tablas publicadas en una columna en el templo de Poseidón: el primero parecería reflejar y conmemorar al segundo.

Hay muchos toques de autenticidad incuestionable en la narración de Platón. Por ejemplo, el *Critias* nos cuenta que cada uno de los líderes pudientes de la sociedad de la Atlántida estaba obligado a contribuir al ejército con "cuatro marineros para conformar la tripulación de doce navíos" Aunque dicha costumbre estaba en desuso en los tiempos más "democráticos" de Platón, durante el régimen de Pericles y desde siglos anteriores, cada hombre rico, conocido como "trierarca", estaba obligado a financiar un barco de guerra, incluida su tripulación y armamentos.

Por supuesto, muchos de estos fragmentos aun existían incluso en la era clásica, cuando la narración en general era aceptada como suceso histórico. Uno de los creyentes fue el geógrafo Poseidonos de Rodas (130 a 50 a.C.), quien realizó estudios en Cádiz —el Gades del *Critias*— en el reino atlántico de Gadeiras. Sobre él escribió Estrabón: "Hizo bien en citar la opinión de Platón acerca de que la tradición que se refiere a la isla de la Atlántida pudo haber sobrevivido como algo más que ficción". Los críticos modernos son menos generosos. Siguen desacreditando la historia, al darla simplemente como una alegoría fabulosa que intentaba dramatizar los principios ya expuestos en *La República,* sin bases históricas a excepción, tal vez, de la referencia incompleta a la Creta minoica.

Sin embargo, en 1956 Albert Rivand, profesor de Historia Clásica en la Universidad de la Sorbona, declaró que los diálogos del *Timeo* y el *Critias* contienen antiguas tradiciones históricas y encierran los resultados de los estudios contemporáneos a la época de Platón. Como escribiera Ivan Lissner: "Es muy importante que haya llegado a esta conclusión un distinguido académico francés que ha dedicado décadas al estudio de los textos platónicos, porque confiere mayor peso a las alusiones geográficas y ontológicas de ambos libros".

Por sí solo el relato de Platón parece muy sencillo. Sin embargo, al abordarlo a la luz de los principios de la narrativa, se aprecia su nivel más allá de un simple informe árido para dar al lector la sensación de una historia viva.

En su tiempo, Solón, uno de los siete sabios de Grecia, que "se hizo viejo aprendiendo siempre cosas nuevas" y cuyo nombre se convirtió en sinónimo de legislador sabio, fue más célebre que el propio autor de los diálogos platónicos. Timeo, nacido en Locri al sur de Italia, fue explorador y astrónomo pitagórico. Critias el joven fue orador, estadista, poeta y filósofo, y uno de los líderes de los Treinta Tiranos. Además, era primo hermano de la madre de Platón. Era un hombre vigoroso que murió en la batalla de Egospótamos, en los Pirineos, en 403 a.C., próximo a cumplir noventa años.

El manuscrito inacabado de Solón fue entregado a su hermano Dropides, bisabuelo de Critias, y con el paso de las generaciones se convirtió en una especie de reliquia familiar. Aunque estos personajes principales fueron reales y contaron la historia con gran precisión (como se mencionó anteriormente, Kantor verificó la versión de Platón al comparar su historia con las tablillas egipcias originales), los diálogos del *Timeo* y el *Critias* no son archivos estenográficos de conversaciones, palabra por palabra, sino discursos organizados para ilustrar ideas, al ordenar los argumentos en una presentación más lógica y convincente, un ejercicio muy habitual de las escuelas clásicas de retórica superior. Por ello, cuando Critias dice que espera no haber olvidado ninguno de los detalles de la historia de la Atlántida, no se trata de que la integridad de toda la narrativa dependa de la memoria de un anciano. Platón utiliza un recurso común de la retórica para presentar su descripción.

Lo más probable es que el autor de los diálogos haya tenido el manuscrito inacabado de Solón frente a sí cuando escribía su obra. Esto es lo que insinúa cuando hace a Critias decir, "mi bisabuelo, Dropides, tenía los textos originales que todavía están en mi posesión". Es incluso posible que Platón hubiera tenido acceso directo a las tablillas originales en el Templo de Neit y que, como muchos eruditos de la época, hubiera viajado a Egipto por lo menos en una ocasión. Su narración tiene una credibilidad adicional por el gran prestigio de los hombres involucrados. No hay ficciones improvisadas, sus vidas estaban vinculadas con la preservación del relato.

Además, el *Critias* no se parece al resto de los trabajos de Platón, no solamente por no estar terminado, sino porque a diferencia de los demás, este no es interrumpido por Sócrates con preguntas, lo cual es una señal de aprobación que difiere de su conducta en *La República*. Desde luego, puede que haya estado guardando sus preguntas para más adelante, pero eso no es típico en Sócrates. Nosotros, en cambio, seguiremos interrogando a la historia en busca de más respuestas.

# 19 El fraude de la Atlántida en el Egeo

¿Fue la gran narración de Platón solo la saga
de una insignificante isla griega?

## Frank Joseph

Aunque la mayoría de los investigadores han asociado a la Atlántida con el océano Atlántico, como sugieren las evidencias preponderantes, ocasionalmente algunos teóricos marginales le han asignado a la isla ubicaciones un tanto extrañas, casi siempre con segundas intenciones. La última de estas interpretaciones excéntricas tuvo cierta aceptación entre los arqueólogos e historiadores profesionales, probablemente porque no perturbaba su postura moderna, contraria a la posibilidad de que hubiera viajes transoceánicos en tiempos preclásicos.

La teoría es original de K. T. Frost, un escritor de la época previa a la Primera Guerra Mundial que publicaba en el diario *Journal of Hellenic Studies*. Frost trasladó la Atlántida de su ubicación original hasta la isla mediterránea de Creta. Desde entonces (algo que quizás no sea sorprendente), los estudiosos, principalmente griegos (Galanopoulas, Marinatos y otros), han estirado esta hipótesis hasta hacerla alcanzar la isla egea de Santorini, antiguamente conocida como Tera. La promoción de una identidad griega de la Atlántida ha sido la última actuación de una infortunada tendencia chovinista de algunos especialistas por asociar sus propios orígenes nacionales a los de la civilización perdida.

Tales motivaciones extracientíficas que llevaron a descubrir convenientemente que la isla descrita por Platón era la misma tierra natal de los investigadores, no le ha dado mucho crédito al estudio. Con todo, las intenciones sesgadas de profesionales de todas las nacionalidades (en la actualidad principalmente estadounidenses) que insisten en que Creta o sus islas vecinas y la Atlántida son una misma cosa, resultan aun más perniciosas. Por ello es importante entender por qué se quiere lograr una explicación en términos de lo que se ha dado a conocer como la "hipótesis minoica".

Tera era parte del imperio comercial minoico. Las excavaciones en Santorini (su nombre moderno) revelaron un alto grado de desarrollo de una civilización remota que floreció en el lugar. La pequeña isla era en realidad una montaña volcánica que explotó de forma muy parecida a la erupción del Krakatoa y, literalmente, se hundió de repente en el mar. En consecuencia, se levantó un muro de agua de más de sesenta metros de alto que barrió el suelo cretense, causando grandes estragos en sus puertos costeros, y se produjeron temblores que dañaron cuantiosamente la capital de Cnosos, en el interior. Los minoicos quedaron tan desestabilizados por el desastre natural que no fueron capaces de organizar una resistencia efectiva contra la agresión micénica y su civilización desapareció, absorbida en parte por los invasores griegos. Basándose en estos acontecimientos ocurridos más de mil años antes de su época, Platón habría utilizado a Creta (o Tera) como modelo para su Estado ideal.

Aunque Tera tiene apenas una fracción del tamaño de la Atlántida descrita por Platón, además de que se encuentra en el mar Egeo y no en el Atlántico, como él especificó, y fue destruida siete mil ochocientos años después de lo que se describe en los diálogos, estas evidentes discrepancias se ignoran con facilidad, simplemente porque suponen que Platón magnificó su relato, multiplicando por diez todas las dimensiones. Se afirma que lo hizo deliberadamente para otorgar grandiosidad a su historia o que las cifras habrían sido mal traducidas del original egipcio.

Se dice que tanto los atlantes como los minoicos construyeron grandes palacios y ciudades poderosas, que funcionaban como talasocracias (imperios marítimos) y practicaban un culto primordial, comerciaban con metales preciosos y usaban elefantes. Esta versión no está exenta de detalles que la respalden. Eumelos, citado por Platón en el *Critias* como el primer rey que sucedió a Atlas, también figura en la isla minoica de Milo y, de hecho, se le menciona en una antigua inscripción de Tera, en griego arcaico, donde aparece bajo igual nombre.

Los teóricos minoicos han seguido argumentando en contra del océano Atlántico como el lugar correcto señalado por Platón, basados en el hecho de que solo el mar Egeo tiene extensiones relativamente pequeñas de tierra que han desaparecido de pronto bajo el mar, como la ciudad de Hélice, en el golfo de Corinto. Las islas Azores también son excluidas como posible ubicación y aparentemente no habría ninguna otra porción de tierra en esa área que haya desaparecido en los pasados setenta y dos mil años. Se suele citar las numerosas leyendas de inundaciones antiguas, particularmente las de la epopeya babilónica de Gilgamés, como evidencia literaria de la destrucción de Tera. Incluso la construcción concéntrica de la capital atlante descrita por Platón, se apreciaría hoy en las aguas de la bahía de Santorini.

Es cierto que, al igual que la Atlántida, Tera era una isla volcánica y formaba parte de una avanzada talasocracia que se desvaneció después de que su principal montaña saltó en pedazos y se hundió en el mar. Pero, si vamos un poco más allá de esta comparación general, la hipótesis minoica comienza a tambalearse. Tera era una colonia menor dentro de la civilización minoica, un pequeño puesto de avanzada, no su capital. Las influencias micénicas del territorio griego sí suplantaron a la cultura minoica en Creta pero, la transición parece haber sido un proceso bastante pacífico, casi completamente y, en realidad, no tuvo nada que ver con la magnitud de la guerra atlante-ateniense, descrita por Platón, que sacudió a todo el mundo mediterráneo.

Los minoicos no hicieron ningún intento de ocupar Italia o Libia, ni amenazaron con invadir Egipto, como se supone que hicieron los atlantes. De todo lo que los estudiosos han podido conocer acerca de los minoicos, se destaca que eran personas extremadamente contrarias a la guerra y más interesados en el comercio que en las conquistas militares. En cambio, se representa a los atlantes como agresivos y belicosos. Kenneth Caroli, escritor destacado en el tema, concluye: "La posibilidad de que Tera fuese la Atlántida se basa principalmente en que fue destruida por un cataclismo, mientras que la narración de Platón tiene mucho más que ver con una guerra entre dos pueblos antagonistas que con el desastre que posteriormente arrasó con ambos".

## UN CASO DE ERROR DE IDENTIDAD

Los minoicos operaban una dinámica flota para combatir la piratería y mantener abiertas las rutas del comercio internacional. Sin embargo, sus ciudades en Creta no estaban circundadas por muros elevados ni almenas de ninguna clase. Compárense Cnosos o Festos con las torres armadas y el complejo sistema de defensa de las murallas que rodeaban la Atlántida. Más aun, estas ciudades principales de la Creta minoica fueron diseñadas según el canon arquitectónico de la cuadrícula, a diferencia de los círculos concéntricos con que habría sido construida la Atlántida. Algunos teóricos alegan haber visto este diseño concéntrico bajo el agua dentro de la bahía que se formó cuando el volcán de Tera hizo que la isla se desplomara en el mar.

Pero Dorothy B. Vitaliano, prominente geóloga especialista en vulcanología del Servicio de Estudios Geológicos de Estados Unidos, dijo en uno de sus informes que la topografía bajo el agua de Santorini "no existía antes de la erupción volcánica ocurrida durante la Edad de Bronce y se formó debido a la actividad posterior, que dio lugar al surgimiento de las islas Kameni en medio de la bahía, a las que se añadió una cantidad sustancial de tierra en tiempos recientes, incluso en 1926. Cualquier vestigio anterior al desmoronamiento de la topografía se conservaría pues habría quedado sepultado bajo el cúmulo de lava cuyos puntos más altos emergieron para formar estas islas".

Evidentemente, se ha confundido un rasgo geológico reciente con una ciudad

*El volcán de Santorini*

antigua. Las estructuras diseñadas en círculos concéntricos prevalecieron, no en el mundo mediterráneo, sino en el Atlántico, como los templos circulares de las islas Canarias y el sitio de Stonehenge, en Gran Bretaña.

Caroli señala que "la capital atlante se ubicaba en una extensa llanura rodeada de altas montañas en una gran isla". Esta descripción no se corresponde con Tera.

Los habitantes de Creta y de Tera no revistieron de metal sus pisos, muros y columnas, como hicieron los atlantes según Platón. Su descripción del templo de Poseidón contempla una estructura con paredes cubiertas de metal, pináculos ornamentales y, al menos, dos pilares enchapados en metal. Todo eso más bien suena a templo fenicio de la Edad de Bronce.

La Atlántida tenía canales interconectados y estaba cercana al mar. Festos

*La Tera moderna, gracias a su conocida asociación con la Atlántida,*
*ha desarrollado una próspera industria del turismo.*

y Cnosos son ciudades de interior y no tienen canales. Allí nunca existió algo parecido ni en ninguna otra ciudad minoica. Dichas localidades egeas no tenían puertos, porque sus embarcaciones ligeras podían ser arrastradas hasta la playa, a diferencia de las naves atlantes de alto calado, que requerían los puertos de aguas profundas que se mencionan en el *Critias*.

En todo caso, la ubicación en el mar Mediterráneo oriental de un puerto como el descrito por Platón, era imposible porque su canal principal se habría contaminado debido al estancamiento, sin el marcado flujo y reflujo de las mareas que ocurría "más allá de las Columnas de Hércules". Solo este punto es suficiente para demostrar que Platón describía un lugar real en el océano Atlántico, no en el mar Egeo.

Milo, la isla minoica relacionada con el rey Eumelos de los diálogos de Platón, es tan pequeña que nunca habría podido albergar la capital de un reino aliado. De hecho, sabemos por el *Critias* que Eumelos gobernaba sobre la región más próxima a las Columnas de Hércules llamada Gades (la Cádiz de hoy) en la costa atlántica de España. De eso estaba seguro el autor. Se requiere una imaginación muy elástica para situar Eumelos en el mar Egeo. Aunque es el único nombre mencionado en los diálogos que de hecho figura en la región oriental del mar Mediterráneo, no se puede relacionar a ningún otro rey atlante con dicha parte del mundo.

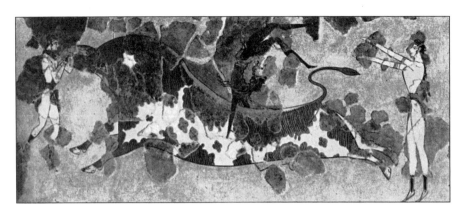

*Ceremonia minoica del toro*

A diferencia de Creta y Tera, la isla de la Atlántida habría sido supuestamente rica en metales preciosos. Hay hechos evidentes, como el de que Creta no se hundió en el mar, a diferencia de la Atlántida. Por su parte, la montaña volcánica de Tera sí se desplomó bajo el mar Egeo, pero sus islas sobreviven hasta el día de hoy. En cambio, en el *Critias* se lee que tanto la ciudad como la isla quedaron totalmente destruidas.

El hecho de que tanto en la civilización atlante como en la minoica se practicaran rituales con toros no prueba nada porque este animal también se veneró en la Grecia continental, Egipto, Asiria, el imperio hitita e Iberia, desde tiempos tan anteriores como el Neolítico e, incluso, el Paleolítico.

## UN OCÉANO DE ISLAS SUMERGIDAS

Contrario a la tesis de los teóricos minoicos que aseguran que ninguna gran masa de tierra se hundió en el océano Atlántico, está el hecho del hundimiento, en 1931, tras una semana de actividad sísmica, de las islas Fernando de Noroña, que habían dado lugar a notas de controversia entre Gran Bretaña y Portugal. Además, la Atlántida no fue la única isla-ciudad que desapareció bajo el Atlántico. El mapa de Janonius de 1649 identificaba a Usedom, que fuera sede de un famoso mercado, devorada por las olas del mar. Cinco siglos antes, el cartógrafo árabe Edrisi, mencionaba esta isla. En efecto, la ciudad se llamaba Vineta y se localizaba en la parte noroeste de Usedom, cerca de la isla Rugen en el mar del Norte. La isla de Rungholt, en el norte de Frisia, aunque no tan grande como Usedom, también estuvo habitada antes de que se hundiera por igual época.

Por supuesto, ninguna de estas tierras era la Atlántida, pero nos demuestran que el hundimiento de dicho continente no pudo ocurrir, de ninguna manera, sino en la extensión geológica del océano Atlántico.

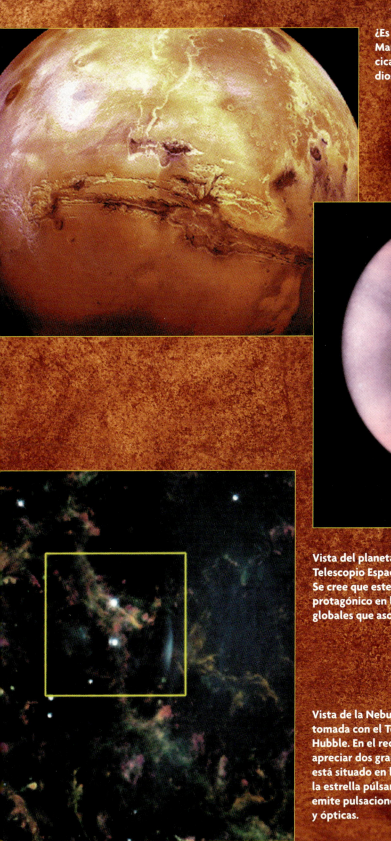

¿Es posible que el Valles Marineris de Marte sea la cicatriz de los rayos del dios de la guerra?

Vista del planeta Venus tomada con el Telescopio Espacial Hubble de la NASA. Se cree que este planeta jugó un papel protagónico en la serie de catástrofes globales que asolaron la Tierra.

Vista de la Nebulosa del Cangrejo tomada con el Telescopio Espacial Hubble. En el recuadro se pueden apreciar dos grandes astros; el que está situado en la parte inferior es la estrella púlsar del Cangrejo, que emite pulsaciones electromagnéticas y ópticas.

Arriba, dos vistas de la Gran Esfinge de Egipto.

Abajo, a la derecha, el aspecto de la piedra del recinto amurallado de la Esfinge ofrece una clara evidencia de erosión como resultado de prolongadas lluvias. A partir de ello, es inevitable llegar a la conclusión de que el monumento tiene una antigüedad de cuando menos 2500 años más de lo que ha sido aceptado hasta ahora por los egiptólogos convencionales.

(Fotografía de J. Douglas Kenyon)

Arriba, una imagen de las tres pirámides de Giza, cuyos nombres corresponden a los tres faraones a quienes se atribuye su construcción. De izquierda a derecha, la de Micerinos, la de Kefrén y la de Keops, conocida también como Gran Pirámide. La imagen de la izquierda muestra el revestimiento de piedra de los muros que en el pasado cubría por completo la de Kefrén. Lo que queda de dicho revestimiento se encuentra en la cima de esta pirámide.

A la izquierda, la imagen muestra el pasaje ascendente de la Gran Galería, en la Gran Pirámide. Su propósito original sigue siendo un misterio, aunque se han formulado diversas explicaciones.

Abajo, una imagen del conducto de entrada en la pared Sur de la Cámara de la Reina, que fuera explorado en marzo de 1993 por la cámara robótica de control remoto de Rudolph Gantenbrink.
(Fotografía de J. Douglas Kenyon)

Arriba, una ilustración del eje central de las líneas telúricas de la antigua Bretaña. Se trata de un sistema preciso de líneas rectas que une estructuras megalíticas. Con frecuencia, estas alineaciones tienen muchos kilómetros de largo y, en la actualidad, su trayectoria resulta visible en varios tramos. La línea aquí representada sigue el recorrido del Sol durante el solsticio de verano, desde Land's End, al oeste de Inglaterra, hasta Bury St. Edmunds, al este. Esta línea telúrica es de cientos de kilómetros de longitud y sirve de conexión entre decenas de santuarios antiguos a lo largo del estrecho de tierra más extenso del país. A la derecha, la ilustración se refiere a cómo habrían sido movidas, mediante la técnica perdida de la levitación, las enormes piezas que conforman el sitio de Stonehenge, muchas de las cuales pesan más de cuarenta toneladas. Al igual que muchos de los templos antiguos, se cree que este emplazamiento, entre otros posibles usos, habría sido un observatorio astronómico, alineado en relación con los movimientos estelares.

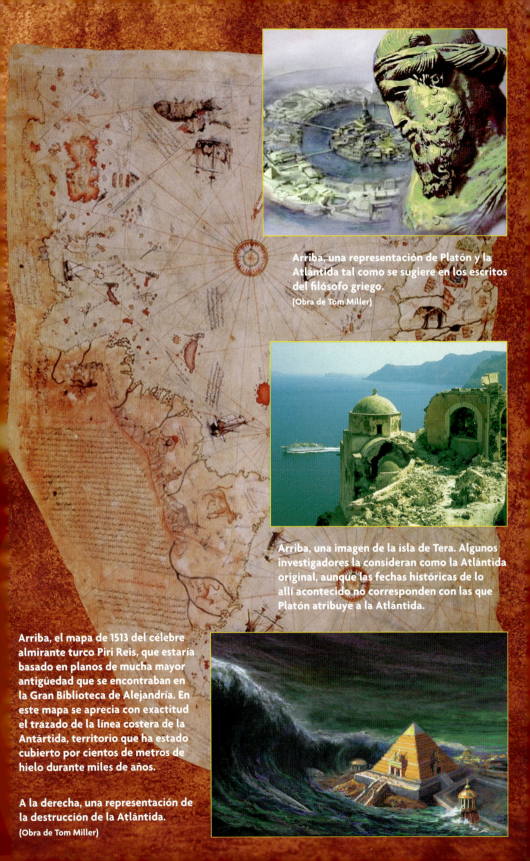

Arriba, una representación de Platón y la Atlántida tal como se sugiere en los escritos del filósofo griego.
(Obra de Tom Miller)

Arriba, una imagen de la isla de Tera. Algunos investigadores la consideran como la Atlántida original, aunque las fechas históricas de lo allí acontecido no corresponden con las que Platón atribuye a la Atlántida.

Arriba, el mapa de 1513 del célebre almirante turco Piri Reis, que estaría basado en planos de mucha mayor antigüedad que se encontraban en la Gran Biblioteca de Alejandría. En este mapa se aprecia con exactitud el trazado de la línea costera de la Antártida, territorio que ha estado cubierto por cientos de metros de hielo durante miles de años.

A la derecha, una representación de la destrucción de la Atlántida.
(Obra de Tom Miller)

Tumba de Pakal, Palenque, México.
Se cree que el complejo altorrelieve
que muestra es la imagen de un
antiguo astronauta o de un alma en
tránsito hacia el más allá.

ajo, la Avenida de los Muertos Teotihuacán, México. Algunos los investigadores que umentan que la alineación los polos de la Tierra sufrió cambio en la antigüedad, isideran que este sitio ueológico habría estado entado hacia el Polo Norte tes de que un cataclismo odujera el desplazamiento de corteza terrestre.

En la imagen, la antigua piedra de Izapa que ha servido para especular en cuanto a un cálculo estimado de la aproximación de la Tierra al centro de la galaxia en los próximos años.
(Fotografía de John Mayor Jenkins)

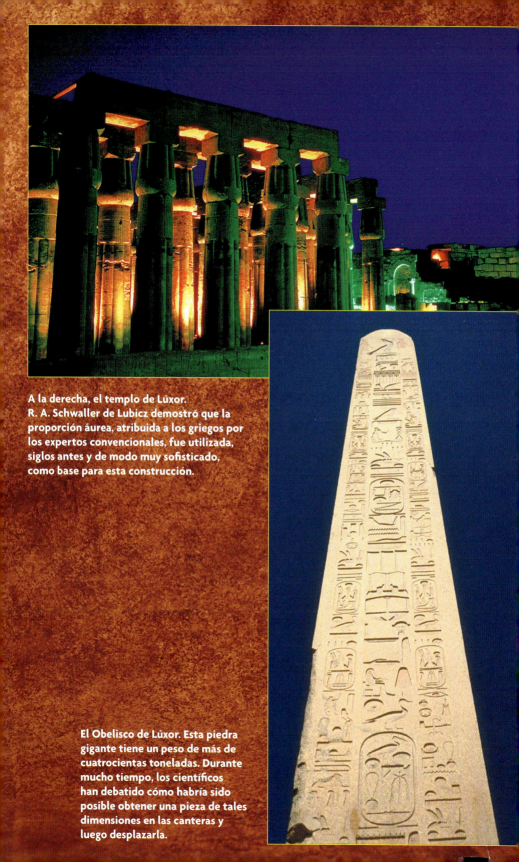

A la derecha, el templo de Lúxor.
R. A. Schwaller de Lubicz demostró que la
proporción áurea, atribuida a los griegos por
los expertos convencionales, fue utilizada,
siglos antes y de modo muy sofisticado,
como base para esta construcción.

El Obelisco de Lúxor. Esta piedra
gigante tiene un peso de más de
cuatrocientas toneladas. Durante
mucho tiempo, los científicos
han debatido cómo habría sido
posible obtener una pieza de tales
dimensiones en las canteras y
luego desplazarla.

# UN LABERINTO DE DESINFORMACIÓN

La leyenda del diluvio universal que se encuentra tanto en la epopeya de Gilgamés como en el Antiguo Testamento y en los mitos ancestrales, no pudo ocurrir como resultado de la destrucción de Tera, porque el mito que se destaca en la civilización del Medio Oriente tiene orígenes sumerios y es anterior a la caída de la Creta minoica en más de mil años. La gran tradición griega de Teras, mítico fundador de Tera, no revela elementos en común con la historia de Platón, ni encierra nada que tenga que ver, ni remotamente, con los atlantes.

En la década de 1970, la hipótesis minoica estuvo tan de moda entre los arqueólogos que el afamado oceanógrafo Jacques Cousteau perdió mucho de su valioso tiempo y energía, además de aproximadamente dos millones de dólares proporcionados por el gobierno de Mónaco, en la exploración de las profundidades cercanas a Santorini. Al acudir al Egeo, el explorador no pudo descubrir nada parecido a la Atlántida. Todo se basaba en una teoría de moda diseñada para desmentir a Platón, no para explicarlo.

# UNA CONFUSIÓN DE FECHAS

Aunque la hipótesis minoica a primera vista y desde la distancia pueda parecer sostenible, se va desintegrando a medida que uno se le acerca. Si se la analiza punto por punto, una Atlántida en el Egeo no concuerda con el relato realista de Platón. Por el contrario, se contradice sistemáticamente ante las evidencias que brindan la geología, la historia y la mitología comparada. En un último esfuerzo por salvar algo de las razones de la interpretación cretense, sus defensores alegan que Platón simplemente se valió de las líneas generales de lo sucedido en Tera para ofrecer un marco histórico vago, sobre el cual presentar su concepto de una cultura consumada bajo la ficción de la Atlántida.

Pero también aquí se equivocan porque los diálogos definen a la Atlántida como lo contrario del Estado ideal de Platón. ¡Se ha repetido tanto que él inventó la Atlántida para ejemplificar su "sociedad ideal"! En todo caso, Megaera, la ciudad ideal de Platón, es cuadrada y no circular.

Pero basta una sola evidencia para invalidar de una vez la hipótesis minoica. La piedra angular en que se basan sus proponentes es la fecha del desmoronamiento del volcán de Tera en el mar, porque fue *tal* desastre, según ellos, el que hizo que la civilización minoica se viniera abajo en 1485 a.C. Por si no bastaran los tsunamis concomitantes que arrasaron las costas de la antigua Creta y los terremotos que derribaron sus ciudades, los ejércitos griegos se aprovecharon de la catástrofe natural para hacer la guerra a los desorganizados minoicos. Todo esto los sumió en una era de tinieblas de la que nunca pudieron salir.

La fecha del acontecimiento se pudo determinar gracias al procedimiento de perforación de núcleos o testigos de hielo. Caroli explica: "Los testigos de hielo revelan los 'picos de acidez' en épocas de grandes erupciones, porque las cenizas descienden sobre los casquetes de hielo y modifican su composición química. En Groenlandia y la Antártida se han extraído grandes muestras de estos núcleos mediante un sistema de cilindros huecos que se usan como barrenos (de unas docenas de metros de largo o más) que luego son examinados para determinar las etapas climáticas anteriores de la Tierra".

"Al analizar la composición química de estos núcleos es posible detectar los "picos de acidez", hace notar el especialista, "y muchos de ellos se pueden apreciar a simple vista porque la ceniza que cayó antaño dejó vetas oscuras. Algunos de estos núcleos de hielo, sobre todo los de Groenlandia, presentan estratificaciones anuales, como los anillos de los árboles, o los depósitos glaciales sedimentarios en el fondo de los lagos. Esto ha permitido obtener información de miles de años atrás. La más antigua de estas 'largas barras' se extrajo en 1963 en Camp Century, en la región norte central de Groenlandia. Durante años, fue el único núcleo suficientemente antiguo y que ha sido estudiado con bastante detalle como para revelarnos, potencialmente, la cronología de la erupción de Tera".

Hoy se piensa que dicha erupción sucedió entre 1623 y 1628 a.C., casi ciento cincuenta años antes de lo que creían los teóricos de la tesis minoica. Esta es una discrepancia significativa porque invalida toda la interpretación. La civilización minoica no habría desaparecido a raíz de un desastre natural. "Todo indica", señala Caroli, "que los minoicos no solo sobrevivieron a la erupción, sino que alcanzaron su máximo esplendor después de ella".

Los que promueven la idea de una Atlántida egea recurren a la historia de Egipto en busca de corroboración, pero tampoco allí se encuentra sustento a su idea de que la civilización minoica desapareció a raíz de la erupción de Tera. El faraón Amenofis III envió una embajada a las ciudades de Creta y pudo comprobar que aún se encontraban ocupadas casi un siglo después de su supuesta catástrofe. A finales de la década de 1970, los registros egipcios se confirmaron cuando excavadores de los entornos de Cnosos descubrieron evidencia de la última ocupación minoica en 1380 a.C. Esto es, cien años después de la fecha incorrecta inicial dada para la erupción de Tera y la supuesta destrucción de la civilización egea, sucesos que serían la supuesta fuente en la que Platón basó su relato.

El criterio de Caroli parece ser concluyente: "Por lo tanto, la hipótesis minoica se queda sin el elemento de la guerra y tampoco tiene el de la civilización marítima destruida por una catástrofe. Además, se basa en el tipo de desastre equivocado, en fechas erróneas, que no fue seguido por una era de oscuridad como se supondría. ¿Qué nos deja esto? A mi entender, muy poco".

# 20 La atlantología: ¿Psicosis o inspiración?

Al margen de los estereotipos mediáticos,
¿qué clase de persona se dedica
a la investigación sobre una
civilización perdida?

## Frank Joseph

Al ser entrevistado en un reciente programa especial del canal de televisión *Discovery*, un arqueólogo de línea convencional declaró acerca de la Atlántida que los únicos que creen en esa basura son los excéntricos, tontos y charlatanes. Su valoración es compartida por científicos convencionales que insisten en que nadie que se respete intelectualmente podría rebajarse a considerar de veras la posibilidad de una civilización hundida. Es cierto que, en la actualidad, prácticamente ningún investigador con estudios universitarios está dispuesto a ganarse la ira de los académicos conservadores que no tendrían reparos en sabotear la carrera profesional de colegas de mentalidad independiente.

*Solón*

Pero al contrario de las caracterizaciones difamatorias que los científicos convencionales hacen de quienes se interesan en la posibilidad histórica de la Atlántida, el tema ha atraído durante siglos a algunas de las mejores mentes del mundo. Solón, conocido como uno de los siete sabios de Grecia, promulgó reformas sociales y un código legislativo que constituyó la base política de la civilización clásica. Fue además el primer gran poeta de Atenas. A finales del siglo VI a.C., este gran legislador viajó a Sais, la capital del delta del Nilo durante la dinastía XXVI, donde se encontraba el Templo de Neit.

En dicho templo se guardaba la historia de Etelenty, en jeroglíficos inscritos o pintados sobre columnas destinadas para este propósito, que le fueron traducidos a Solón por el sumo sacerdote Sonchis. A su regreso a Grecia, Solón recreó todos los detalles del relato en un poema épico,

*Atlantikos,* pero los problemas políticos de la época lo distrajeron y le impidieron completarlo antes de su muerte en el año 560 a.C. Unos ciento cincuenta años después, el manuscrito incompleto le fue entregado a Platón, quien creó con él dos diálogos, el *Timeo* y el *Critias.*

Al tratarse de una de las figuras históricas más notables de la Grecia clásica, Solón confiere una credibilidad formidable al relato de la Atlántida. Sin embargo, Solón y Platón no fueron las únicas grandes figuras de la antigüedad clásica que propugnaron la existencia de la Atlántida. Estacio Sebosus fue un geógrafo griego y contemporáneo de Platón mencionado en los escritos del científico romano Plinio el Viejo por su detallada descripción de la Atlántida.

Todas las obras de Estacio Sebosus se perdieron con la decadencia de la civilización clásica. Dionisio de Mileto, también conocido como *Skytobrachion,* por su brazo prostético de cuero, escribió *Viaje a la Atlántida* alrededor del año 550 a.C., o sea, no solo se adelantó a Platón, sino al propio Solón. Una copia del manuscrito de Dionisio fue hallada entre los documentos personales del escritor de historia Pierre Benoit. Pero, desgraciadamente, el manuscrito se perdió entre los restauradores y lectores que hicieron uso de esta valiosa fuente después de la muerte de Benoit.

Otro historiador griego, Dionisio de Mitilene (430 a 367 a.C.), basándose en fuentes preclásicas, escribe que "desde lo más profundo, la isla de Flegias fue sacudida y hundida por un severo Poseidón bajo las olas, junto con todos sus habitantes impíos".

La isla volcánica de la Atlántida se sugiere que está en la ardiente isla (de Flegias) destruida por la dei-

*Poseidón*

dad marina. Desafortunadamente, este extracto es todo lo que ha quedado de una extensa exposición sobre la Atlántida en la obra perdida *Las Argonáuticas,* mencionada cuatrocientos años después por el geógrafo griego Diodorus Siculus como una de sus fuentes principales de información sobre la historia antigua del norte de África. Es interesante señalar que Dionisio de Mitilene fue contemporáneo de Platón.

Después de la decadencia de la civilización clásica, la primera disertación escrita acerca de la Atlántida fue la novela utópica *La nueva Atlántida,* escrita por Francis Bacon en 1629. Fue probablemente este libro el que despertó el interés de Athanasius Kircher sobre el tema. Treinta y seis años después, Kircher publicó su propio estudio científico acerca de la Atlántida en la obra *The Subterranean World [El mundo subterráneo]*. Aunque se trataba de una obra de ficción, *La nueva Atlántida* surgió a partir de las animadas conversaciones entre los círculos académicos contemporáneos sobre los relatos que traían los viajeros desde América. Aseguraban que, en su tradición oral, los pueblos indígenas contaban sobre una tierra que contenía muchos puntos en común con la civilización hundida de Platón. Incluso la llamaban Aztlán, nombre que, a la manera nativa, era similar al de la Atlántida de los griegos. De hecho, *La nueva Atlántida* incorpora algunos de los mitos atlanto-americanos que Bacon escuchó repetir en Londres.

El gran erudito alemán y sacerdote jesuita del siglo XVII, Athanasius Kircher, fue un pionero en matemática, física, química, lingüística y arqueología. Fue el primero en estudiar el fenómeno de la fosforescencia e inventor de numerosas innovaciones futuristas, como el proyector de diapositivas y un prototipo del microscopio. Fue el padre fundador de la ciencia de la egiptología y lideró la primera investigación seria de los jeroglíficos en los templos. Kircher fue además el primer erudito en realizar una investigación seria acerca de la leyenda de la Atlántida. Escéptico al inicio, empezó cautelosamente a reconsiderar la credibilidad de la historia mientras recopilaba tradiciones míticas acerca de un diluvio universal, provenientes de diversas culturas de varias partes del mundo.

Al referirse a las diversas tradiciones europeas sobre la Atlántida, el sacerdote afirma: "Confieso que durante mucho tiempo he considerado todo esto como puras fábulas, hasta el día en que, mejor instruido en las lenguas orientales, concluí que, después de todo, estas leyendas deben ser tan solo el desarrollo de una gran verdad". Sus investigaciones lo llevaron hasta la inmensa colección de fuentes originales de la Biblioteca Vaticana donde, en su condición de destacado erudito europeo, pusieron a su disposición todos sus formidables recursos. Fue allí donde Kircher descubrió una prueba en particular que le demostró que la leyenda era cierta.

Entre los relativamente escasos documentos que sobrevivieron de la Roma imperial, Kircher encontró un mapa de cuero curtido, muy bien conservado, que decía mostrar la localización y configuración de la Atlántida. El mapa no era romano, sino que fue traído en el siglo I d.C. a Italia desde Egipto, donde fue elaborado. Sobrevivió la extinción del período clásico y terminó en la Biblioteca Vaticana. Kircher le hizo una copia exacta (agregando tan solo una referencia visual del Nuevo Mundo) y lo publicó en su libro *El mundo subterráneo*. En el subtítulo lo describe como un mapa de la isla de la Atlántida hecho originalmente en Egipto a partir de las descripciones de Platón, que sugiere que fue creado en algún momento después del siglo IV d.C., probablemente por un cartógrafo griego asociado a la dinastía ptolemaica. Lo más probable es que el mapa haya pertenecido a la Gran Biblioteca de Alejandría, que fue quemada por fanáticos religiosos, con lo que se perdieron muchos libros y referencias sobre la Atlántida, junto a otros millones de volúmenes. Al ser trasladado a Roma, el mapa escapó a la destrucción.

De modo similar a las conclusiones modernas derivadas de la comprensión actual de la geología de la cordillera o dorsal mesoatlántica, el mapa de Kircher muestra a la Atlántida no como un continente sino como una gran isla, aproximadamente del tamaño de Francia y España juntas. Muestra al centro un volcán alto, que tal vez representa el Monte Atlas y seis ríos principales, detalle que Platón no menciona (el *Critias* habla solamente de largos ríos en la isla de la Atlántida, pero no especifica cuántos había). Aunque el mapa original desapareció después de la muerte de Kircher en 1680, es la única representación conocida de la Atlántida que ha sobrevivido desde la antigüedad. Gracias a su investigación y su libro, una copia fiel del mapa sobrevive hasta nuestros días.

Kircher fue el primero en publicar dicho mapa que, hasta la fecha, es quizás el más exacto de su tipo. Curiosamente, está representado al revés, contrario a los mapas tanto de su época como de la nuestra. Pero esta aparente anomalía demuestra la autenticidad del mapa porque los cartógrafos egipcios, incluso en la época ptolemaica, ponían en la parte de arriba de sus mapas el valle del Nilo Superior (situado al sur, pues "superior" se refiere a su altura, no a su latitud), porque esta vía fluvial comienza en Sudán.

Olof Rudbeck (1630–1702) fue el mayor genio de la ciencia en Suecia: profesor de medicina (en Upsalá), descubridor de los ganglios linfáticos, inventor de la cúpula anatómica de los teatros, pionero en la botánica moderna, diseñador de los primeros jardines universitarios, promotor del establecimiento del latín como lengua franca de la comunidad científica mundial e historiador de los orígenes de Suecia. Al ser un académico brillante, que hablaba con fluidez latín, griego y hebreo, los conocimientos de literatura clásica de Rudbeck eran poco menos que enciclopédicos. Combinaba su vasto conocimiento sobre el mundo antiguo con su investigación personal de la arqueología de su país natal y, después de un largo e intenso período de investigación (entre 1651 y 1698), llegó a la conclusión de que la Atlántida no era leyenda, sino realidad, y que fue la más grande de las civilizaciones prehistóricas.

Rudbeck consideraba que los mitos nórdicos y algunas evidencias físicas entre las ruinas megalíticas de su país mostraban cómo un número relativamente pequeño de atlantes sobrevivientes tal vez habrían tenido un impacto en Suecia, contribuido a su desarrollo cultural y sentado la base (particularmente en lo que respecta a la construcción de barcos) de lo que mucho después se recordaría

como la Era Vikinga (desde el siglo IX hasta el siglo XII
d.C.).
Desde entonces, los críticos han malinterpretado el
trabajo de Rudbeck al afirmar que el académico identificaba a Suecia con la Atlántida misma, pero Rudbeck
nunca afirmó tal cosa. Tan chapuceras han sido las investigaciones de sus detractores, que han confundido al
erudito con otro académico del siglo XVIII, el astrónomo francés Jean Bailey, quien concluyó (antes de ser eje-

*Rudolf Steiner*

cutado durante la Revolución Francesa) que Spitsbergen, en el océano Ártico,
era lo único que quedaba de la Atlántida.

Nacido en Kraljevic, Austria, el 27 de febrero de 1861, Rudolf Steiner
era un científico de formación universitaria, artista, editor y fundador de un
movimiento gnóstico basado en la comprensión del mundo espiritual a través
del pensamiento puro y el uso de las facultades más elevadas del conocimiento intelectual. Ese era el principio rector de la antroposofía, el conocimiento
producido por el yo superior del hombre, según la definición de Steiner, una
percepción espiritual independiente de los sentidos. Esta conciencia intuitiva
de las energías divinas que interpenetran todo el universo no es un concepto
nuevo; por el contrario, era ejercitada por nuestros antepasados más remotos,
quienes participaban de una manera más libre y plena en los procesos espirituales de la vida. Una atracción gradual hacia el materialismo vulgar mediante
el desarrollo de las culturas superiores en la antigüedad, causó la disminución
de esta capacidad innata que terminó por atrofiarse, aunque no desapareció
del todo.

Despertar estas facultades dormidas en hombres y mujeres requería, según
Steiner, un entrenamiento de la conciencia para poder ver más allá de la simple materia. Desarrolló estos conceptos en su libro de 1904, *Cosmic Memory:
Prehistory of Earth and Man [La memoria cósmica: Prehistoria de la Tierra y
del hombre]*, donde sostenía que, antes del hundimiento final de la Atlántida, en
7227 a.C., sus primeros habitantes formaban parte de las razas originarias de la
humanidad, gente que no tenía la necesidad de hablar porque podía comunicarse
mediante imágenes telepáticas, como parte de su experiencia inmediata con Dios.

Según Steiner, la historia de la Atlántida fue revelada de forma dramática en
la mitología germana, donde la ardiente Muspelheim correspondía a la región
meridional volcánica, mientras que la helada Niflheim correspondía a la región
septentrional de la tierra atlántica. Steiner escribió que los atlantes fueron los
primeros en desarrollar la contraposición conceptual entre el bien y el mal y en
sentar las bases de todos los sistemas éticos y legales. Sus líderes eran iniciados

espirituales, capaces de manipular las fuerzas de la naturaleza a través del control de la fuerza vital y del desarrollo de la tecnología etérea.

El "período post-Atlántida" está compuesto por siete épocas; una de ellas es nuestra época euroamericana, que llegará a su término en 3573 d.C. El libro de Steiner continúa con una descripción de la civilización anterior y contemporánea de Lemuria en el Pacífico, contemporánea pero anterior, y enfatiza las facultades de clarividencia altamente evolucionadas de su gente. Steiner define a la Atlántida como un punto de inflexión en una batalla constante entre la insistencia del ser humano en crear comunidades, por una parte, y, por otra, su experiencia de la individualidad.

Los atlantes, con su creciente énfasis en el materialismo, hicieron pasar a un segundo plano las necesidades espirituales de los lemures, lo que a la postre llevó al cataclismo de la Atlántida. Con esta interpretación del pasado, Steiner se opuso al marxismo. Consideraba que el motor de la historia era el espíritu, no la economía. Las perspectivas de Steiner sobre la Atlántida y Lemuria son importantes, aunque solo sea por el movimiento de enseñanza Waldorf que fundó y que opera hasta nuestros días en cerca de un centenar de escuelas donde estudian decenas de miles de alumnos en Europa y Estados Unidos. Steiner murió el 30 de marzo de 1925, en Dornach, Suiza, donde doce años antes había fundado su escuela de ciencias espirituales.

James Lewis Thomas Chalmers Spence, nacido el 25 de noviembre de 1874, en Forfarshire, Escocia, fue un gran experto en mitología que, a comienzo del siglo XX, heredó la posición de Ignatius Donnelly como líder mundial en atlantología. Graduado de la Universidad de Edimburgo, Spence fue nombrado miembro del Instituto Real de Antropología de Gran Bretaña e Irlanda y elegido vicepresidente de la Sociedad Escocesa de Antropología y Folclore. Se le otorgó una pensión real por sus servicios a la cultura y publicó más de cuarenta libros. Muchos de ellos, tales como *The Dictionary of Non-Classical Mythology [Diccionario de la mitología no clásica]*, en coautoría con Marian Edwards, se siguen reimprimiendo y aún se consideran las mejores fuentes en su género.

Su interpretación del *Popol Vuh,* de los mayas, recibió aclamación internacional. Sin embargo, es mejor recordado por sus libros *The Problem of Atlantis [El problema de la Atlántida] (1924), Atlantis in America [La Atlántida en América] (1925), The History of Atlantis [La historia de la Atlántida] (1926), Will Europe Follow Atlantis? [¿Seguirá Europa a la Atlántida?] (1942)* y *The Occult Sciences in Atlantis [Las ciencias ocultas en la Atlántida] (1943).* A principios de los años treinta, editó una revista de prestigio

*Lewis Spence*

llamada *The Atlantis Quarterly*. Tal vez el mejor libro publicado sobre esta materia es su obra *The Problem of Lemuria [El problema de Lemuria] (1930)*.

Lewis Spence murió el 3 de marzo de 1955 y fue sucedido por el erudito británico Edgerton Sykes. Con formación de ingeniero, Sykes fue corresponsal extranjero de la prensa británica, muy valorado porque dominaba cuatro idiomas. Durante su larga vida en el servicio diplomático y como miembro de la Real Sociedad Geográfica de Gran Bretaña, publicó un número estimado de tres millones de palabras en varios libros y artículos de revistas, muchos de los cuales fueron dedicados a la comprensión racional de la controversia sobre la Atlántida.

*Representación de las ruinas de la Atlántida por el artista Rob Rath*

Las revistas y enciclopedias del erudito Sykes sobre mitos comparativos representaron una importante contribución a mantener y ampliar el interés en la Atlántida hasta mediados del siglo XX. Sykes murió en 1983, justo antes de cumplir los noventa años, pero el legado de su extensa biblioteca relacionada con la Atlántida se encuentra guardado en su propio salón en la Asociación Edgar Cayce para la Investigación y la Iluminación Espiritual, en Virginia Beach, Estados Unidos.

Contrariamente a las caracterizaciones malintencionadas de arqueólogos conservadores, lo que habla en favor de la credibilidad de la existencia de la Atlántida es el hecho de que muchos de los mejores pensadores de la historia de la cultura occidental hayan sido también algunos de sus más sobresalientes defensores.

# 21 | La Atlántida en la Antártida

"Olvídense del Atlántico Norte y del mar Egeo",
afirma el autor Rand Flem-Ath

## J. Douglas Kenyon

En un futuro no muy distante, los arqueólogos buscadores de la Atlántida tendrán que sustituir sus sombreros para el sol y equipos de buceo por gafas para la nieve y parkas.

Si sigue primando la opinión cada vez más expresada a este respecto, en lugar del fondo del mar, la próxima gran arena de investigación del legendario continente perdido podrían ser los congelados páramos del confín del planeta. Antes de mofarse demasiado, valdría la pena que los proponentes de otras ubicaciones para la Atlántida —como el Atlántico Norte y el Mar Egeo, así como otros candidatos— prestaran atención a los nuevos argumentos de que la Atlántida podría haber estado en la Antártida.

En el bando de los que se toman en serio la nueva idea figuran luminarias como John Anthony West y Graham Hancock. Basados en una teoría científica elaborada por el fallecido Dr. Charles Hapgood en estrecha interacción nada menos que con Albert Einstein, la idea parece lo suficientemente sólida como para resistir los ataques más virulentos de los científicos más ortodoxos. En todo caso, dilucidar el asunto demorará menos de lo que demora la capa de hielo en derretirse. Unas cuantas fotografías satelitales bien orientadas y los sondeos sísmicos adecuados servirán para determinar de forma rápida si una civilización avanzada ocupó o no las tierras que ahora se encuentran bajo el hielo.

Al frente del grupo de los que apuestan a que muy pronto se podrá conocer la nueva evidencia se encuentran los investigadores canadienses Rand y Rose Flem-Ath, autores de *Cuando cayó el cielo: En busca de la Atlántida*. El libro es una concienzuda síntesis de la teoría de Hapgood sobre el desplazamiento de la corteza terrestre y de los revolucionarios descubrimientos de los propios autores. El resultado ya les ha merecido el apoyo de muchos que antes no concebían esta posibilidad.

Graham Hancock opina que los Flem-Ath han sido los primeros en dar una respuesta verdaderamente satisfactoria a la pregunta de qué fue lo que ocurrió con el gran continente perdido de Platón. Hancock dedica a la labor de los Flem-Ath un capítulo de su exitoso libro *Las huellas de los dioses: Evidencias sobre la civilización perdida de la Tierra* y, en cada aparición en los medios, sigue hablando de la importancia de sus teorías sobre la Antártida. El propio Flem-Ath habló de sus ideas en el especial de la NBC "Los misteriosos orígenes del hombre", transmitido en febrero de 1996.

Para explorar los motivos de todas estas declaraciones mediáticas, la revista *Atlantis Rising* entrevistó a Rand Flem-Ath en su hogar en la isla de Vancouver, en Columbia Británica.

El autor no se olvida de cómo empezó su interés por la Atlántida. Fue en el verano de 1966, mientras esperaba una entrevista para un puesto de bibliotecario en Victoria, Columbia Británica. Estaba trabajando en un guión sobre unos alienígenas varados que llevaban diez mil años hibernando en el hielo terrestre. De pronto, en la radio, sonó la canción *Hail Atlantis,* un éxito del cantante popular Donovan. "Vaya", pensó Flem-Ath, "es una buena idea". Como el título de la canción le sugería hielo, se dijo: "¿De dónde saco hielo y una isla-continente?" Por eso fue que pensó en la Antártida.

Luego, mientras investigaba la idea, leyó todo lo que pudo encontrar sobre la Atlántida, desde la famosa narración de Platón que aparece en el *Timeo* y el *Critias,* donde los sacerdotes egipcios describían la Atlántida —sus características,

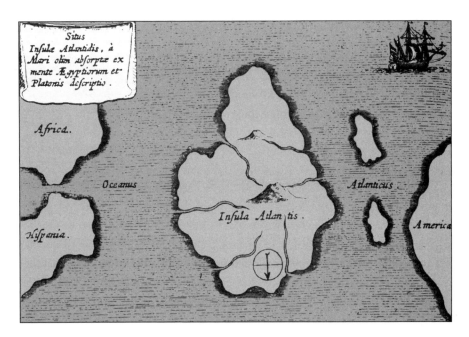

*El mapa de Kircher de la Atlántida*

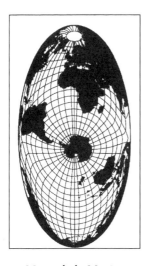

*Mapa de la Marina de Estados Unidos; proyección desde el Polo Sur*

ubicación, historia y desaparición— hasta los escritos del legislador griego Solón. Al principio, a Flem-Ath la historia no le funcionaba, pero luego eso cambió cuando hizo un descubrimiento sorprendente: encontró similitudes inconfundibles entre dos oscuros, aunque notables, mapas.

Un mapa de 1665, copiado de fuentes mucho más antiguas por el erudito jesuita Athanasius Kircher, parecía situar el continente perdido en el Atlántico Norte pero, extrañamente, el Norte se ubicaba en la parte baja de la página, por lo que era necesario invertir el plano para estudiarlo. El mapa de Piri Reis, de 1513, también copiado de fuentes mucho más antiguas, demostraba que una civilización de la Edad de Hielo tenía suficientes conocimientos de geografía como para trazar un mapa detallado de las costas de la Antártida tal como habían sido antes de quedar cubiertas por un casquete de hielo hace muchos milenios (como lo indicó Charles Hapgood en *Maps of the Ancient Sea Kings: Evidence of Advanced Civilization in the Ice Age [Mapas de los antiguos reyes de los mares: Pruebas de una civilización avanzada en la Edad de Hielo]*). Para Flem-Ath, estaba claro que ambos mapas representaban *la misma masa continental.*

Repentinamente, la posibilidad de que la Atlántida estuviera en la Antártida "dejó de ser un cuento de ciencia ficción", afirma Flem-Ath. Obtuvo la revelación de que todo aquello "podría ser algo que existió". Al seguir estudiando a Platón, obtuvo aun más claves. "Noté que la descripción se hace *desde* la propia Atlántida", recuerda. Pronto, con un mapamundi de la marina de guerra estadounidense, pero visto desde el Polo Sur, descubrió una nueva forma de entender la historia de Platón y de leer el mapa de Kircher. Visto desde esa perspectiva meridio-

*Rand Flem-Ath*

nal, todos los océanos del mundo parecen uno solo, o lo que Platón llamó "el océano real", y las tierras de más allá parecen "todo un continente opuesto". Situada en el centro de ese gran océano, en el ombligo del mundo, está la Antártida. De pronto, era posible entender el mapa tal como lo dibujó Kircher, con el Norte arriba, África y Madagascar a la izquierda y la punta de Sudamérica a la derecha.

Flem-Ath no tardó mucho en percatarse de que el término "océano Atlántico" significaba algo muy distinto en la época de Platón. Para los antiguos, el término incluía *todos* los océanos del mundo. La idea se hace más clara al recordar que, en la mitología griega, Atlas (un nombre estrechamente relacionado con "Atlántida" y "Atlántico") sostenía el mundo entero sobre sus espaldas.

"Todo el continente opuesto", que rodeaba al "océano real" según el relato de Platón, se componía de América del Sur y del Norte, África, Europa y Asia, todos fusionados en una sola cosmovisión atlante como si fuesen un territorio continuo. De hecho, en esa época (9600 a.C.), estos cinco continentes eran geográficamente una sola masa terrestre.

La traducción de Flem-Ath del relato de Platón sería la siguiente: "Hace mucho tiempo, el océano mundial más allá del Estrecho de Gibraltar era recorrido por marineros de una isla más grande que África del Norte y el Medio Oriente juntos. Al dejar atrás la Antártida, el navegante se encontraría el archipiélago Antártico (islas actualmente cubiertas por el hielo) y desde ahí se alcanzaría el continente mundial que rodea al océano mundial. El mar Mediterráneo es muy pequeño comparado con el océano mundial, e incluso se le podría considerar una bahía. Pero más allá del Mediterráneo está el océano mundial, rodeado por un territorio continuo".

Flem-Ath cree que un error común en la mayoría de las interpretaciones de Platón es el intento errado de ver el antiguo relato a la luz de conceptos modernos. Otro ejemplo es la conocida referencia a las Columnas de Hércules, tras las que se suponía se extendía la Atlántida. Aunque es cierto que algunas veces el término se refería al Estrecho de Gibraltar, otra interpretación igualmente válida es que con ello se querían indicar "los límites del mundo conocido".

Para Flem-Ath, el mundo visto desde la Antártida encaja perfectamente con el relato de los antiguos egipcios de un mundo visto desde la Atlántida. De hecho, la antigua geografía es muchísimo más avanzada que la nuestra, lo que tiene sentido si la Atlántida fue, como afirmaba Platón, una civilización avanzada.

Independientemente de las teorías platónicas, quedaba en pie la parte más difícil: la explicación de cómo la Atlántida se habría convertido en la Antártida. ¿Cómo pudo una tierra hoy cubierta por cientos de metros de hielo albergar no solo *algún* tipo de ocupación humana, sino una civilización a la escala descrita por Platón? Los Flem-Ath se encontraron con que alguien ya había dado una respuesta esmerada y convincente, que se publicó a mediados de los años cincuenta en la revista *Yale Scientific Journal*.

En su teoría del desplazamiento de la corteza terrestre, el profesor Charles Hapgood —citando un enorme cúmulo de pruebas climatológicas, paleontológicas y antropológicas— argumentaba que toda la corteza externa se cambia por capas más internas, lo que provoca cambios climáticos sustanciales. Las zonas climáticas (polar, templada y tropical) se mantienen así porque el sol sigue alumbrando desde el mismo ángulo en el cielo, pero la corteza externa, a medida que va cambiando, se mueve de una zona climática a otra. Desde la perspectiva de la población terrícola, es como si el cielo se estuviese cayendo pero, en realidad, es que la corteza terrestre se está moviendo a otro lugar.

*Charles Hapgood*

Algunas masas se mueven hacia los trópicos. Otras, con el mismo movimiento, son desplazadas hacia los polos, mientras que otras no experimentan grandes cambios de latitud. Las consecuencias de estos movimientos, lógicamente, son catastróficas. La Tierra es sacudida por violentos temblores y las plataformas continentales son arrasadas por enormes marejadas. A medida que las capas de hielo abandonan las zonas polares, se derriten, elevando cada vez más el nivel del mar. Por todas partes y por cualquier medio las personas buscan las tierras altas para huir de un océano trastornado.

Los Flem-Ath mantuvieron correspondencia con Hapgood desde 1977 hasta su muerte a principio de los ochenta y, aunque este no coincidía con ellos respecto de la ubicación de la Atlántida (opinaba que debió estar en los peñascos de San Pedro y San Pablo), elogiaba sus esfuerzos científicos por apoyar su teoría. En el verano de 1995, Hapgood permitió que Flem-Ath leyera las ciento setenta páginas de la voluminosa correspondencia que tuvo con Albert Einstein, donde constató que entre ambos hubo una colaboración mucho más estrecha de lo que se suponía.

Al enterarse de la investigación (en su correspondencia con Hapgood), Einstein le respondió: "Muy impactante… tengo la impresión de que su hipótesis es correcta". A continuación, le hace numerosas preguntas a las que Hapgood contesta con tal exhaustividad que Einstein al fin queda convencido de prologar su libro *Earth's Shifting Crust: A Key to Some Basic Problems of Earth Science* *[La cambiante corteza terrestre: Una clave para algunos problemas básicos de la ciencia terrestre]*. El desplazamiento de la corteza de la Tierra no se excluye mutuamente con la teoría de la deriva continental, ampliamente aceptada en la actualidad. Según Flem-Ath, "comparten la presuposición de que la corteza exterior se mueve en relación con la interna; sin embargo, en la tectónica de placas el movimiento es extremadamente lento". El desplazamiento de la corteza terrestre sugiere que durante largos períodos de tiempo, aproximadamente 41 000 años, ciertas fuerzas se acumulan hasta llegar a un punto crítico. Entre los factores que contribuyen a ello están: una cuantiosa acumulación de hielo en los polos, que distorsiona el peso de la corteza; la inclinación del eje de la Tierra, que cambia en más de tres grados cada 41 000 años (no confundir con la oscilación que produce la precesión de los equinoccios), y la proximidad de la Tierra al Sol, que también varía cada miles de años.

"Uno de los errores comunes", dice Flem-Ath, "es pensar que los océanos y los continentes están separados, cuando en realidad el que haya agua en algunas partes de las placas es irrelevante. Lo que tenemos son una serie de placas tectónicas que se mueven muy gradualmente una en relación con otra. Pero la teoría del desplazamiento de la corteza terrestre considera a todas las placas como una sola unidad, como una parte del caparazón exterior del planeta, que cambia de lugar con respecto al interior de la tierra".

Según Flem-Ath, la teoría de Hapgood explica con elegancia fenómenos tales como la rápida extinción de los mamuts en Siberia, la existencia

*Visión del artista Tom Miller de cómo sería la Atlántida en la Antártida*

casi universal de mitos sobre cataclismos entre los pueblos primitivos y un sinnúmero de anomalías geográficas y geológicas que las teorías anteriores dejan sin explicar. La mayor parte de las evidencias que generalmente se esgrimen para respaldar la idea de una Edad de Hielo sirven aun mejor a la teoría del desplazamiento de la corteza. Según esta última, algunas partes del planeta se encuentran permanentemente bajo una era glacial y otras no. Conforme las tierras cambian de latitud, se mueven ya sea hacia o bien desde una Edad de Hielo. El mismo cambio que puso a la Antártida occidental en el frigorífico congeló a Siberia, pero derritió gran parte de América del Norte.

Aunque muchos geólogos convencionales insisten en que la capa de hielo de la Antártida es mucho más antigua que los 11 600 años que indica Patón, Flem-Ath subraya que los núcleos en los que se basan la mayoría de las dataciones han sido extraídos de la Antártida Mayor, que ciertamente se encontraba bajo hielo incluso cuando la Atlántida existía. Lo que esto da a entender es que hubo, en un lapso relativamente corto, un movimiento de aproximadamente 30 grados o 3 218 km.

Antes de este movimiento, la península Palmer en la Antártida Menor (la parte más próxima a Sudamérica, cuya soberanía se disputan Chile, Argentina y Gran Bretaña) habría proyectado un área del tamaño de Europa Occidental, que se extendería más allá del Círculo polar antártico y alcanzaría latitudes tan lejanas como las de los climas de tipo mediterráneo. Durante ese tiempo, la Antártida Mayor habría permanecido bajo el hielo del Círculo polar antártico.

"Un área como la que describe Platón", dice Flem-Ath, "sería del porte de Pensilvania, con una ciudad comparable al Londres actual". Esto sería un objetivo claro para una fotografía satelital. Los círculos concéntricos u otras figuras geométricas grandes deberían ser fácilmente apreciables a través del hielo.

Flem-Ath piensa que, en la mayoría de los aspectos, Platón debería ser tomado literalmente, aunque sospecha que su historia contiene algunas fantasías. Cree, por ejemplo, que la guerra entre atlantes y griegos podría ser un invento para complacer al público local. Sin embargo, en lo que se refiere al nivel de desarrollo alcanzado por los atlantes, toma a Platón muy en serio y está impresionado. "Las hazañas ingenieriles descritas", dice Flem-Ath, "habrían requerido una destreza increíble, muy superior, incluso, a la que poseemos en la actualidad".

En cuanto a la idea de que las magnitudes descritas por Platón deberían reducirse diez veces (un argumento frecuentemente usado por los que sostienen que la Atlántida era en realidad la civilización minoica del Egeo), no la comparte. "Una equivocación por un factor de diez podría ser comprensible si se usan números árabes, con una diferencia de un lugar decimal entre cien y mil pero, en la numeración egipcia, es inconfundible la diferencia entre los dos números". Para Flem-Ath, el argumento es similar al de localizar a la Atlántida en el Atlántico Norte, en el que un concepto moderno se ha superpuesto inadecuadamente sobre otro antiguo.

Hasta ahora sus ideas han sido ampliamente ignoradas por la ciencia convencional, pero cree que por lo menos los argumentos de Hapgood pudieran estar acercándose a cierto tipo de aceptación. "A menudo las nuevas ideas demoran unos cincuenta años en ser asimiladas", dice, "y ya nos estamos aproximando a ese tiempo".

Si, en verdad, la fotografía satelital y los sondeos sísmicos indicaran lo que Flem-Ath espera, ¿cuál sería el siguiente paso? Su respuesta es: "El hielo sobre la región de la que hablamos es relativamente superficial, de menos de medio kilómetro; una vez que hayamos localizado el área, debería ser relativamente fácil abrir una perforación y encontrar algo".

Ese "algo" podría ser uno de los más hermosos y espectaculares artefactos jamás descubierto —congelado y mantenido de manera intacta durante casi doce mil años. ¿Esta posibilidad encenderá la llama que derrita los corazones incluso de los escépticos más férreos? Ya lo veremos.

# 22 El modelo de la Atlántida

¿Es posible que las alineaciones de monumentos de la antigüedad tengan algo que contarnos sobre los cambios en la corteza terrestre?

## Rand Flem-Ath

E n noviembre de 1993 recibí un fax de John Anthony West que me llevaría a una búsqueda de cuatro años. El artículo que se deslizaba aquel día a través del fax había sido escrito por un ingeniero en construcción nacido en Egipto, llamado Robert Bauval. No me imaginaba entonces que Bauval pronto sería conocido por su revolucionaria teoría acerca de la orientación de las pirámides de Egipto, que formarían una imagen especular de la constelación de Orión. Bauval expone esta teoría en su libro titulado *El misterio de Orión: Descubriendo los secretos de las pirámides,* escrito en coautoría con Adrian Gilbert. Sin embargo, en el artículo que leí aquel día me di cuenta de que Bauval había llevado esta idea aun más lejos. Revelaba que no solo las pirámides, sino la más famosa de todas las esculturas, la Esfinge, está orientada hacia la constelación de Orión, en la forma en que esta aparecía en el cielo en 10 500 a.C. También toca esta última idea en su libro *The Message of the Sphinx: A Quest for the Hidden Legacy of Mankind [El mensaje de la Esfinge: Búsqueda del legado oculto de la humanidad],* escrito en coautoría con Graham Hancock.

Al fax de aquel día le siguió una llamada de John; esa sería una de nuestras primeras conversaciones. John había leído nuestro manuscrito original de *Cuando cayó el cielo: En busca de la Atlántida* y se había ofrecido a escribir un epílogo. Nuestra teoría de que la Antártida podría contener los restos de la Atlántida se enmarcaba en el concepto de un fenómeno geológico conocido como desplazamiento de la corteza terrestre, al que había dedicado años de correspondencia con Charles Hapgood.

Yo había concluido, sobre la base de una amplia investigación acerca de los orígenes de la agricultura y de las extinciones al final del Pleistoceno, que el año 9600 a.C. había sido la fecha más probable del último desplazamiento de la corteza terrestre. Después de discutir los detalles del prólogo de *Cuando cayó el cielo,* John, con su acostumbrado modo directo, me preguntó: "Si Bauval está en lo correcto al decir que la Esfinge apunta a una fecha de 10 500 a.C., ¿cómo intentas reconciliar esa fecha con tu hipótesis de que el desplaza-miento de la corteza terrestre ocurrió en 9600 a.C.?"

John había puesto el dedo sobre un punto muy importante. Si la Esfinge fue construida antes del desplazamiento de la corteza terrestre, como lo sugería la fecha de Bauval, entonces la orientación del monumento habría cambiado cuando la corteza se desplazó, lo que provocaría una desalineación. Pero la realidad sigue siendo que la Esfinge y, de hecho, todo el complejo de Giza, están precisamente alineados con los puntos cardinales de la Tierra. "O los cálculos de astroarqueología de Bauval son incorrectos o tu fecha del 9600 a.C. es incorrecta", dijo John. "¿Cuán seguro estás de esa fecha? ¿Es posible que tengas un error de novecientos años?"

"John", le contesté, "una serie de fechas arqueológicas y geológicas deter-minadas con pruebas de radiocarbono indican inequívocamente que la última catástrofe ocurrió en 9600 a.C. Mantengo mi teoría. Tal vez los antiguos egip-cios decidieron conmemorar una fecha más temprana que fue muy importante para ellos, no necesariamente la fecha en que la Esfinge fue esculpida".

En octubre de 1996, Robert Bauval y yo continuamos este debate amis-toso en una conferencia en Boulder, Colorado. Yo estaba convencido de que la Esfinge había sido construida inmediatamente después de 9600 a.C. y ex-pliqué el por qué. Imaginemos, dije a los presentes, que en la actualidad un asteroide o un cometa gigante golpea a Estados Unidos, de forma que destruye todo el continente y hace que la sociedad vuelva a las condiciones de vida más primitivas.

Imaginemos entonces que un equipo de científicos, tal vez gracias a un submarino que los mantiene seguros bajo el agua, logra sobrevivir a este ca-taclismo y decide rememorar a su país y dejar un mensaje para el futuro al construir un monumento alineado con los cielos. ¿Qué fecha escogerían para marcar el recuerdo de Estados Unidos de América? ¿Sería 1996, el año en que su mundo terminó? No lo creo. Pienso que escogerían orientar el monumento al 1776: la fecha del nacimiento de su nación. De la misma manera creo que, aunque la Esfinge fue creada alrededor de 9600 a.C., está orientada al 10 500 a.C. porque es una fecha significativa para su cultura.

Ahora bien, ¡sucede que las incongruencias y rompecabezas en la ciencia son para mí como oxígeno para la sangre! Mi filosofía de la ciencia se basa en el lema de que las anomalías son vías para el descubrimiento. Por lo general, conduz-co mis investigaciones de una forma metódica y minuciosa (algunos dirán casi obsesiva). Sin embargo, en los últimos veinte años de investigación acerca del problema de la Atlántida y los cambios de la corteza terrestre, me he dado cuenta una y otra vez de que el azar juega un papel fundamental en el descubrimiento.

Cuando no escribe novelas, mi esposa Rose trabaja a tiempo parcial en la biblioteca de la universidad local y, por fortuna, su enfoque fortuito sobre la investigación hace de contrapeso a mi enfoque meticuloso. He perdido la cuenta de las ocasiones en que Rose ha traído a casa un libro que ha resultado ser exactamente lo que necesitaba. Así que cuando me trajo un volumen de *Archaeoastronomy in Pre-Columbian America [Arqueoastronomía en la América precolombina]*, abrí el libro con expectación.

Escrito en 1975 por el Dr. Anthony F. Aveni, uno de los astroarqueólogos más reconocidos del mundo, el libro dejó caer entre mis manos una pieza clave del rompecabezas que estaba tratando de resolver. Al parecer, casi todos los monumentos megalíticos principales de Mesoamérica están orientados al Este del verdadero Norte. Aveni escribió que los pueblos de Mesoamérica tenían la tendencia de construir sus ciudades orientadas ligeramente hacia el Este del verdadero Norte. Cincuenta de los cincuenta y seis sitios examinados se encuentran alineados de esta misma forma.

Sin embargo, su explicación sobre el fenómeno deja que desear. Aveni cree que la Calzada de los Muertos, la famosa avenida de Teotihuacán (cerca de Ciudad de México), sería la clave del misterio de por qué los monumentos están extrañamente desalineados. Esta avenida, que desemboca directamente en la Pirámide de la Luna, está desalineada en quince grados y medio al Este del Norte. Debido a que esta ubicación apunta con una desviación máxima de un grado a la constelación de las Pléyades (un grupo estelar importante dentro de la mitología mesoamericana), Aveni propone que la alineación sesgada es como una plantilla, un plano maestro, que sienta las bases para el resto de las estructuras megalíticas de Mesoamérica. Si bien esto es válido para la Calzada de los Muertos en Teotihuacán, no me parece que se aplique a los otros sitios que enumera Aveni. Me resultaba insuficiente su argumento de que los otros cuarenta y nueve sitios son meras copias inadecuadas de la alineación sagrada de Teotihuacán.

Yo tenía una idea distinta, una teoría basada en la ciencia de la geodesia, que es el estudio de los distintos parámetros de forma y tamaño de la Tierra. ¿Qué pasaría si, además de los observatorios astronómicos, estos sitios de Mesoamérica fueran parte de un inmenso sondeo geográfico? Mis estudios de mapas antiguos me han convencido de que los atlantes poseían mapas del mundo. ¿Qué pasaría si la orientación de las ciudades más antiguas de México fuesen vestigios de una ciencia perdida, la ciencia de la geografía? ¿Qué pasaría si las alineaciones de las ciudades antiguas fuesen repeticiones en piedra de un mismo trazo, un mapa preciso del planeta en una era antediluviana?

Teotihuacán se encuentra sobre la longitud 98° 53' Oeste. Si restamos los 15° 28' grados de su desviación, obtenemos una ubicación de 83° 25' Oeste, lo que representa un alejamiento de menos de medio grado del lugar identificado por Charles Hapgood como el Polo Norte antes de 9600 a.C. En otras palabras, la Calzada de los Muertos está a quince grados y medio al oeste de la longitud que Hapgood había calibrado para el antiguo polo.

Como es natural, me emocioné mucho al hacer este descubrimiento. ¿Sería posible que los antiguos monumentos de México estuvieran orientados hacia el polo antes del último desplazamiento de la corteza terrestre? Las implicaciones eran profundas. Tal orientación apuntaría a la existencia de una civilización que tendría un gran conocimiento científico de la geografía de la Tierra. Sería, además, una cultura que poseería sofisticados métodos de topografía y que los habría utilizado en el continente americano antes que la corteza terrestre se desplazara.

Pronto descubrí que varios de los sitios mesoamericanos (por ejemplo, Tula, Tenayuca, Copán y Xochicalco) confirmaban mi teoría geodésica. Al restar los grados de desalineación de la longitud actual de cada uno de estos puntos desajustados, daba siempre como resultado la longitud del Polo Norte antes del último desplazamiento de la corteza de la Tierra (83 grados Oeste). Me pregunté si otros monumentos del Viejo Mundo también estarían orientados al antiguo Polo Norte.

Empecé a investigar sitios arqueológicos en Irak, la cuna de las civilizaciones más antiguas. A diferencia de Mesoamérica, estos sitios no han sido estudiados con respecto a su falta de alineación con los puntos cardinales del planeta. Tuve que acumular la evidencia sitio por sitio y autor por autor. Pero el tedioso trabajo fue recompensado con un sorprendente descubrimiento. Pronto descubrí que muchos de los sitios más antiguos del Medio Oriente están orientados al oeste del Polo Norte actual. Tal como los sitios antiguos de Mesoamérica, fueron construidos mirando hacia el antiguo polo.

En la antigua ciudad de Ur, su zigurat (pirámide escalonada que simboliza una montaña sagrada) y su santuario al dios de la Luna, Nanna, están orientados al Oeste del Norte (dirigidos hacia el antiguo polo, que se situaba en la Bahía de Hudson).

Ningún gobernante podía declararse rey de Sumeria sin antes obtener el control de la ciudad sagrada de Nippur. Los restos de la ciudad yacen al sur de Bagdad, donde algunas de las tablillas arqueológicas más famosas fueron desenterradas a finales del siglo XX. Las tablillas sumerias revelan la creencia en la existencia de un paraíso perdido hace mucho tiempo, una isla llamada Dilmun. El mito de Dilmun, que describimos en *Cuando cayó el cielo*, es muy similar al de la mitología del pueblo Haida en Columbia Británica y relata cómo esta isla paradisíaca fue destruida por el dios Enlil con un gran diluvio. El increíble

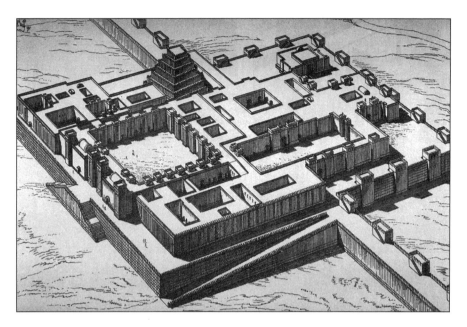

*Zigurat sumerio*

poder de Enlil es honrado en Nippur con un templo y pirámide (zigurat) que se encuentra ligeramente al Oeste del Norte. Este zigurat, así como el Templo Blanco de la ciudad sumeria de Uruk, también apuntan a la Bahía de Hudson y no al verdadero Norte.

Mientras más miraba, aparecían más sitios del Medio Oriente creados en el mundo antiguo que apuntaban al Polo Norte antes del último desplazamiento de la corteza. Pero tal vez el más conmovedor de todos es el Muro de las Lamentaciones de Jerusalén, el único vestigio del Templo de Herodes, construido sobre el sitio donde se encontraba el Templo de Salomón.

En ese momento me di cuenta de que me encontraba ante un fenómeno geodésico único que merecía ser explorado. Mi paso siguiente consistió en calcular las antiguas latitudes de los principales sitios megalíticos y sagrados del mundo entero. Si las latitudes correspondían a números de importancia, entonces podía estar seguro de que estaba bien encaminado.

Por supuesto, el primer sitio donde hice mis cálculos fue la eternamente fascinante Gran Pirámide de Giza. Calculé sus coordenadas en función de los 60 grados Norte y 83 grados Oeste (el polo en la Bahía de Hudson). Giza se encuentra a 4524 millas náuticas del polo de la Bahía de Hudson, lo que significa que su latitud antes del 9600 a.C. era de 15 grados Norte. Me resultó extraño que Giza, que hoy en día se encuentra a 30 grados Norte (la tercera parte de la distancia del ecuador al polo), se encontrara tan precisamente a quince grados al

Norte (la sexta parte de la distancia) antes del último desplazamiento de la corteza terrestre. Decidí entonces estudiar la ciudad de Lhasa, el centro religioso del Tíbet, porque sabía que esta ciudad, al igual que Giza, se encuentra actualmente en la latitud de 30 grados Norte.

Lhasa se encuentra en las coordenadas 29° 41' Norte 91° 10' Este, lo que significa que está a 5427 millas náuticas del polo de la Bahía de Hudson. La distancia del ecuador al polo es de 5400 millas náuticas (90 grados multiplicados por 60 segundos igual a 5400), lo que significa que Lhasa se encontraba a tan solo veintisiete millas náuticas (menos de medio grado) fuera de la línea del ecuador durante el reinado de la Atlántida. Me empezaban a dar escalofríos. El desplazamiento de la corteza terrestre había empujado a Giza desde los quince hasta los treinta grados de latitud y a Lhasa, desde cero grados hasta los treinta grados de latitud. ¿Se trataba de una coincidencia?

La coincidencia llegó a un punto extremo cuando empecé a comparar las ubicaciones de Giza y Lhasa (más una serie de otros sitios antiguos) con la posición de la corteza durante un período de tres desplazamientos de la corteza terrestre. Me sorprendí al descubrir que aparecían una y otra vez latitudes como las de cero grados, doce grados, quince grados, treinta grados y cuarenta y cinco grados. Cada una de estas cifras divide la geografía de la Tierra en números enteros.

Parecía imposible que fuera una coincidencia, así es que las denominé "latitudes sagradas". La mayoría de estos sitios arqueológicos deberían ser conocidos por cualquier aficionado a la arqueología o interesado en los sitios sagrados de las religiones principales del mundo. Todos estos lugares se encuentran a una distancia no mayor de treinta millas náuticas (el equivalente a un día de camino) de las latitudes sagradas y, por lo tanto, su alineación geodésica es más acertada que los cálculos astronómicos de Aveni.

El lector atento se dará cuenta de que algunos de estos lugares se muestran en más de una tabla. Esto es porque se encuentran localizados en un punto donde se cruzan dos (e incluso tres) latitudes sagradas. Por ejemplo, Giza se encuentra en la intersección de la latitud quince grados (el polo de la Bahía de Hudson) y los cuarenta y cinco grados de latitud Norte (el polo en el mar de Groenlandia) y hoy en día se encuentra en la latitud de 30 grados Norte. Lhasa, que como expliqué antes se encuentra a 30 grados Norte, estaba en la línea del ecuador durante la época del polo de la Bahía de Hudson y a una distancia de solo treinta y dos millas náuticas de la latitud de 30 grados Norte durante la época del polo de Groenlandia.

Entonces, ¿qué significa todo esto?

Creo que, antes del devastador desplazamiento de la corteza terrestre, debe haber llegado un momento en que los científicos de la Atlántida se dieron cuenta de que el número creciente de sismos y el aumento del nivel del mar eran advertencias de una inminente catástrofe geológica. En un intento de proteger su civilización frente a la inevitabilidad de este desastre, se obsesionaron por descubrir qué le habría pasado exactamente a la Tierra en un pasado remoto.

Equipos de geólogos se habrían dispersado por el planeta con la misión de calibrar las posiciones de la corteza terrestre en el pasado. Si lograban determinar con exactitud cuán lejos se había desplazado la corteza en el pasado, esto les daría una idea de lo que se podría esperar en el futuro. En ese proceso de investigación, los atlantes habrían dejado marcadores geodésicos en los puntos que consideraron críticos para sus cálculos.

Después del desplazamiento que destruyó a la Atlántida, estas antiguas marcas habrían sido descubiertas por sobrevivientes que no tenían conocimiento de aquel intento desesperado de investigación geográfica. Como es natural, pensarían que estos maravillosos indicadores geodésicos, provenientes de sus antepasados, eran mensajes de los dioses. Los sitios se convirtieron en lugares sagrados y se construyeron ciudades en torno a ellos (no es por accidente que el término azteca *Teotihuacán* significa "lugar de los dioses"), con lo que se perdió el propósito práctico que habrían tenido estos marcadores.

Las nuevas generaciones siguieron venerando en estos enormes santuarios, pero el paso del tiempo empezó a erosionar las estructuras originales. Se construyeron nuevos altares encima de los restos de los artefactos dejados por los topógrafos de la Atlántida. Sin embargo, en cada reconstrucción, las voces del pasado impulsaron a los nuevos arquitectos a conservar las orientaciones originales que apuntaban hacia el polo de la Bahía de Hudson en los tiempos de gloria de la Atlántida.

Los secretos enterrados bajo de estas ciudades que se iban desmoronando lentamente permanecieron ocultos durante miles de años. A la postre, algunos espíritus intrépidos de Egipto, Mesopotamia, la India, China y América tuvieron el valor de comenzar a excavar. La historia de los notables descubrimientos de los que se atrevieron a excavar debajo de sitios sagrados recién está comenzando a conocerse. Las misiones secretas de los Caballeros Templarios en Jerusalén y los sofisticados artefactos que Moisés recuperó en Egipto son solo dos ejemplos de estas crónicas fascinantes.

Creo que las enigmáticas ubicaciones de estos antiguos megalitos se pueden explicar en una forma que por fin da sentido a los desconcertantes desajustes en sus alineaciones. Estos sitios sagrados, que intuimos guardan parte del secreto de nuestra verdadera historia, siguen atrayendo visitantes que se maravillan ante su construcción y ante la inteligencia y el espíritu visionario de nuestros antepasados anónimos. Sin embargo, mi explicación solo abarca la punta de un iceberg muy profundo. Hay muchos otros sitios que se pueden descubrir mediante simples cálculos derivados de los cambios de latitud después de los desplazamientos de la corteza, de los cuales tal vez los más importantes se encuentran en la propia Atlántida, o sea, en la isla-continente de la Antártida.

Jamás imaginé que encontraría otra aventura comparable a la de los dieciocho años que dediqué a la búsqueda de la Atlántida. Pero la singular ubicación de los sitios más sagrados del planeta ha resultado ser un misterio que me produce la misma fascinación que sentí ante aquella aventura.

# 23 Las ruinas sumergidas de Japón

## ¿Se han hallado restos de la antigua Lemuria?

## Frank Joseph

**E**n marzo de 1995, un buceador deportista fue más allá del perímetro de seguridad cercano a la costa sur de la isla de Okinawa. Esta había sido un campo de batalla en la última campaña por tierra durante la Segunda Guerra Mundial y ahora estaba a punto de convertirse en el escenario de un nuevo acontecimiento. Al deslizarse hacia profundidades nunca visitadas, unos doce metros bajo la superficie azul del Pacífico, el buzo se encontró de repente con lo que parecía ser una enorme edificación de piedra cuya superficie había quedado cubierta de corales.

Al acercarse, pudo ver que la colosal estructura era negra y de aspecto adusto, un conjunto de bloques monolíticos hundidos, cuya configuración original quedaba disimulada por la acumulación orgánica del tiempo. Después de circundar varias veces el monumento anónimo y tomar varias fotografías, subió a la superficie, se reorientó y se dirigió a la orilla. Al día siguiente, las fotografías de su hallazgo aparecían en los principales diarios de Japón.

La estructura suscitó una controversia instantánea y atrajo a multitudes de arqueólogos buceadores, representantes de la prensa y muchos curiosos. Ninguno de ellos pudo determinar la identidad de las piedras sumergidas. Ni siquiera podían ponerse de acuerdo de si se trataba de algo hecho por el hombre o no y mucho menos si eran antiguas o modernas. ¿Se trataba de un vestigio de alguna defensa militar costera de la época

*Formaciones de Yonaguni*
(Fotografías cortesía
de televisión Fuji )

189

de la guerra? ¿O era algo totalmente distinto que se remontaba a tiempos muchísimo más antiguos?

Ya circulaban rumores sobre la civilización perdida de Mu, preservada a través de la leyenda como "la Madre de la Civilización", que habría sucumbido en el mar muchísimo antes de los tiempos conocidos. Pero el enigma sumergido de Okinawa estaba herméticamente sellado con una incrustación muy gruesa. La estructura parecía haber sido hecha por el hombre en la antigüedad.

No obstante, la acción de la naturaleza a veces hace que sus propias formas se vean artificiales. Se formó un gran debate popular y científico sobre los orígenes del sitio recién descubierto. Luego, a fines del verano del año siguiente, otro buzo en las aguas de Okinawa quedó atónito al ver un gigantesco arco o portal hecho de enormes bloques de piedra, bellamente colocados, de forma similar a la que se observa en la albañilería prehistórica de las edificaciones de algunas ciudades incas al otro lado del océano Pacífico, en la cordillera de los Andes.

Ahora sí no había dudas. Gracias a las rápidas corrientes de esa área, los corales no habían podido afincarse sobre la estructura, por lo que esta quedó completamente visible incluso a una distancia de treinta metros dentro de las cristalinas aguas. Ciertamente era hecha por el hombre y muy antigua. Parecía poco menos que un milagro, una increíble visión que se mantenía intacta en el fondo del mar.

Pero su descubrimiento no fue más que la primera de las revelaciones submarinas de ese verano. Alentados por la posibilidad de encontrar otras estructuras en el área, varios equipos de buzos expertos peinaron la costa sur de Okinawa siguiendo el patrón normal de búsqueda en cuadrícula. Pronto vieron recompensados sus esfuerzos profesionales. Antes del inicio del otoño encontraron bajo la superficie cinco sitios arqueológicos próximos a tres islas distantes de la costa.

Los sitios varían en profundidad entre seis y treinta metros y, a pesar de su gran diversidad en cuanto a detalles arquitectónicos, existe unidad de estilo entre todos. Hay calles pavimentadas y encrucijadas, estructuras gigantescas en forma de altares, amplias escalinatas que conducen a plazas abiertas y vías de procesión que rematan en estructuras de imponentes rasgos que parecen pilones.

Aparentemente las construcciones sumergidas abarcan todo el fondo oceánico (aunque no de forma continua) desde la pequeña isla de Yonaguni en el suroeste, hasta Okinawa y sus islas vecinas —Kerama y Aguni— a quinientos kilómetros.

Si las exploraciones en curso revelan más estructuras que conecten Yonaguni con Okinawa, podría ser que los diferentes sitios fuesen componentes separados de una inmensa ciudad que ahora yace en el fondo del Pacífico.

La estructura más grande descubierta hasta ahora se encuentra cerca de la costa este de Yonaguni a treinta metros de profundidad. Tiene aproximadamente setenta y tres metros de largo, veintisiete de ancho y catorce de alto. Parece ser que todos los monumentos fueron construidos con arenisca granítica y no se han encontrado pasadizos ni cámaras internas. Estas estructuras submarinas se asemejan, hasta cierto punto, a algunas edificaciones antiguas de la propia Okinawa, como el castillo de Nakagusuku.

Más edificio ceremonial que instalación militar, Nakagusuku data de los primeros siglos del primer milenio a.C., aunque su carácter de lugar religioso es aun anterior. Sus constructores y la cultura que originalmente representaba son desconocidos, pero los locales de Okinawa todavía miran el recinto con temor supersticioso. Otros paralelismos con las construcciones sagradas más antiguas de Okinawa se encuentran en las cercanías de Noro, donde existen unas criptas fúnebres diseñadas con el mismo estilo rectilíneo, que hasta hoy se veneran como repositorios de los muertos ancestrales de los isleños. Sorprendentemente, el término okinawano para referirse a estas criptas es *moai*, la misma palabra que los polinesios de la isla de Pascua, a más de 9650 kilómetros de distancia, usaban para designar a las famosas estatuas de cabezas grandes y orejas estiradas dedicadas a sus antepasados.

Las posibles conexiones de un extremo a otro del Pacífico podrían ser más que filológicas. Algunas de las piezas hundidas comparten semejanzas aun más estrechas con los *heiau* que se encuentran en la distante Hawai. Los *heiau* son templos lineales consistentes en largos terraplenes de piedra que conducen a grandes escalinatas, las que a su vez terminan en amplias plazas donde se colocaron santuarios e ídolos tallados de madera. Muchos *heiau* aún existen y siguen siendo venerados por los nativos de Hawai. En lo que se refiere a construcción, los ejemplos de Okinawa se componen de un solo bloque enorme, mientras que los *heiau* están compuestos por muchas piedras, más pequeñas.

Cuenta la tradición hawaiana que fueron hechos por los Menehune, una raza de maestros albañiles pelirrojos que vivía en la isla mucho antes de la llegada de los polinesios. Los habitantes originales se fueron, pues no quisieron mezclarse con los recién llegados.

Las estructuras sumergidas de Okinawa encuentran posibles contrapartidas en los límites orientales del océano Pacífico, en las costas peruanas. Las similitudes más sobresalientes se dan en la antigua Pachacámac, una extensa ciudad religiosa a pocos kilómetros de Lima, la capital actual. Aunque funcionó durante el período de los incas (hasta el siglo XVI), los antecedía por lo menos en mil quinientos años antes y fue la sede del principal oráculo de Sudamérica. Los peregrinos visitaban Pachacámac desde todo el Tahuantinsuyo (el Imperio Inca) hasta que fue saqueado y profanado por los españoles al mando del enérgico hermano de Francisco Pizarro, Hernando, junto con veintidós conquistadores fuertemente armados. Aún queda parte de la ciudad de ladrillos de adobe secados al sol, grandes escaleras y amplias plazas, que sugiere analogías con las construcciones hundidas alrededor de Okinawa.

Otros dos sitios preincaicos en el norte, en las afueras de Trujillo, tienen también algunos elementos importantes en común con las estructuras submarinas de ultramar. El llamado Templo del Sol es una pirámide en terrazas construida hace dos mil años por el pueblo moche. Con más de 30 metros de alto y 208 de largo, es una plataforma de peldaños irregulares hechos de ladrillos de adobe sin cocer y fue la colosal pieza central de una ciudad que albergaba a 30 000 habitantes. Es notable su parecido con la estructura encontrada en Yonaguni.

Al otro lado del Pacífico, se recordaba al primer emperador de Japón como Jimmu, cuyo descendiente directo fue Kamu, entre otros fundadores legendarios de la sociedad japonesa. Otro emperador ancestral fue Temmu, de quien se dice que aprendió de memoria el *Kojiki* ("Registros de los asuntos antiguos") y el *Nihongi* ("Crónicas del Japón"). En el norte de Japón corre un río que se considera sagrado porque transportó a los primeros seres semidivinos al interior del país. Este río recibe el nombre de Mu. Tanto en japonés como en coreano, la palabra *mu* significa "lo que no ha existido o ya no existe". ¿Nos estará remitiendo a una tierra que "ya no existe"?

En la antigua Roma, la lemuria era un ritual dirigido por el cabeza de familia con el propósito de apaciguar a los espíritus de los muertos que volvían cada año. Lemuria era también el nombre que daban los romanos a un gran reino insular que creían que se encontraba en "el mar del Lejano Oriente", que a veces se ha dicho podría referirse al océano Índico. Lemuria habría desaparecido y se habría convertido en "la morada de las almas en pena".

La ceremonia de lemuria fue instituida por Rómulo en expiación por el asesinato de Remo. En este caso también encontramos a Mu relacionado con el surgimiento de una civilización, ya que se reconocía a estos hermanos como progenitores de Roma. En latín, sus nombres son *Romulus* y *Remus* y se pronuncian con el acento en la segunda sílaba.

A comienzos del siglo XIX, cuando los biólogos ingleses estaban clasificando los mamíferos, aplicaron el término antiguo *lémur* para describir a ciertos simios arbóreos primitivos descubiertos en Madagascar. Esto se debía a que eran criaturas de ojos grandes y penetrantes, iguales a los lémures fantasmagóricos de la mitología romana. Cuando se descubrieron lémures fuera de África, en lugares tan apartados como el sur de la India y Malasia, los científicos teorizaron que en el océano Índico debió haber existido un continente que conectaba todas esas tierras antes de hundirse en el mar. En tiempos más recientes, los oceanógrafos han establecido que tal continente nunca existió.

Pero los compiladores de las tradiciones orales de los pueblos de las islas del Pacífico estaban perplejos por la recurrencia del tema de una tierra madre desaparecida desde la que portadores de su ancestral cultura llegaban para replantar las semillas de la sociedad. En Kaua'i, los hawaianos hablaban del Mu (también llamado Menehune, mencionado anteriormente) que llegó en una "isla flotante" en tiempos del pasado remoto.

El canto ancestral más importante que conocen los hawaianos es el de "Kumulipo", que relata la historia de una terrible inundación que destruyó el mundo hace mucho tiempo. Sus líneas finales evocan algún tipo de catástrofe natural en un pasado remoto: "Nacieron las olas rugientes que vienen y se van, el retumbar, el movimiento telúrico. El mar brama, se alza sobre la playa y sobre los lugares habitados; poco a poco cubre toda la tierra. Se acaba la descendencia del primer jefe del pasado remoto que moraba en las frías tierras altas. Muere la corriente que arrasaba desde el ombligo de la Tierra. Fue una ola guerrera. Muchos de los que vinieron desaparecieron, perdidos en la noche que pasó". El sobreviviente que logró escapar de la "ola guerrera" fue Kuamu.

Pese a la abundancia de tradiciones populares que recorren el Pacífico y describen una tierra madre desaparecida en el mar, los primeros mapas precisos del fondo oceánico generados mediante sonar no revelaron nada que se pareciera a un continente perdido. Pero aún perduran los enigmas arqueológicos en que se basan esos mitos en localidades tan apartadas como la diminuta isla Malden, donde un camino de piedras conduce directamente hacia el mar y se sumerge en él. Es una isla deshabitada donde se encuentran cuarenta plataformas de pirámides.

Un interesante tema arquitectónico que une a Sudamérica con Japón pasando por la Polinesia es el de las "puertas sagradas", que sugiere la existencia de una cultura intermediaria perdida. Dos puertas sagradas constituyen el centro estético de Tiahuanaco, una gran ciudad ceremonial en las alturas de los Andes bolivianos cerca del lago Titicaca. Una de ellas se ubica sobre la explanada hundida de la entrada y sirve de imponente marco a la estatua de un hombre o dios de tres metros y medio de altura; la otra se encuentra en el otro extremo del complejo y es la famosa Puerta del Sol, orientada hacia diversos fenómenos solares.

Al otro lado del Pacífico, en la isla polinésica de Tonga, se encuentra el Ha'amonga 'a Maui, "la carga de Maui", un portal de piedra de cuatro metros y medio de altura y ciento nueve toneladas de peso, alineado con el amanecer en el solsticio de verano. Hay varios miles de estas puertas por todo Japón. La mayoría de ellas son de madera, pero todas definen un espacio sagrado. Se les conoce como *torii*, el mismo vocablo de los idiomas indoeuropeos antiguos y que sobrevive en alemán en la palabra *Tor*, que significa "puerta". Un rasgo excepcional de las estructuras sumergidas próximas a Okinawa es una inmensa puerta aislada hecha enteramente de piedra. Los romanos, que celebraban el festival de Lemuria cada mayo, adornaban su imperio con puertas ceremoniales independientes.

Estos fascinantes paralelismos, sumados a una abundante evidencia arqueológica y las descripciones tradicionales de los nativos, han convencido a los investigadores de que en realidad una vez hubo en el centro del Pacífico una potente "cultura X" que esparció sus influencias civilizadoras hacia ambos lados del océano. Esta conclusión parecía confirmarse con los descubrimientos realizados recientemente en las islas Ryukyu, donde las características arquitectónicas de las estructuras sumergidas encontraban afinidades llamativas con los relatos preincaicos de Perú y las criptas fúnebres ancestrales de Okinawa. Pero las construcciones hundidas han generado más preguntas que respuestas. ¿Qué edad tienen? ¿Por qué están bajo el agua? ¿Quiénes las construyeron? ¿Con qué propósito?

Las pruebas recogidas hasta ahora sugieren que el lugar no sucumbió a una catástrofe geológica repentina. Aparte de uno o dos monumentos que se han inclinado en ángulos irregulares, ninguno de ellos presenta daños estructurales, fisuras ni piedras sueltas. Todo lo contrario, se mantienen casi intactos. Algunos simplemente quedaron bajo el agua al subir el nivel del mar, otros se hundieron con el lento descenso de la masa continental y otros experimentaron una combinación de ambos procesos.

La mayoría de los investigadores se inclinan por esta segunda hipótesis, porque los oceanógrafos nos dicen que hace 1,7 millones de años el nivel del mar subió cerca de treinta metros. Aun siendo así, los sitios japoneses deben ser muy antiguos. Están constantemente sometidos al barrido de fuertes corrientes, por lo que no hay ningún material disponible para realizar pruebas de radiocarbono.

La finalidad para la que fueron construidos no parece ser tan difícil de entender, pues su estrecha semejanza con los *heiau* hawaianos implica que tenían una naturaleza fundamentalmente ceremonial. Sus amplias escalinatas conducían hasta plataformas en la actualidad vacías, donde probablemente se colocaban santuarios de madera e ídolos tallados para representar dramas religiosos.

Al especular sobre quiénes habrán sido sus devotos y constructores, viene a la mente una palabra que la mayoría de los arqueólogos profesionales estadounidenses serían incapaces de pronunciar. Pero, en vista de los cuantiosos relatos contados por cientos de culturas alrededor del Pacífico sobre una inundación que destruyó a una civilización anterior, si la ciudad sumergida de Okinawa no es la desaparecida Lemuria, entonces, ¿qué es?

# 24 West, Schoch y Hancock se sumergen en aguas lemures

## J. Douglas Kenyon

*El tema de las ruinas submarinas del Pacífico sigue siendo polémico, incluso entre los científicos alternativos. Atlantis Rising no ha adoptado una postura al respecto ni en uno ni en otro sentido, pues prefiere exponer las dos caras del asunto de manera justa e imparcial. No obstante, quienes consideran que estas ruinas sumergidas fueron hechas por el hombre encuentran respaldo en la argumentación presentada por Frank Joseph en el capítulo anterior, mientras que los que cuestionan ese supuesto podrían coincidir con la posición expuesta en el siguiente ensayo por el doctor en ciencias Robert M. Schoch y otros autores.*

—El Editor

En septiembre de 1997, el egiptólogo heterodoxo John Anthony West, acompañado por el Doctor en Ciencias Geológicas Robert M. Schoch y el escritor Graham Hancock, visitaron la isla de Yonaguni en Japón, donde se había encontrado una misteriosa plataforma piramidal de cuarenta y ocho metros a una profundidad de veinticuatro metros bajo las aguas del océano. En varias inmersiones, los tres investigaron parte de lo que podría ser uno de los descubrimientos más importantes del siglo. Con posterioridad al viaje, West compartió con *Atlantis Rising* su opinión acerca de la autenticidad del sitio arqueológico.

Se indicó que Hancock y Schoch habían hecho el viaje predispuestos a creer que este podría ser el gran descubrimiento que muchos esperábamos: el hallazgo de pruebas innegables de la existencia de una civilización antediluviana (el área ha estado bajo el agua por lo menos durante once mil quinientos años).

*John Anthony West*
(Fotografía de Tom Miller)

195

Las fotos que les habían mostrado ciertamente se veían claras. Después de todo, su investigación fue la que unos años antes había estremecido la institucionalidad académica al demostrar que había sido el agua y no la arena movida por el viento lo que había erosionado la Gran Esfinge de Egipto, con lo que se estableció que era miles de años más antigua de lo que hasta entonces se suponía.

*El Dr. Robert M. Schoch
en Yonaguni*

Sin embargo, después de examinar el sitio en Yonaguni, tanto West como Schoch opinan que es probable que su origen sea natural, aunque tal vez haya sido trabajado de cierta manera por manos humanas, por ejemplo, para crear un entorno terrestre. De cualquier manera, los dos creen que incluso si el sitio de Yonaguni es de origen estrictamente natural, sigue siendo uno de los lugares más insólitos que se pueda encontrar, si no el más insólito. En lo que West, Schoch y Hancock están unánimemente de acuerdo es en la necesidad de muchas más investigaciones y de un examen completo del sitio, pues sienten que es muy pronto como para sacar conclusiones finales.

En respuesta a los comentarios de West, el colaborador de *Atlantis Rising* Frank Joseph señaló que West, Schoch y Hancock visitaron solo uno de los ocho emplazamientos dispersos en un área de quinientos kilómetros y agregó que ahora le corresponde a Schoch demostrar de qué manera las fuerzas geomorfológicas podrían haber creado esas formaciones, las que, si de hecho son naturales, serían únicas en el mundo.

Después de participar en una conferencia de investigadores de vanguardia realizada en Inglaterra por la revista *Quest Magazine* (en la que también participó West), Joseph concluye que, si bien este asunto no ha dejado de ser muy controvertido y complejo, le pareció que el consenso entre los asistentes a la conferencia era que las formaciones habían sido hechas por el hombre. Añadió que los análisis de laboratorio efectuados por los investigadores japoneses parecen indicar el uso de herramientas artificiales.

# 25 La India en el año 30.000 a.C.

¿Descansan las raíces de la cultura india bajo el océano Índico?

## David Lewis

E l mundo está lleno de misterios. Y, dadas sus tradiciones místicas, ningún lugar en el mundo es más misterioso que la India, un país y una cultura enraizados en la atemporalidad primordial.

Una y otra vez los occidentales han tratado de penetrar en los misterios de la Madre India. Los eruditos occidentales, relativamente recién llegados al escenario mundial, siguen insistiendo en definir las cronologías de la civilización india según la perspectiva occidental. Al hacerlo, se arrogan una superioridad intelectual que constantemente rechaza una sabiduría acumulada durante milenios, cuyas tradiciones culturales hablan del origen de la humanidad, de continentes perdidos y de civilizaciones prehistóricas avanzadas.

Pero esto no fue siempre así. Entre mediados y fines del siglo XIX, cuando en Europa apenas empezaban a configurarse las ideas científicas sobre los orígenes del hombre, muchos geólogos y arqueólogos de la época aceptaban la idea del diluvio universal y de los continentes perdidos, sobre los cuales encontraron bastantes pruebas concretas, incluso una masa terrestre en el océano Índico: el gran continente austral del naturalista inglés Alfred Russell Wallace. En la actualidad, la ciencia convencional mantiene la teoría de la existencia de masas de tierra como Gondwana y Pangea, aunque las relega a épocas extremadamente remotas: entre 180 y 200 millones de años atrás.

*Deidad en un templo de Sri Lanka*

## LA MADRE DE TODAS LAS TIERRAS

Lemuria, como término para referirse a un continente perdido en los océanos Pacífico o Índico, cobró vida en la década de 1860 cuando los geólogos encontraron una impactante similitud entre los fósiles y estratos sedimentarios de la India, Sudáfrica, Australia y Sudamérica. Estos geólogos conjeturaron que un gran continente, o al menos un puente de tierra o serie de islas debieron haber existido en el océano Índico. El biólogo inglés Philip L. Scalter dio el nombre de Lemuria a esta masa continental, debido a los lémures de Madagascar.

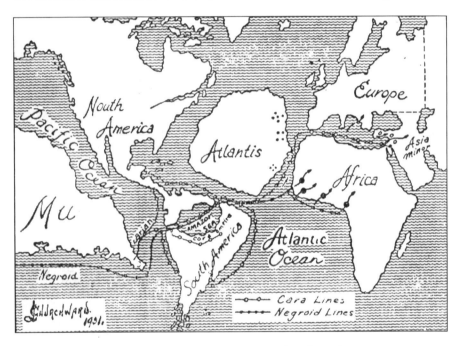

*El mapa de Mu según James Churchward*

Madame Helena Blavatski, fundadora de la Sociedad Teosófica, escribió profusamente sobre Lemuria a finales del siglo XIX. En la década de 1920, el Coronel James Churchward aseguró haber descubierto en la India unas antiguas tablillas que describían la perdida civilización dorada de Mu (Lemuria), que se cree existió en el Pacífico. Churchward dedicó su vida y estudios a resucitar la cultura de la perdida Lemuria en una serie de libros.

La teoría de la deriva continental, que plantea el lento proceso de separación de los continentes y también propone el concepto de la tectónica de placas; eliminó a Lemuria de la mente de muchos, satisfaciendo de paso uno de los principios básicos del pensamiento científico moderno acerca de nuestros

orígenes. Este principio básico se llama uniformismo y sostiene que toda evolución natural en la Tierra ocurre de manera extremadamente lenta, gradual
y más o menos uniforme. Las grandes inundaciones, los cataclismos globales
y el hundimiento de continentes en una prehistoria reciente suenan a epopeya
bíblica y por eso los darwinistas antibíblicos han impuesto la doctrina del uniformismo sobre las hipótesis de los primeros geólogos y arqueólogos. La idea,
antes herética, de que los cataclismos de gran magnitud tuvieron algo que ver
con la prehistoria, solo se ha puesto de moda recientemente tras hallarse evidencias de que un asteroide impactó fuertemente el área del Yucatán y causó la
extinción de los dinosaurios hace varios millones de años.

Pero consideremos las antiguas tradiciones del sur de Asia que se asemejan
a los hallazgos de los primeros geólogos, quienes decían que en lo que hoy es el
océano Índico una vez existió un continente habitado. Esta es una creencia que
persiste hasta nuestros días entre los pobladores del sur de la India, Sri Lanka y
las islas del mar de Andamán cerca de Malasia.

Una de las tradiciones proviene de los escritos de la antigua Ceilán, que se
refieren a una civilización perdida en el área que actualmente ocupa el océano
Índico y una masa terrestre que conectaba el subcontinente indio con la isla de
Sri Lanka. Este es el tipo de tradición que la intelectualidad moderna descarta
como fábula.

"En una época anterior", afirma un antiguo texto ceilandés, "la ciudadela
de Rawana (Señor de Lanka), con veinticinco palacios y cuatrocientas mil calles, fue tragada por el mar". La masa terrestre sumergida, según una antigua
crónica, se encontraba entre Tuticorin, en la costa suroccidental de la India y
Mannar, en Ceilán. No se trataría de un territorio de las dimensiones que alguna vez imaginaron los primeros geólogos, pero —si realmente existió— sería
de todas formas una parte sumergida del subcontinente indio.

Otra tradición cultural, citada en el libro de Allan y Delair, *¡Cataclismo!
Pruebas convincentes de una catástrofe cósmica en 9500 a.C.*, es la de los selung del archipiélago de Mergui, cercano al sur de Birmania, en la que también
se habla de una tierra hundida: "Antes [el] país era de dimensiones continentales, pero la hija de un espíritu maligno arrojó muchas rocas al mar... las aguas
se elevaron y se tragaron la tierra... Todo lo viviente pereció, excepto lo que
pudo salvarse en una única isla que permaneció sobre las aguas".

Una de las epopeyas de los tamiles del sur de la India, el *Silappadhikaram*,
menciona muchas veces una inmensa extensión de tierra llamada Kumari Nadu,
también conocida como Kumari Kandam (posteriormente identificada como Lemuria por académicos europeos), que se extendía mucho más allá de las actuales
costas del país hacia el océano Índico. Antiguos comentaristas del sur de la India

escribieron en detalle sobre Tamil Sangham, una academia espiritual prehistórica situada en esa tierra antigua. También escribieron sobre el sumergimiento de dos ríos, el Kumari y el Pahroli, en medio del continente y de un país lleno de montañas, animales y vegetación.

El *Silappadhikaram* habla de un país de cuarenta y nueve provincias, con cordilleras que producían piedras preciosas (como sucede hasta nuestros días en Sri Lanka y otras partes de la India). Según la tradición, este reino, llamado Pandyan, duró desde el año 30 000 a.C. hasta el 16 500 a.C. Se dice que por lo menos uno de los linajes de místicos modernos del sur de la India desciende directamente de esos tiempos tan antiguos, en los que sus antepasados espirituales podían alcanzar una longevidad extrema mediante el dominio yoga y eran virtualmente como dioses. Supuestamente este fenómeno ha seguido ocurriendo hasta el presente, en remotas regiones del Himalaya.

El poema épico del *Mahabharata,* que algunos académicos indios no anglicanizados consideran perteneciente al siglo V antes de Cristo, contiene referencias acerca de su héroe Rama, mirando desde la actual costa occidental de la India hacia una inmensa masa terrestre hoy ocupada por el océano Índico. Estas gestas indias hacen alusión a una tecnología avanzada, las vimanas, un tipo de aeronave usado para transportar a la élite y hacer la guerra. Otros escritos indios antiguos menos célebres describen estas aeronaves con lujo de detalle, lo que ha producido desconcierto entre estudiosos e historiadores. Además, las grandes epopeyas indias describen vívidamente una devastación militar solo comparable con una guerra nuclear.

Tanto el erudito en sánscrito como el renombrado físico J. Robert Oppenheimer, padre de la bomba de hidrógeno, parecen haber interpretado que el antiguo poema épico describía una conflagración nuclear prehistórica. Después de la primera prueba atómica en Alamagordo, Nuevo México, Oppenheimer recordó una cita escalofriante del *Mahabharata:* "Me he convertido en muerte, destructora de mundos". En una entrevista posterior, cuando se le preguntó si la prueba de Alamagordo había sido la primera vez que se detonaba una bomba atómica, Oppenheimer contestó que era la primera vez que se hacía *en la historia moderna.*

Pero, independientemente de lo que diga Oppenheimer, ¿son simples mitos los relatos sobre máquinas voladoras, continentes perdidos y guerras nucleares prehistóricas, o acaso estas antiguas referencias nos presentan un registro histórico olvidado hace mucho tiempo y luego desechado por los prejuicios de la ciencia moderna, por considerarlo una fantasía?

# EL FILTRO DEL CONOCIMIENTO

Para empezar a dar respuesta a esa pregunta, tenemos que mirar primero la historia de los conocimientos académicos en lo que respecta a la India.

Desde el siglo XIX, los eruditos occidentales han ignorado sistemáticamente la importancia histórica de las tradiciones culturales de los pueblos antiguos, incluidas las del sur de Asia. Con un sesgo decididamente etnocéntrico, derivado de la mentalidad colonialista de Occidente, los expertos reinterpretaron la historia del Oriente y arrojaron al basurero de la historia sistemas científicos y filosóficos completos. Ese era el mismo destino que se le daba a todo lo que entrara en conflicto con los modelos europeos, como el del cristianismo bíblico y el materialismo científico. De ahí es que surge lo que se conoce como "filtro del conocimiento", perfectamente conocido en la actualidad entre los estudiantes de arqueología y geología alternativas y otras disciplinas involucradas en la búsqueda de los orígenes perdidos.

El trato del Occidente hacia la India y el propio consentimiento de esta ante ese trato, ejemplifican la forma en que el intelectualismo occidental conquistó el mundo. Es el modelo basado en la idea de que "el Occidente es mejor": una estricta adherencia a las doctrinas europeas que niegan las tradiciones y procuran presentar teorías aun más antiguas acerca de los orígenes de la civilización que las de los propios eruditos occidentales. Agréguese a esto un materialismo científico que niega toda teoría no materialista sobre los orígenes del hombre, la vida y la realidad.

Por ejemplo, al darse cuenta de que las raíces de las palabras en sánscrito, el antiguo idioma de la India, aparecían en la mayoría de los idiomas del mundo, los estudiosos academicistas de occidente elaboraron un esquema etnocéntrico para explicar el fenómeno. Un esquema que el propio primer ministro indio Jawaharlal Nehru y otros intelectuales indios modernos llegaron a aceptar. Según esta versión, debió haber existido un antiguo pueblo europeo, una raza indoeuropea de la que el mundo y la propia India extrajeron sus raíces lingüísticas y su material genético.

Para sustanciar más esta hipótesis, también expropiaron a los míticos arios de la India antigua. Esta raza legendaria, se nos dice, habría provenido de Europa y luego habría invadido el Valle del Indo, en el norte del país, con lo que el sánscrito y las culturas védicas no serían los fundadores de la civilización occidental, sino un producto de esta.

Pero la teoría de la invasión aria ha caído en el descrédito, después de quedar reducida a una teoría sobre migraciones. James Schaffer, de la Universidad Case Western, un destacado arqueólogo especializado en la India antigua, escribió

*Mapa especulativo que muestra la tierra sumergida en Tamil Nadu*

orales y literarias del sur de Asia están convergiendo". Y añadió: "Algunos estudiosos han propuesto que no hay nada en la 'literatura' que respalde sólidamente la presencia de los indoarios fuera del sur de Asia y, ahora, los registros arqueológicos lo están confirmando . . . Rechazamos enfáticamente las interpretaciones históricas simplistas, que se remontan al siglo XVIII [la época de la invasión de la India por los ingleses] . . . Estas interpretaciones, que aún prevalecen, están condicionadas en gran medida por el etnocentrismo, el colonialismo, el racismo y el antisemitismo europeos . . ."

Por supuesto, nada de esto da una buena imagen de los académicos occidentales.

El sur de la India, un territorio cuyas raíces culturales se remontarían a una antigüedad mucho más profunda que las del norte del país, sufrió un destino similar. Nos dicen los académicos que los hablantes de un idioma protodravídico, el precursor de toda una familia de dialectos hablados en el sur (y, según algunos, del propio sánscrito) ingresaron a la India desde el noroeste. Ambas teorías eran necesarias para mantener las creencias de Occidente, primero sobre la supremacía de la teoría de los orígenes basada en el Jardín del Edén y posteriormente, con el advenimiento de los darwinistas, sobre la ampliamente aceptada teoría de las migraciones desde África, o sea, la doctrina de que el hombre evolucionó de una forma más primitiva originaria del sur de África y lentamente fue adentrándose en Asia, hasta pasar al Nuevo Mundo hace apenas 12 000 años.

Pero la teoría de las "invasiones arias" ha sido desmentida. No se ha encontrado ninguna diferencia entre los esqueletos de los supuestos invasores y los de los pueblos autóctonos de la India. Además, las imágenes satelitales actuales indican que la antigua civilización de Harappa en el valle del Indo y la de Moenjodaro probablemente entraron en decadencia y desaparecieron debido a cambios climáticos —o sea, el agotamiento del *mítico* río Saraswati— y no a causa de la irrupción imaginaria de las hordas arias. Luego, con el ocaso de la teoría de la invasión aria y los recientes descubrimientos de las ruinas sumergidas, se abre una caja de Pandora para los académicos ortodoxos, no solo respecto al pasado de la India sino del mundo entero. Si el sánscrito es anterior a todas las demás lenguas del mundo y otro tanto sucede con el material genético de la India, ¿cómo se explica la prehistoria en términos convencionales?

David Hatcher Childress atribuye la destrucción de Harappa y Moenjodaro a algo muchísimo más controvertido que el cambio climático: *a una conflagración nuclear prehistórica* en la que habrían participado aeronaves y misiles (las altamente destructivas "flechas ardientes" de Rama). Es una imagen que podría parecer extraña, pero que está representada de manera convincente en antiguos textos —tal como indicó Oppenheimer— y que tiene cierto fundamento geológico, según Childress.

Entretanto, incluso los más ortodoxos reconocen que la cultura de aldeas en la India, que consideran precursora de Moenjodaro y de la civilización de Harappa, comenzó en una época extremadamente antigua. Excavaciones en el Mehgarh, actual Pakistán, han hecho retroceder esa fecha hasta el 6000 a.C., es decir, antes de la denominada aparición de la civilización en el Medio Oriente. Algunos eruditos ortodoxos le atribuyen a la India no solo el primer alfabeto, sino el ser la cuna de las civilizaciones de Mesopotamia, Sumeria y Egipto. La evidencia lingüística ofrece además algunas claves sugerentes: los idiomas autóctonos de lugares tan distantes como Kamchatka y Nueva Zelanda comparten similitudes con el tamil, el idioma del sur de la India. Asimismo, algunas palabras del tamil aparecen en los principales idiomas clásicos: el sánscrito, el hebreo y el griego.

Pero, ¿cuán lejos puede llegar el filtro del conocimiento? ¿Qué proporción de la verdadera historia de la India se encuentra todavía en ese basurero inventado por el etnocentrismo, el colonialismo y el materialismo científico occidentales?

El declive de la teoría de la invasión aria representa solo la punta del iceberg de las concepciones equivocadas sobre la edad y naturaleza del antiguo subcontinente indio, su cultura, su pueblo y sus logros. Durante largo tiempo se ha afirmado que la Madre India posee una historia que se extiende desde las oscuras y olvidadas brumas del pasado, a un tiempo anterior a todo mito, cuando vivían grandes *rishis*, hombres de profunda sabiduría y alcance espiritual.

Esta India antigua, considerada fruto de los dioses, se remonta a los tiempos en que surgieron los poemas épicos del *Ramayana* y el *Mahabharata* y a las antiguas

*Antigua estatua en Tamil Nadu*

tradiciones de Tamil Nadu en el sur de la India. La India antigua fue una tierra cuya cultura, según se ha dicho, habría antecedido a la del norte y que en un inicio fue parte de Kumari Kandam, un gran continente austral, que habría abarcado desde la actual Madagascar hasta Australia, en la remota fecha de 30 000 a.C.

Según se dice, oscuros textos de la tradición Siddhanta de Tamil Nadu indican que un gran diluvio inundó Kumari Kandam. Esta misma idea encuentra eco en los escritos del Coronel James Churchward y de W. S. Cervé, quienes dicen tener conocimiento de un texto indio y otro tibetano donde se habla de un continente que se encontraba en el Este y que se perdió hace mucho tiempo.

## ¿ADÓNDE SE FUERON LOS MAMÍFEROS?

Si bien la teoría de la deriva continental presupone un movimiento extremadamente lento y regular de las masas terrestres a lo largo de cientos de millones de años, hay muchísimas pruebas de que, efectivamente, en una prehistoria reciente la superficie de la Tierra habría cambiado de manera muy abrupta. Una súbita y gran extinción tuvo lugar en el planeta, quizás en una fecha tan reciente como hace once mil quinientos años (que generalmente se atribuye al final de la última glaciación), en la que cientos de especies de animales y plantas desaparecieron de la faz de la tierra, tras ser arrastrados hasta las profundidades de las cavernas o carbonizados hasta reducirlos a escombros en todo el mundo. La ciencia moderna, con todos sus poderes y prejuicios, ha sido incapaz de explicar este suceso.

En lugar de ello, se podría decir razonablemente que la ciencia ha tratado de negar las pruebas existentes con teorías cada vez más rebuscadas sobre la Edad de Hielo, con la intención de explicar cualquier posible cataclismo que haya ocurrido en una prehistoria reciente. Se nos dice que toda esa destrucción fue causada por movimientos graduales de los glaciares, aunque tales aseveraciones no dan cuenta de muchas de las evidencias encontradas en distintas partes del mundo que indican que debe haber ocurrido un cataclismo global. De hecho, habría que empezar por señalar que los científicos no saben explicar las causas del deslizamiento de gigantescos glaciares.

Allan y Delair, en *¡Cataclismo!* (un impresionante y exhaustivo trabajo de erudición), exponen un increíble cúmulo de pruebas r*econocidas* que corroboran las leyendas de una inundación o conflagración contenidas en el registro mitológico del mundo. Si dejamos de creer por un momento en las crónicas de nuestros libros de texto sobre la prehistoria reciente, veremos que Allan y Delair llenan el vacío de una manera muy convincente. Gran parte de la evidencia se centra en el sur de Asia, lo que explicaría cómo se pudo perder un continente en el mar en la prehistoria reciente.

Según datos obtenidos en 1947 por el barco de investigación sueco *Albatros,* hay una enorme meseta de lava endurecida de por lo menos varios cientos de kilómetros al sudeste de Sri Lanka. La lava, testimonio de una importante ruptura de la corteza terrestre, ha rellenado la mayoría de los valles que existieron una vez y que ahora se encuentran sumergidos. La inmensa erupción que produjo la lava tal vez coincidió con la desaparición de lo que Wallace denominó el continente austral (Kumari Kandam), del que existen muchas pruebas zoológicas y botánicas que, según Allan y Delair, le otorgarían a esa masa de tierra una fecha reciente.

Entre el cúmulo de evidencias reunidas por los primeros geólogos y vuelta a rescatar por Allan y Delair se encuentran unas cuevas asiáticas llenas de huesos de diversas especies de animales de la prehistoria reciente, que solo pudieron haber sido arrastrados hasta esa última morada por enormes volúmenes de agua, propulsada por una espectacular y destructiva fuerza de la naturaleza.

A la luz del trabajo de Allan y Delair, se entiende que también otras anomalías geográficas, como la meseta del Decán en la India, una extensa llanura triangular de lava de varios cientos metros de espesor que abarca aproximadamente 647 500 kilómetros cuadrados y la planicie indogangética, una gigantesca fisura en la superficie de la Tierra que va desde Sumatra hasta el Golfo Pérsico pasando por la India, podrían ser interpretadas como evidencia de un enorme cataclismo que hundió a Kumari Kandam en la época de las grandes extinciones. Esta área se distingue geográficamente de la planicie indogangética y del Himalaya. Las rocas del Decán, que son de las más antiguas del mundo y no presentan ningún indicio de haber estado jamás bajo el agua, suelen estar cubiertas por láminas de roca madre o piedra basáltica que una vez fluyeron hasta ellas en forma de lava fundida.

## ¿LEGADOS DISTANTES?

Hay además otros interesantísimos fragmentos de evidencias anómalas que sugieren que alguna vez existió en Kumari Kandam una amplia o incluso avanzada cultura que usaba el transporte marítimo o aéreo: por ejemplo, se han encontrado idénticos tipos de escritura en el valle del Indo y en la isla de Pascua, al otro lado del Pacífico. Según algunos investigadores del sur de la India, se ha constatado que esa escritura, que antes se consideraba indescifrable, corresponde a un idioma prototamil, el cual vincula la lejana cultura de la isla de Pascua y sus famosas estatuas megalíticas con la antigua región del sur de la India del Sur, o Kumari Kandam. Esta idea encuentra eco en la sabiduría popular de los habitantes de la isla de Pascua sobre un gran continente en el Pacífico del que provendría su gente.

Si seguimos hacia el Este, hasta América del Norte, nuevos métodos de datación sitúan en el siglo VII a.C. a la momia de la Cueva del Espíritu (restos de un hombre de aproximadamente cuarenta años descubierto en 1940 en una cueva al este de Carson City, Nevada). Aunque los indios americanos modernos han dicho que los restos corresponden a sus antepasados, los rasgos faciales de la momia parecen corresponder a los de un hombre del sudeste asiático. Puesto que no se ha llegado a un acuerdo sobre las fechas en que habría vivido el hombre momificado, además de las incertidumbres y sesgos en lo que se refiere a la datación de artefactos y fósiles en general, la momia de la Cueva del Espíritu podría perfectamente ser un antiguo habitante de Kumari Kandam, o al menos un antepasado de esa cultura.

Independientemente de si la momia de la Cueva del Espíritu proviene o no de Kumari Kandam, en sentido literal o genético, la revisión de las investigaciones anteriores en el campo de los orígenes del hombre y la probabilidad de que haya existido una civilización antigua avanzada comienzan a poner de cabeza el paradigma científico occidental. El problema para los partidarios de que "el Occidente es mejor", y junto a ellos los materialistas científicos acérrimos, es que la mayoría de las culturas del mundo poseen tradiciones y registros mitológicos que se contradicen con las agresivas suposiciones de la ciencia occidental, así como con sus afirmaciones sobre la prehistoria y la naturaleza del hombre. Cada vez con mayor frecuencia, las antiguas tradiciones se ven respaldadas por las revelaciones que se van acumulando en diversos campos, desde la arqueología hasta la nueva física y los estudios sobre experiencias cercanas a la muerte.

Y aunque las suposiciones basadas en que "el Occidente es mejor" siguen proliferando en libros de texto y universidades del mundo entero, los registros escritos en la tierra y en textos antiguos reaparecen sigilosamente como fantasmas del pasado olvidado. Los registros de la Madre India, donde esos espíritus son dioses, no son la excepción.

# QUINTA PARTE

## LA ALTA TECNOLOGÍA DE LA ANTIGÜEDAD

# 26 Conversación con Peter Tompkins

Los secretos de un mundo olvidado

## J. Douglas Kenyon

Hay dos libros que tuvieron una influencia sin igual sobre muchos de los personas que ubican en los finales de los sesenta y el comienzo de los setenta su propio descubrimiento de la sabiduría de los antiguos y el poder de las fuerzas ocultas: *The Secret Life of Plants [La vida secreta de las plantas]* y *Secrets of the Great Pyramid [Secretos de la Gran Pirámide]*. Ambos fueron dos grandes éxitos de venta que, cuando menos, pusieron a los científicos ortodoxos en serios aprietos a la hora de defender su posición.

Aunque hay ideas que ya están casi pasadas de moda, como el descubrimiento de que a las plantas les gusta la buena música y las connotaciones especiales de las medidas de la Gran Pirámide, lo cierto es que hace veinticinco años causaron toda una revolución y, de paso, le dieron una buena cuota de notoriedad al autor Peter Tompkins. Para ser alguien que se atrevió a desafiar de manera tan flagrante a los titanes de la ciencia convencional, hubo una época en que no solo alcanzó la fama sino que gozó de gran credibilidad.

Ambos libros siguen en circulación pero Tompkins, aunque fue muy escrupuloso en su investigación, fue desestimado por los expertos convencionales como una suerte de excéntrico. Otros dos libros suyos, *El misterio de las pirámides mexicanas* y *Secrets of the Soil [Secretos de la tierra]*, han contribuido muy poco a cambiar su reputación inmerecida; sin embargo, el autor permanece ocupado y sin arrepentimientos. Tompkins es una figura clave y fascinante, y la revista *Atlantis Rising* tuvo la suerte de poder entrevistarlo y conversar con él de su opinión sobre distintos temas de interés en común con la revista.

Tompkins nació en Georgia, pero se crió en Europa y volvió a Estados Unidos para estudiar en Harvard. Sus estudios se vieron interrumpidos por la Segunda Guerra Mundial. Empezó a trabajar como corresponsal de guerra para el diario *New York Herald Tribune,* pero pronto cambió el diario por la radio, donde trabajó para las radioemisoras *Mutual* y *NBC*. Al término de la guerra, trabajaba con Edward R. Murrow y la cadena *CBS*. En 1941, interrumpió su carrera de reportero para dedicar una temporada a la organización TOI (precursora de la OSS, que más adelante se convertiría en la CIA).

Pasó cinco meses tras las líneas enemigas. "Antes del desembarco de Anzio", recuerda el autor, "los generales Donovan y Park me enviaron a Roma; si hubieran logrado llegar, habríamos conseguido una gran victoria. Pero la realidad fue que nos quedamos atascados. Tuve que mandar mensajes de radio cuatro o cinco veces al día para informar sobre los movimientos de los alemanes: dónde planeaban atacar, en qué número y así sucesivamente".

Durante su misión, Tompkins reclutó a muchos agentes que eran enviados al norte para establecer contacto con los partisanos y ayudar a despejar el camino y permitir el avance previsto de los Aliados. A la postre, se trasladó a Berlín. Cuando Truman eliminó la OSS después de la guerra, Tompkins decidió que no deseaba unirse a la recién organizada CIA, por lo que siguió su propio camino. Los años que siguieron al término de la guerra los pasó en Italia, aprendiendo a producir películas y escribir guiones cinematográficos. Allí desarrolló un considerable desprecio hacia la censura: "Me di cuenta de que la única manera de decir lo que quería era a través de los libros, que no se someten a censura".

*Peter Tompkins*

Así y todo, empezó a darse cuenta de que sus opiniones lo convertían en anatema para muchos. "Fui expulsado de tantas cenas y fiestas", se ríe, "por hablar sobre conceptos metafísicos, o lo que se consideraba ideas locas, que aprendí a cerrar la boca".

Sin embargo, no ha sido su estilo permanecer callado en los libros. Ni tampoco ha logrado rehuir la censura por completo. Tompkins cree que su libro más reciente, *Secretos de la tierra*, que define como "un grito de auxilio para salvar al planeta de las mortales sustancias químicas", fue virtualmente "aplastado por el editor", que temía asustar al público. *Secretos de la tierra* es una secuela de *La vida secreta de las plantas* y propone alternativas al uso de fertilizantes químicos que, según Tompkins, "son completamente inútiles y lo único que logran es matar el suelo y los microorganismos, envenenar las plantas y, al final, envenenar a animales y seres humanos". Tompkins cree que estos fertilizantes son la primera causa de la rápida propagación del cáncer.

No solo los editores han frustrado los planes del escritor. Aparentemente, Zahi Hawass y la Autoridad de Antigüedades Egipcias bloquearon su proyecto de usar una prometedora tecnología para radiografiar la Gran Pirámide de

Egipto. "Habría costado alrededor de cincuenta mil dólares hacer una radiografía de toda la pirámide y averiguar de una vez lo que realmente hay dentro de ella", dice el escritor. "Me parecía que era una magnífica idea para un programa de televisión pero, aunque resulte extraño, nadie se interesó".

Respecto del trabajo altamente publicitado del astrónomo belga Robert Bauval que pretende demostrar que las pirámides están alineadas con la constelación de Orión, Tompkins se encoge de hombros: "Es una hipótesis imposible de verificar. De la Gran Pirámide, solo me interesan las hipótesis que puedan demostrarse indiscutiblemente". Tompkins quiere más que una "infinita procesión de teorías", de las que dice tener muchísimas. No obstante, reconoce que, "si pensamos en la conexión entre el pueblo de los dogones y la estrella Sirio, se hace evidente que nuestros antepasados sabían mucho más de astronomía y que tal vez hayan tenido algún tipo de conexión con las estrellas. Pero estas cosas solo me interesan cuando veo que alguien presenta pruebas bastante contundentes".

El escritor cree que una gran parte de la arquitectura antigua proporciona abundantes pruebas de que los antiguos poseían conocimientos avanzados de astronomía. "Es evidente que todos los grandes templos de Egipto tenían una orientación astronómica y una ubicación acorde con la geodesia", afirma. Le interesa especialmente el Tel el-Amarna, que posiblemente sea el tema de un próximo libro. Considera que los conocimientos astronómicos incorporados en la construcción de la ciudad son "alucinantes". Pero sus planes se han visto afectados por la muerte de Livio Catullo Stecchini, un gran académico italiano y experto en mediciones antiguas, con cuya colaboración contó para escribir una buena parte de su libro *Secrets of the Great Pyramid [Secretos de la Gran Pirámide]*.

Resulta interesante señalar que Tompkins nunca permitió que *Secretos de la Gran Pirámide* se publicara en Italia porque el editor quería omitir el apéndice de Stecchini. Esa injusticia aún lo enfada: "He aquí un genio italiano no reconocido y, sin embargo, los propios italianos dijeron que si decidía imprimir el apéndice, no podría contar con la publicación del libro".

El siguiente libro de Tompkins, acerca de las pirámides de México, volvía sobre la idea de que los antiguos poseían conocimientos astronómicos avanzados. Aunque no está convencido de que las similitudes entre Egipto y México demuestren la existencia de una cultura madre como la Atlántida, tal como algunas personas han sugerido, el escritor sí cree que "es obvio que la gente iba y venía de un lado a otro del Atlántico". Y añade que los constructores mexicanos usaron el mismo sistema de medición que los egipcios. "Debería escribir otro libro completo sobre los conocimientos compartidos a ambos lados del Atlántico", dice.

*Peter Tompkins en Chichén Itzá*

Durante su experiencia en México, Tompkins logró (con grandes gastos y dificultades) filmar el efecto que se produce en el templo de Chichén Itzá a la salida y la puesta del sol durante el equinoccio. "Es absolutamente impactante", comenta, "pero se puede ver como la serpiente cobra vida, solamente ese día. Su contorno sube y baja por los escalones. Logramos filmarlo y es muy hermoso. ¿Cómo pudieron orientar la pirámide para que este fenómeno ocurriera tan solo en el equinoccio?"

En busca de la respuesta, Tompkins viajó a Nueva Zelanda para encontrarse con Geoffrey Hodgeson, quien en los años veinte del siglo pasado se hizo famoso por ser capaz de indicar, por medio de la clarividencia, la posición exacta de los planetas en cualquier momento dado. Convencido por la demostración de Hodgeson, Tompkins llegó a la conclusión de que el mismo secreto de este hombre era lo que permitía a los antiguos trazar con precisión sus alineaciones astronómicas sin contar con los instrumentos modernos. "No los necesitaban", dice, "porque el instrumento lo tenían interiormente. Mediante la clarividencia, podían predecir dónde se encontrarían los planetas y comprender sus movimientos". Esta capacidad, aunque accesible a los antiguos, ha quedado prácticamente olvidada por la sociedad occidental, alienada por la alta tecnología. "Nos hemos encerrado en nosotros mismos", dice el autor. "Hemos bajado las cortinas de nuestra intuición".

Fascinado por la clarividencia y su potencial, Tompkins ha tratado de aprovecharla en sus investigaciones científicas. Durante un viaje a las Bahamas en busca de pruebas concluyentes sobre la existencia de la Atlántida, usó todas las herramientas a su disposición. Cuando un sitio en particular parecía estar cubierto de antiguas columnas y frontones de mármol, un clarividente le dijo que solamente se trataba del lugar de descanso final de un barco encallado del siglo XIX que se dirigía a Nueva Orleans llevando a bordo un mausoleo de mármol. Usando técnicas más científicas, la recolección clandestina de muestras del célebre camino de Bimini lo ha convencido de que este no fue hecho por el hombre sino que se trata de rocas de playa.

Un geólogo de la Universidad de Miami finalmente le dio lo que necesitaba. El Dr. Cesare Emiliani le mostró a Tompkins los resultados de sus propias muestras, tomadas a lo largo de los años en el Golfo de México. Eran pruebas concluyentes de que hubo una gran inundación alrededor del año 9000 a.C. Tompkins recuerda: "Emiliani me comentó, 'Dicen que la Atlántida ha sido hallada en las Azores, o frente a las costas de España o de la costa este de Estados Unidos. Es posible que todos estos lugares hayan sido parte del imperio de la Atlántida, que se habría hundido en el momento en que Platón dice que se hundió".

Varios años antes, Tompkins había escrito el prólogo de la traducción al inglés del libro *The Secret of Atlantis [El secreto de la Atlántida]* de Otto Muck. Tompkins considera muy plausible la hipótesis de Muck de que la Atlántida fue hundida por un asteroide, pero esto aún no se ha podido demostrar. En cambio, opina que el trabajo de Emiliani es la única prueba geológica sobre ese particular.

Por supuesto que con o sin pruebas, la Atlántida, como muchas otras ideas controvertidas, no tiene grandes probabilidades de ser aceptada fácilmente por la comunidad intelectual convencional. Las razones son muy claras para Tompkins: "Si se llegara a demostrar alguna parte de esta hipótesis, tendrían que reescribir todos los libros de texto de arqueología. Si la teoría de John West acerca de la Esfinge es correcta (que tiene más de diez mil años de antigüedad), esto hará que cambien muchas cosas". A modo de analogía, dice que conoce a un canadiense que ha elaborado una cura para el cáncer, pero que su descubrimiento es visto como una amenaza para la industria relacionada con esta enfermedad, que produce miles de millones de dólares al año.

Al haber dedicado toda una vida a la búsqueda de caminos ocultos, Tompkins se pregunta filosóficamente sobre su propia e inevitable transición física. Reconoce que la muerte es una posibilidad cada vez más cercana y dice: "Estoy mucho más en paz con la idea de morir. Al igual que el tiempo, la muerte es una especie de ilusión. Pierdes tu cuerpo pero, ¿qué estás perdiendo en realidad? Hemos tenido muchos otros en vidas pasadas y es probable que tengamos varios más después de esta vida. Tal vez estaríamos mejor sin cuerpo alguno".

De cualquier modo, su productividad no declina. Su próximo libro promete demostrar la existencia de criaturas elementales. El proyecto fue inspirado por la reciente confirmación científica de la labor de Annie Besant y C. W. Leadbeater en la descripción de la estructura subatómica. Antes del comienzo de este siglo, estos dos líderes de la Sociedad Teosófica decidieron usar sus poderes de yoga para analizar los elementos. Leadbeater veía y Besant dibujaba. Cuando publicaron su trabajo, nadie le prestó atención. Después de todo, no solo era "imposible" lograr lo que ellos decían que podían hacer, sino que sus resultados contradecían la ciencia convencional.

Más adelante, en los años setenta, un físico inglés descubrió su trabajo y se dio cuenta de que habían acertado al describir los *quark* y otras características del átomo que se han descubierto hace poco tiempo. Con semejante reivindicación, Tompkins se interesó entonces en revisar el trabajo detallado que Besant y Leadbeater publicaron sobre los espíritus elementales, además del trabajo del renombrado clarividente Rudolf Steiner.

"Si unimos todos los elementos", dice Tompkins, "y nos damos cuenta de que estos investigadores, muchos años antes de que se descubrieran los átomos e isótopos, realmente fueron capaces de describirlos y dibujarlos con exactitud, y después leemos sus descripciones de los espíritus de la naturaleza, sus funciones en nuestro planeta, sus conexiones con los seres humanos y la explicación de por qué debemos reconectarnos con ellos, creo que es nuestro deber escucharlos. Más claro, ni el agua".

# 27 La agricultura antigua, en busca de los eslabones perdidos

¿Crece en nuestros campos la prueba insoslayable de una civilización perdida?

## Will Hart

Uno de los aspectos más curiosos de los misterios de la historia es precisamente el hecho de que existan. ¿Por qué *tendría* nuestra historia que estar llena de anomalías y enigmas? Nos hemos condicionado a aceptar estas incongruencias, pero si lo pensamos bien, no tienen mucho sentido. Conocemos con cierta precisión la historia de América, Europa, Roma y Grecia desde hace tres mil años, de la misma manera que conocemos nuestra historia personal. Consideraríamos muy extraño e inaceptable que no fuera así.

Sin embargo, si retrocedemos a la prehistoria, un poco más allá de Babilonia, Sumeria y el antiguo Egipto, las cosas se ponen muy difusas. No hay muchas explicaciones posibles: o nuestras ideas y creencias sobre la forma en que transcurrió la historia están en conflicto con la realidad, o por razones desconocidas padecemos de amnesia colectiva, o existe alguna combinación de ambas explicaciones.

Imagínese que se levanta una mañana con una amnesia total, sin tener idea de cómo llegó a este planeta y sin ningún recuerdo de su propio pasado. Estamos en una situación análoga, igualmente preocupante, en cuanto a la historia de la civilización. O supongamos que vive en una antigua mansión de estilo victoriano repleta de artefactos raros y antiguos. Esa es en cierto modo nuestra situación al vernos entre antiguas ruinas y atravesar galerías de museos preguntándonos quién habrá hecho todas esas cosas, cómo y por qué.

Hace ciento cincuenta años, se consideraba como pura ficción la mayor parte de la historia recogida en el Antiguo Testamento, incluida la existencia de Sumeria (la Shinar bíblica), Acad y Asiria. Pero esa parte de nuestro pasado fue recuperada a finales del siglo XIX y principios del XX, cuando se descubrieron Nínive y Ur. Sus artefactos han cambiado por completo nuestra perspectiva de la historia.

Hasta hace muy poco, no conocíamos las raíces de nuestra civilización. No teníamos idea de quién habría inventado la rueda, la agricultura, la escritura, las ciudades ni ninguna otra cosa. Además, por alguna razón curiosa e inexplicable, a pocos les interesaba y hasta los historiadores estaban dispuestos a dejar que las ruinas de la historia humana siguieran enterradas bajo las arenas del desierto. Esa actitud es tan extraña como los propios misterios.

Si usted hubiese tenido amnesia, ¿lo habría aceptado o habría hecho todo lo que estuviera a su alcance por reconstruir su pasado y su identidad?

Da la impresión de que nos ocultamos algo. Algunos dirán que hubo una extraordinaria visita de antiguos astronautas; otros, que una antigua civilización humana fue destruida por un cataclismo. En cualquiera de los dos casos, parece ser que hemos enterrado y olvidado esos episodios porque su recuerdo es demasiado doloroso. Personalmente, no he llegado a ninguna conclusión definitiva en relación con estas ideas, pero estoy seguro de que las teorías ortodoxas presentadas por los arqueólogos, historiadores y antropólogos convencionales no soportarían ser sometidas a un escrutinio intenso.

Es curioso que hayamos desarrollado la capacidad de enviar sondas espaciales a Marte y descifrado el genoma humano, e incluso que seamos capaces de clonarnos, pero que todavía andemos a tientas tratando de entender los misterios de las culturas de las pirámides, de la prehistoria y de cómo dimos el salto cuántico desde la Edad de Piedra hasta la civilización. No tiene sentido. ¿Por qué, como especie, no habríamos de mantener los lazos que nos vinculan de forma directa y concreta con nuestro pasado?

Tengo la misma sensación instintiva que sienten los periodistas investigativos y los detectives de homicidios cuando han hurgado durante mucho tiempo en un caso no resuelto. Nos faltan algunas piezas del rompecabezas o no vemos la situación de la forma correcta y probablemente pasamos por alto el significado de algunas pistas obvias porque se nos ha condicionado a pensar de determinada manera. Agreguémosle a esto que no hemos hecho las preguntas adecuadas. Nunca es malo retrotraernos a lo más esencial y revisar todo lo que creemos saber y cuáles son los verdaderos "hechos".

Siempre hemos tenido la opción de tratar o no tratar de encontrarle sentido al mundo. En lo que se refiere a la adquisición de conocimientos, la vida nos da una increíble cantidad de flexibilidad y libertad. Nuestros antepasados dominaban las reglas básicas del juego de la supervivencia durante el increíblemente largo período de la Edad de Piedra. Para tener éxito, no necesitaban saber que la Tierra giraba en torno al Sol ni conocer la naturaleza de la estructura atómica. Pero después de la última Edad de Hielo, algo extraño sucedió y la raza humana experimentó una repentina transformación que la envió a un territorio desconocido.

Todavía estamos cosechando las consecuencias de esos acontecimientos explosivos.

Retrocedamos en el tiempo hasta los albores de la evolución humana, tal como los representa la ciencia moderna. Nuestros antepasados se encontraban rodeados por un mundo lleno de maravillas naturales y enfrentaban los desafíos que la naturaleza les ponía delante, todos relacionados con la supervivencia básica. Para empezar, carecían de herramientas y de opciones, aparte de la de hacer frente a estos desafíos, como mismo hacían los demás animales. Pero no perdamos la perspectiva ante esta situación. Sabemos exactamente cómo vivía la gente de la Edad de Piedra porque, en los últimos quinientos años, muchas tribus del mundo han seguido viviendo de la misma manera y han sido estudiadas con detalle y profundidad.

Sabemos que la humanidad era bastante homogénea a lo largo de toda la Edad de Piedra. Hace tan solo diez mil años, la gente vivía básicamente de la misma manera, sin importar si estaban en África, Asia, Europa, Australia o las Américas. Vivían cercanos a la naturaleza, cazando animales salvajes y recolectando plantas silvestres, usando herramientas y armas hechas de piedra, madera o hueso. Aprendieron el arte de hacer y controlar el fuego y tenían un conocimiento preciso y detallado de los hábitos de los animales, la geografía de su territorio, los ciclos de la naturaleza y cómo distinguir entre plantas comestibles o venenosas.

Este conocimiento y su forma de vida fueron adquiridos muy paulatinamente a lo largo de millones de años de experiencia. Los hombres de la Edad de Piedra han sido representados de una forma errónea y mal comprendida. No eran bestias estúpidas y la mente y la civilización moderna no existirían sin la larga evolución que esta gente experimentó para establecer la base de todo lo que pasaría más adelante. Eran muy perceptivos, estaban en completa comunión con la naturaleza y, sin duda alguna, eran más fuertes físicamente y más musculosos de lo que somos hoy en día.

En realidad, el mundo natural que heredamos del hombre de la Edad de Piedra estaba completamente intacto. Todo estaba inmaculado y virginal, tal como lo estuvo durante los millones de años de la evolución humana. A esos primeros humanos, la naturaleza les regaló su abundancia y ellos aprendieron a vivir en ese contexto. Desde una perspectiva estadística, la condición humana más constante ha sido la de cazadores-recolectores, en la que hemos vivido durante el 99,99% de nuestra existencia como especie, al menos según la ciencia moderna.

No es difícil entender cómo vivían nuestros antepasados: la vida cambiaba muy poco y muy lentamente. Los primeros humanos se adaptaban y se aferra-

*Agricultores del Antiguo Egipto*

ban a lo que parecía funcionar. Era una forma de vida sencilla, pero a la vez exigente, que se transmitía de generación en generación a través del ejemplo o de la tradición oral.

En realidad, esto no parece tener mucho misterio. Sin embargo, todo empieza a cambiar radicalmente después de la última Edad de Hielo. De repente, algunas tribus comenzaron a adoptar un modo de vida distinto. Abandonaron su existencia nómada, se asentaron y comenzaron a cosechar ciertos cultivos y a domesticar varias especies animales. Los primeros pasos de la civilización son descritos con frecuencia pero rara vez se examinan con profundidad. ¿Qué los impulsó a este cambio abrupto? Es más problemático de explicar de lo que se nos ha hecho creer.

El primer problema es claro y elemental. La gente de la Edad de Piedra no comía cereales y estos son la base de la agricultura y de la alimentación de la gente civilizada. Su dieta consistía en carne de los animales salvajes que cazaban, además de vegetales y frutas silvestres frescos.

Comencemos por observar la discordancia evolutiva desde un punto de vista general y examinemos la falta de correspondencia entre las características de los alimentos que consumimos desde la "revolución agrícola", que empezó hace diez mil años, y el largo historial anterior de cazadores-recolectores que caracterizó a nuestro género durante dos millones de años. Las semillas de

*La trilla en Egipto*

hierbas comestibles que hoy en día tenemos a nuestra disposición simplemente no estaban al alcance de la mayoría de la humanidad hasta mucho tiempo después de su domesticación debido a su limitada distribución geográfica. Por consiguiente, el genoma humano está mucho mejor adaptado a los alimentos que estaban disponibles antes de la era agrícola.

Esto nos plantea un enigma que es tan difícil de penetrar como el de la construcción de la Gran Pirámide. ¿Cómo y por qué fueron capaces de este salto evolutivo nuestros antepasados? Si su experiencia con los granos silvestres era escasa o nula, ¿cómo supieron cuál era la forma adecuada de cultivarlos o, incluso, que eran comestibles?

Aun más, desde antes del abrupto surgimiento de las civilizaciones sumeria y egipcia, la mayoría de los granos y cereales ya se habían sometido a un proceso de hibridación, lo que requiere un alto grado de conocimiento y experiencia acerca de las plantas, además de tiempo. Si el lector conoce aunque sea un poco de plantas y frutas, o de agricultura, sabrá que las especies en estado silvestre son muy diferentes a las variedades híbridas. Está bien establecido que los cazadores-recolectores no tenían ninguna experiencia en el cultivo de plantas ni en la domesticación de animales y, por lo tanto, empezar de cero hasta llegar a un estado avanzado de agricultura y domesticación debió tomar mucho más tiempo del que los historiadores dicen que requirió.

Debemos preguntarnos, ¿dónde se originó este conocimiento? ¿Cómo fue que el hombre de la Edad de Piedra adquirió de repente las habilidades necesarias para domesticar plantas y animales, con tan alto grado de eficacia? En el arte sumerio y egipcio se encuentran especies caninas de pura raza, como los salukis y los galgos. ¿Cómo pudieron ser criados a partir de lobos con tanta rapidez?

Consideremos los siguientes aspectos que hacen que las explicaciones convencionales sean difíciles de creer: 1) el proceso evolutivo extremadamente lento de la humanidad durante la Edad de Piedra, y 2) la súbita creación y uso de nuevas herramientas, nuevos alimentos y nuevas formas sociales sin precedente. Si los primeros humanos hubiesen consumido granos silvestres, si llevaran mucho tiempo experimentado con la hibridación y si se hubieran desarrollado en etapas evidentemente graduales, podríamos entender todo este proceso.

Pero, ¿cómo podemos aceptar ese salto aparente desde la Edad de Piedra hasta la Gran Pirámide de Giza?

El cruce de plantas es una ciencia exacta y se sabe que era un proceso que ya se practicaba en Sumeria, en Egipto y entre los antiguos israelitas. Si alguien lo duda, téngase en cuenta que seguimos cultivando los mismos granos primarios que desarrolló el hombre de la antigüedad. Este es un hecho tan singular que merece un examen más exhaustivo. Existen cientos de plantas silvestres que se podrían domesticar. ¿Por qué el hombre durante los últimos tres mil años no ha desarrollado nuevos avances en el cultivo de cereales a partir de especies en estado silvestre? ¿Cómo es que los antiguos lograban seleccionar las plantas que darían las mejores cosechas, con el conocimiento tan escaso que supuestamente tenían si hubieran salido de la Edad de Piedra en forma relativamente reciente?

No solo tuvieron la destreza para resolver todos estos problemas complejos, sino que descubrieron rápidamente los principios para crear productos derivados de los cereales. Los sumerios ya producían pan y cerveza hace cinco mil años y, sin embargo, sus antepasados más cercanos —al menos, según los antropólogos— no tenían conocimiento alguno sobre estos temas y vivieron recolectando plantas y cazando bestias salvajes. Casi parecería que seguían instrucciones de alguien que ya tenía conocimiento en todas estas materias. Pero no podía ser de sus antepasados, pues estos eran cazadores-recolectores.

Es muy difícil reconstruir estas transiciones tan rápidas, en especial cuando iban acompañadas de cambios tan radicales en casi todos los aspectos de la vida humana. ¿Cómo es posible que seres humanos que no conocían nada fuera de una existencia nómada y una estructura social igualitaria se hayan transformado de forma tan abrupta y radical? ¿Qué los impulsó a construir ciudades y crear sociedades altamente estratificadas, si anteriormente no tenían ninguna noción sobre estas cosas?

Durante la Era Epipaleolítica, alrededor de los años 8000 a 5500 a.C., las tribus del valle del Nilo vivían en casas ovaladas semisubterráneas, con tejados de barro y ramas. Elaboraban piezas de alfarería sencillas y usaban hachas de piedra y flechas con punta de sílex. En estado aún seminómada, se trasladaban con las estaciones de un campamento a otro. La inmensa mayoría de las tribus de todo el mundo vivían de una forma similar. ¿Cómo pasaron de este estado a la explotación de canteras, el uso de vestimentas y la manipulación de bloques de piedra de una a seis toneladas de peso para construir la estructura más colosal del mundo, todo esto en un período tan breve?

Es prácticamente imposible encontrar una explicación racional a esta rápida transición. Cualquier invención o desarrollo cultural requiere tiempo y una secuencia de etapas fáciles de identificar. ¿Dónde se encuentran los precursores? No es difícil rastrear este sendero de desarrollo durante la Edad de Piedra, desde herramientas muy primitivas hasta las hachas de piedra y las puntas de flecha de sílex. Esto es lo que deberíamos encontrar a medida que se desarrolla la civilización.

Pero, ¿dónde hay pirámides de escala mucho menor? ¿Dónde están las tallas rudimentarias en piedra que preceden a las sofisticadas estelas? Los inicios del hombre solo conocieron la lenta evolución de las formas, desde lo simple hasta lo complejo, y no estos saltos desde chozas de barro con tejados de paja hasta la arquitectura a gran escala, con bloques megalíticos de piedra y complejas obras de arte que requieren habilidades magistrales.

No existen rastros de estas fases del desarrollo. Las tablillas cuneiformes sumerias describen sistemas de irrigación y agricultura bastante complejos, y procesos de elaboración de cerveza y pan. La Biblia nos cuenta que los judíos antiguos cultivaban uvas y producían vino y panes con y sin levadura. Damos estas cosas por descontado sin cuestionar los supuestos que las sustentan. ¿Dónde aprendieron el arte de la hibridación del trigo panadero y el proceso para transformarlo en harina y hornearla para hacer pan, en un lapso tan breve? La misma pregunta se aplica a la viticultura. No se trata de productos sencillos ni obvios.

Suponemos que sus antepasados desarrollaron estas habilidades agrícolas a lo largo de un prolongado período de tiempo, lo que sería lógico. Pero no fue así. Los primeros experimentos agrícolas muy primitivos, documentados por arqueólogos, tuvieron lugar en Jarmo y Jericó. Eran aldeas pequeñas y humildes, cuyos habitantes cultivaban algunas cosechas sencillas, pero seguían practicando la caza y la recolección de plantas, por lo que no se trataba de comunidades agrícolas en sentido estricto.

El problema es que no encontramos pasos intermedios entre Sumeria y

Egipto, y tampoco existen zigurats o pirámides en pequeña escala, ni ninguna progresión gradual que demuestre que los artesanos de la Edad de Piedra pudieran desarrollar de repente la capacidad de tallar estatuas y estelas intrincadas.

Las teorías ortodoxas están comenzando a apoyarse más en las versiones "oficiales" de las autoridades que en hechos bien argumentados y documentados. Hemos llegado a una crisis en los campos de la antropología, la historia y la arqueología porque las hipótesis convencionales son incapaces de resolver de manera satisfactoria un número cada vez mayor de anomalías. Las explicaciones, insuficientes y gastadas, se hacen cada vez más laboriosas y ya no son capaces de soportar su propio peso. Las piezas no encajan entre sí para formar un todo coherente.

Hemos mencionado anteriormente una cita del eminente paleoantropólogo Louis Leakey. Hace algunos años, mientras impartía una conferencia en una universidad, un estudiante le preguntó sobre el eslabón perdido de la evolución humana. El profesor le contestó: "No hay uno, sino cientos de eslabones perdidos". Esta afirmación es aun más válida en lo que se refiere a la evolución cultural que a la biológica. Mientras no hayamos encontrado esos eslabones, estaremos como en un estado de amnesia, tratando de dar sentido a nuestras vidas modernas y a nuestra historia colectiva.

# 28 ¿Cuán avanzada era la tecnología de los atlantes?

## ¿Qué es lo que realmente demuestra la evidencia?

### Frank Joseph

Edgar Cayce afirma que los habitantes de la Atlántida operaban aeronaves y submarinos y que contaban con fabulosas tecnologías muy superiores a las del siglo XX. La existencia de tecnologías tan avanzadas en tiempos antiguos es lo más difícil de aceptar para muchos investigadores, en especial las descripciones de Cayce sobre inventos que no se comparan a nada conocido en la actualidad. Dice que los atlantes eran expertos en "fotografiar a lo lejos" y en "leer inscripciones a través de las paredes, incluso a distancia".

"El cuchillo eléctrico de los atlantes se hacía con ciertos metales y tenía una forma tal que se podía usar en la cirugía sin derramamiento de sangre o incruenta, como se llamaría hoy en día, debido a las mismas fuerzas de retención que activaban los procesos de coagulación en cuerpos cuyas arterias o venas principales iban a ser cortadas o intervenidas", dijo Cayce.

Supuestamente, los pocos refugiados de la Atlántida trajeron a Egipto "la música de los electrones, en la que los colores, vibraciones y actividades permitían armonizarla con las emociones de un individuo o un grupo de personas y provocaba un cambio en sus temperamentos. Esta música se podía aplicar además en asociación con lo que podría llamarse el temperamento de los individuos, cuando se encontraran poseídos —por así decirlo— por las influencias del exterior y en quienes sufrieran enfermedades internas que les produjeran determinadas vibraciones en el cuerpo".

Cayce habló de "un rayo de la muerte que, desde las propias entrañas del planeta, traía la destrucción a partes de la tierra cuando se convertía en fuente de energía". Este rayo podría ser lo que hoy conocemos como láser pues, como dijo Cayce en 1933, sería descubierto "en los próximos veinticinco años". También habló de "aparatos eléctricos que los atlantes usaban para construir edificaciones hermosas por fuera, pero que por dentro eran templos del pecado". Los atlantes eran hábiles en "la aplicación de las fuerzas e influencias eléctricas, en especial en su uso y su comportamiento en los metales; no solo para determinar su localización, sino para usarlas en su refinación o su descubrimiento, así como en el uso de diversos medios de transporte o transformación de los metales y mediante la experiencia acumulada sobre esas influencias".

En la época en que Cayce dijo que los atlantes usaban corrientes eléctricas para trabajar el metal, no existía ninguna evidencia de que los antiguos tuviesen conocimiento alguno de electricidad y mucho menos sobre cómo aplicarla a la metalurgia. No obstante, en 1938, el arqueólogo alemán Wilhelm Koenig, mientras realizaba un inventario de artefactos antiguos en el Museo Estatal de Irak, en Bagdad, se dio cuenta de que había un parecido inmenso entre una colección de vasijas de barro de dos mil años de antigüedad, con una serie de baterías en seco. Los detalles peculiares internos de las vasijas estimularon su curiosidad, pues dentro de cada una había un cilindro de cobre, tapado en su parte inferior por un disco (también de cobre) y sellado con asfalto.

Unos años después, la teoría del doctor Koenig fue puesta a prueba. Willard Gray, técnico del laboratorio de alto voltaje de General Electric, en Pittsfield, Massachusetts, hizo una réplica exacta de las vasijas de Bagdad. Encontró que, si insertaba una varilla de hierro en el cilindro de cobre y lo llenaba de ácido cítrico, se generaba una electricidad de entre 1,5 y 2,75 voltios, suficiente como para galvanizar un objeto con oro. El experimento de Gray demostró que, después de todo, es posible que los artesanos de la antigüedad hayan dado un uso práctico a la electricidad en la metalurgia.

Sin duda alguna, la "batería de Bagdad", como se le ha dado en llamar, no fue la primera de su tipo. Fue un artefacto que representaba una tecnología desconocida que nos precedía tal vez en miles de años y que debe haber incluido proezas de ingeniería eléctrica mucho más espectaculares, que se han perdido desde hace mucho tiempo.

Según Cayce, los atlantes no limitaron la aplicación de la electricidad tan solo a la metalurgia. Eran capaces de "usar las ondas de sonido, de la misma manera en que la luz se podía usar como medio de comunicación".

En las edificaciones atlantes había "elevadores y tubos conectados que funcionaban con aire comprimido y vapor".

Su tecnología les permitió incursionar en la aeronáutica. Naves aéreas hechas de cuero de elefante "se fabricaban con contenedores para los gases que se usaban para elevar e impulsar el artefacto, y viajar así por las distintas partes del continente, e incluso a otros territorios... No solo podían cruzar a través de la atmósfera y medios más densos, sino que podían navegar bajo el agua".

Los vuelos tripulados son prácticamente emblemáticos de nuestros tiempos y es por ello que las referencias a ellos en la antigüedad nos parecen increíbles. Sin embargo, hay investigadores serios que creen que las famosas líneas de Nazca en Perú deben haber sido vistas desde una perspectiva aérea por tripulaciones montada en globos de aire, hace dos mil años o más. A pesar de la reticencia en aceptar los relatos de Cayce como verdades, existen pruebas inconclusas, pero seductoras, de que en el mundo antiguo pueden haberse realizado vuelos tripulados.

Los primeros viajes aéreos de que se tiene conocimiento se realizaron en el siglo V a.C., incluso antes del nacimiento de Platón, cuando el científico griego Arquitas de Tarento inventó una cometa de cuero suficientemente grande como para levantar a un niño. Esta idea fue utilizada por los ejércitos griegos y es el primer caso documentado de reconocimiento aéreo.

Más sorprendente aun fue el descubrimiento hecho en el valle del Nilo Superior a finales del siglo XIX. Quien mejor lo cuenta es el famoso autor y explorador David Hatcher Childress: "En 1898, en una tumba egipcia cerca de Saqqara, se encontró una maqueta de un objeto volador. Se le clasificó como 'ave' y fue catalogado como objeto número 6347 en el Museo de Egipto, en El Cairo. Luego, en 1969, el Dr. Khalil Messiha se sorprendió al darse cuenta de que la supuesta ave no solo tenía alas rectas, sino que su cola también era una aleta recta. Al Dr. Messiha el objeto le pareció un avión de aeromodelismo. El artefacto en cuestión es de madera, pesa 39,12 gramos y permanece en muy buen estado.

"Su envergadura es de dieciocho centímetros, la nariz de la aeronave tiene 3,2 centímetros de largo y su longitud total es de 18 centímetros. Las extremidades y las puntas de las alas tienen forma aerodinámica. Aparte de un grabado que simboliza un ojo y dos cortas líneas bajo las alas, no tiene ninguna decoración ni mecanismo de aterrizaje. Según pruebas realizadas por expertos, se ha comprobado que el objeto puede volar".

En total, se han recuperado catorce maquetas similares de excavaciones en Egipto. Es de notar que el pájaro de Saqqara proviene de una zona arqueológica identificada con los primeros períodos dinásticos, en la etapa incipiente de la civilización faraónica, lo que da a entender que las maquetas aeronáuticas no fueron producidas posteriormente, sino que pertenecieron a los albores de la civilización en el valle del Nilo.

Es posible que estos artefactos egipcios anómalos hayan sido "maquetas de aeromodelismo" de aparatos reales que fueron

*El ave de Saqqara*

operados por sus antepasados atlantes. El modelo de planeador de madera existente en el Museo del Cairo, que verdaderamente funciona, sugiere que los egipcios antiguos al menos comprendían los principios fundamentales de los vuelos en vehículos más pesados que el aire. Tal vez este sea el único legado que quedó de tiempos anteriores, donde estos principios se habrían aplicado en forma más seria.

La cita de Childress es un extracto de su libro *Vimana Aircraft of Ancient India and Atlantis [Las vimanas de la India antigua y la Atlántida]* (en coautoría con Iván Sanderson), uno de los análisis más completos en la materia. El libro recopila, desde las primeras tradiciones hindúes, una cantidad sorprendente de evidencias de aeronaves que supuestamente volaron en tiempos antiguos. Estos artefactos, que en ese entonces se conocían como *vimanas*, aparecen en las famosas epopeyas del *Ramayana* y el *Mahabharata*, así como en el *Drona Parva*, el más antiguo, aunque menos conocido, relato épico indio.

Existen descripciones de aeronaves que contienen detalles muy técnicos en diversos manuscritos de la India antigua. Los manuscritos de *Vimaanika Shastra, Manusa y Samarangana Sutradhara,* son todos fuentes clásicas que describen "carros aéreos" que supuestamente operaban desde tiempos prehistóricos muy remotos.

Cada una de estas epopeyas se refiere a una época anterior, lo que hace alusión a los últimos años belicosos y cataclísmicos de la Atlántida. La impresionante colección que presenta Childress de material de estudio que data de los albores de la literatura india da gran realce a las descripciones de Cayce sobre artefactos voladores en la Atlántida. Sin embargo, es importante comprender que las vimanas no tenían casi nada en común con la aviación moderna, porque sus medios de propulsión eran totalmente diferentes a los motores de combustión o a chorro. Tampoco tenían mucho que ver con los conceptos que actualmente tenemos de la aeronáutica.

Parece ser que los atlantes operaban dos tipos distintos de vehículos voladores: un tipo de dirigible inflado con gas y las vimanas, aeronaves más pesadas que el aire, dirigidas desde tierra mediante una fuente central de energía. Si bien estas representan un tipo de tecnología aeronáutica que va más allá de cualquier artefacto conocido, los globos que describe Cayce tenían un detalle que respalda su autenticidad.

Según él, la superficie externa de los dirigibles era de piel de elefante. Si es así, serían probablemente demasiado pesados para contener cualquier gas más ligero que el aire. Sin embargo, las vejigas de elefante, más ligeras, expandibles y herméticas, pueden haber servido con este fin. En cualquier caso, Cayce dice que los atlantes usaban elefantes, que eran nativos de su reino, para muchos fines distintos.

El *Critias* de Platón también menciona que los elefantes abundaban en la isla de la Atlántida. Durante mucho tiempo, los escépticos han criticado a Platón por incluir en su relato a estos paquidermos, que consideraban fuera de lugar, hasta que, en los años sesenta, unos oceanógrafos que dragaban el fondo del Atlántico a unos trescientos veinte kilómetros al oeste de la costa de Portugal arrastraron inesperadamente cientos de huesos de elefante en varios puntos diferentes. Los científicos concluyeron que estos animales deambulaban en una era muy antigua a través de un puente natural de tierra que se extendía desde las costas atlánticas del Norte de África hasta una tierra antes seca, pero que desde hace tiempo quedó sumergida bajo el mar. Este descubrimiento confirió especial credibilidad a los relatos de Platón y también a los de Cayce.

No menos sorprendentes son los relatos de submarinos conocidos por el historiador griego Herodoto, de principios del siglo V a.C. y el naturalista romano Plinio el Viejo, del siglo I. El propio Aristóteles escribió acerca de submarinos. Se dice que su discípulo más famoso, Alejandro Magno, estuvo a bordo de una nave submarina cubierta de vidrio durante un extenso crucero de exploración bajo las aguas del Mediterráneo oriental, alrededor del 320 a.C.

Aunque estos sumergibles se remonten a veinte siglos atrás, la Atlántida ya había desparecido mil años antes. De todas formas, si estos inventos existieron en el período clásico, es probable que hayan operado durante la Edad del Bronce, la cual no difería mucho de dicho período en cuanto a tecnología.

La aeronáutica antigua palidece en comparación con otros logros tecnológicos aun mayores, cuando los científicos atlantes consiguieron "romper las fuerzas atómicas para producir fuerzas de propulsión para sus medios de transporte, o de viaje, o de levantar grandes pesos o modificar la apariencia de las propias fuerzas de la naturaleza", dice Edgar Cayce. En la misma lectura, explica que los atlantes inventaron los explosivos. Siete años antes, había hecho referencia al "período de la Atlántida, cuando se produjeron los primeros de esos explosivos". Incluso antes que esto, Ignatius Donnelly, padre de la atlantología moderna, escribió que en la Atlántida se producían explosivos.

Cayce intenta explicar que los atlantes fueron capaces de crear una sociedad tan avanzada porque su civilización se desarrolló de forma más o menos continua hasta el momento de la catástrofe final. Su evolución cultural fue agraciada con varios siglos de crecimiento, en los que pudieron desarrollar y perfeccionar las artes científicas. La base de esta tecnología antigua era la comprensión, conocimiento y aplicación del poder de los cristales. Las fuerzas motrices de la naturaleza eran dirigidas de alguna forma mediante este poder para satisfacer las necesidades humanas. Esto hizo posible el transporte aéreo, marítimo y submarino, y las comunicaciones de larga distancia mantenían unido al mundo atlante.

Semejante nivel de progreso material en un contexto prehistórico nos parece incomprensible y más allá de lo creíble. Sin embargo, otras civilizaciones mejor conocidas lograron avances tecnológicos que fueron olvidados cuando sus sociedades decayeron; algunos solo fueron redescubiertos miles de años después. En Mesoamérica, por ejemplo, los logros mayas en cuanto a la comprensión de la mecánica celestial no llegaron a ser igualados sino hasta el siglo XX. Las técnicas agrícolas incas, abandonadas tras la conquista española, producían cosechas tres veces mayores que los métodos agrícolas empleados en el Perú actual.

Al mismo tiempo que Platón escribía acerca de la Atlántida, sus compatriotas griegos navegaban el Alexandris. Esta era una embarcación colosal de más de 120 metros de envergadura, de un tipo que no se volvería a ver hasta dos mil años después. Los egipcios de la dinastía XVIII usaban una prueba de embarazo, pero ese mismo sistema no sería descubierto hasta la década de 1920. En cuanto a Egipto, los mejores ingenieros de nuestra época carecen de los conocimientos técnicos necesarios para reproducir la Gran Pirámide con todos sus detalles. Sin duda alguna, con la caída de las civilizaciones antiguas se perdió mucho más de lo que hemos podido recuperar.

Además, nuestra era no tiene el monopolio sobre los inventores y genios humanos de gran talento. El hecho de que los antiguos hayan sido capaces de crear tecnologías complejas en sociedades olvidadas hace ya largo tiempo no debería producirnos incredulidad. Y si una de estas épocas perdidas correspondía a la Atlántida, le debemos ese conocimiento a uno de los filósofos más influyentes de Occidente y el clarividente más importante que ha habido en Estados Unidos.

Cualquiera que sea su interpretación acerca de esta civilización perdida, tanto las fuentes metafísicas como mitológicas concuerdan casi unánimemente en el papel decisivo que habría tenido el avance tecnológico en la destrucción ulterior de la Atlántida. Cayce dijo que los atlantes se embriagaron con las maravillas materiales que podían lograr con la tecnología de cristales de cuarzo. Las riquezas y lujos así generados los hicieron insaciables en sus deseos de abundancia.

Dirigieron los rayos de sus cristales energéticos hacia las mismas entrañas del planeta, con el objetivo de extraer aun más riquezas minerales. Cantidades prodigiosas de cobre de la mayor calidad, que propulsó la industria de armamentos de bronce del mundo preclásico, y suficiente oro como para cubrir las murallas de su ciudad fueron extraídos desde las fértiles entrañas violadas de la Madre Tierra.

Las operaciones prehistóricas de extracción de cobre en la región de Michigan aún muestran las cicatrices de la tecnología atlante. Por ejemplo, algún artefacto desconocido permitía a los antiguos mineros de la Península Superior barrenar pozos verticales a través de casi veinte metros de roca sólida. Otros medios, también desconocidos, les permitían localizar las vetas de cobre más ricas bajo las laderas de la isla Royale y de la península de Kewanee.

No es mera especulación hablar de estos y otros logros similares de finales del cuarto milenio a.C. que permitieron a los mineros prehistóricos extraer un mínimo de quinientos millones de libras de cobre en bruto. Es un dato conocido por los arqueólogos desde hace más de cien años. Tal vez, al extralimitarse en sus operaciones mineras, los atlantes excavaron demasiado hondo en la dorsal mesoatlántica, una formación geológica sísmicamente inestable donde se asentaba su capital. Estaban ciegos ante las consecuencias geológicas de su egoísmo ecológico y consideraban que nuestro planeta vivo era una fuente inagotable de riquezas mineras. El paralelismo con el dilema de nuestros tiempos es peligrosamente incómodo.

Los atlantes se entregaron a una orgía de materialismo egoísta. Sin embargo, en un momento indeterminado de su historia, la naturaleza se cansó de sufrir y se rebeló. Su umbral de tolerancia fue traspasado y reprendió a sus hijos pecadores con un castigo terrible. Sus fuegos infernales se abrieron para envolver a la opulenta Atlántida en un cataclismo volcánico tan devastador que destruyó la isla por completo. La ciudad desmoronada y calcinada, llena de gritos de sus habitantes, fue arrastrada a las profundidades del mar y de la mitología. "El cristal, grande y terrible", la fuente de la prosperidad sin precedente de los atlantes, se había convertido en el instrumento de su perdición.

# 29 La arqueología y la ley de gravedad

La teoría ortodoxa sobre la capacidad
de los antiguos tiende a caer por
su propio peso

## Will Hart

Los enormes transportadores de tierra hacen que la típica camioneta que recorre nuestras calles parezca un camión de juguete Tonka. Autorizados para transportar unas 350 toneladas de peso, estos vehículos están restringidos a operaciones mineras, ya que el peso máximo permitido en las carreteras federales de Estados Unidos es de cuarenta toneladas. Sin carga, estos camiones pesan mucho más que eso. Tuve la ocasión de observar como una de estas máquinas trabajaba en una mina local de cobre a cielo abierto en Bisbee, Arizona. De repente, sentí como un destello que me sacudió y que daba respuesta a preguntas que por mucho tiempo había tratado de poner en perspectiva.

El transportador de tierra es el camión más pesado que hay en la civilización moderna y puede transportar las cargas más grandes que se encuentran en los paisajes de Egipto, Bolivia o Perú. En una etapa de mi vida, mientras aprendía el oficio del mundo literario, trabajé como parte de una cuadrilla constructora en un pueblo maderero, donde aprendí el manejo de cargas pesadas y cuánto puede levantar un cargador frontal o qué carga puede soportar un camión de plataforma doble de transporte de troncos.

A lo largo de mis treinta años de investigación de los misterios de las civilizaciones antiguas, a menudo me ha dejado perplejo la forma en que la gente reacciona ante el hecho de que bloques de piedra gigantescos hayan sido transportados a través de largas distancias o levantados en el aire. Esas reacciones han sido una mirada en blanco o un encogimiento de hombros, como queriendo decir: "Está bien pero, ¿qué tiene de extraordinario?" Esto me frustraba y me hacía sentir como si no estuviese comunicando adecuadamente la magnitud y la dificultad del problema. Pero he llegado a darme cuenta de que la razón por la que la mayoría de las personas no reconocen

*Los bloques de piedra de la pirámide de Kefrén pesan más de setenta toneladas cada uno y están a muchos metros sobre el suelo.*
(Fotografía de J. Douglas Kenyon)

la magnitud del problema —y cuáles son los verdaderos enigmas de nuestro planeta— tiene que ver simplemente con la experiencia directa.

Hace ciento cincuenta años, la mayoría de nuestros antepasados vivía en el campo y se enfrentaba diariamente con tareas como levantar fardos pesados de heno, leños u otras cargas. Estos agricultores sabían bien lo que significaba hacer una paca de heno de una tonelada o levantar un tronco o un bloque de piedra de 136 kilogramos. Pero las maquinarias de hoy en día se ocupan de todas estas tareas de trabajo y transporte pesado, con lo que hemos perdido la perspectiva. Recientemente tuve una conversación con un amigo sobre estos temas, en la que intentaba explicarle por qué los egipcios no pueden haber construido la Gran Pirámide con herramientas y técnicas primitivas.

Mi amigo se mostró escéptico hasta que recordó algo que rápidamente le hizo cambiar su actitud. Yo le decía que estaba dispuesto a aceptar que los constructores pudieron trasladar los millones de bloques de piedra de dos

*Antigua locomotora de vapor de los años cincuenta que
pesa doscientas toneladas*
(FOTOGRAFÍA DE J. DOUGLAS KENYON)

toneladas y media si él era capaz de explicarme cómo era posible colocar los megalitos de setenta toneladas que se encuentran sobre la Cámara del Rey. De repente se le iluminó la cabeza. Se puso muy animado y me contó que una vez, un grupo de amigos y él trataron de mover una mesa de billar muy pesada. El grupo se posicionó alrededor de la mesa, hombro con hombro, y dieron la señal de levantar al unísono.

Todos se sorprendieron al ver que la mesa de billar seguía como clavada al suelo; no habían logrado levantarla siquiera un centímetro. De repente, entendió mi punto de vista. No es posible levantar un bloque de setenta toneladas y transportarlo desde las canteras de piedra hasta un trineo, usando exclusivamente mano de obra humana. La tarea se complica en forma exponencial cuando consideramos que hay bloques de granito de cien toneladas que fueron elevados y colocados a más de veinte metros sobre el nivel del suelo, en el templo de la Esfinge. Este es un problema de ingeniería y de física que no se puede resolver aumentando el número de trabajadores, que es la explicación que los egiptólogos pretenden darle. El granito tiene una alta densidad y un bloque de más de seis metros de largo puede pesar varias toneladas. ¿Cuántos hombres pueden físicamente caber alrededor de una de estas piezas para intentar desplazarla? Con suerte caben cincuenta, lo cual no es ni siquiera suficiente para levantar una de diez toneladas.

Este es un problema insoluble. Mientras los egiptólogos sigan insistiendo en que esos bloques gigantescos fueron levantados simplemente con fuerza bruta y cuerdas, el dilema seguirá sin ser resuelto. Y todo el resto de la teoría que plantean sobre la construcción de las pirámides es irrelevante mientras este obstáculo primario no sea superado. Si no pueden o no quieren demostrar que estas proezas se hicieron de la forma que dicen, entonces ha llegado el momento de dejar de intentar desafiar el resto de sus teorías sin fundamento. Es preciso descartar por completo la casa de naipes de la ortodoxia y desistir de participar en su supuesto debate.

Volviendo al tema de los gigantescos camiones de trescientas cincuenta toneladas, nuestras grúas comerciales de mayor capacidad se encontrarían casi al límite con semejante peso. Si alguien cree que la mera fuerza humana, con cuerdas y trineos, realizó el trabajo de levantar cargas que las maquinarias modernas más pesadas apenas pueden manejar, yo me atrevería a sugerirle que esa creencia es una señal de analfabetismo tecnológico. Hace poco, vi un documental de televisión sobre un puente que se desplomó mientras le pasaba por encima un tren. Hice una reflexión similar a la de la mina de cobre.

Las locomotoras diésel o de vapor pesan alrededor de doscientas toneladas. Son maquinarias robustas que realizan trabajos muy pesados. En los monumentos de Egipto y Perú hay bloques de piedra que pesan tanto como una locomotora. En el mencionado documental, trajeron una gigantesca grúa para recuperar una de estas máquinas, que se descarriló y cayó en un río. Imagínese colocar una locomotora sobre la tierra desnuda o la arena. ¿Qué sucedería? La locomotora se hundiría inmediatamente. Por algo es que las vías de ferrocarril se construyen sobre lechos de grava que a su vez tienen traviesas donde se montan los rieles de acero.

¿Podrían varios miles de hombres arrastrar una locomotora por la arena? Es extremadamente dudoso. Habría que construir algún tipo de camino firme y compacto para absorber el peso y reducir la gran fricción producida en el arrastre. Como ya se ha visto, las carreteras modernas de Estados Unidos solo soportan pesos de menos de cuarenta toneladas.

El típico camión con remolque de dieciocho ruedas puede llevar alrededor de veinte toneladas, por lo que es obvio que las cargas mayores son realmente pesadas. Este tipo de cargas fueron desplazadas por todo Egipto.

¿Dónde están las pruebas arqueológicas de los caminos necesarios para su transporte? No pueden haber desaparecido por completo ya que tendrían que haber sido construidos con piedras y ladrillos.

Supongamos que algunas de estas vías de transporte de bloques de piedra han sido descubiertas. En ese caso, se podrían poner a prueba las teorías ortodoxas acerca del uso de trineos de carga en la antigüedad. En mi opinión, el problema de cómo los constructores de la antigüedad pudieron transportar las cargas más pesadas es suficiente como para echar por tierra las teorías y cronologías ortodoxas acerca de la construcción de los monumentos antiguos. La mayoría de los académicos no son conocidos por su inclinación hacia las ciencias mecánicas y tampoco son ellos quienes hacen el trabajo fuerte en las excavaciones sobre el terreno. Con papel y lápiz, resulta extraordinariamente fácil mover un bloque de cien toneladas desde una cantera de piedra hasta la pared de un templo. Pero la tarea se torna imposible en la vida real, cuando solo se utiliza mano de obra sin la ayuda de maquinarias modernas.

El egiptólogo Mark Lehner descubrió esto desde hace años, cuando organizó a un equipo de expertos para intentar levantar un obelisco de treinta y cinco toneladas valiéndose solamente de técnicas y herramientas antiguas. Este intento fue filmado por el programa "NOVA", de la televisión pública estadounidense. Un maestro cantero fue invitado para extraer el bloque de granito de la roca madre. Desafortunadamente, se dio por vencido después de intentar con todas las técnicas que conocía. Fue necesario entonces usar un buldócer que logró cortar el bloque y depositarlo en un camión de carga. Ahí terminó ese experimento, en el que se demostró que no era posible tallar y transportar un bloque de granito que tenía tan solo una décima parte del tamaño del obelisco más pesado que aún está en pie en Egipto.

## ¿CUÁNTAS PRUEBAS MÁS SON NECESARIAS?

Lehner no volvió a intentar nunca más usar herramientas antiguas para demostrar cómo se construyeron las pirámides. En un experimento posterior, con el objeto de demostrar que era posible construir una maqueta de la Gran Pirámide, un modelo a escala de seis metros de alto, utilizó a egipcios de los alrededores, descalzos y con cinceles y martillos modernos, y un camión con un cabrestante de acero para levantar y transportar los bloques de granito.

Esa premisa dejó sin valor el experimento, que de todas maneras era absurdo, pues los bloques utilizados tenían menos de la mitad del tamaño promedio de los que se usaron en la construcción de la Gran Pirámide. ¿Cómo pretendían demostrar con esto la forma de levantar bloques de setenta toneladas a una altura de cuarenta y cinco metros, verticalmente, hasta la Cámara del Rey? Esta demostración es análoga a la comparación mencionada anteriormente entre el camión de juguete Tonka y un verdadero transportador de tierra. El fiasco tan solo demostró que Lehner se había amilanado ante la magnitud de los problemas de construcción.

Encontramos problemas insolubles muy similares cuando examinamos la ingeniería de precisión que se utilizó para construir la Gran Pirámide. Otro ejemplo de la magnitud del esfuerzo y la precisión que requiere un proyecto de este tipo lo encontramos en una demostración realizada a finales de los años setenta. En aquel momento, Japón era un milagro económico mundial y se encontraba en su apogeo. Un equipo japonés financiado por la empresa Nissan se dio a la tarea de demostrar que eran capaces de construir un modelo a escala de dieciocho metros de alto de la Gran Pirámide, utilizando solo métodos y herramientas tradicionales de la época.

El gobierno egipcio aprobó el proyecto. El primer bochorno lo experimentaron en la cantera, cuando les fue imposible cortar las piedras del lecho rocoso. Tuvieron que usar martillos neumáticos. El segundo sobrevino cuando intentaron enviar los bloques por barco a través del Nilo en una barcaza primitiva. No la pudieron controlar y tuvieron que cambiarla por una moderna.

Chris Dunn se ha referido a estos problemas y ha señalado que los egiptólogos aplican un doble rasero a la hora de evaluar sus "pruebas" subjetivas, en contraposición con los hechos concretos descritos en este artículo. Aplican un rasero muy bajo a sus propios planteamientos y otro, decenas de veces más alto, a las afirmaciones de los historiadores alternativos.

Los japoneses encontraron más dificultades aun al llegar a la orilla opuesta y descubrir que los trineos se hundían en la arena y era imposible moverlos. Tuvieron que pedir un buldócer y un camión. El golpe de gracia fue cuando trataron de armar la pirámide y descubrieron que les era imposible colocar los bloques con precisión. Tuvieron que pedir la ayuda de helicópteros.

El orgullo nacional y no hacer el ridículo en público son temas muy importantes para los japoneses, por lo que este episodio fue vergonzoso para ellos. Se sintieron completamente humillados cuando se dieron cuenta de que no eran capaces de levantar las cuatro paredes de manera que al final formaran una cúspide. El experimento de construir la minipirámide fue un desastre. Se marcharon de Giza más tristes, pero más sabios. ¡Imagínese la inconcebible exactitud de planificación que fue necesaria en la construcción de la Gran Pirámide para poder llevar hasta un solo punto las paredes de 147 metros de altura!

Lo importante no es preguntarse cuánto tiempo les llevó a los antiguos egipcios construir la Gran Pirámide. La pregunta que hay que hacerse es: ¿realmente podían construirla? La respuesta es: no con las técnicas y herramientas que los egiptólogos afirman que usaron.

Estas cuestiones han sido debatidas durante décadas. Ha llegado el momento de darles solución y seguir adelante. Los historiadores alternativos han señalado los enigmas y los ortodoxos les han restado importancia. Francamente, este estancamiento no conduce a ningún lugar. Los historiadores ortodoxos han demostrado su desdén en lo que se refiere a aplicar a estos asuntos las normas y directrices de los métodos científicos.

Los programas de televisión en vivo o enlatados que se han emitidos de forma regular desde los años noventa por Zahi Hawass y Mark Lehner, han estado dirigidos a apoyar las versiones oficiales. En la emisión especial en vivo del canal Fox desde la meseta de Giza en septiembre de 2002, vi cómo un robot entraba en un pozo. Mientras la mayoría de los observadores se concentraba en el desenlace de esta exploración, las partes más importantes del programa pasaron virtualmente desapercibidas. Los segmentos de "relleno" reforzaban y daban nuevo apoyo a la versión tradicional de la historia. Estaban muy hábilmente entrelazados con el contenido del programa; de hecho, eran la parte de la emisión que buscaba "programar" al espectador.

La realidad es que no existe un debate entre la comunidad ortodoxa y los historiadores alternativos porque los primeros se niegan a participar en un intercambio de ideas justo y abierto o a proporcionar pruebas sólidas de sus teorías. Cada principio básico de construcción que proponen puede someterse a pruebas científicamente controladas. Los historiadores alternativos han tenido la impresión errónea de que sus oponentes se abrirían al debate si se les presentaban argumentos contundentes, basados en hechos concretos y pruebas irrefutables. Pero se ha demostrado que esa impresión es falsa.

Los misterios de la historia hace ya mucho tiempo que se han convertido en un juego de fútbol político.

En mi opinión, es hora de dejar atrás ese paradigma y no intentar jugar bajo las reglas manipuladas de la otra parte. El debate ha terminado, si es que alguna vez lo hubo. Así pues, ¿por qué perder el tiempo en intentar abrir mentes cerradas? Es inútil. Existen otros problemas que requieren toda nuestra atención: ¿cuál fue la cultura inteligente que construyó los complejos de pirámides con esos bloques gigantescos? ¿Cómo lo hicieron y dónde se encuentra la evidencia de la tecnología que usaron? ¿Somos beneficiarios de un ADN alienígena-humano que deberá resolver este acertijo para poder seguir evolucionando? ¿O somos los herederos de un legado estrictamente humano y terrestre, que nos quedó de una civilización "perdida"?

# 30   Un ingeniero en Egipto

¿Pudieron los antiguos egipcios haber
fabricado herramientas comparables
a las de la era espacial?

## Christopher Dunn

En los últimos tres años, los objetos icónicos del estudio de la egiptología antigua han adquirido un nuevo halo. Se habla de controversias, encubrimientos y conspiraciones para suprimir o ignorar información que promete hacer trizas el enfoque del pensamiento académico acerca de las sociedades prehistóricas. Hay un movimiento poderoso que está decidido a recuperar para el mundo la herencia que en parte se ha destruido y se ha malentendido sistemáticamente. Está compuesto por especialistas en distintos campos que, ante la tenaz oposición de los egiptólogos, están cooperando entre sí con el propósito de producir cambios en nuestras ideas sobre la prehistoria.

El oposicionismo de los egiptólogos es como el último aliento antes de morir. Luchan por proteger sus cómodos puestos vitalicios esgrimiendo sutilezas ingenieriles que carecen por completo de sentido. En una entrevista reciente, un egiptólogo ridiculizó a los teóricos que presentaron puntos de vista distintos sobre las pirámides, diciendo que sus ideas eran el resultado de imaginaciones hiperactivas estimuladas por el consumo de cerveza. Mmmm.

*La cera revela un mecanizado
perfecto de las curvas en
una piedra de Giza.*
(Fotografía de Christopher Dunn)

Durante décadas, en desafío a esas teorías convencionales, ha habido una contracorriente de especulación en el sentido de que los constructores de las pirámides poseían tecnologías altamente avanzadas. Los intentos de construir pirámides usando los métodos que oficialmente se les atribuyen a los antiguos egipcios han fallado vergonzosamente. La Gran Pirámide mide 147 metros de alto y contiene piezas de granito de setenta toneladas, colocadas a una altura de cincuenta y tres metros. Los teóricos no han podido siquiera subir piedras de dos toneladas a una altura de unos pocos metros.

Uno se pregunta si estos intentos eran para demostrar que se pueden construir pirámides con métodos primitivos, ¿o justamente lo contrario? Las tentativas de llevar a la práctica estas teorías convencionales no han dado resultado. ¿Necesitamos revisar la teoría, o seguiremos enseñando información incorrecta a nuestros jóvenes?

En agosto de 1984 publiqué en la revista *Analog* un artículo que se titulaba *"Mecanizado avanzado en el Antiguo Egipto"* basado en el libro *The Pyramids and Temples of Gizeh [Las pirámides y templos de Giza]* de Sir William Flinders Petrie (el primer egiptólogo del mundo), publicado en 1883. Desde la publicación de ese artículo he tenido la oportunidad de visitar Egipto dos veces. Cada vez que vuelvo de Egipto, lo hago con más respeto por el trabajo de los antiguos constructores de la pirámide. Usaron una tecnología que, dicho sea de paso, no existe en ninguna parte del mundo en la actualidad.

En 1986, en una visita al Museo del Cairo, le entregué una copia de mi artículo y mi tarjeta de presentación a su director. Me agradeció muy amablemente y luego tiró mi obsequio en una caja con un montón de cosas y se fue. Otro egiptólogo me condujo a la "sala de herramientas" para instruirme en los métodos de los antiguos albañiles y me mostró unas cuantas cajas de herramientas que contenían implementos primitivos hechos de cobre.

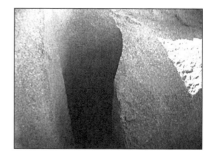

*Evidencia de los verdaderos métodos de extracción de los constructores de pirámides: un gran hueco excavado en la roca madre cerca del obelisco inconcluso en las canteras de Asuán.*
(Fotografía de Christopher Dunn)

Le consulté a mi anfitrión sobre la forma de cortar el granito, ya que de eso se trataba mi artículo. Me explicó cómo se le hacía una ranura y se le insertaban unas cuñas de madera empapadas en agua. La madera se hinchaba, con lo que se creaba una presión que partía la piedra. La explicación no me aclaraba cómo unos implementos de cobre pudieron haber cortado el granito, pero el hombre seguía tan entusiasmado con su disertación que preferí no interrumpirlo.

Reflexioné sobre una afirmación hecha por el Dr. I. E. S. Edwards en *Ancient Egypt [El Antiguo Egipto]*. Edwards ha dicho que, para cortar el granito, "se fabricaban hachas y cinceles de cobre, endurecidos a martillazos".

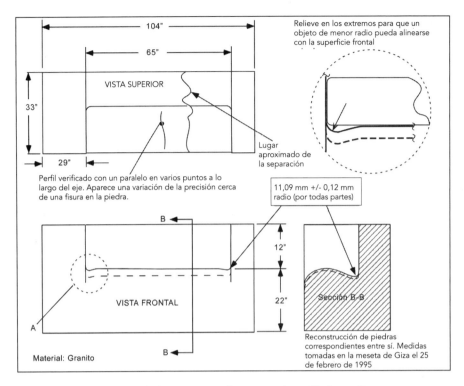

*Medición de la curvatura de una piedra tallada en Giza*
(DIBUJO DE CHRISTOPHER DUNN)

Esto es como decir: "Para cortar un platillo de aluminio, usaban cuchillos hechos con mantequilla".

Siempre con su mismo entusiasmo, mi anfitrión me encaminó hasta una agencia de viajes cercana y me animó a comprar un boleto de avión para Asuán, donde, decía, "la evidencia es clara. Debes ver las marcas de cantera y el obelisco sin terminar". Diligentemente, compré los boletos y llegué a Asuán al día siguiente.

Las canteras de Asuán fueron instructivas. El obelisco pesa unas cuatrocientas cuarenta toneladas. Sin embargo, no quedé conforme con las marcas de la cantera, pues no me pareció que fueran la única forma en la que los constructores obtenían sus bloques. En una canal que corre a lo ancho del obelisco hay un gran orificio perforado en la roca madre de la ladera, que medía aproximadamente unos treinta centímetros y medio de diámetro y noventa y dos centímetros de profundidad. El orificio se había perforado en ángulo y su parte superior coincidía con el espacio de la canal.

Los antiguos deben haber usado taladros para extraer material de alrededor del obelisco y deben haber desprendido las redes entre los orificios y luego retirado las cúspides. Después, mientras paseaba por la meseta de Giza, comencé a interesarme cada vez más en las marcas de Asuán. (También me preguntaba por qué los egiptólogos estimaron necesario que volara hasta allá para ver las marcas en persona). Me encontraba al sur de la segunda pirámide cuando vi una gran cantidad de marcas de cantera similares. Las piedras de granito que se usaron para el recubrimiento en la segunda pirámide estaban esparcidas por el lugar, en diversos estados de destrucción. Todas las piedras de granito trabajadas presentaban las mismas marcas de cantera que había visto unos días antes en Asuán.

Este hallazgo confirmó mis sospechas sobre la validez de las teorías de los egiptólogos en cuanto a los métodos de extracción de piedras utilizados por los antiguos constructores de pirámides. Si estas marcas de cantera identificaban con particularidad a quienes crearon las pirámides, ¿por qué embarcarse en una labor tan grande y difícil para luego destruirla una vez terminada? Más bien me parece que estas marcas pertenecen a un período posterior y que fueron hechas por personas a quienes solamente les interesaba extraer granito, sin importarles de dónde lo sacaban.

En Saqqara se pueden ver demostraciones de cómo se cortaba la piedra primitivamente en Egipto. Al indicárseles la presencia de turistas, los trabajadores empiezan a cincelar bloques de piedra caliza. No me sorprende que elijan la caliza para su demostración, pues es una piedra sedimentaria blanda que se trabaja con facilidad. En cambio, no se verá a ningún trabajador que corte granito, una piedra ígnea extremadamente dura, compuesta por feldespato y cuarzo. Cualquier intento de crear piezas de granito, diorita o basalto a una escala similar a la de los antiguos, pero usando métodos primitivos, sería un completo y total fracaso.

Los egiptólogos que saben que el cobre endurecido no corta granito han imaginado un método diferente. Sugieren que los antiguos usaban pequeñas bolas de diorita (otra piedra ígnea extremadamente dura) con las que "golpeteaban" el granito.

A cualquier persona que haya estado en Egipto y haya visto los maravillosos y detallados jeroglíficos, hechos con increíble precisión sobre estatuas de granito o diorita que se empinan a más de cuatro metros y medio sobre la altura de un hombre promedio, ¿cómo le cabría pensar que ese trabajo se hizo golpeteando el granito con una piedra redonda? Los jeroglíficos son impresionantemente precisos, con muescas cuadradas y más profundas que anchas. Siguen contornos precisos y algunos tienen ranuras o surcos paralelos entre sí, separados por una distancia de solo 0,76 milímetros.

Sir William Flinders Petrie señaló que las muescas solo pudieron crearse con una herramienta especial capaz de cortar limpiamente el granito sin astillar la piedra. A Petrie nunca le pasó por la mente la posibilidad de golpetearlo con pequeñas bolas de piedra. Pero es que él era topógrafo y su padre había sido ingeniero. Al no poder dar con un método que explicara la evidencia, Petrie tuvo que dejar el tema abierto.

Si hoy quisiéramos producir estos objetos, tropezaríamos con grandes dificultades incluso si usáramos nuestros avanzados métodos de fabricación. Las herramientas exhibidas como los instrumentos con los que supuestamente se crearon estos increíbles objetos no están ni remotamente cerca de poder reproducirlos. Además de la enorme tarea de extraer la piedra de la cantera, cortarla y levantar la Gran Pirámide y los monumentos vecinos, se tallaron con extrema pericia y exactitud miles de toneladas de dura piedra ígnea, como los son el granito y la diorita. Después de contemplar maravillado estas proezas ingenieriles, a cualquiera le produciría una sensación de frustración, inutilidad y duda ver luego en el Museo del Cairo una mísera colección de implementos de cobre en una caja de herramientas.

En su libro *Las pirámides y templos de Giza*, Sir William Flinders Petrie reconoció que estas herramientas eran insuficientes y expresó su asombro y estupefacción por los métodos que los antiguos egipcios habrían usado para cortar este tipo de piedras, concediéndoles el crédito de métodos que "recién comenzamos a comprender". Si es así, ¿por qué insisten los egiptólogos modernos en relacionar este trabajo con primitivos instrumentos de cobre o pequeñas bolas de piedra? ¡No tiene sentido en absoluto!

Mientras curioseaba en el Museo del Cairo, encontré evidencias de tornería a gran escala. Una tapa de sarcófago tenía marcas inconfundibles. Terminaba con un radio combinado a la altura de los hombros a ambos extremos. Las marcas de herramientas cerca del radio de la esquina son las mismas que había visto en objetos con un corte intermitente.

Petrie estudió además los métodos de aserrado de los constructores de pirámides. Llegó a la conclusión de que, cuando menos, sus sierras deben haber medido unos 2,74 metros de longitud. Una vez más, los objetos que Petrie estudiaba presentan sutiles indicios de métodos modernos de aserrado. El sarcófago de la Cámara del Rey, dentro de la Gran Pirámide, tiene marcas de sierra en la parte norte que son idénticas a las que yo había visto en los objetos modernos de granito.

Hasta la fecha, de los objetos que estudió Petrie, los que muestran perforaciones tubulares son la evidencia más clara, asombrosa y concluyente de los conocimientos y las tecnologías que existían en la prehistoria. Los antiguos constructores de pirámides usaban una técnica para perforar agujeros que se conoce comúnmente como trepanación.

Con esta técnica, se practica una perforación que deja un centro tubular. Es una forma eficiente de hacer orificios. Cuando los artesanos no deseaban atravesar el material de lado a lado, llegaban hasta la profundidad deseada y luego quebraban el centro tubular y lo retiraban del hueco. Petrie no estudió únicamente los orificios sino los centros que los maestros canteros descartaban. De la ranura en espiral que dejó la herramienta sobre un centro tubular de granito, escribió: "[L]a espiral del corte se hunde 2,54 milímetros en la circunferencia de 15,24 centímetros, o uno en sesenta, una proporción sorprendente para extraer el cuarzo y el feldespato".

Para realizar perforaciones como estas, solo hay un método que se corresponde con la evidencia. Sin tomar en cuenta la época en que se hicieron estos objetos, el análisis de la evidencia apunta claramente a una tecnología de mecanizado por ultrasonido. Ese es el método que propuse en mi artículo de 1984 y, hasta la fecha, nadie ha podido demostrar que sea incorrecto.

En 1994 le envié una copia del artículo a Robert Bauval (autor de *El misterio de Orión: Descubriendo los secretos de las pirámides*), quien a su vez se lo hizo llegar a Graham Hancock (autor de *Las huellas de los dioses: Evidencias sobre la civilización perdida de la Tierra*). Tras una serie de conversaciones con Hancock, fui invitado a Egipto para participar en un documental con Bauval, West y el propio Hancock. El 22 de febrero de 1995, a las nueve de la mañana, tuve mi primera experiencia de estar "en cámara".

Esta vez, con la intención expresa de inspeccionar las características que había visto en mi viaje anterior, en 1986, llevé conmigo algunos instrumentos: un pedazo de acero pulido y plano (conocido comúnmente como paralelo en los talleres de mecanizado, tiene unos 15 cm de largo y 6,3 mm de grosor con bordes planos pulidos con un margen de precisión de 0,05 mm), un indicador *Interapid*, un calibrador de contorno de alambre, un aparato que reproduce formas externas y cera dura para modelar.

En esa ocasión, pude medir algunos objetos hechos por los antiguos constructores de pirámides que demuestran sin asomo de duda que en ellos se usaron metodologías y herramientas altamente avanzadas y sofisticadas. El primer objeto que medí con gran precisión fue el sarcófago que se encuentra dentro de la segunda pirámide en la meseta de Giza (la de Kefrén).

Me introduje en el compartimento con una linterna y el paralelo. Quedé maravillado al constatar que la superficie interior del sarcófago era perfectamente lisa y plana. Coloqué el borde del paralelo contra la superficie, e iluminé con la linterna detrás de ese borde. No pasaba luz por el punto de contacto.

No importaba la manera en que pusiera el paralelo, vertical u horizontalmente, o deslizándolo a lo largo como cuando se calibra la superficie de una mesa de planitud. En ningún caso detecté desviación alguna de lo que se consideraría un plano perfecto. A un grupo de turistas españoles les pareció muy interesante y se agruparon en torno a mí. A esas alturas yo ya estaba francamente entusiasmado y exclamaba en mi grabadora: "¡Precisión de la era espacial!"

Los guías turísticos también se estaban poniendo agitados. Me di cuenta de que probablemente no les parecía muy correcto que un extranjero estuviese ocupando lo que ellos consideraban el lugar de reposo del cadáver de un egipcio, así es que con todo respeto salí del sarcófago y continué mi inspección desde afuera. Por supuesto, hubiera querido examinar otras características de este artefacto, pero no estaba en libertad de hacerlo.

Mientras bajaba hacia los estrechos confines del pozo de entrada y salía a la superficie, mi mente no paraba de pensar. ¿El interior de un compartimiento de granito con un acabado que actualmente solo damos a las mesas de planitud? ¿Cómo lo hicieron? ¡Sería imposible hacerlo a mano!

Estaba muy impresionado con este objeto, pero lo estuve más todavía con los que encontré en otro sitio en los túneles de roca en el templo del Serapeum en Saqqara, el sitio de la pirámide escalonada y sepulcro de Zoser. En estos oscuros y polvorientos túneles hay veintiún cofres enormes de basalto. Se estima que pesan unas sesenta y cinco toneladas cada uno y la precisión de su acabado es la misma que la del sarcófago de la segunda pirámide.

El último objeto que inspeccioné fue una pieza de granito con la que literalmente me tropecé mientras recorría la meseta de Giza ese día. Después de efectuar una revisión preliminar de la pieza, concluí que los antiguos constructores de pirámides tuvieron que haber usado una maquinaria que siguiera contornos precisos sobre tres ejes para guiar la herramienta. Aparte de la increíble precisión, las superficies planas normales se pueden explicar de manera muy sencilla, pues se trata de simple geometría. Sin embargo, esta pieza nos lleva más allá de la pregunta más común (¿qué herramientas se usaron para cortar esta piedra?) a otra de muchísimo mayor alcance (¿qué *guió* a la herramienta de corte?). Estos descubrimientos tienen más implicaciones para poder entender la tecnología que usaron los antiguos constructores de pirámides que cualquier otra cosa que hasta el momento se haya descubierto.

La interpretación de estos artefactos depende de ingenieros y tecnólogos. Cuando presenté este material en un club de ingenieros locales, me sentí gratamente sorprendido por la respuesta de mis colegas. Comprendían su importancia de esto y estuvieron de acuerdo con mis conclusiones. Aunque mi enfoque se centraba en los métodos que se usaron para crear los objetos, algunos ingenieros, sin conocer el uso que los egiptólogos le atribuían a estos objetos, me preguntaron: "¿Qué hacían con ellos?" Estaban totalmente atónitos con lo que habían visto.

La interpretación y comprensión del nivel de tecnología de una civilización no puede y no debería depender de la conservación del registro escrito de cada una de sus técnicas. Los aspectos más complejos de nuestra sociedad no siempre se pueden reproducir gráficamente y es más probable que la humanidad elabore un mural de piedra para transmitir un mensaje ideológico que para representar la técnica utilizada en su inscripción. Los registros de la tecnología desarrollada por nuestra civilización moderna se almacenan en medios vulnerables y podrían dejar de existir si ocurre una catástrofe mundial. Por ejemplo, una guerra nuclear u otra Edad de Hielo.

Por consiguiente, después de varios miles de años, tal vez sea más adecuado interpretar los métodos usados por los artesanos que tratar de interpretar el idioma que se usó. El lenguaje de la ciencia y la tecnología no posee la misma libertad que el lenguaje hablado. Por esto, aunque las herramientas y máquinas no hayan sobrevivido a los miles de años que han transcurrido desde que fueron usadas, tenemos que suponer, tras analizar la evidencia objetivamente, que es obvio que sí existieron.

# 31 La planta de energía de Giza y las tecnologías del Antiguo Egipto

Un nuevo libro propone una novedosa hipótesis sobre la verdadera finalidad de la Gran Pirámide

## Christopher Dunn

*En el verano de 1997, un científico que formaba parte de un grupo de investigación del gobierno sobre armas acústicas no letales contactó a* Atlantis Rising. *Nos contó que el equipo había analizado la Gran Pirámide con herramientas de la más avanzada tecnología y que concluyeron que los constructores habían utilizado una geometría sofisticada que nosotros recién comenzamos a comprender, "mucho más compleja que la geometría euclidiana" o cualquier otro sistema conocido de la antigüedad. Nos dijo además que el análisis indicaba que la única forma de comprender la configuración de las cámaras de la Gran Pirámide era en términos acústicos: o sea, mediante un sofisticado manejo del sonido. Para este diseñador de armamentos, la Gran Pirámide era, con toda probabilidad, un arma extremadamente poderosa. Por desgracia y por razones que aún no están claras, no pudimos retomar el contacto con el científico, quien nos dejó con una seductora información que no pudimos corroborar. Sin embargo, por esas cosas del destino, un antiguo amigo nuestro, Christopher Dunn, estaba dirigiendo una de las investigaciones más importantes que se hayan hecho sobre el potencial acústico de la Gran Pirámide.*

*Chris escribió un libro titulado* The Giza Power Plant: Technologies of Ancient Egypt *[La planta de energía de Giza: Tecnologías del Antiguo Egipto] en el que presenta una sorprendente recopilación de pruebas sobre muchas anomalías que antes carecían de explicación. En el libro cuenta que la pirámide de Giza era una máquina que capturaba las energías acústicas de la tierra y las transformaba en una increíble energía. En este artículo, Chris hace un extracto de los argumentos de su libro.*

—El editor

La evidencia que denotan los objetos egipcios tallados en granito indica con toda claridad el uso de métodos de manufactura que requieren el uso de herramientas como tornos, fresadoras, máquinas perforadoras ultrasónicas y sierras de alta velocidad. Además, estos objetos poseen atributos imposibles de lograr sin un sistema de medición equiparable al que tenemos en la actualidad. Su precisión no fue casualidad, sino que se repetía una y otra vez.

Después de asimilar los datos sobre la precisión de manufactura de los constructores de pirámides y sus posibles y, en muchos casos probables, métodos de mecanizado, supuse que, dado el nivel de tecnología que parecen haber alcanzado, debieron contar también con un sofisticado sistema de energía que lo sustentase. Una de las preguntas acuciantes que uno se hace al discutir el tema de la perforación del granito mediante taladros ultrasónicos en la antigüedad es: "¿Qué habrán usado como fuente de energía?"

Otra pregunta necesaria en relación con el uso de electricidad para hacer funcionar los taladros ultrasónicos o la maquinaria pesada que se habría requerido para cortar el granito es: "¿Dónde están sus plantas eléctricas?" Obviamente no hay estructuras del mundo antiguo que se puedan identificar como reactores de fusión o salas de turbinas. ¿Pero por qué tendría que haberlas? ¿Sería muy equivocado suponer que las plantas de energía de la antigüedad eran radicalmente distintas a las nuestras?

*Christopher Dunn frente
a su computadora*
(Fotografía de Tom Miller)

Sin embargo, puede que haya algunas semejanzas básicas entre las fuentes de electricidad antiguas y las modernas en el sentido de que las plantas actuales tienen grandes dimensiones y necesitan de un suministro de agua para su enfriamiento y para producir vapor. Si hubo una sociedad así de avanzada en la prehistoria y si efectivamente contó con un sistema de energía, también sería lógico suponer que sus centrales deben haber estado entre sus más grandes proyectos de construcción.

Asimismo, por tratarse de las creaciones de mayor envergadura de esa sociedad, es muy probable que fueran capaces de sobrevivir a una catástrofe y a la erosión de los elementos durante los siglos ulteriores.

Las pirámides cumplen ampliamente estos requisitos. Estas reliquias geométricas del pasado, sobre las que se ha estudiado, especulado y generado tanto debate, se encuentran próximas a una fuente de agua, el río Nilo, y son, en efecto, el proyecto de construcción más grande que esta antigua sociedad llevó a cabo. A la luz de toda la evidencia que sugiere que una sociedad altamente avanzada utilizó la electricidad durante la prehistoria; comencé a considerar seriamente la posibilidad de que las pirámides fueran las centrales de energía de los antiguos egipcios.

Al igual que cualquier estudioso de las pirámides de Egipto, mi interés se centró en la Gran Pirámide, fundamentalmente porque, al ser la de mayor interés general, sobre ella existen muchos más datos disponibles para su estudio. Los informes que cada investigador presenta sucesivamente sobre los descubrimientos que ha hecho en el interior de la Gran Pirámide son muy detallados. Es como si se hubiesen obsesionado con presentar más y más datos, sin importar ya si son o no significativos. Gran parte de su información se centra en la relación dimensional y geométrica entre la Gran Pirámide y la Tierra.

Si se revisan por ejemplo los hallazgos de John Taylor: la pulgada piramidal es 0,001 más larga que la pulgada inglesa. Un codo tiene veinticinco pulgadas piramidales y había 365,24 codos en la base cuadrada de la Gran Pirámide. Un año calendario tiene 365,24 días. Una pulgada piramidal tiene un largo equivalente a 1/500 millonésima del eje de rotación de la Tierra. Estas relaciones dan a entender que los constructores de la Gran Pirámide no solo conocían las dimensiones del planeta, sino que basaron en ellas su sistema de medición.

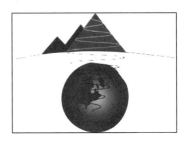

*La Gran Pirámide y
la Tierra en resonancia*

¿Qué otra singularidad tiene la Gran Pirámide? Aunque es de forma piramidal, su geometría posee una sorprendente aproximación a las particularidades específicas de un círculo o una esfera. La altura de la pirámide presenta la misma relación con el perímetro de su base que la que presenta el radio del círculo con su circunferencia. Es una pirámide perfectamente construida, con un ángulo exacto de 51° 51' 14,3", que incorpora en su forma el valor de la constante Pi.

Una mayor comprensión de esta relación requiere el estudio no solo de cada detalle de la Gran Pirámide, sino de los de la Tierra. Nuestro planeta es dinámico, un cuerpo energético que durante siglos ha satisfecho las demandas de combustible de distintas civilizaciones. Hasta ahora, esta demanda se ha concentrado sobre todo en energía proveniente de los combustibles fósiles. Más recientemente, los avances científicos nos han permitido acceder a la energía del átomo y las investigaciones en curso sobre este tema prometen aun mayores avances en el futuro.

No obstante, en la Tierra hay otra fuente de abundante energía que, en su forma más básica, casi siempre ha sido pasada por alto como fuente potencial de energía utilizable. Normalmente solo le prestamos atención cuando alcanza un punto crítico de destrucción. Se trata de la energía sísmica, que es producida por los movimientos de las placas terrestres debido a la agitación constante del magma en el interior del planeta. No son solo los océanos del mundo los que están sometidos a las mareas: los continentes también se encuentran en movimiento constante, pues experimentan movimientos de ascenso y descenso de hasta treinta centímetros debido a la rotación de la Luna alrededor de la Tierra.

La energía de la Tierra incluye distintos tipos de acción: mecánica, térmica, eléctrica, magnética, nuclear y química. Cada una de ellas produce sonidos. Por lo tanto, es lógico suponer que las energías que operan en la Tierra han de generar ondas sonoras que estarían relacionadas con la vibración particular de la energía de que se trate y del tipo de materia que traspasan. El zumbido audible de un motor eléctrico que funciona a 3600 rpm quedaría muy por debajo del nivel auditivo humano si el motor se ralentizara a una revolución cada veinticuatro horas, como sucede con la Tierra. Esto significa que, en nuestras vidas cotidianas, nunca nos percatamos del pulso o ritmo fundamental inaudible de nuestro planeta.

Al otro extremo de la escala, cualquier estímulo eléctrico producido bajo la superficie por materiales piezoeléctricos —como el cuarzo— generaría ondas sonoras por encima del rango de la audición humana. Los materiales sometidos a tensión en el interior del planeta pueden emitir destellos de radiación ultrasónica. Los materiales que experimentan deformación plástica emiten una señal de una amplitud más baja que cuando la deformación es suficientemente fuerte como para producir grietas. Se ha especulado que los rayos esféricos serían gas ionizado por la electricidad de una roca que contiene cuarzo, como por ejemplo el granito, sometido a tensión.

Como la Tierra genera constantemente un amplio espectro de vibración, podríamos utilizar las vibraciones como fuente de energía si desarrolláramos la tecnología adecuada. Naturalmente, cualquier aparato que atrajera una cantidad de energía superior a la que se irradia normalmente desde el interior del planeta, permitiría obtener un gran aumento de la eficiencia del equipo. Dada la característica inherente de la energía de tratar de seguir el camino de menor resistencia, cualquier dispositivo que oponga menos resistencia a esta energía que el medio circundante tendría más posibilidades de canalizar una mayor cantidad de energía.

Si tenemos todo esto en cuenta y reconocemos que la Gran Pirámide es un factor matemático entero de la Tierra, no sería tan descabellado proponer que la pirámide es capaz de vibrar en armonía con la frecuencia esencial de la Tierra.

En el libro *The Giza Power Plant: Technologies of Ancient Egypt [La planta de energía de Giza: Tecnologías del Antiguo Egipto]*, he compilado un sinnúmero de datos y deducciones basados en una estricta consideración del diseño de la Gran Pirámide y de casi todos los objetos que se han descubierto dentro de ella. Al analizar estos elementos al unísono, todos respaldan mi premisa de que la Gran Pirámide era una planta de energía y que la Cámara del Rey era el centro donde se producía dicha energía. Mediante el uso del elemento esencial de nuestro Sol (el hidrógeno) y la unión de la energía del universo con la de la Tierra, los antiguos egipcios convertían la energía vibratoria en energía de microondas. Para que la planta pudiera funcionar, sus diseñadores y operadores tenían que crear en la Gran Pirámide una vibración que estuviera en armonía con la resonancia de las de la Tierra.

Una vez que estuviera vibrando en sintonía con el pulso de la Tierra, la pirámide se convertía en un oscilador acoplado y era capaz de sustentar la transferencia de energía proveniente de la Tierra con una retroacción escasa o nula. Es posible que los tres templos más pequeños que se encuentran al este de la Gran Pirámide se hayan utilizado para ayudar a esta última a alcanzar la resonancia, de modo similar a la forma en que actualmente usamos motores pequeños de gasolina para hacer arrancar motores grandes de diésel. Accionemos ahora la llave de esta extraordinaria planta de energía para ver cómo funcionaba.

## LA PLANTA DE ENERGÍA DE GIZA

La Cámara de la Reina, situada en el centro de la pirámide y directamente debajo de la Cámara del Rey, contiene peculiaridades totalmente distintas a las que se observan en esta última. Las características de la Cámara de la Reina indican que su propósito específico era producir algún tipo de combustible, lo que es importantísimo para cualquier planta de energía. Aunque sería difícil identificar con exactitud qué tipo de proceso ocurriría dentro de esta cámara, parece ser que se trataba de una reacción química que se repetía muchas veces.

Los residuos que quedaban del proceso (las sales que se encuentran en las paredes de la cámara) y lo que se puede deducir de los artefactos (un arpeo y una madera parecida al cedro) y los detalles estructurales (por ejemplo, la "puerta" de Gantenbrink) son demasiado prominentes para pasarlos por alto. Todos estos elementos indican que la energía que se producía en la Cámara del Rey era resultado de una eficiente generación de hidrógeno en la Cámara de la Reina.

Lo más probable es que el equipo que proveía las pulsaciones de arranque se encontrara alojado en el foso subterráneo. Antes o en el momento de "accionar la llave" para dar inicio a esas pulsaciones de arranque, se bombeaban distintas sustancias químicas a los túneles del norte y del sur de la Cámara de la Reina, llenándolos hasta que se hiciera contacto entre el arpeo y los electrodos que sobresalían de la puerta. Estas sustancias químicas se filtraban a través de la parte izquierda de la Cámara de la Reina y se combinaban para producir hidrógeno, el cual llenaba los pasadizos y cámaras interiores de la pirámide. Las sustancias químicas de desperdicio fluían por el pasadizo horizontal y bajaban por el túnel.

Tras ser inducidas por las pulsaciones vibratorias de arranque —sintonizadas con la frecuencia de resonancia de toda la estructura— las vibraciones de la pirámide iban aumentando gradualmente de amplitud y oscilaban en armonía con las vibraciones del planeta. La energía vibratoria, acoplada armónicamente con la Tierra, fluía así en abundancia desde el interior del planeta, atravesaba la pirámide e influía sobre una serie de resonadores sintonizados del tipo Helmholtz, alojados en la galería principal, donde la vibración se convertía en sonido capaz de ser transportado por el aire. Gracias al diseño acústico de la galería principal, el sonido se canalizaba por el pasadizo que conducía hasta la Cámara del Rey. Solamente las frecuencias que estuvieran en armonía con la frecuencia de resonancia de la Cámara del Rey podían entonces pasar por un filtro acústico situado en la antecámara.

La Cámara del Rey era el corazón de la planta de energía de Giza, un impresionante centro generador conformado por cientos de toneladas de granito con un contenido de un 55% de cristales de cuarzo de silicio. La cámara fue concebida para reducir al mínimo cualquier amortiguación de la vibración y sus dimensiones formaban una cavidad de resonancia que estaba en armonía con la energía acústica entrante. Al vibrar en armonía con el sonido, el granito generaba tensión en el cuarzo contenido en la piedra y estimulaba a los electrones a fluir, mediante lo que hoy se conoce como efecto piezoeléctrico.

La energía que en ese momento llenaba la Cámara del Rey se convertía en una combinación de energía acústica y electromagnética. Ambas formas abarcaban un amplio espectro de frecuencias armónicas, desde las frecuencias infrasónicas fundamentales de la Tierra hasta las ultrasónicas, así como las frecuencias electromagnéticas de microondas, más elevadas.

El hidrógeno absorbía libremente esta energía, pues los diseñadores de la planta de energía de Giza se habrían asegurado de que las frecuencias de resonancia de la Cámara del Rey estuvieran en armonía con la del hidrógeno. Como resultado, el átomo de hidrógeno, que consiste en un solo protón y un electrón, absorbía eficientemente esta energía y su electrón era sometido a un efecto de "bombeo" hasta alcanzar un estado de energía superior.

El túnel norte servía como conducto, o guía de ondas, y su revestimiento metálico original —que pasaba con extrema precisión de lado a lado de la pirámide desde el exterior— permitiría canalizar una señal de microondas hacia la Cámara del Rey. Este puede haber sido el mismo tipo de señal que hoy sabemos que es creada por el hidrógeno atómico que se encuentra en todo el universo y que bombardea constantemente a la Tierra. Es probable que esta señal de microondas se reflejara en la cara externa de la pirámide y luego fuera concentrada para enviarla por el túnel norte.

Al atravesar la Cámara del Rey y pasar por una caja amplificadora de cristal situada en su camino, la señal de entrada iba aumentando su poder al interactuar con los átomos de hidrógeno, altamente energizados, dentro del amplificador de la caja de resonancia y la cámara. Esta interacción obligaba a los electrones a volver a su "estado fundamental". A su vez, los átomos de hidrógeno liberaban una carga de energía del mismo tipo y frecuencia de la señal de entrada. Esta "emisión estimulada" se sintonizaba con la señal de entrada y seguía su mismo camino.

El proceso iba aumentando exponencialmente y ocurría billones de veces. La señal que entraba en la cámara, de baja energía, se convertía en un haz colimado (paralelo) de inmenso poder, que se recogía en un receptor de microondas situado en la pared sur de la Cámara del Rey y de allí se encauzaba a través del túnel sur forrado en metal, en la parte exterior de la pirámide. Este haz precisamente colimado era la razón de todos los esfuerzos en materia de ciencia, tecnología y artesanía y de las incontables horas de trabajo que se invirtieron en el diseño, los ensayos y la construcción de la planta de energía de Giza.

Los antiguos egipcios necesitaban esta energía. Lo más probable es que se usara con los mismos fines con que la usaríamos hoy: para hacer funcionar maquinarias y aparatos. El examen de objetos de piedra egipcios da a entender que los artesanos de la antigüedad deben haberlos creado mediante el uso de máquinas y herramientas que funcionaban con electricidad. Sin embargo, es posible que su método de distribución de la energía producida en Giza se haya basado en un proceso muy distinto al actual.

Deseo sumarme al arquitecto James Hagan y a otros ingenieros y tecnólogos para expresar mi mayor respeto a los constructores de la Gran Pirámide. Aunque algunos académicos no lo reconozcan, la precisión y los conocimientos que fueron necesarios para su creación son, según los parámetros modernos, innegables y dignos de admiración.

La mayor parte de las pruebas que se presentan en *La planta de energía de Giza*, fueron registradas hace muchos años por hombres de gran integridad que trabajaban en las especialidades de la arqueología y la egiptología. El hecho de que gran parte de estas evidencias se haya malinterpretado pone simplemente de relieve la necesidad apremiante de aplicar un enfoque interdisciinario a especialidades que, hasta hace poco, han permanecido cerradas a los no académicos y a otros que estén al margen de la arqueología y la egiptología formales.

Gran parte de nuestra ignorancia de las culturas antiguas se puede achacar a la mentalidad cerrada de los teóricos que hacen caso omiso de las evidencias que no encajen en sus teorías o que no se avengan a su especialidad. ¡A veces hace falta un técnico especializado para reconocer piezas o máquinas mecanizadas! Por esta razón, se han pasado por alto gran parte de las evidencias que respaldan la idea de que la Gran Pirámide haya tenido un propósito que no sea fúnebre. O, de lo contrario, han sido descartadas sin un examen serio o se han tratado de explicar como meras coincidencias.

Quizás la tecnología que se utilizó dentro de la Gran Pirámide sea muy fácil de comprender, pero difícil de llevar a cabo, incluso para nuestra civilización "de tecnología avanzada". No obstante, si alguien se siente inspirado a poner a prueba la teoría que aquí se expone, su visión se puede ver respaldada con la certidumbre de que recrear esta fuente de energía sería, desde el punto de vista ecológico, un emprendimiento digno de personas preocupadas por la situación del medio ambiente y el futuro de la raza humana.

Al mezclar la ciencia con la música, los antiguos egipcios sintonizaron su planta de energía con una vibración armónica natural respecto de las vibraciones de la Tierra (lo que es predominantemente una función de la energía maremotriz inducida por el efecto gravitacional de la Luna sobre la Tierra). En resonancia con la fuerza vital de la Madre Tierra, la Gran Pirámide de Giza aceleraba y concentraba el pulso del planeta y lo convertía en una energía limpia y abundante.

Poco sabemos de los constructores de las pirámides y del período de tiempo en que erigieron estos gigantescos monumentos, pero lo que parece obvio es que toda su civilización experimentó un cambio tan drástico que su tecnología quedó destruida, sin esperanza de ser recuperada. Por eso es que se ha formado una nube de misterio que nos impide ver claramente la naturaleza de los antiguos egipcios y de sus conocimientos tecnológicos.

Tras considerar la teoría expuesta en *La planta de energía de Giza*, me veo obligado a imaginar una sociedad fantástica que, hace miles de años, habría desarrollado un sistema de producción de energía que hoy apenas alcanzamos a imaginar. Esa sociedad se va configurando en nuestras mentes al hacernos las preguntas lógicas: "¿Cómo se trasmitía la energía? ¿Cómo se usaba?" Aunque estas interrogantes no se pueden responder por completo con el simple examen de los objetos que nos dejaron, lo cierto es que estos artefactos pueden estimularnos más la imaginación. Así pues, lo que nos queda es especular sobre las causas de la desaparición de la extraordinaria e inteligente civilización que construyó la planta de energía de Giza.

# 32 De vuelta a la planta de energía de Giza

El tecnólogo Chris Dunn encuentra nuevo apoyo para su tesis

## Christopher Dunn

El libro *La planta de energía de Giza: Tecnologías del Antiguo Egipto* se publicó en agosto de 1998 y el mismo año apareció en la revista *Atlantis Rising* un artículo que resumía su teoría. Desde entonces, he recibido una abrumadora cantidad de respuestas, que han sido verdaderamente increíbles. He recibido cartas y mensajes electrónicos de todas partes del mundo en apoyo al argumento de que en la prehistoria debe haber existido un alto grado de desarrollo tecnológico y que la Gran Pirámide representa el pináculo de esas tecnologías.

Aunque la teoría de que se trataba de una planta de energía pudiera dar cuenta de todas las características y fenómenos detectados dentro de la Gran Pirámide, sería necesario reproducir su funcionamiento en la práctica (lo que estaba más allá de mis recursos personales). De lo contrario, la teoría podría ser descartada o desestimada como excesivamente fantástica por los que se sienten más seguros con las perspectivas convencionales sobre la prehistoria. Pero esto no va a suceder con las pruebas concretas existentes sobre el mecanizado.

Hay una sección del libro que se está convirtiendo cada vez más en prueba irrefutable de que los constructores de las pirámides utilizaban tecnologías avanzadas. No se pueden obviar así como así las limitaciones físicas con que se enfrentan quienes tratan de reproducir con fidelidad los objetos de granito que abundan por todas partes en estas tierras antiguas. Los que tratan de restar importancia a esas limitaciones, lo hacen por inexperiencia y no comprenden las dificultades y sutilezas del trabajo, o se aferran desesperadamente a la creencia de que la civilización occidental ha sido la primera en desarrollar la ciencia y que la ha utilizado para crear productos que requieren métodos avanzados de fabricación.

Mi artículo titulado "*Mecanizado avanzado en el Antiguo Egipto*" que posteriormente amplié para escribir el libro *La planta de energía de Giza,* se ha mantenido bajo escrutinio público durante unos quince años. Gracias al apoyo que ha recibido de las personas que hoy en día se encargarían de hacer el mismo tipo de trabajo que realizaron los antiguos egipcios, además de otras pruebas que han ido surgiendo, sus planteamientos están pasando del rango de la teoría al de los hechos. Desde su primera publicación, en 1984, esta situación de posible controversia para los egiptólogos se ha visto confirmada una y otra vez por mis propias inspecciones sobre el terreno y por otros que han tenido la oportunidad de ver con sus propios ojos estos increíbles artefactos. El peso de las evidencias y las opiniones informadas de entendidos en la materia van creando poco a poco un consenso que hará dar un vuelco a nuestra comprensión de la prehistoria.

¡Quizás la implicación más impactante de todas sea que las civilizaciones son mortales!

Las civilizaciones como la nuestra pueden alcanzar grandes cumbres y luego ser destruidas debido a acontecimientos de origen natural o artificial. Lo podemos perder todo en un abrir y cerrar de ojos. Pero, haya sido en un abrir y cerrar de ojos o en varios, nuestros antepasados distantes del Egipto prehistórico recibieron un golpe mortal que echó por tierra la industria capaz de crear los objetos que se pueden ver allí en la actualidad. Sería una especulación decir si ese golpe provino de fuerzas extraterrestres, un cometa, perturbaciones geofísicas, o incluso una guerra nuclear. Lo cierto es que esas industrias sí existieron y, de algún modo, desaparecieron.

El propósito de este artículo no es insistir sobre lo obvio ni repetir de una manera distinta de lo que otros ya han dicho más elocuentemente (sé que, en gran medida, estoy "tratando de predicar a los ya conversos"), sino más bien presentar una actualización sobre lo acontecido desde que se publicó el libro. En un viaje reciente a Egipto, como participante de la conferencia Egipto en el Nuevo Milenio, pude hacer mayores inspecciones sobre el terreno en relación con algunos de los artefactos que describí en los artículos y en el libro.

También tuve la oportunidad de descubrir evidencias sorprendentes que respaldan y confirman un aspecto singular e importante de la teoría de la planta de energía de Giza. Lo que descubrí me produjo escalofríos, pues todo sucedió de forma bastante inesperada. Las evidencias de las que hablo se encontraban en la galería principal de la Gran Pirámide. Todavía estoy maravillado por lo que encontré. Volveré sobre este tema más adelante.

He escrito este artículo con un profundo agradecimiento hacia los organizadores, participantes y ponentes de la conferencia. Su espíritu, diversidad y camaradería me levantaron el ánimo y me dieron fuerzas. Lo que es más

*Un ejemplo de precisión mecánica en una pieza de arte arte del Antiguo Egipto*
(FOTOGRAFÍA DE CHRISTOPHER DUNN)

importante, gracias a su apoyo y auspicio (que a veces venía acompañado de situaciones difíciles y frustrantes, llegando al punto de que nuestro querido guía Hakim casi terminó en la cárcel), ahora existen grabaciones de video de nuevas evidencias que respaldan la teoría de la planta de energía y que han pasado a formar parte del registro histórico.

Una gran parte de mi presentación en el centro de conferencias Gouda Fayed, en la localidad de Nazlet El Samman, consistía en realizar una inspección sobre el terreno para demostrar la precisión de diversos objetos. El lugar donde se encontraba el centro de conferencias tenía una vista de la Esfinge, con el increíble telón de fondo de la meseta de Giza y el complejo de pirámides.

Aunque puedo decir con gran confianza que he demostrado que los antiguos constructores de pirámides utilizaban métodos avanzados de mecanizado para trabajar el granito, aún no se ha determinado

*El Serapeum*
(FOTOGRAFÍA DE CHRISTOPHER DUNN)

ni documentado toda la magnitud del procedimiento. En mi viaje a Egipto en 1995, llevé conmigo algunos instrumentos para verificar cuán planas eran las superficies de algunos artefactos que, con una sencilla observación, parecían hechos con extrema precisión.

No obstante, el solo hecho de mirar no es suficiente para determinar las verdaderas características de los artefactos. Necesitaba algún tipo de referencia conocida con la que pudiera comparar su precisión. También necesitaba algo que fuera sencillo y fácil de transportar. La regla niveladora rectificada con precisión que utilicé en 1995 me permitió constatar que en muchos objetos había una mayor exactitud de lo que se había descrito en cualquier referencia anterior.

Este año, llevé en mi mochila un paralelo, o regla niveladora, de treinta centímetros rectificada con precisión, con un margen de error de menos de 0,025 mm. También llevaba una escuadra de precisión de las que usan los fabricantes de herramientas. Sabía exactamente cuáles eran los objetos en los que quería usar estos instrumentos: las esquinas interiores de las cajas de granito en el templo del Serapeum en Saqqara y dentro de las pirámides. Entre las herramientas llevaba también un juego de calibradores del radio Starrett para verificar el radio mecanizado que hace la transición de una superficie o contorno de un objeto a otro. Estos instrumentos son fundamentales para poder comprender los atributos básicos de esos artefactos.

Desafortunadamente, no pude acceder al túnel de piedra que se encuentra en el templo del Serapeum, donde hay más de veinte enormes cajas negras de granito y basalto, que pesan más de setenta toneladas. Les suplicamos a los funcionarios que cuidaban el sitio e incluso hablé con un empresario local que decía tener un poder e influencia considerables en esos temas. No obstante, me dijeron que el Serapeum estaba cerrado porque era un peligro para el público. "¿Qué tipo de peligro?", pregunté, y la respuesta que recibí fue que el techo se podía caer debido a filtraciones de agua. Preferí no preguntar lo evidente, o sea, de donde vendría el agua en una región tan árida. Tenía muchas otras cosas que hacer.

Después de mi presentación matutina sobre los métodos avanzados de mecanizado de los antiguos egipcios, todo el grupo de la conferencia y el equipo de filmación se dirigió a la meseta de Giza y entró en la cámara excavada en la roca madre de la segunda pirámide más grande de la meseta: la de Kefrén. En esta misma cámara en 1995 había descubierto la perfección de las superficies planas del interior de la caja negra de granito (que se conoce comúnmente como el sarcófago pero, en mi opinión, esto es un error). En ese momento pronuncié la frase "¡Precisión de la era espacial!" ante un grupo de turistas españoles que miraban mientras yo pasaba la luz de la linterna por detrás del borde exacto del paralelo de acero y comprobaba así la sorprendente precisión de la superficie.

Aunque no me faltó la confianza necesaria para escribir artículos en los que citaba estas observaciones como pruebas adicionales del nivel de tecnología con que contaban los constructores de las pirámides, en el fondo me seguía rondando la necesidad de volver a Egipto con nuevos instrumentos para realizar más pruebas. Cada vez que voy a ese país, me acerco a estas reliquias con grandes ansias y con un poco de nerviosismo. ¿Encontraré lo mismo que vi antes? ¿Los próximos instrumentos confirmarán o negarán lo que pude deducir en la visita anterior?

El fresco del interior del pasadizo que conduce hasta la cámara excavada en la roca madre de la pi-

*Dunn mide la precisión de las superficies del sarcófago en el Serapeum.*
(Fotografía de Tim Hunkler)

rámide de Kefrén fue un agradable alivio en comparación con el abrasador sol egipcio. Estar allí me producía una sensación de familiaridad y bienestar. El descubrimiento que había hecho cuatro años antes lo compartí con entusiasmo con las maravillosas personas que habían venido a la conferencia y me alegraba la posibilidad de documentar el suceso en video. Pero de todas formas persistía un asomo de duda. ¿Habría cometido algún error la vez anterior? ¿Los nuevos instrumentos me permitirían obtener alguna revelación de importancia?

Me subí a la caja de granito negro colocada sobre el piso de la cámara y coloqué sobre la superficie interior la regla niveladora de treinta centímetros. El borde de la regla que usé esta vez tenía una preparación distinta a la que utilicé en 1995, pues tenía un chaflán en ambos extremos. Para los interesados, deslicé este borde a lo largo de la superficie interior lisa de la caja de granito, iluminando con mi linterna por detrás de la regla para demostrar su precisión. Pero estaba ansioso por realizar otras pruebas. Para mí era importantísimo verificar la cuadratura de las esquinas. Los ejes de las máquinas modernas están alineados en forma ortogonal, o sea, exactamente perpendiculares entre sí para garantizar la precisión. Así se puede estar seguro de que cuando la máquina haga un corte de esquina en un objeto, dicho corte sea perfectamente perpendicular.

Los requisitos para producir este resultado van más allá de una simple coincidencia. Yo no esperaba que las esquinas del sarcófago fueran perfectamente perpendiculares, pues la perfección es extremadamente difícil de lograr. Pero quedé atónito al deslizar la escuadra de precisión por la parte de arriba del paralelo (utilicé el lado superior del paralelo para colocar la escuadra por encima del radio de la esquina) y comprobar que calzaba perfectamente con la superficie adyacente.

"¡Mil demonios!", exclamé al darme cuenta de la importancia de este hallazgo. Se lo señalé a otros integrantes del grupo. (Durante varios días, Alan Alford no paraba de imitarme sin malicia, diciendo: "¡Mil demonios!"). El equipo de filmación se dedicó a grabar en video mi exploración, mientras yo seguía constatando la misma situación en cada esquina. En tres esquinas, la escuadra se asentó a ras contra las dos superficies. La otra esquina tenía una pequeña desviación que se pudo detectar con la prueba de la luz, aunque probablemente no medía más de 0,25 mm.

De modo que no solo teníamos ante nosotros un objeto de superficies perfectamente planas, sino que sus esquinas interiores también eran perfectamente perpendiculares. ¿Qué otro detalle importante se podía señalar sobre este supuesto sarcófago? ¡Las propias esquinas! Después de realizar la prueba con el paralelo y la escuadra, saqué los calibradores del radio para verificar el radio de las esquinas. Mientras lo hacía, me reía para mis adentros al recordar escenas de un documental que había visto a principios de ese año.

Quienes hayan visto el especial de la cadena Fox transmitido en septiembre de 2002 recordarán la escena en que el egiptólogo más famoso del mundo y director a cargo de la meseta de Giza, Zahi Hawass, tomó en su mano una bola de dolerita en la cámara excavada en la roca madre bajo uno de los templos contiguos a la pirámide de Kefrén. Le describía a la locutora de Fox, Suzie Koppel, la teoría de los egiptólogos sobre los métodos que habrían utilizado los egipcios antiguos para crear objetos de granito. Este método consistía en golpetear el granito con una bola redonda hasta obtener la forma deseada.

No digo que esta no sea una forma viable de crear una caja. De hecho, en Menfis, cerca de Saqqara, hay evidencias que indican que algunas de las cajas fueron creadas de esta manera. Estas cajas tienen amplios radios en las esquinas, con escasa terminación y con un estrechamiento gradual hacia el fondo: exactamente lo que se podría esperar que se produjese al usar una esfera. No obstante, mientras Hawass manipulaba aquella bola de diorita de veinte centímetros de diámetro frente a las cámaras, mi atención se centró en el supuesto sarcófago que estaba detrás de él, reluciente y negro, plantado allí en muda contradicción con lo que Hawass proponía.

El interior de esta caja tenía el mismo aspecto que la que hay dentro de la pirámide de Kefrén. Las superficies parecían lisas y precisas pero, lo que es más importante, las esquinas interiores presentaban la misma terminación impecable que yo había podido ver en la pirámide de Kefrén. ¡Con solo mirarla, cualquiera se daría cuenta de que habría sido imposible crear semejante objeto con una bola de diorita de veinte centímetros de diámetro!

Del mismo modo, habría sido imposible crear el radio de la esquina de la caja que se encuentra dentro de la pirámide de Kefrén usando métodos tan primitivos como este. Para verificar este radio de esquina con mis calibradores del radio, empecé con un calibrador de 1,27 centímetros y fui bajando de tamaño hasta que al fin seleccioné el correcto sin darme cuenta. El radio de la esquina interior de la caja dentro de la pirámide de Kefrén resultó tener 0,23 milímetros. El radio del fondo, donde la parte inferior de la caja se unía con la pared, resultó tener 10,9 milímetros. Huelga decir que es imposible ajustar una bola de veinte centímetros de diámetro a una esquina que tenga un radio de 0,23 milímetros, o incluso de dos centímetros y medio.

## LAS PRUEBAS SOBRE LA PLANTA DE ENERGÍA DE GIZA

Creo que nunca he estado tan sorprendido como cuando filmaba dentro de la galería principal. Esa tarea había sido especialmente gratificante, pues no estaba del todo seguro de que conseguiría siquiera entrar en la Gran Pirámide. Llevaba tiempo cerrada a los visitantes, supuestamente por restauraciones, y habíamos pasado casi una semana de incertidumbre respecto al acceso. No obstante, después de numerosas llamadas a los funcionarios correspondientes, nos dieron al fin la luz verde.

Mientras la mayor parte del grupo se dedicó a meditar en la Cámara del Rey, el equipo de filmación de video y yo pasamos a la galería principal para hacer algunas filmaciones. Yo tenía la intención de describir ante la cámara mi teoría sobre la finalidad de la galería principal. Entre otras cosas, pensaba mostrar las ranuras que existen en las rampas laterales de la galería, las paredes con ménsulas y el techo en estilo de trinquete. Micrófono en mano, me paré justo debajo del gran peldaño, con la cámara mirando desde lo alto. Mientras el sonidista ajustaba sus equipos, escudriñé la pared con mi linterna. Fue entonces que me percaté de que la primera ménsula tenía por debajo algunas marcas de quemaduras y que la piedra tenía algunos pedazos rotos. Entonces, cuando se encendieron las luces de la cámara, todo se volvió verdaderamente interesante.

En toda la bibliografía que había leído, siempre se ha dicho que la galería principal se había construido con piedra caliza. ¡Pero lo que tenía delante de mí era granito! Un poco más abajo noté un punto de transición en la galería donde la piedra dejaba de ser caliza y pasaba a ser granito. Revisé detenidamente el techo y, en lugar de la caliza áspera y desmoronada que se observa al entrar en la galería, vi más abajo lo que, desde una distancia de ocho metros y medio, parecía ser una superficie de granito muy lisa y pulida. Esto era muy importante para mí. Tenía sentido que las partes más cercanas al centro de energía estuvieran construidas de un material más resistente al calor.

Entonces presté mucha atención a las marcas de quemaduras que presentaban las paredes. Debajo de cada una de las capas en ménsula había grandes daños producidos por el calor, que cubrían una distancia de unos treinta centímetros y, al parecer, los daños se concentraban en el centro de las marcas de quemaduras. Visualmente, tracé una línea recta desde el centro de cada marca y la proyecté hacia abajo, en dirección a la rampa de la galería. En ese momento, sentí escalofríos que me recorrieron todo el espinazo y se me erizó el cabello de la nuca. ¡La línea imaginaria estaba alineada con la hendidura de la rampa!

En el libro *La planta de energía de Giza,* había propuesto la teoría de que en esas ranuras se colocaban unos resonadores armónicos, que se orientaban verticalmente hacia el techo. También había teorizado que dentro de la Cámara del Rey había tenido lugar una explosión de hidrógeno que habría interrumpido el funcionamiento de la planta de energía. Esta explosión explicaría muchos otros efectos inusitados que se habían observado anteriormente dentro de la Gran Pirámide y conjeturé que el terrible incendio producido por la explosión también habría destruido los resonadores que se encontraban dentro de la galería principal.

La evidencia solo se pudo apreciar claramente gracias a las potentes luces de la cámara de video que, como nunca antes, iluminaban ante mí la chamuscada evidencia que respaldaban mi teoría. ¡Nunca me había imaginado que encontraría pruebas como estas!

Ahora que estoy concluyendo este artículo, sigo recibiendo confirmaciones de que estoy bien encaminado. Otros están publicando sus propias investigaciones que contienen conclusiones similares. No obstante, habrá que esperar a otro momento para hacer una actualización más completa sobre el tema. ¿Quizás será cuando el gobierno egipcio dé a conocer lo que ha descubierto detrás de la puerta de Gantenbrink? Estoy muy deseoso de enterarme de lo que hay detrás de esa supuesta puerta. Si mis predicciones son correctas, quedará confirmado un aspecto más de la teoría de la planta de energía.

Ha sido un año interesante.

# 33 Querella contra Petrie

¿Se han podido rebatir los argumentos del gran egiptólogo del siglo XIX, Sir William Flinders Petrie, sobre tecnologías avanzadas de mecanizado en la antigüedad? Christopher Dunn hace frente a los detractores

## Christopher Dunn

S i hay un área de investigación de las antiguas civilizaciones que demuestre las proezas tecnológicas de una sociedad prehistórica superior, es la del estudio de las condiciones técnicas necesarias para producir muchos de los objetos de granito que se encuentran en Egipto.

En 1977 comenzó mi propia investigación sobre cuántos de estos artefactos se produjeron y mi artículo *"Mecanizado avanzado en el Antiguo Egipto"* se publicó en la revista *Analog* en 1984. El artículo se expandió hasta convertirse en dos de los capítulos de mi libro *La planta de energía de Giza: Tecnologías del Antiguo Egipto*.

A medida que esta investigación se hizo más popular y conocida, era solo cuestión de tiempo para que la base ortodoxa intentara restar importancia a los artefactos y desacreditar de esa forma mi trabajo.

Aunque infructuosamente, han recurrido tanto a lo sutil como a lo evidente:

1. Se realizaron documentales con el propósito de respaldar la versión de los egiptólogos de que es posible crear fabulosos objetos en granito mediante golpes con esferas de piedra.
2. El cantero Denys Stocks fue llevado a Egipto para demostrar cómo se podían hacer hoyos y ranuras en el granito con el uso de cobre, arena y una enorme cantidad de esfuerzo manual. Para satisfacción de los creyentes ortodoxos, sus intentos fueron exitosos.
3. Dos autores que antes decían ser partidarios de ideas alternativas como las mías, cambiaron de bando y escribieron un libro titulado *Giza: The Truth [Giza: La verdad]*. Aunque carecían de formación en las artes mecánicas, Ian Lawton y Chris Ogilvie-Herald estaban decididos a asumir un enfoque antagónico frente a las ideas que yo había presentado y a apoyar el punto de vista ortodoxo.

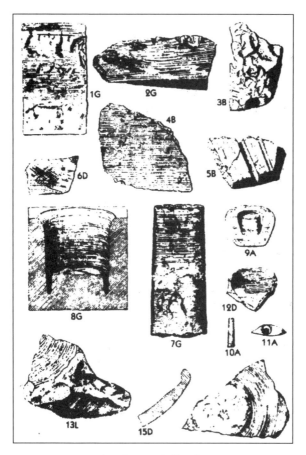

*Artefactos de Petrie*

En cada uno de los casos anteriores, la perspectiva limitada y el análisis incompleto de la totalidad de las evidencias, aunque hayan cumplido con los requisitos que les impone la aprobación de sus propios colegas, no cuentan con la aprobación de los míos, que son tecnólogos activos en el campo. De hecho, el consenso de este último grupo es que los primeros están completamente equivocados. Pero nadie es perfecto y todos tenemos un talón de Aquiles.

Retrospectivamente, reconozco que tal vez llevé mi análisis demasiado lejos cuando propuse que el objeto conocido como muestra de perforación #7 había sido hecho mediante mecanizado por ultrasonido. Mi teoría sobre esta técnica se basaba en el libro de Sir William Flinders Petrie *Las pirámides y templos de Giza*. En este, Petrie describe un artefacto de granito con marcas de taladro que dejaron una estría en espiral, lo que indica que el taladro penetró en el granito a una velocidad de 2,54 milímetros por revolución.

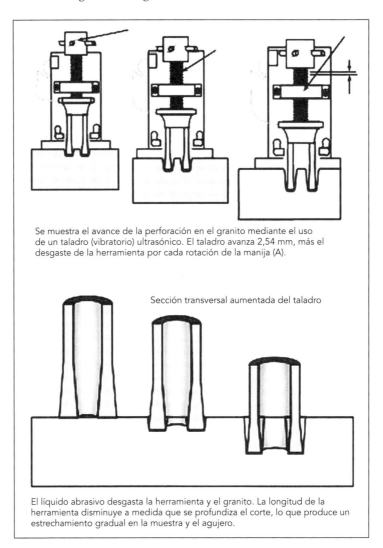

Se muestra el avance de la perforación en el granito mediante el uso de un taladro (vibratorio) ultrasónico. El taladro avanza 2,54 mm, más el desgaste de la herramienta por cada rotación de la manija (A).

Sección transversal aumentada del taladro

El líquido abrasivo desgasta la herramienta y el granito. La longitud de la herramienta disminuye a medida que se profundiza el corte, lo que produce un estrechamiento gradual en la muestra y el agujero.

*Tecnología de perforación por ultrasonido*
(DIBUJO DE CHRISTOPHER DUNN)

Mi convicción se tambaleó cuando leí en *Giza: La verdad* que dos investigadores, John Reid y Harry Brownlee, habían impugnado mis teorías sobre cómo los antiguos egipcios perforaban el granito. Después de realizar un examen físico del artefacto, declararon que las estrías no eran en espiral sino anillos individuales, comunes en las muestras de perforación de cualquier cantera moderna de Inglaterra. En *Giza: La verdad* se mostraba una fotografía de esa muestra puesta en una posición que parecía respaldar su afirmación. Yo, sin embargo, no pude contradecirlos porque ni había estado en el lugar donde se encuentra la muestra, ni había podido examinarla.

Hasta que no tuve la oportunidad de hacer una inspección detallada de la pieza, lo que requiere algo más que el mero escrutinio visual, me vi en la obligación de aceptar las observaciones de Reid y Brownlee. Pero, aun así, si habían basado sus observaciones en la fotografía de *Giza: La verdad,* tenía algunas dudas al respecto. Lo que tenemos es una fotografía que muestra el *frustum* de un cono (Muestra #7) con estrías. Después de leer este informe, declaré de inmediato en mi sitio web que ponía en suspenso cualquier afirmación que hubiese hecho anteriormente acerca del mecanizado ultrasónico de las perforaciones y muestras de perforación hechas mediante máquinas de ultrasonido. Dije también que estaba preparado para examinar personalmente las muestras.

El 10 de noviembre de 1999, salí de Indianápolis con destino a Inglaterra. El administrador de mi sitio web, Nick Annies, había coordinado una visita al Museo Petrie para que pudiese examinar la muestra, mientras el museo permanecía cerrado para la investigación académica. Nick y yo tomamos el tren hasta la estación de King's Cross el lunes 15 de noviembre de 1999. Caminamos un corto tramo hasta el University College de Londres donde, a las 10:30 am, llegamos al pie de la escalera del Museo Petrie. Desde lo alto de la escalera, el gregario portero nos aconsejó que tomáramos un té mientras esperábamos que el museo abriera y señaló en dirección a una cafetería. Allí no solo encontramos un té, sino todo un maravilloso desayuno inglés.

Llegó entonces la hora de inspeccionar la infame Muestra #7. A pesar de que había hablado y escrito sobre ella durante más de quince años, no se trataba de la visita reverente a una reliquia santa. No me sentía lo que pudiéramos decir particularmente ansioso por tomar este objeto en mis manos enguantadas en látex. Tampoco me impresionaron su tamaño ni su aspecto. Para ser sincero, me sentía profundamente indiferente y desilusionado. Con la letra de la vieja canción de Peggy Lee, *"¿Eso es todo lo que hay [Is That All There Is]?"* dándome vueltas en la cabeza, miré el trozo de piedra de apariencia insignificante; el mismo que había dado pie a un acaloradísimo debate tanto en la red como en salones y bares de distintas partes del mundo.

Mientras miraba las ásperas estrías en su superficie, pensaba para mis adentros: "¿Qué sentido le doy a esto?" y "¿Qué habrá pensado Petrie al respecto?" Miré a Nick Annies, que estaba de pie casi encima de mí. Tenía una mirada que me recordaba a la de mi madre, cuando a los ocho años la busqué pidiendo consuelo mientras estaba tendido en la camilla después que me quemaron una verruga de la palma de la mano con una aguja larga y caliente.

No intercambiamos ni una sola palabra mientras elaboraba mi más importante confesión al mundo. ¡Había cometido un gran error al confiar en los escritos de Petrie! ¡La muestra era exactamente como la habían descrito Reid y Brownlee! No tenía ni el más remoto parecido con lo que Petrie había descrito. Con la verdad apoyada donde antes había una verruga, me quedé congelado en el tiempo.

*William Flinders Petrie*

Resignadamente comencé a verificar el ancho entre las estrías con la ayuda de un microscopio manual de 50X con retículo graduado de 0,025 a 2,54 milímetros. A esa altura, no tenía duda de que Petrie había estado completamente equivocado en su evaluación de la pieza. La distancia entre las estrías, que recorren todo el largo del testigo, era de entre 1,01 y 2.03 milímetros. ¡Me irritaba el hecho de que Petrie hubiese incluso medido mal la distancia entre las estrías! Pensé que cualquier otra medición no valía la pena. No podía respaldar ninguna teoría sobre mecanizado avanzado si no podía verificar la velocidad de avance de 2,54 milímetros por revolución calculada por Petrie! Sin embargo, continué el examen.

No pude evaluar la estructura cristalina de la muestra bajo el microscopio, pues eso estaba más allá de mis conocimientos. No supe determinar, con la seguridad que tuvo Petrie, si la estría era más profunda en el cuarzo o en el feldespato. Noté que había unas zonas, muy pocas, donde la biotita (mica negra) perecía como arrancada del feldespato de una manera parecida a la de otros artefactos que se ha encontrado en Egipto. Sin embargo, la estría pasaba limpiamente por otras áreas sin ese efecto de desgarro. Pero de todas formas coincidido con las afirmaciones de Brownlee en el sentido de que una fuerza cortante aplicada contra el material podría arrancar los cristales del sustrato de feldespato.

Entonces medí la profundidad de la estría. Para hacerlo, usé un calibrador de profundidad con una fina punta que permite alcanzar espacios estrechos. El calibrador marca un punto cero cuando es puesto sobre una superficie plana sin ninguna desviación. Cuando el instrumento pasa sobre una depresión (o ranura) de la superficie, la punta de resorte entra en la estría y la aguja del indicador se mueve para indicar exactamente la profundidad.

Las profundidades de las estrías eran de 0,0508 y 0,127 milímetros. (En realidad, debido a que en algunas partes la estría estaba evidentemente descontinuada, la medición real sería entre 0,000 y 0,127 milímetros).

Entonces se nos ocurrió la gran pregunta. ¿La estría era una hélice o un anillo horizontal alrededor de la muestra? Había aceptado que Reid y Brownlee dijeran que eran horizontales y, en esta coyuntura, aunque me doliera, estaba convencido de que eso era lo correcto. La descripción de Petrie de la estría en hélice era lo que había distinguido a la Muestra #7 de las muestras modernas. Esta característica helicoidal había sido uno de los principales elementos para fundamentar mi teoría de mecanizado ultrasónico. Pero lo que tenía en mi mano parecía concordar con las objeciones de Reid y Brownlee a esa teoría, pues decían que la muestra tenía un aspecto similar al de cualquier otra que se pueda obtener en una cantera.

Una hebra de hilo blanco era la herramienta perfecta para inspeccionar una estría en hélice. ¡Por qué no usar un hilo para inspeccionar el hilo! Con cuidado puse una punta del hilo en la estría y Nick lo aseguró con un trozo de cinta adhesiva. Mientras miraba por mi Optivisor de 10X, hice rotar la muestra en mi mano izquierda y me aseguré de que mi derecha sostuviese el hilo en la estría. Esta variaba de profundidad a medida que rodeaba la muestra y, en algunos puntos, apenas había un leve rasguño que probablemente no habría detectado a simple vista. Cuando apareció el otro extremo del hilo, pude darme cuenta de que lo que había descrito Petrie sobre esta muestra no era del todo correcto.

Petrie había descrito una sola estría en hélice con un paso de 2,54 mm. Pero lo que yo tenía ante mí *no* era una sola estría helicoidal, sino *dos*. La hebra de hilo se enrollaba alrededor de la muestra siguiendo la estría hasta que quedaba aproximadamente 2,794 milímetros sobre el punto donde empezaba el hilo. ¡Aunque pareciera increíble, había *otra* estría que se inscribía limpiamente en el medio!

Repetí la prueba en seis o siete partes distintas de la muestra y el resultado fue el mismo. Las estrías estaban cortadas en el sentido de las manecillas del reloj si se miraban desde el extremo más pequeño hacia el más grande, o sea, desde arriba hacia abajo. En cuanto a uniformidad, tenían la misma profundidad desde un extremo hasta el otro. El paso también era uniforme entre ambos lados, con tramos de la estría donde se aprecia con nitidez el punto exacto donde se quebró el testigo de granito para extraerlo del orificio.

No se trata de estrías ni anillos horizontales como se dijo a bombo y platillo en *Giza: La verdad,* sino de estrías helicoidales que dibujaban en la muestra una espiral descendente como un hilo de dos hebras.

Por lo tanto, para reproducir esta muestra, el método de perforación debería producir lo siguiente:

- Una estría helicoidal doble en el sentido de las manecillas del reloj, con un paso de 2,794 a 3,048 milímetros.
- Una estría de una profundidad de entre 0,000 y 0,127 milímetros.
- Un estrechamiento gradual desde abajo hasta arriba. Es aceptable alguna rasgadura del cuarzo.

Me impresionó mucho la profundidad de la estría, así es que, después de volver a casa, me dirigí al taller de herramientas para conversar con el fabricante Don Reynolds, quien se encontraba trabajando en una rectificadora de superficies. Le pregunté si tenía una rectificadora de diamante bien afilada (de las que se usan para arreglar las rectificadoras de carborundo y de otros tipos). Tenía una que casi no se había usado, con un excelente filo. (Estos diamantes industriales se colocan en un vástago de acero que luego se fija sobre una placa de sujeción magnética). Le pregunté hasta qué profundidad le parecía que podría llegar al hacer una estría sobre un trozo de granito con el diamante.

Me contestó, "¡Averigüémoslo!"

Caminamos hasta donde había una placa lisa de granito, mientras le advertía en broma que no intentara esta prueba sobre su mesa de trabajo. Colocó la punta de diamante contra un costado de la placa. Empujó hacia abajo con todo el peso que pudo y recorrió el costado de la placa, dejando una línea de unos diez centímetros de largo. Ambos sentimos el arañazo.

"¿Qué profundidad dirías que tiene?", le pregunté.

"Pues, entre 0,007 y 0,012 milímetros", contestó.

"¡A ver, midámoslo!", dije.

Don colocó un calibrador sobre un indicador de superficie y puso en cero la punta de la fina agua sobre la superficie. Al pasarla por la estría, la punta cayó dentro de esta y el indicador mostró apenas 0,025 milímetros.

El motivo por el que traigo esto a colación es porque se ha dicho que, si la muestra *presentaba efectivamente* una estría en espiral, esto se debía a la presión lateral que ejerció la broca al ser retirada rápidamente del orificio. Con mis treinta y ocho años de experiencia, no se me ocurre ni remotamente cómo podría suceder esto por las siguientes razones:

1. Esta idea se basa en que la estría fue producida por la fuerza centrífuga al retirarse el taladro y pasar sobre una brecha que se iba ampliando. Para conseguir una mayor fuerza centrífuga, el taladro tendría que girar más rápido.

2. No habría suficiente fuerza lateral para realizar un corte de 0,025 milí-

metros de profundidad en el granito, y menos aun uno de 0,127 milímetros. Tan sencillo como eso.

3. Con una broca de vástago que tiene la libertad de recorrer un rodamiento de grandes dimensiones, el taladro sigue el camino de menor resistencia, o sea, apartarse del granito.

4. Las observaciones de Petrie eran válidas en el sentido de que esa no era una manera viable de hacer la estría, debido a la acumulación de polvo que se produce entre el tubo y el granito.

¿Por qué semejante revuelo en relación con una muestra de perforación pequeña e insignificante? Porque se consideró que esa era la parte más débil de mi trabajo y, por lo tanto, la más fácil de rebatir. También sirvió para ensombrecer y desviar la atención sobre mi descripción de otros artefactos más significativos. Por lo tanto, desafío a los ortodoxos a que por el momento dejen de lado la Muestra #7 de Petrie y ofrezcan explicaciones sobre los demás artefactos que describo en mi libro. Los desafío a demostrar, con la ayuda de los instrumentos con que nos educaron durante siglos, de qué manera los antiguos egipcios pudieron trabajar con tal precisión y geometría en materiales duros como el granito, la diorita, el basalto y el esquisto.

No lo podrán demostrar.

Porque esos objetos, amigos míos, son el fruto de una civilización altamente avanzada.

# 34 ¿Cómo diseñaban las cámaras de descarga los constructores de pirámides?

¿Sabemos realmente por qué los antiguos usaron piedras gigantescas en lo que se conoce como cámaras de descarga?

## Christopher Dunn

En 1836, mientras realizaba unas exploraciones en la Gran Pirámide, el coronel inglés William Richard Howard-Vyse se encontraba en un espacio reducido sobre la Cámara del Rey, donde examinaba una misteriosa hilera de vigas de granito similares a las que formaban el techo de la propia Cámara del Rey. A ese espacio reducido se le llama cámara de Davison, por Nathaniel Davison, que la descubrió en 1765.

Se decía que la familia de Howard-Vyse le había dado diez mil libras esterlinas para la exploración y, sobre todo, para liberarse de su presencia. El coronel estaba empeñado en hacer algún descubrimiento importante pero, hasta ese momento, no había tenido suerte. La capa de granito sobre su cabeza era un indicio prometedor de que tal vez había algo al otro lado. Al notar que había una fisura entre las vigas del techo, Howard-Vyse pensó en la posibilidad de que hubiese otra cámara más arriba. Insertó una caña de casi un metro de largo y la empujó por la rendija sin encontrar obstáculo, lo que parecía indicar que debía haber otro espacio.

El explorador y sus ayudantes hicieron el intento de cortar el granito para ver si había otra recámara encima de ellos. Al descubrir rápidamente que sus martillos y cinceles de acero endurecido no hacían mella en el granito rojo, recurrieron a la pólvora. Un trabajador egipcio, con los sentidos abotargados por el alcohol y el hachís, puso las cargas e hizo explotar la piedra hasta que apareció la otra cámara.

Un techo de vigas de granito monolítico similares al de la cámara de Davison se extendía por la recién descubierta cámara, lo que le sugería a Howard-Vyse la posibilidad de que existiese otra más. Después de dinamitar hacia arriba durante

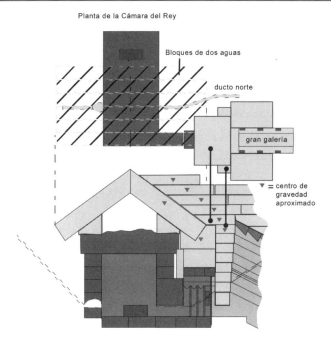

*Una forma posible de construir la Cámara del Rey sin "cámara de descarga".*

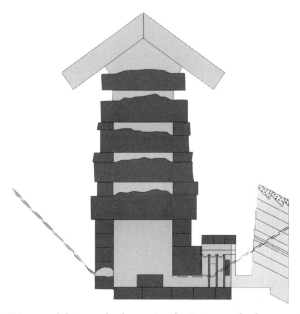

*La Cámara del Rey y la denominada "cámara de descarga".*
(DIBUJOS DE CHRISTOPHER DUNN)

tres meses y medio y hasta una altura de doce metros, descubrieron tres cámaras más, lo que hace un total de cinco.

La cámara más alta tenía un techo en gablete formado por gigantescos bloques de piedra caliza. Para construir estas cinco cámaras, los antiguos egipcios estimaron necesario el uso de cuarenta y tres bloques de granito de más de setenta toneladas cada uno. Las vigas de granito rojo fueron cortadas en forma cuadrada y plana por tres de sus lados, pero se dejaron aparentemente en bruto por la cara superior, que era rugosa y despareja. Incluso a algunas de ellas se les había hecho agujeros por la parte de arriba.

En este artículo, examinaremos las evidencias y trataremos de indagar en las razones de este fenomenal despliegue de recursos, tanto desde la perspectiva convencional como de la alternativa. Teniendo en cuenta el enorme esfuerzo que debe haber sido necesario invertir en el desplazamiento de estos enormes monolitos hasta la meseta de Giza, nos preguntamos: "Como parte de las hipótesis establecidas sobre la Gran Pirámide, ¿era realmente necesario todo este trabajo?"

Según los parámetros actuales, extraer de una cantera y trasladar ochocientos kilómetros tan solo una de las cuarenta y tres vigas de granito que se encuentran sobre la Cámara del Rey no sería tarea fácil. Pero los antiguos egipcios lo consiguieron y no solo una, sino muchas veces. Con todo, mover una piedra de setenta toneladas no era el límite de lo que los egipcios eran capaces de hacer. También extraían, transportaban y levantaban grandes obeliscos de hasta cuatrocientas toneladas. Howard-Vyse conjeturó que la razón de ser de las cinco cámaras sobrepuestas era aliviar el peso de los miles de toneladas de albañilería que había sobre el techo de la Cámara del Rey.

Aunque, en general, la mayoría de los investigadores que vinieron después de Howard-Vyse han aceptado esta especulación, hay otros que no la han aceptado y entre ellos se encuentra el primer egiptólogo del planeta, Sir William Flinders Petrie. Hay consideraciones importantes que arrojan dudas sobre esta teoría y demuestran que es incorrecta.

La primera consideración es que en otros sectores de la Gran Pirámide se aplicó una técnica más eficiente y menos complicada para construir cámaras. La de la reina contradice el argumento de que las "cámaras de construcción" sobre la del rey fueron diseñadas para crear un techo plano. El peso de la albañilería que cae sobre la Cámara de la Reina es mayor que el que hay sobre la Cámara del Rey, puesto que la primera se ubica debajo de la segunda.

Si se hubiese requerido un techo plano para la Cámara de la Reina, habría sido prudente cubrir esta recámara con el mismo tipo de vigas de granito que hay encima de la Cámara del Rey. En la construcción de la Cámara de la

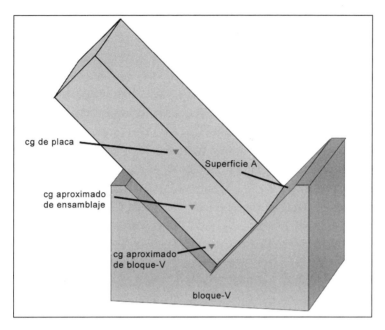

*La Cámara del Rey y la "cámara de descarga". Forma de sustentar*
*el peso sobre la Cámara del Rey en la Gran Pirámide.*
(Dibujo de Christopher Dunn)

Reina se usaron bloques de caliza escalonados en voladizo que transferían el peso de la albañilería de encima a la parte externa de las paredes. A este diseño se le podía añadir un techo similar al de la Cámara del Rey y, al igual que en esta, las vigas solamente sostendrían su propio peso.

Cuando los constructores de la Gran Pirámide crearon la Cámara del Rey, es obvio que conocían una forma más sencilla de hacer un techo plano. Por lo tanto, el diseño del complejo de la Cámara del Rey seguramente obedecía a otras consideraciones. ¿Cuáles fueron esas consideraciones? ¿Por qué hay cinco capas de vigas de granito de setenta toneladas superpuestas una encima de la otra? ¡Imagínese la fuerza de voluntad y la energía que fueron necesarias para levantar uno solo de los bloques de granito a cincuenta y tres metros de altura! Seguramente hubo razones muchísimo más importantes para invertir tanto tiempo y energía.

Ese argumento está elaborado en mi libro, *La planta de energía de Giza*. Desde que se publicó, la opinión contraria que allí expresé pasó evidentemente a ser tema de debate en un foro de la red porque recibí un correo electrónico de un estudiante de egiptología, Mikey Brass, en el que incluía un enlace a la traducción de un artículo de una revista alemana. Se le hacía la misma pregunta a Frank Dörnenburg, un participante del foro: ¿por qué tantos estratos? Su respuesta:

> He estado debatiendo en otros lugares lo de la Cámara del Rey y la pregunta de por qué se necesitaron cinco 'cámaras de descarga' para distribuir el enorme peso que se encuentra sobre dicha cámara. Mi réplica es simplemente que no lo sé. Una buena respuesta a esta pregunta se puede encontrar en *Göttinger Miszellen 173*: "El antiguo método de ménsulas encauzaba la fuerza del peso directamente sobre las paredes de la cámara. El nuevo techo en gablete o hastial, usado aquí por primera vez, desvía la fuerza hacia abajo y hacia los lados. Si los egipcios hubiesen puesto el techo en gablete directamente sobre el cielo raso de la Cámara del Rey, como hicieron en la Cámara de la Reina, la fuerza lateral habría dañado la galería principal. Por eso tuvieron que poner los gabletes sobre la última capa en la construcción de la galería. La manera más fácil de hacerlo era apilando pequeñas cámaras. Y si observas un corte transversal, verás que ahora la fuerza lateral del techo cae bastante más lejos del techo de la galería".

A primera vista, lo que propone la hipótesis anterior puede parecer plausible. No obstante, es una interpretación que se basa en suposiciones erradas y en un análisis incompleto de todo el complejo de la Cámara del Rey. Antes de aceptarlo como hecho consumado, necesitamos tener en cuenta lo siguiente.

La hipótesis parte del supuesto de que las fuerzas dinámicas laterales seguirían la dirección de los bloques de ángulos inclinados y que estas fuerzas laterales se acumularían a medida que se fueran colocando más piedras encima de los bloques que formaban el techo en gablete. Según esta hipótesis, cada bloque que se añada por encima de la Cámara del Rey produce un empuje lateral adicional contra el extremo sur de la galería principal.

El dibujo que aparece en la página 273 representa una configuración mecánica que debe resultar muy conocida para muchos tecnólogos en manufactura. Se trata de una placa de acero colocada horizontalmente sobre un bloque en V. Si consideramos que la hipótesis anterior es correcta, la placa empujaría a la superficie A, lo que provocaría un movimiento lateral.

Cuando se encuentra en reposo, la placa hace más presión sobre la superficie opuesta debido al centro de gravedad de la pieza. A excepción de la gravedad, aquí no está en acción ninguna otra fuerza dinámica. Solo hay peso muerto, que se distribuye de conformidad con el centro de gravedad de cada elemento. Cuando un objeto se coloca sobre un plano inclinado, tiene el potencial de deslizarse hacia abajo por el plano debido a las fuerzas gravitacionales que actúan sobre él. Este movimiento continúa hasta que se encuentre una obstrucción y, en ese momento, cesa la energía cinética que ocasiona el movimiento lateral.

Los bloques del techo en gablete encima de la Cámara del Rey están situados sobre un plano inclinado, hecho mediante un corte en los bloques centrales. Si suponemos que, al igual que en la Cámara de la Reina, el centro de gravedad de estos bloques queda afuera de las paredes de la cámara, se puede considerar que los bloques son voladizos, en cuyo caso no hay empuje de arco en la cúspide donde se encuentran dos bloques opuestos. Todo el peso del bloque recae sobre los otros bloques, que forman el plano inclinado, y una parte del peso es soportado por el bloque donde se apoya el extremo inferior.

Sin saber con seguridad cuáles son las características de diseño que se utilizaron, puedo imaginarme un diseño que sería adecuado y no dañaría la galería principal. La distancia aproximada entre ambos extremos de los bloques de ángulos inclinados y la pared sur de la galería principal es de unos tres metros. Si se considera el ancho de la galería (entre 1,07 y 2,08 metros), es razonable suponer que los bloques que forman la pared sur de la galería se extienden más allá de la superficie interior, pero . . . ¿hasta qué distancia? No lo sé. Sin embargo, si se tiene en cuenta que el túnel norte de la Cámara del Rey da la vuelta en torno a la galería principal, esto da pie a la especulación de que los bloques que forman las paredes de la galería tienen una profundidad mayor de 1,22 metros. (Esta observación es importante y, en sí misma, es probable que merezca debatirse. Hubiera sido más fácil construir el túnel norte directamente hacia el cielo, sin tener que dar esas vueltas. Está claro que de esta manera dicho túnel habría tenido una separación de aproximadamente 1,22 metros de la pared interior de la galería principal).

Como los bloques de la pared sur de la galería principal están apoyados contra los de las paredes este y oeste, cualquier fuerza lateral que pudiera afectarlos proveniente de los bloques en ángulo inclinado de la Cámara del Rey daría menos motivo de preocupación que, por ejemplo, las fuerzas que actúan sobre el techo del pasadizo horizontal debido a la presión ejercida por los bloques del techo en hastial o gablete de la Cámara de la Reina, o la presión de los bloques que pesan sobre el techo de la galería principal.

Además, el hecho de construir encima de bloques de techo en gablete no significa necesariamente que tengan que soportar una tremenda acumulación de peso. Como se describe en el dibujo presentado más arriba, la distribución de la carga no tiene por qué recaer necesariamente sobre el gablete.

Quizás el argumento más importante y más sencillo de entender en contra de lo propuesto en *Göttinger Miszellen* se puede hacer mediante la observación de un plano de la Gran Pirámide. Como se puede ver, la Cámara del Rey tiene una longitud de 10,36 metros. La galería principal tiene un ancho de 1,06 a 2,08 metros, lo que apenas equivale al grosor de un bloque del techo en gablete.

Así pues, al examinar una vista lateral de las cámaras, la hipótesis puede parecer plausible, pero no se sostiene ante el examen pues, incluso si aceptáramos que había una presión indebida sobre la pared sur de la galería principal, esto no implicaría la necesidad de construir cinco cámaras de descarga a lo largo de los diez metros de la Cámara del Rey. Además, ¿por qué cinco capas de vigas? ¿Por qué no crear un gran espacio abierto, con el techo en gablete por encima?

Resulta evidente que, al cortar estos monolitos gigantescos, los constructores consideraron que las vigas destinadas a la cámara superior se debían elaborar con el mismo respeto que las destinadas al techo que se encuentra directamente encima de la Cámara del Rey. En todos los casos, las vigas fueron cortadas con tres lados planos y rectos, menos el lado superior, que aparentemente dejaron intacto. Esto es importante si se tiene en cuenta que las vigas que quedaban directamente encima de la Cámara del Rey serían las únicas visibles para quienes entraran en la pirámide.

Además, resulta sorprendente que los constructores estuvieran dispuestos a invertir en la terminación de las treinta y cuatro vigas que no quedarían a la vista una vez construida la pirámide, el mismo esfuerzo que invirtieron en las nueve vigas visibles que conforman el techo de la Cámara del Rey. Incluso si aquellas eran imprescindibles para sostener la estructura, seguramente se podría tolerar alguna inexactitud en el corte de los bloques, con lo que esta tarea se habría podido hacer más rápido. La situación cambia, claro está, si los constructores usaron esas vigas superiores con un propósito específico, o si utilizaban maquinarias con métodos estandarizados que permitieran crear estas vigas con escasa variación en cuanto a su forma.

¿Por qué se crearon cinco capas de vigas? Salta a la vista que es redundante incluir tantos bloques monolíticos de granito al construir la Cámara del Rey. Para que el lector tenga una idea de la enormidad de esa tarea, mi empresa, Danville Metal Stamping, adquirió recientemente una prensa de hidroformado. La parte principal de la prensa pesa cien toneladas y fue necesario trasladarla desde donde se encontraba, a más de ciento sesenta kilómetros de nuestra planta. Debido a consideraciones relacionadas con la distribución del peso, el Departamento de Transporte ordenó que tenía que ser transportada sobre un remolque especial cuyo peso estuviera distribuido entre diecinueve ejes de rodamiento. Este remolque tenía una longitud cercana a los sesenta metros, por lo que requería dos conductores adicionales, situados en puntos clave del remolque, para hacerlo girar en las intersecciones.

He descrito esta situación para señalar que, aun con los métodos eficientes y de alta tecnología de hoy, tendría que haber muy buenas razones para trasladar siquiera una sola carga pesada como esta. Las cuarenta y tres vigas gigantes que hay encima de la Cámara del Rey no fueron incluidas en la estructura con el fin de aliviar la presión excesiva de la parte superior, sino para cumplir con un propósito más avanzado. Si no contamos con una explicación convencional que tenga sentido, tenemos que buscar otras respuestas al misterio de estas vigas de granito. Cuando son analizadas con una perspectiva más utilitaria, se puede deducir con más sentido que, en su esencia, la Gran Pirámide contiene una tecnología sencilla y refinada. Los antiguos egipcios, o kemitas, eran extraordinariamente hábiles en la aplicación de las leyes naturales y el uso de materiales naturales para hacer funcionar esta antigua planta de energía. Las vigas de granito que se encuentran sobre la Cámara del Rey eran partes esenciales e integrales de la maquinaria contenida en esta pirámide.

# 35 La precisión

¿Los antiguos dominaban la precisión? Si fue así,
¿deberíamos prestarle atención?

## Christopher Dunn

La palabra *precisión* viene de *preciso*, que se define en los diccionarios como puntual, determinado, fijo y exacto; conciso; distinto, claro y formal; estricto, rigurosamente exacto, etc. A su vez, *precisión* es la condición de ser conciso, puntual, riguroso o esmerado para obtener resultados exactos.

Para muchas personas, la aplicación de la precisión en sus vidas tiene que ver con sus expresiones y acciones. Tenemos expresiones precisas, precisión cronométrica y precisión de ejercicios militares. Tal vez tengamos la suerte de que nos inviten a una cena especial, donde encontraremos que la vajilla y los cubiertos están en un orden preciso, sin que ninguna cuchara ni copa esté fuera de lugar.

La aplicación de la precisión, como se señala más arriba, forma parte del ser civilizado. El funcionamiento adecuado de una civilización depende del orden y la disciplina.

Desde fines del siglo XIX, ganó cada vez más importancia una aplicación distinta de la precisión, que se empezó a considerar necesaria para garantizar resultados satisfactorios en los emprendimientos humanos. Las máquinas que se inventaban y se utilizaban para ahorrar mano de obra dependían de componentes de precisión para poder funcionar correctamente. A finales del siglo XIX, la industria algodonera y los motores de vapor dieron pie a la Revolución Industrial en el norte de Inglaterra. La demanda de molinos y telares más eficientes hizo que se pusiera un mayor énfasis en la producción de componentes que funcionaran con precisión.

Para hacer productos que mantuvieran esa coherencia, era necesario reducir o eliminar las variables en el proceso de manufactura. Con este fin, se debían reducir a niveles aceptables las variables dimensionales inherentes a la fabricación de componentes clave. No obstante, debido a las imprecisiones de las máquinas herramientas de la época, había que contar con obreros especializados para que rasparan, cincelaran y limaran los componentes hasta que tuvieran las dimensiones necesarias para encajar adecuadamente en el mecanismo.

Las guerras han acelerado la evolución de las medidas estandarizadas y la eliminación de variables en el proceso de manufactura. Pongámonos en el lugar de un soldado estadounidense durante la época de la Guerra Civil. Su fusil estaba hecho con precisión pero, al tener que cambiarle una pieza en el campo de batalla, el soldado tenía que limar a mano las piezas para que calzaran. Evidentemente, esto le quitaba tiempo y, en la guerra, el tiempo es cuestión de vida o muerte. Fue inevitable imponer normas que los proveedores tenían que cumplir si no querían perder su clientela.

Cualquiera que haya comprado una bicicleta o algún mueble "de armar" puede darse cuenta de la precisión que se requiere para que estos objetos se puedan armar con facilidad. ¿Alguna vez se ha visto en la situación de tener que introducir un tornillo en un agujero preperforado que esté desviado 3,17 milímetros? Ese es un ejemplo de la necesidad de precisión y de cómo el esfuerzo necesario para crear productos de este tipo es en realidad costoso y difícil.

En la industria manufacturera actual, los componentes se producen en distintas partes del mundo y vienen a unirse en una planta de ensamblaje. Las exigencias en las normas y la precisión del producto, que se envía a miles de kilómetros de donde se fabricó, garantizan que los componentes, al llegar a la línea de montaje, puedan usarse sin requerir trabajo adicional.

La mayoría de los seres humanos nunca crearán objetos con alta precisión. Por lo tanto, es comprensible que pasen por alto este importante aspecto de la infraestructura de la civilización. Para el lego, la precisión es un concepto abstracto, pero esto no es una crítica. Si no se ha tenido experiencia en la manufacturación de precisión, ya sea profesionalmente o como un pasatiempo, la comprensión de este concepto es meramente académica.

Somos usuarios finales de tecnologías de gran precisión que permiten la actividad de nuestra civilización y nos facilitan la vida. Sin precisión en la manufactura, los automóviles no andarían, los aviones no volarían y los discos compactos no se podrían reproducir. La precisión que creamos nace de la necesidad. No la creamos sin tener buenas razones para ello, pues hoy en día el costo de producir artefactos aumenta exponencialmente mientras mayor precisión se exija.

Un ejemplo de instrumento de gran exactitud y precisión es la regla niveladora de treinta centímetros que llevé a Egipto en 1999 y 2001. El acabado del borde se había hecho con un rectificador de precisión. Solamente se desviaba de una línea recta perfecta en 0,00254 mm. Para el lector que no pueda comprender lo que esto significa en términos reales, es como si tomáramos un cabello y lo dividiéramos longitudinalmente en veinte partes iguales. Cada parte sería aproximadamente igual a 0,00254 mm. (El cabello promedio tiene un grosor de 0,0635 mm). De modo similar, si la comparamos con el ejemplo antes mencionado de un mueble "de armar", esta regla es 1250 veces más precisa que el agujero preperforado que estaba descentrado 3,17 milímetros.

Si milagrosamente encontráramos en el desierto del Sahara un artefacto no identificado que ha estado enterrado durante miles de años, ¿cómo determinaríamos su propósito? Si empezamos a especular que tal vez tuvo algún fin tecnológico, estaríamos ante el desafío de tener que demostrarlo, para lo que tendríamos que aplicarle ingeniería inversa a su diseño y así determinar su función. La ingeniería inversa ha estado presente desde hace años en la competencia industrial. Muchas veces los ingenieros de una empresa compran un producto del competidor y, mediante el estudio de su diseño y componentes, logran comprender los principios científicos e ingenieriles en que se basa su funcionamiento. Por eso es importante recuperar las armas de un enemigo de guerra potencial o real.

Si, después de un rápido examen de este objeto prehistórico no identificado, determinamos que tal vez fue una herramienta que servía para crear artefactos, ¿cómo podríamos saber si era de precisión? Para poder demostrar que se trata de una máquina herramienta prehistórica de precisión, habría que empezar por determinar la exactitud de sus medidas. Ciertos elementos asociados con este tipo de máquinas se producen con una exactitud elevada.

Las superficies planas necesarias para que la máquina funcione adecuadamente deberían tener en su terminación un margen de error de 0.0508 mm o menos. Este nivel de precisión es lo que distingue a las herramientas primitivas de otras que son resultado de la necesidad y el desarrollo. Este mero descubrimiento implicaría que el objeto tenía un propósito más elevado. Si los componentes no fueran precisos, esto respaldaría los argumentos en contra de la tesis de que el producto provenía de una sociedad avanzada.

Por lo tanto, la prueba decisiva radicaría en determinar la precisión de las superficies que se miden. Los artesanos no confeccionan superficies tan exactas a menos que el objeto en cuestión deba funcionar según especificaciones exactas. Si no es necesario, la precisión no es siquiera una consideración.

Sin embargo, al examinar maquinarias prehistóricas tenemos la tendencia a buscar artefactos de hierro o acero, no de granito, sobre todo porque nosotros mismos usamos esos metales para crear nuestras máquinas. Vemos las cosas de la forma en que somos, no de la reforma en que ellas son. No obstante, la prueba decisiva que se nos pediría para respaldar la conclusión de que un objeto de acero es una máquina de precisión sería, ni más ni menos, su exactitud, así como el producto creado con dicha máquina. Esa precisión se puede encontrar en Egipto, en el caso de muchos objetos hechos con rocas ígneas estables que sobrevivirían decenas de miles de años y, aun así, conservarían su precisión.

Quizás no tengamos el hierro y el acero utilizados para crear estas máquinas, pero sí tenemos sus productos en abundancia. Creo que es posible que muchos de estos artefactos hayan sido identificados erróneamente y se hayan asignado a una época que no respalda la hipótesis de que las herramientas utilizadas para crearlos se hayan erosionado a lo largo de un período mucho más extenso que el que admite la datación establecida. Si miramos los objetos desde una perspectiva puramente ingenieril, sí hay lugar a tal especulación. Se ha dicho que, para poder entender la cultura del Egipto antiguo, hay que pensar como egipcio. Para entender sus logros tecnológicos, sin embargo, hay que pensar como ingeniero.

## EL SERAPEUM

La caja de granito dentro de la pirámide de Kefrén posee las mismas características que las cajas que se encuentran dentro del Serapeum o Serapeión. Pero las de este último se atribuyeron a la dinastía XVIII, más de mil cien años después, cuando el trabajo en la piedra estaba en decadencia. Teniendo en cuenta que esas fechas se basan en los artículos de alfarería encontrados y no en las cajas propiamente dichas, sería razonable especular que la datación de las cajas no se ha determinado con exactitud.

Sus características muestran que sus creadores usaban las mismas herramientas y poseían las mismas destrezas y conocimientos que los de la pirámide de Kefrén. Además, las cajas de ambos lugares parecen tener un propósito mucho más elevado que el de simples sarcófagos.

Su terminación presenta un alto grado de precisión; sus esquinas exteriores son perfectamente perpendiculares y sus esquinas interiores están sorprendentemente definidas. Todas estas características son extremadamente difíciles de crear y ninguna de ellas es necesaria para hacer un simple féretro.

En 1995 inspeccioné las superficies

*Dunn muestra un sarcófago rudimentario en Menfis que posiblemente haya sido confeccionado, según sugieren los egiptólogos, con bolas de piedra como herramientas.*
(FOTOGRAFÍA DE TIM HUNKLER)

externas e internas de dos cajas en el Serapeum con una regla niveladora de quince centímetros que tenía una exactitud de 0,0508 mm. El informe sobre lo que descubrí fue publicado en mi libro *La planta de energía de Giza* y también en mi sitio web.

*Christopher Dunn en el "sarcófago" de Kefrén.*
(FOTOGRAFÍA DE TIM HUNKLER)

Los artefactos que he medido en Egipto presentan las marcas de métodos de fabricación meticulosos y notables. Son inequívocos e irrefutables en cuanto a su precisión, aunque su origen o propósito siempre quedarán abiertos a la especulación. La fotografía adjunta se tomó dentro del Serapeum el 27 de agosto de 2001. En las fotos en que aparezco dentro de una de estas enormes cajas, estoy inspeccionando la cuadratura entre una tapa de veintisiete toneladas y la superficie interior de la caja de granito sobre la que descansa la tapa. La escuadra de precisión que uso está calibrada a 0,00127 milímetros, usando un comparador Jones & Lamson.

La parte inferior de la tapa y la pared interior de la caja son increíblemente perpendiculares. Al verificar que la cuadratura se logró no solamente en uno, sino en los dos lados de la caja, comprobamos que el nivel de dificultad de esta tarea era mucho mayor.

Veámoslo como una realidad de la geometría. Para que la tapa esté perfectamente perpendicular con las dos paredes interiores, estas tendrían que estar perfectamente paralelas. Además, la parte superior de la caja tendría que crear un plano perpendicular con los lados. Por ese motivo, la terminación del interior exponencialmente se hace más difícil. Quienes fabricaron estas cajas en el Serapeum no solo crearon superficies interiores que fueran planas en sentido vertical y horizontal, sino que se aseguraron de que fueran perpendiculares y paralelas entre sí y que una de las superficies, la de arriba, tuviera lados separados entre sí por distancias de un metro y medio y tres metros. Si la superficie de arriba no tuviera ese paralelismo y esa cuadratura, no existiría la perpendicularidad que se nota en ambos lados.

Como ingeniero y artesano que lleva más de cuarenta años trabajando en la manufactura y que ha creado artefactos de precisión en nuestro mundo moderno, soy de la opinión de que este logro en la prehistoria es ni más ni menos que asombroso. Nadie realiza este tipo de trabajo a menos que el artefacto tenga un propósito muy elevado. Es que ni siquiera el concepto de ese tipo de precisión se le ocurriría a un artesano, a menos que no haya otro modo de conseguir que el objeto cumpla con su propósito. La única otra razón que podría explicar por qué se habría creado un objeto con tal precisión sería que las herramientas utilizadas para producirlo eran tan precisas que eran incapaces de crear algo de calidad inferior. En cualquiera de los dos casos, nos encontramos ante una civilización prehistórica más avanzada de lo que actualmente se acepta. Las implicaciones son impactantes.

Por ese motivo considero que estos artefactos que he medido en Egipto son, sin lugar a dudas, la demostración fehaciente de que en el antiguo Egipto existió una civilización más avanzada de lo que se nos ha enseñado. Los propios cortes de las piedras son prueba de ello.

Las cajas que se encuentran en los túneles de roca del Serapeum, lejos del camino trillado de los turistas, serían extremadamente difíciles de reproducir en la actualidad. Me dejan pasmado sus superficies lisas y planas, su perfección ortogonal y los radios increíblemente pequeños de las esquinas interiores, todo lo cual he inspeccionado con modernos equipos de precisión, como reglas niveladoras, escuadras y calibradores del radio. Incluso después de contactar a cuatro personas que trabajan el granito con precisión, no encontré a ninguno que pudiera reproducir su perfección. Debo aclarar que esto no significa que sería imposible hacerlo en la actualidad, pues lo haríamos si tuviéramos una buena razón para ello.

Pero, ¿cuál sería esa razón? ¿Con qué propósito extraeríamos de una cantera un bloque de granito de ochenta toneladas, lo vaciaríamos y nos dedicaríamos a trabajarlo con semejante nivel de precisión? ¿Por qué consideraríamos necesario trabajar la superficie superior de esta caja de modo que se pudiera poner una tapa con una superficie inferior igualmente plana, que se pudiese asentar perpendicularmente sobre los lados?

Tal vez haya argumentos en contra de la existencia de sociedades avanzadas durante la prehistoria. Algunos podrían decir que la falta de maquinarias refuta esas afirmaciones, pero es que la falta de evidencia no constituye evidencia en sí misma. Es una falacia negar o ignorar lo que existe, con argumentos basados en lo que no existe. Cuando reflexionamos sobre el propósito de crear objetos con tal precisión, es inevitable que nos apartemos de los simples razonamientos que proponen los historiadores y que nos veamos obligados a pensar en la posibilidad de que en la prehistoria hubiera una civilización que era muchísimo más avanzada, e inmensamente distinta, a lo que antes se pensaba. No es necesario buscar cámaras secretas ni registros antiguos para saber que esa civilización existió. La prueba está tallada en uno de los materiales más perdurables con los que trabajaron: las rocas ígneas.

# 36 El misterio de la cantera de los obeliscos

¿Los egiptólogos saben realmente cómo se
construyeron estos monumentos?

## Christopher Dunn

Cada vez que he revisado objetos egipcios antiguos y hablado de ellos en mis artículos y mi libro, he querido imprimirles un sesgo distintivo. En este artículo, explicaré de dónde proviene ese sesgo y responderé a las siguientes preguntas: "¿No es posible crear todos estos artefactos maravillosos en el antiguo Egipto con herramientas primitivas? Dado que existen volúmenes y volúmenes que describen la forma en que estas herramientas se podían usar para hacer esos trabajos, no necesitamos recurrir a invenciones fantásticas que no existen en el registro arqueológico. Siendo así, ¿por qué usted insiste en hablar de ello?"

Mi opinión sesgada sobre el nivel de tecnología utilizado por los egipcios de la antigüedad se debe a los muchos años que trabajé en la manufactura. Durante seis años (más de 12 480 horas) operé instrumentos manuales y máquinas herramientas de muchos tipos distintos, grandes y pequeños, en la producción de artefactos que fueron confeccionados según especificaciones ingenieriles. Al cabo de esos años, había terminado mi etapa de aprendizaje y se me entregó la documentación necesaria para trabajar como oficial civil, si así lo deseaba.

En las tres décadas siguientes, tuve un sinnúmero de oportunidades de trabajo. Debo reconocer que, durante ese tiempo, mi sesgo se vio más consolidado al ir conociendo el entorno en el que decidí ganarme la vida. Me temo que el efecto que este entorno ha tenido en mi cerebro es irreversible. Cuando al fin me "rescataron" y me promovieron a los confines estériles de una oficina de gerencia superior, mis más de 62 400 horas de experiencia en ingeniería y manufactura habían dejado profundas marcas o cicatrices en mi razonamiento crítico en lo que respecta a la forma de crear objetos.

Esas marcas y cicatrices describen un camino de lucha por transformar las ideas en realidad física. Todo empieza con el esbozo en papel de una idea, para luego proceder a verter, cortar, conformar y amoldar dicha idea con precisión y convertirla en un dispositivo que funcione. La lucha consiste en valerse de todos los medios intelectuales y físicos disponibles dentro de las disciplinas de la ciencia, la ingeniería, la manufactura y la metrología que tienen que ver con la función, la forma y la precisión.

Sin embargo, esas cicatrices también describen un camino de frustraciones cuando las ideas no funcionan y un camino de euforia cuando se alcanza el éxito, después de aprender de los errores. En ambos casos, las fuerzas sutiles de la humildad calan un poco más cada vez.

Quizás me precipité cuando exclamé "precisión de la era espacial" al descubrir un margen de exactitud de 0,005 mm en el interior de una gran caja prehistórica de granito. Quizás las marcas de torneado no fueron realmente producidas por un torno. Quizás valoro excesivamente mi propia capacidad de determinar qué tipo de herramienta ha dejado una marca en un objeto. He pensado que parte de mi predisposición puede estar relacionada con una época en mi carrera en la que tuve que pensar como estadounidense y no como inglés.

Pero, incluso en ese caso, no recuerdo ningún cambio drástico, salvo la revelación de que los ingenieros estamos obligados a pensar de formas similares, independientemente del país donde nos encontremos. Ese es el precio de vivir en un mundo físico regido por leyes naturales. Por supuesto, el otro efecto indirecto de vivir en una cultura que no sea la misma donde uno pasó sus años formativos es la pérdida gradual de las opiniones chovinistas preconcebidas de su cultura natal en comparación con otras culturas. Esto conlleva a una mayor tolerancia y aceptación de los puntos de vista de otras personas.

Todo esto lo digo para darle al lector una idea del error que cometí al presentar mi trabajo. Gran parte de las cosas que he dado por descontado al examinar artefactos en Egipto merecían explicarse con mayor detenimiento. Me di cuenta de que estaba poniendo la carreta delante del caballo. Al estudiar artefactos del antiguo Egipto, observaba el producto final y escribía sobre su geometría y su precisión. En la mayoría de los casos, no me ocupé de examinar todos los métodos necesarios para la creación de estos artefactos. Es que me resultaba evidente que eran resultado de tecnologías de las que ninguna evidencia ha llegado hasta nuestros días.

Pero sí he tenido que chocar con los argumentos que se aferran al concepto de que el uso de herramientas primitivas, como martillos y morteros de piedra, cinceles de cobre y materiales abrasivos como la arena son suficientes para explicar la existencia de todos los objetos de piedra creados en el Egipto antiguo. Se afirma que estas herramientas, en manos de un gran número de obreros diestros, que disponían de muchísimo tiempo, fueron capaces de crear todos estos artefactos. Se argumenta que los antiguos egipcios no veían el tiempo de la misma manera que nosotros. Para ellos (una civilización que duró varios milenios), una década no era más que una gota en el océano del tiempo y un siglo, apenas una copa. Por eso, cuando se le pide a un egiptólogo que explique cómo se habría creado un objeto particularmente difícil de producir, el ingrediente principal de su explicación es el tiempo: mucho tiempo.

Al ser una cultura que duró tantos siglos, los egipcios de la antigüedad construían para la eternidad. Al ver su arquitectura y sus materiales de construcción, resulta evidente que les preocupaba la continuidad de su Ka, o espíritu, y el de su civilización. Todo esto suena muy lógico y completo y, por supuesto, incluso yo comparto esta opinión. No puedo negar que el trabajo manual es capaz de producir muchos objetos de gran belleza y precisión en materiales extremadamente difíciles de trabajar.

No obstante, aunque concuerdo con esa opinión, no lograba deshacerme de la idea de que había algo que no estaba del todo bien. Tenía que haber un argumento más coherente que pudiera convencer a los egiptólogos ortodoxos. Ya me había dado cuenta de que todos mis intentos de atraer la atención sobre artefactos que mostraban una precisión increíble estaban cayendo en oídos sordos.

Tras la publicación de mi artículo anterior, titulado "Precisión", participé en varios debates en foros de Internet. No es la primera vez que he participado en este tipo de debates. Desde que en 1995 descubrí la existencia de estos ejercicios aeróbicos para los dedos, se ha ido moderando mi entusiasmo por los debates en Internet al darme cuenta de que, en la mayoría de los casos, son una forma inútil de perder el tiempo. Muchos me han aconsejado que los evite por todos los medios. Este consejo ha provenido principalmente de las personas más allegadas a mí, mi familia y, en particular, mi esposa.

No obstante, ese ejercicio masoquista me permitió obtener una nueva perspectiva sobre cómo subsanar mis errores. En esos debates, me veía involucrado en una conversación sobre mi trabajo con personas que no estaban de acuerdo con mis conclusiones. Como no coincidían conmigo, adoptaban rápidamente los hallazgos de expertos que han publicado sus propios estudios y que ha llegado a conclusiones más afines con lo que comúnmente se cree que es la historia de los egipcios de la antigüedad.

Hoy en día, la principal autoridad sobre la cantería en el Egipto antiguo es Denys Stocks, de la Universidad de Manchester. De hecho, el trabajo de Stocks está por encima de cualquier comentario anterior sobre el tema y es invalorable para analizar las técnicas de los canteros antiguos. Las opiniones de Stocks sobre este tema tienen mayor peso porque se basan en datos experimentales recopilados en Egipto con el uso de materiales que forman parte del registro arqueológico. Las opiniones expresadas por Sir William Flinders Petrie en su

*Un obelisco en Carnac*

libro *Las pirámides y templos de Giza* (publicado en 1893) y las de Lucas y Harris en su libro *Ancient Egyptian Materials and Industries [Antiguos materiales e industrias de Egipto]* quedan refutadas por los estudios de Stocks sobre el terreno y sus considerables esfuerzos. La obra más reciente de Stocks fue el proyecto de Asuán, financiado por el programa de televisión "NOVA" durante la creación de su serie de documentales titulada "Obelisco".

Por esta razón, me concentraré en el trabajo sobre el granito pues, a lo largo de su investigación científica de alta credibilidad en Asuán, Stocks obtuvo datos concretos sobre los índices de extracción de material que nos permiten realizar un estudio razonablemente preciso del tiempo. El análisis es muy simple y es utilizado por los ingenieros de estimaciones en la manufactura para calcular los costos de producción de artefactos de la era moderna.

Lo que se presenta a continuación son cálculos basados en la investigación de Stocks sobre la cantidad de tiempo necesaria para extraer de una cantera un obelisco de granito. En esta estimación no se incluye el tiempo necesario para sacar de la cantera su masa de cuatrocientas cuarenta toneladas. Tampoco se incluye la terminación del bloque para darle su acabado liso y plano, ni la inscripción de los numerosos e increíbles jeroglíficos profundamente grabados en ellos. Por último, no se tiene en cuenta el tiempo que tomaría transportar y erigir el obelisco frente al pilón V en Carnac.

Empezaremos en las canteras de granito de Asuán, donde seleccionaremos un área adecuada para encontrar el tipo de piedra que buscamos. Si nos basamos en las dimensiones del objeto terminado, la piedra en bruto tendrá que ser muy grande. El método que utilizaban los egipcios de la antigüedad para separar un gran pedazo del lecho rocoso consistía en abrir un canal alrededor de toda la pieza y luego excavar por debajo, dejando solamente algunos pilares que soportaran su peso. Esta hipótesis parece ser bastante razonable y sensata. Al examinar el obelisco sin terminar que hay en Asuán, se puede apreciar que a su alrededor se había excavado una zanja y, si se hubiera continuado el trabajo, habría sido necesario socavar el granito para poder separarlo del lecho rocoso.

En la zanja había marcas de cantera en forma de cucharón, por lo que el egiptólogo Dieter Arnold llegó a la conclusión de que a cada obrero "enviado al granito" se le asignaba un área de "setenta y cinco centímetros (diez palmos) de ancho y dividida en secciones de trabajo de sesenta centímetros de largo, o sea, el espacio mínimo para un obrero en cuclillas o arrodillado". Esto representaría un área un poco apretada para un obrero que tuviera que dar golpes

*Izquierda: el obelisco inconcluso en Asuán. Derecha: la punta*
*del obelisco inconcluso de Asuán.*
(Fotografía de Greg Hedgecock)

con una pesada bola de piedra y, si se tiene en cuenta que tendría que haber toda una fila de trabajadores, cada uno de ellos dando fuertes golpes con su bola de piedra, las posibilidades de lastimarse no eran despreciables.

Así y todo, a efectos de la argumentación, utilizaré estas mismas cifras en mis cálculos. En la serie de documentales "Obelisco", Mark Lehner coincidió en que probablemente este fue el método utilizado por los egipcios de la antigüedad, e incluso intentó personalmente realizar este trabajo de forma experimental.

Por lo tanto, basado en la información del índice de extracción de material, se puede efectuar un rápido análisis del tiempo que se necesita para extraer un obelisco de una cantera. Pudiera pensarse que, con una suficiente cantidad de obreros es posible reducir el tiempo que demora completar un proyecto determinado, pero esto no es necesariamente cierto. En cualquier proyecto hay limitaciones o embotellamientos. Así es que, aunque contemos con mil trabajadores, un embotellamiento puede hacer que en la práctica se reduzca significativamente el número de obreros que trabaja en un proyecto. La limitación en el caso del proyecto de extracción del obelisco es el número de obreros capaces de trabajar sobre un tramo de granito de 61 por 76 cm.

Obviamente, en ese espacio solo cabría uno a la vez. En consecuencia, el tiempo que demoraría extraer el bloque se basa en la masa cúbica del material que debe sacarse, dividido entre el índice de extracción del material. La masa del material corresponde al ancho multiplicado por la altura y por la profundidad. (Los resultados se basan en las dimensiones métricas presentadas por Stocks, que se expresan en centímetros cúbicos [c.c.]. También se dan los valores en metros, centímetros, pies y pulgadas). La profundidad de la zanja está sujeta a debate. Al mirar las fotografías, se aprecia una cantidad considerable de roca ya extraída, desde la base hacia la punta del bloque.

Se podría aducir que tal vez se hayan extraído otros bloques desde la punta con otros fines y que, por lo tanto, esta distancia no se debería considerar como parte del proyecto. En atención a esto, he de estimar que la zanja debe haberse profundizado 2,74 metros en la roca madre para el obelisco y otros 2,74 metros para el socavado. La profundidad debe incluir una excavación lo suficientemente profunda como para que un obrero pueda tallar una zanja por debajo del bloque, que sea lo bastante ancha como para permitirle gatear y cincelar la piedra.

La tabla siguiente contempla a un trabajador que machaca el granito con una bola de dolerita. Stocks estima que el índice de extracción del material con la bola de dolerita es de treinta centímetros cúbicos por hora. No se menciona el retiro de desechos, o el reemplazo de los obreros a medida que se cansan, lo que implica que el índice de extracción del material es constante, según los datos experimentales de Stocks.

| Paño | Pies | Pulgadas | Metros | Centímetros |
|------|------|----------|--------|-------------|
| Ancho | 2,46 | 29,53 | 0,75 | 75,00 |
| Largo | 1,97 | 23,63 | 0,60 | 60,00 |
| Profundidad | 11,00 | 132,00 | 33,52 | 335,24 |
| Masa cúbica | 53,29 | 92 093,20 | 15,09 | 1 508 571,43 |
| Extracción por hora, según Stocks (en c.c.) | | | 30,00 | |
| Número de horas por trabajador | | | 50 285,71 | |
| Número de días (jornadas de diez horas) | | | 5028,57 | |
| Número de años (años de 320 días) | | | 15,71 | |

Analicemos ahora la cantidad de tiempo que tardaría crear un socavado. Para calcularlo, usaré el índice de extracción de Stocks, considerando que el trabajo se hace con un martillo y un cincel de sílex. He decidido usar este índice partiendo de una suposición razonable de que la eficiencia del obrero irá decreciendo al tener que apoyarse sobre un costado, sin contar con la ayuda de la fuerza de gravedad para impactar la superficie. Este índice de extracción del material, con un martillo y un cincel de sílex, es de cinco centímetros cúbicos por hora.

Aunque es de suponer que solo un trabajador diminuto podría cincelar efectivamente un túnel de 61 por 76 cm por debajo del granito, para facilitar los cálculos, no tendré en cuenta este detalle. Además, basaré el cálculo en el supuesto de que hay obreros por ambos lados del granito, cincelando uno en dirección al otro, con lo que se reduciría a la mitad la distancia necesaria para hacer el socavado completo.

| Paño | Pies | Pulgadas | Metros | Centímetros |
|------|------|----------|--------|-------------|
| Ancho | 2,46 | 29,53 | 7,50 | 75,00 |
| Largo | 1,97 | 23,63 | 6,00 | 60,00 |
| Fondo *(ancho de media caja)* | 4,00 | 48,04 | 12,20 | 122,00 |
| Masa cúbica | 19,40 | 33 514,60 | 549,00 | 549 000,00 |
| Índice de extracción por hora (en c.c.) | | | 5,00 | |
| Número de horas por trabajador | | | 109 800,00 | |
| Número de días (jornadas de diez horas) | | | 10 980,00 | |
| Número de años (años de 320 días) | | | 34,31 | |

Usando un análisis constreñido, la cantidad mínima de tiempo requerida solamente para extraer la piedra de la cantera es de cincuenta años. Es físicamente imposible asignar más trabajadores para terminar la tarea en menos tiempo. Los obreros podrán ir y venir para sustituir a los que están cansados o enfermos, pero en cada momento, en cada paño de granito solo puede haber un trabajador. El índice de extracción de material, de treinta centímetros cúbicos por hora, no se mantiene invariable hasta lograr una superficie perfectamente plana, con esquinas perfectamente perpendiculares. Además, aún nos queda la tarea de dar el acabado al producto, lo que según mis cálculos conservadores tardaría una década más si se usan las herramientas que los egiptólogos admiten que fueron usadas por los antiguos egipcios.

En la base de los dos obeliscos de Hatshepsut hay unas inscripciones que indican que ambos fueron extraídos de la cantera y colocados en el lugar en un lapso de siete meses. El simple hecho de extraer el bloque en bruto en tan poco tiempo implicaría tener que aumentar el índice de corte por lo menos en treinta y siete veces. Las herramientas capaces de semejante eficiencia no forman parte del registro arqueológico. Junto con todas las consideraciones anteriores, además de las estimaciones geométricas y de precisión, y usando ahora los propios datos de los egiptólogos, se confirma que las afirmaciones de los egiptólogos son incorrectas y que los antiguos egipcios eran mucho más avanzados de lo que hasta ahora hemos querido reconocer.

# 37 Tras las puertas secretas de las pirámides

¿Qué nos revela la nueva y asombrosa evidencia respecto del verdadero propósito de las pirámides?

## Christopher Dunn

El lunes 16 de septiembre de 2002, a las 8:00 pm, hora del Este, el canal Fox de Estados Unidos transmitió en vivo desde la meseta de Giza, en Egipto, una exploración del túnel sur de la Cámara de la Reina en la Gran Pirámide. Desde 1993, cuando el ingeniero en robótica alemán Rudolph Gantenbrink hizo su primera exploración de este túnel de 0,51 metros cuadrados y 67 metros de largo, alrededor del mundo una audiencia de millones de seguidores de los temas egipcios había estado esperando el día en que se realizaran nuevas exploraciones que permitiesen franquear barreras y acceder a un mayor conocimiento.

El programa especial de dos horas de Fox y la *National Geographic* hizo un tortuoso preludio antes del momento en que la punta de la broca de albañilería del vehículo robótico de exploración iRobot finalmente irrumpió el espacio que se encontraba más allá y la cámara endoscópica fue insertada en del hueco para atisbar qué había tras la puerta de Gantenbrink.

Durante los preparativos de la producción se habían explorado distintas ideas sobre qué podría haber detrás de la supuesta puerta.

Antes de que el programa saliera al aire, el Dr. Zahi Hawass, presidente del Consejo Supremo de Antigüedades de Egipto, manifestó su creencia de que lo que se descubriría sería un libro sobre Keops: "Es muy importante conocer lo que pudiera ocultar esta puerta; Keops escribió un libro sagrado, tal vez detrás de esta puerta se oculta ese libro, o quizás un rollo de papiro que nos cuente sobre la construcción de las pirámides".

Pero el Servicio de Información del Estado egipcio llevó los comentarios de Hawass más lejos: "Hawass afirmó que estas puertas se construyeron con propósitos religiosos debido a los libros encontrados ahí, al igual que las pasarelas, las cavidades y el camino que guiaba a los muertos al más allá y les advertía so-

*Puerta de Gantenbrink*

bre los peligros que podrían enfrentar".

El egiptólogo alemán Ranier Stadelman, quien dirigió el trabajo de Rudolph Gantenbrink en 1993, especuló que la llamada puerta sería una puerta falsa para que el alma del rey la atravesara en su camino hacia Osiris, representada por la estrella Sirio. Creía que las clavijas de cobre eran manijas que el rey debía usar para levantar la puerta.

Robert Bauval, autor junto con Adrian Gilbert de *El misterio de Orión: Descubriendo los secretos de las pirámides*, predijo que se descubriría una estatua y que el final del túnel había sido usado como *serdab* (estrecha recámara que conmemoraba a los muertos) desde donde los antiguos egipcios observaban las estrellas.

John Anthony West, autor de *La serpiente en el cielo,* pensaba que detrás de esta puerta no había nada salvo paredes. El 15 de septiembre di una entrevista a George Noory para el programa de Art Bell. Durante el transcurso de esta, llamó una mujer que se identificó como egiptóloga y aseguró saber lo que había detrás de la puerta. Desestimó mi hipótesis y declaró que encontrarían un espacio de nueve metros de largo que contendría arena sagrada.

Desde la publicación de mi libro *La planta de energía de Giza,* en 1998, prácticamente no ha habido cambios en mi propia hipótesis, de la que hablaremos enseguida. Volví a plantearla en mi sitio web y en entrevistas, tanto antes como después del 16 de septiembre.

A medida que se acercaba el fin del programa, se hacía evidente que el presidente Hawass ya no estaba tan confiado. Advirtió a los telespectadores que bien podría no encontrarse nada tras la puerta. Sus comentarios proféticos se convirtieron en una terrible realidad para todos los que seguíamos a la cámara endoscópica con su lente de ojo de pez mientras entraba por el orificio y se pudo apreciar una imagen distorsionada. No parecía haber nada salvo un bloque de aspecto basto a poca distancia.

Con un estilo y gusto inimitables, el Dr. Hawass apenas pudo disimular su alegría al ver la miserable imagen obtenida por la cámara. "¡Es otra puerta!", dijo con jubiloso entusiasmo. "¡Con una grieta!" (La vieja canción de Peggy Lee sonaba melancólicamente en mi cabeza. . . "¿Eso es todo lo que hay?").

Una semana después, las predicciones de Hawass previas a la transmisión

del programa se redujeron a la categoría de: "Ahora todo requiere
una cuidadosa revisión. Solicitare-
mos la cooperación de la Sociedad
*National Geographic* para reve-
lar más misterios. Después de esta
trasmisión, supongo que no harán
más que revelarnos un misterio tras
otro, ¿no? Después de todo, los
misterios son lo que mantienen el
interés de los espectadores".

*Túnel en el lado este*
*de la Gran Pirámide*
(Fotografía de Amargi Hillier)

El 23 de septiembre de 2002,
recibimos de Egipto la noticia de
que el equipo del vehículo robóti-
co de la pirámide había explorado con éxito el túnel norte de la Gran Pirámide. Este túnel, opuesto al túnel sur, le había ocasionado algunos problemas a
Gantenbrink en 1993. Al equipo del robot Upuaut II le había sido imposible
sortear las varillas que habían quedado atascadas en el pasadizo cuando los antiguos exploradores intentaban empujarlas alrededor de una curva en el túnel.

El equipo del iRobot ideó una solución a la vez sencilla y astuta de resolver
el problema que enfrentó Gantenbrink. Hicieron girar al robot 90 grados y lo
enviaron hacia arriba, reptando por las ásperas paredes del túnel, en lugar de
avanzar por el techo o el suelo. De este modo, fue posible pasar por encima
de los obstáculos. En cuanto al túnel norte, Hawass tenía una opinión que iba
más allá de cualquier exigencia razonable que se le pudiera hacer a un artesano
en cualquier era.

Ahora que el jefe del Consejo Supremo de Antigüedades se encontraba
sometido al escrutinio y la atención de la prensa mundial, la información que
daba se fue volviendo cada vez más extraña. Se encontraba en la incómoda posición de ser considerado un experto y un explorador residente de la Sociedad
*National Geographic* y no tener ninguna respuesta bien pensada que ofrecer a
una prensa hambrienta: "...el pasadizo tenía curvas y giros, lo que aparentemente fue un intento de los constructores de eludir la cámara principal".

Esto podría indicar que los inexplicables pasadizos fueron construidos con
posterioridad al término de las pirámides sin que formaran parte del diseño
original. Hawass especuló que los pasadizos podrían estar relacionados con
un intento de Keops de presentarse como el dios solar de Egipto. En esa época
existía la creencia de que los faraones se volvían dioses al morir. Hawass cree
que los túneles, cuyo volumen ha sido cincelado y extraído de las piedras que

forman la estructura de la pirámide, son pasajes que el faraón enfrentará antes de su viaje a la otra vida.

Una semana después de su aparición ante las cámaras con su sombrero a lo Indiana Jones, prediciendo el descubrimiento del diario real de Keops, el Dr. Hawass volvía a comparecer ante la prensa:

"Este hallazgo en el túnel norte, unido al descubrimiento hecho la semana pasada... en el túnel sur, representa la primera novedad importante sobre la Gran Pirámide en más de un siglo", dijo Zahi Hawass, director del Consejo Supremo de Antigüedades de Egipto. "Esto no es '*Los buscadores del arca perdida*'", agregó, mofándose de la idea de que se encontraría un tesoro oculto.

Enseguida predijo desenfadadamente que tras el bloque de piedra al final del túnel norte se encontraría otra puerta. (De nuevo la canción de Peggy Lee). A decir verdad, pienso que Hawass está en lo cierto. Detrás del bloque al final del túnel norte van a descubrir otro espacio similar al del final del túnel sur. Esta vez, creo, encontrarán un túnel al lado derecho de la cavidad, tal vez en el suelo, pero con mayor seguridad en la pared derecha.

A diferencia de la cita anterior del Dr. Hawass, yo me basé más en el diseño interior completo de la Gran Pirámide para llegar a mi predicción. He analizado este tema con personas bien informadas y firmes creyentes en la teoría de la tumba, e insisten en que, lo que sea que se encuentre detrás de la puerta, será algo que respalde la teoría de la tumba. Uno de ellos comentó que incluso un túnel vertical que fuese en dirección al subsuelo estaría acorde con la teoría de la tumba porque, si el Faraón quería un túnel vertical, sus súbditos lo construirían. Su fundamento era que la egiptología no era una ciencia exacta y no responde necesariamente a las mismas normas de otras ciencias.

En la teoría propuesta en *La planta de energía de Giza,* cada elemento arquitectónico de la Gran Pirámide está integralmente interrelacionado. Algunas características se pueden analizar por separado, pero, en general, la Cámara de la Reina, la del Rey y la galería principal son las piezas principales, que funcionan al unísono y que no pueden separarse al ser analizada la evidencia.

Las características que se encuentran en la Cámara del Rey me llevaron a suponer que se había usado ácido hidroclórico diluido en el túnel sur de la Cámara de la Reina, e hidrato de zinc en el túnel norte. Las características de la galería principal me hicieron entender la función de la Cámara del Rey. Las características de la Cámara de la Reina indican que allí tuvo lugar una reacción química. La hipótesis se sostiene o se derrumba según la evidencia que se encuentre en estas áreas.

Para que la teoría se sostenga, tendrán que descubrirse nuevas evidencias

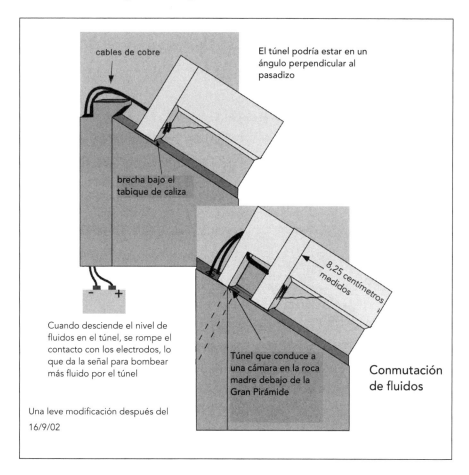

cables de cobre

El túnel podría estar en un ángulo perpendicular al pasadizo

brecha bajo el tabique de caliza

8,25 centímetros medidos

Cuando desciende el nivel de fluidos en el túnel, se rompe el contacto con los electrodos, lo que da la señal para bombear más fluido por el túnel

Túnel que conduce a una cámara en la roca madre debajo de la Gran Pirámide

Conmutación de fluidos

Una leve modificación después del 16/9/02

*Operación de una conmutación de fluidos*
(Dibujo de Christopher Dunn)

en el futuro. Una parte de la evidencia, por ejemplo, lo que se encontrará detrás de la puerta de Gantenbrink, se puede predecir según lo que se encuentre en la cámara y en los túneles sur y norte. La tesis de la planta de energía quedará reivindicada, o será puesta en duda seriamente o incluso descartada, sobre la base de lo que se descubra.

Antes de la exploración de la pirámide por el vehículo robótico, dejé constancia de estar totalmente preparado para reconocer mi equivocación si la búsqueda a través del túnel sur no diese con otro túnel o túneles, que estén orientados en otra dirección y que al final lleguen hasta un punto por debajo de la pirámide. También predije que, por el reverso de la puerta, las clavijas de cobre tendrían conexiones o se prolongarían desde la puerta hasta un punto por debajo de la Gran Pirámide.

Desgraciadamente, hasta ahora, no ha habido imágenes claras del reverso de la supuesta puerta, por lo que no se ha verificado esta parte de la predicción. Sin embargo, la ilustración de mi libro predijo uno de los atributos de la puerta y la evidencia reivindicó esta predicción. En mi ilustración, se indica a escala el grosor del bloque, de 7,62 centímetros. La medida que sugerí fue arbitraria y no se basó en nada más que la función que se le atribuye al bloque. El calibrador ultrasónico de espesor del vehículo robótico de la pirámide arrojó una medida efectiva de 7,62 centímetros de grosor (véase el esquema de arriba).

Como todo el mundo en Estados Unidos, yo estaba viendo el video por el canal Fox. En la parte superior izquierda de la pantalla aparecía la frase En vivo y en la parte inferior se desplegaba el símbolo de Fox acompañado de "Canal 27". Realmente no estaba viendo nada que me hiciera emocionar hasta que un televidente en Alemania subió al foro de Maat una imagen de alta resolución que había tomado del programa de la *National Geographic* transmitido en Europa a través del canal Sky. La imagen parecía indicar que había algo más que ver en el área que había sido ocluida por el logo del canal Fox.

Copié la imagen y la transpuse en un programa de manipulación gráfica. Ajusté automáticamente los niveles para iluminar las áreas oscuras. Durante lo que me pareció una eternidad, me quedé mirando fijamente la imagen en la pantalla.

Sé que si se mira detenidamente algo durante largo rato, pueden comenzar a aparecer caras u otras formas, pero la forma rectangular de la esquina izquierda del nuevo bloque se me hizo visible de inmediato. Ajusté los niveles, las curvas y los colores para dar mayor definición a la imagen y tracé líneas de construcción (1 y 2) usando las esquinas inferiores como guías para poder crear un punto de fuga. Mi intención era ver si la geometría de la forma rectangular que aparecía al lado izquierdo era en realidad un verdadero rectángulo y si era paralelo a la pared.

Tracé una línea desde el punto de fuga (3) pasando por uno de los lados de la forma rectangular. Estaba casi seguro de que acababa de descubrir el túnel vertical que había predicho y en el lugar que dije que se encontraría. Resulta interesante que la línea del piso (4) también es paralela a las paredes, lo que indica que, o el piso está formado por dos bloques, o que presenta una hendidura. En esta imagen retocada, las señales de manchas sobre el suelo provienen del extremo del túnel vertical, que es a la vez perpendicular a las paredes. Pareciera ser que la segunda puerta también tiene muescas en esta área.

Debido a que la sustancia química que fluía hacia la Cámara de la Reina no tenía que ser un gran torrente ni alcanzar el mismo volumen de un grifo normal, rellenar el túnel de fluido no habría requerido un orificio muy grande. La esquina con muescas que se aprecia en el extremo inferior derecho del bloque habría sido suficiente para mantener el nivel del fluido. Más aun, si nos fijamos en el tamaño del túnel vertical debajo de la puerta, veremos que, a esa escala, tiene apenas 2,54 centímetros de ancho por 10,16 centímetros de largo.

La exploración del túnel norte y lo que se descubrió al final del mismo era algo predecible y, sin lugar a duda, reivindica la finalidad de estos túneles, como que se describe en *La planta de energía de Giza*. La imagen de otra puerta con clavijas de cobre y la sutil diferencia entre

*Tomacorriente en el túnel norte, Cámara de la Reina*

estas y las del fondo del túnel norte respaldan la hipótesis sobre el tipo de sustancias químicas que se habrían usado. Los electrodos son afectados de manera diferente por distintas sustancias.

En el túnel sur, la acción del ácido hidroclórico diluido erosionó el cobre con el paso del tiempo. Dado que la parte superior del cobre quedaba cubierta por la sustancia química por un lapso menor que la parte inferior, y que el fluido caía constantemente, la parte de abajo del cobre se erosionó más que la de arriba. Esto provocó un estrechamiento en el cobre y la ulterior falla del electrodo izquierdo.

En el túnel norte se aprecia un efecto diferente. Dado que este túnel contenía metal hidratado, por ejemplo, zinc hidratado, lo que se ve es la galvanización del electrodo izquierdo. Este efecto es normal y previsible porque, si consideramos que la electricidad circula del cátodo (+) al ánodo (-), debía haber un depósito de zinc sobre el ánodo. Lo que vemos en la fotografía tomada por el vehículo robótico de la pirámide es una sustancia blanca que aparece solamente en el electrodo izquierdo. Estos electrodos no presentan erosión y el grosor del metal es considerablemente inferior al de los del túnel sur. La piedra caliza manchada está a la izquierda y sobre el electrodo. Aún se está estudiando lo que ocasiona este efecto.

Aunque no se considere que la egiptología sea una ciencia exacta, al intentar explicar lo que se encuentre en este edificio deberían aplicarse las normas de la ciencia. La argumentación debería seguir las reglas de la evidencia y ajustarse a principios científicos. Aunque los egiptólogos digan que la teoría de la tumba es irrefutable, mi posición es que si esa teoría no puede explicarse con argumentos científicos lógicos y someterse a una revisión radical cuando surgen nuevos datos, entonces no es válida.

Esos son los estándares que se aplican a los teóricos alternativos, como Hancock, Bauval y un servidor, por lo que no deberíamos esperar menos de parte de quienes enseñan y respaldan la visión aceptada. Además, la teoría debería ser predecible. Lo que se descubrió detrás de la puerta de Gantenbrink, aunque no se expuso completamente, no fue previsto por los egiptólogos y no contribuye en nada a la teoría de que este edificio fuera originalmente una tumba.

El progreso científico y social exige que todos seamos escépticos y que pongamos en duda las convenciones y teorías aceptadas que se nos han impuesto. Es necesario incluir los enfoques alternativos en el análisis. De hecho, deberían ser acogidos por toda persona que de veras esté interesada en conocer cuáles son los defectos de sus propias ideas. La egiptología no debería ser inmune a la aplicación de estos preceptos científicos, aunque no tengamos muchas esperanzas de cambio en vista del torpe empeño de sus protectores ortodoxos por hacer que datos contradictorios se ajusten a una hipótesis insostenible.

# $38$ Fundamentos para afirmar que en la Gran Pirámide se usó una tecnología avanzada

¿Qué nos muestran realmente las evidencias acerca del grado de adelanto de sus constructores?

## Marshall Payn

*Una de las tragedias de la vida es cuando una bella teoría es asesinada por una brutal pandilla de hechos.*

LA ROCHEFOUCAULD

La pirámide de Keops (Khufu) constituye un desafío a nuestra forma de representar la tecnología antigua. Más de dos millones de bloques de piedra caliza se levantan hasta alcanzar la altura de un edificio de cuarenta pisos. Cada línea de base sobrepasa dos canchas de fútbol y media. Si un arquero parado en la cima lanza una flecha, esta no llegaría más allá de la base. Y todo esto fue creado hace cuatro mil quinientos años, por una sociedad supuestamente agraria.

Pero eso no es todo. La precisión y habilidad artesanal van más allá de nuestra comprensión moderna. Toda la base de roca madre, que ocupa un área de poco más de cinco hectáreas, fue tallada con un margen de error de menos de dos centímetros y medio. Está orientada a los cuatro puntos cardinales con una exactitud de una minúscula fracción de grado. Las piedras del revestimiento exterior se ajustan con los bloques de granito del interior con tal precisión que no se puede insertar una hoja de afeitar entre ellas. Hay bloques que pueden llegar a pesar hasta setenta toneladas (aproximadamente el peso de una locomotora) que fueron levantados hasta la altura de un edificio de diez pisos y unidos al bloque siguiente con una precisión maravillosa.

¿Cómo hicieron todo esto? No lo sabemos. Apenas unas cuantas generaciones antes de Keops, *no había* pirámides. ¿De dónde provino la tecnología? No tenemos respuestas. Cualquier método de construcción que se haya sugerido hasta la fecha no se ajusta a los estándares tecnológicos aceptados. Pero lo cierto es que la pirámide es real y que, sea con el método que sea, fue construida. Los egipcios siguieron construyendo pirámides durante cien años más, pero en la actualidad la mayoría de ellas son escombros irreconocibles. Solo las más antiguas están intactas, lo que no concuerda con la suposición de que el conocimiento aumenta con la experiencia. Cualquiera que fuesen los medios con que se construyeron las pirámides más antiguas, los propios egipcios perdieron de algún modo esa tecnología.

*La Gran Pirámide de Giza*

Más fascinante aun es por qué las construyeron. A pesar de que nunca se ha encontrado en ninguna de ellas *ningún* cuerpo ni objeto funerario (que sean de la misma época en que se construyeron las pirámides de la cuarta dinastía) la egiptología ortodoxa afirma vehementemente que *todos estos templos* son tumbas y *solo tumbas*, construidas para albergar los cuerpos de los faraones. Si bien hay pirámides posteriores que tienen connotaciones funerarias, en ellas no se ha encontrado ningún cuerpo.

La explicación de la egiptología sobre saqueadores de tumbas no tiene en cuenta que no existen pruebas de profanación por ladrones y tampoco explica cómo esos supuestos saqueadores habrían franqueado las barreras construidas para impedir el paso de intrusos. Tal vez las consideraciones fúnebres que se introdujeron después de la cuarta dinastía influyeron de alguna manera en el marcado deterioro de la calidad de la construcción. Así pues, pongamos a prueba la convicción de que "solo se trata de tumbas", analizando solo una de las extraordinarias características del diseño de estas pirámides.

El pasadizo que desciende tiene aproximadamente 106,68 metros de largo, de los cuales aproximadamente 45,72 metros corresponden a albañilería y otros 60,96 metros está excavados en el lecho de roca. Hace un siglo, Sir Flinders Petrie, conocido como el abuelo de la arqueología del Cercano Oriente, midió el pasadizo descendente. Para mostrar su apego a la precisión, midió el perímetro de la pirámide por triangulación, ya que la base estaba cubierta de escombros. Calculó que el perímetro sería de unos 921,39 metros. Veinticinco años después, tras retirar los escombros, el gobierno egipcio contrató a un perito profesional que, mediante técnicas de agrimensura tradicionales determinó que el perímetro era de 921,45 metros. Petrie se equivocó por 6,35 centímetros en 914 metros —un margen de error del 0,007%.

Debido a su afán de precisión, la rectitud del pasadizo y la planitud del techo y los lados le llamaron mucho la atención. No se fijó en el piso porque estaba muy dañado. El pasadizo es de aproximadamente 1,22 metros de alto y 91 centímetros de ancho y desciende en un ángulo de veintiséis grados. Está orientado al Norte y hoy en día está alineado con la Estrella Polar. Petrie determinó que "[e]l promedio de error en la rectitud en el tramo construido es de solo 0,02 centímetros, una cifra increíblemente minúscula en una longitud de 45,72 metros de largo. Tomando los 106,68 metros totales del pasadizo, el error es de menos de 0,31 centímetros en los lados y de 0,76 centímetros en el techo". ¿Cómo es posible que hayan construido con tal rectitud y precisión óptica a una escala del tamaño de una cancha de fútbol? No tenían láser. Sigamos los pasos necesarios en cada uno de los posibles métodos de construcción. ¿Cómo se puede conseguir esa precisión?

Respuesta: no lo sabemos. Usaron algún tipo de tecnología y/o herramientas que simplemente no conocemos. Pero lo que sí sabemos, al usar nuestra tecnología, es que no pudieron haberlo hecho por accidente.

Y obviamente, aparte de cómo lo hicieron, requirió un enorme esfuerzo. Por lo tanto, una cosa queda ahora absolutamente clara: no hicieron estos inmensos esfuerzos por conseguir la precisión en el pasadizo solo para pasar una vez un cuerpo. Sea cual sea el razonamiento que se aplique, esto debería ser suficiente para descartar la idea de que solo se trata de tumbas.

Esta información ha estado disponible desde hace un siglo. Se ha dicho que la teoría de que se trata únicamente de tumbas ha subsistido porque en el currículo de la egiptología no se incluyen las ciencias fundamentales ni la matemática y que, por lo tanto, no proporciona los fundamentos necesarios para evaluar asuntos técnicos tan elementales como estos.

Entonces, ¿cuál podría ser el propósito de la pirámide? Podría haber varios, pero es lógico suponer que al menos uno de los usos del pasadizo descendente sea como observatorio. La astronomía es la disciplina más antigua de la ciencia y se sabe que los antiguos fueron magníficos astrónomos. Grandes obras de los antiguos fueron motivadas por sus respectivas religiones, y estas se derivaban a su vez de la astronomía. No veían el estudio del firmamento como una empresa meramente científica, sino que su inmortalidad dependía de ello.

Además de poder medir los movimientos del Sol, la Luna, los planetas y las estrellas, muchos estudiosos saben que los antiguos conocían la precesión de los equinoccios. Al igual que una peonza que dibuja lentamente un círculo mientras gira velozmente sobre su eje central, la Tierra describe el lento círculo de la precesión a un ritmo aproximado de un grado cada setenta y dos años, o un círculo completo cada 26 000 años, mientras termina un giro sobre su eje una vez cada veinticuatro horas. El conocimiento de este movimiento de la bóveda celeste suele atribuirse a Hiparco, quien vivió alrededor del 150 a.C., pero en realidad este conocimiento está reflejado en religiones de culturas muchísimo más antiguas.

Vista desde el fondo del pasadizo descendente, la apertura superior subtiende de un ángulo de apenas un poco más de medio grado. A un observador le tomaría treinta y seis años seguir cualquier estrella cercana al verdadero polo (por ejemplo, la actual Estrella Polar) desde que entra en la apertura por la izquierda y continúa hacia la derecha hasta desaparecer. Así, setenta y dos años equivaldrían a un grado de precesión, lo que, multiplicado por trescientos sesenta, equivaldría a un ciclo de precesión de casi 26 000 años.

Todo el mundo sabe que los antiguos egipcios eran capaces de manejar estos cálculos. Así es que, si se tiene en cuenta la religión y la astronomía, pensar que la precisión del diseño de la cámara descendente se debe a que era un observatorio resulta más verosímil que la idea de que fue diseñada para hacer pasar un cuerpo una sola vez y atribuir su precisión a la casualidad.

Otro propósito para la pirámide de Keops (es la más grande y, por lo tanto, sería la máxima expresión de la tecnología de los antiguos) podría ser el de servir como monumento para guardar conocimientos: una especie de cápsula de tiempo. Un gran número de estudiosos aparte de los egiptólogos cree que la pirámide contiene las dimensiones de nuestro planeta y por eso el perímetro de su base es igual a medio grado de longitud ecuatorial. ¿Es así?

Perímetro 921,45 m = $^1/_2$ minuto
1842,91 m = 1 minuto
110 574,37 m = 1 grado
luego, 110 574 km = 1 grado
360 grados = 39 806,76 km

Si uno se para en el ecuador y camina 921,45 metros hacia el norte, en teoría habrá caminado medio minuto de longitud. La longitud de la Tierra sería entonces igual a 39.806 km. Las mediciones satelitales dicen que es de 40 008,29 km, o sea, una diferencia de 201,16 km. Esto representa una precisión del 99,5%. La egiptología alega que es pura coincidencia; es posible que así sea. Pero si la teoría es válida, entonces la única otra dimensión de una esfera, su radio, estaría representado por la altura de la pirámide. Si esto resulta ser verdadero, la teoría sería verdaderamente válida. ¿Pero lo es?

La altura de la pirámide de Keops era de 146,51 m. Hay diversas mediciones que presentan mínimas divergencias entre sí, pero no lo suficiente como para invalidar la teoría. Usando la formula anterior, 146,51 m × 2 × 60 × 360 = 6 329,54 km. Esto daría un radio polar de la Tierra de 6 329 km que, en comparación con los 6 373 km de las mediciones satelitales, representa una diferencia de 43,45 km o el equivalente a una exactitud del 99,3%. La matemática ingenieril no permite desestimar un cálculo tan preciso como simple coincidencia.

¿Cómo podrían haber inferido estas mediciones los antiguos egipcios? Una vez más, consideremos la astronomía *(Secrets of the Great Pyramid [Secretos de la Gran Pirámide], de Peter Tompkins)*. Hay muchas otras características de la pirámide sobre las que no tenemos explicación, de manera que este conocimiento es apenas un ejemplo de lo que los egipcios sabían y que nosotros solo hemos sabido desde hace unos cientos de años. Además, ahí está la pirámide.

Luego viene la pregunta de la pirámide como representación a escala de las dimensiones de la Tierra: ¿Por qué a una escala tan grande? ¿Por qué no una pirámide de la mitad de su tamaño, o sea, una reducción drástica del trabajo a realizar para conseguir y conservar la misma información?

Una disciplina inesperada nos da una pista: la mitología. El estimadísimo erudito Joseph Campbell, al escribir sobre los mitos de muchas culturas distintas (islandesa, babilónica, sumeria, egipcia y otras, incluidas las escrituras bíblicas) en su libro *The Masks of God: Occidental Mythology [Las máscaras de Dios: Mitología occidental]*, encontró el número 43 200 o sus múltiplos directos o derivados. De hecho, rastreó este número hasta la época neolítica. Se le produjo lo que él mismo describe como "pánico de éxtasis" al pensar en la posibilidad de que la recurrencia aparentemente independiente de este número representara una relación con los ritmos cósmicos, tal vez incluso una constante universal. ¡Recordemos la escala de la pirámide de Keops: 2 × 60 × 360 = 43 200! Si el profesor Campbell hubiera sabido esto, su pánico de éxtasis habría alcanzado niveles insospechados. ¿Será posible que los constructores hayan usado de alguna forma este número para establecer las dimensiones de las pirámides?

Balance final: (1) Se rechaza la idea de que las pirámides fueron únicamente tumbas. Nunca se ha demostrado que hayan sido tumbas, incluso si las más recientes, no las más antiguas, tenían algunas características fúnebres. (2) Los antiguos demostraron poseer una tecnología que supera con creces lo que se les ha reconocido, que va mucho más allá de un simple mausoleo y alcanza una precisión y metodologías hasta ahora inexplicadas.

¿De dónde provino esta tecnología? No lo sabemos. Pero la tenían y luego la perdieron. Y sobre la meseta de Giza se eleva el más grande monumento a esa pérdida, la gran pirámide de Keops, la más antigua y única sobreviviente de las Siete Maravillas del Mundo Antiguo.

# SEXTA PARTE

**NUEVOS MODELOS A CONSIDERAR**

# 39 Visitantes del más allá

Nuestra civilización es un legado de viajeros espaciales, dice Zecharia Sitchin, y su nuevo libro promete develar más secretos de encuentros divinos ✎

## J. Douglas Kenyon

Desde una conferencia sobre Potencial Humano en Washington, D.C., a una Exposición de la Vida Entera en Seattle, desde sesiones informales de debate en Berkeley hasta conversaciones en cócteles en Boston, ningún intento de hablar sobre las exploraciones alternativas más polémicas en cuanto al misterio del origen de la civilización llega muy lejos en estos días sin hacer al menos una breve referencia a la obra de Zecharia Sitchin. Y no hay señales de que el interés por el autor de los cinco volúmenes de *Crónicas de la Tierra* y *Encuentros divinos: Guía sobre visiones, ángeles y demás emisarios* vaya a disminuir.

Por el contrario, los "sitchinistas", como sus seguidores más fieles se hacen llamar sin complejos, se las han arreglado para proclamar, en prácticamente cada una de las tribunas disponibles, desde programas de entrevistas hasta la Internet, su "evangelio según Sitchin", a saber, que la humanidad debe la mayor parte de su legado antiguo a visitantes extraterrestres. Más aun, el "evangelismo" sitchinista —ayudado en parte por la película *Stargate: Puerta a las Estrellas*— ha logrado entrar en la imaginación pública de manera significativa. Aunque muchos puedan estar en desacuerdo con las conclusiones de Sitchin, muy pocos podrán discutir el hecho de que este israelí nacido en Rusia y experto en lenguas antiguas en realidad ha dado con una información bastante interesante, si no convincente.

En efecto, no hay muchos que puedan igualar las credenciales de académicas de Sitchin. Es uno de los pocos lingüistas capaz de leer un texto sumerio en escritura cuneiforme; también es una autoridad reconocida en hebreo antiguo y en jeroglíficos egipcios. Sin embargo, no es poca la controversia en torno a su inusual método de interpretar los textos antiguos. Ya sean textos bíblicos, sumerios, egipcios o de otro tipo, Sitchin insiste en que no deben leerse como mito, sino literalmente, como si se tratara de crónicas periodísticas.

Hay que olvidarse de los arquetipos junguianos y los análisis metafísicos o espirituales. "Si alguien dice que un grupo de cincuenta personas se arrojó al Golfo de Persia bajo el liderazgo de Enki", dice Sitchin, "y llegaron a la orilla y establecieron un asentamiento, ¿por qué vamos a decir que eso nunca sucedió, que es una metáfora, que es un mito y que es imaginación, que alguien simplemente inventó todo, y por qué no decir [en cambio] que esto nos cuenta algo que sucedió?"

Desde que escribió su obra *El duodécimo planeta*, Sitchin ha ampliado su singular explicación de los textos antiguos hasta elaborar una historia vasta y detallada de lo que él cree fueron los hechos reales que rodearon los orígenes de la humanidad. Presenta amplias evidencias de seis mil años de que hay un planeta más en nuestro sistema solar del que en la antigüedad habrían venido hasta la Tierra

*Sitchin en Carnac, a un costado de la estatua de Amenofis II, a quien considera el faraón del Éxodo*
(Derechos reservados, Zecharia Sitchin)

unos "astronautas" —los Anunaki, o "gigantes" de la Biblia.

Sus títulos posteriores de la serie *Crónicas de la Tierra* han sido *La escalera al cielo, Las guerra de los dioses y los hombres, Los reinos perdidos* y *Al principio de los tiempos*. (También se publicó un libro acompañante de la serie, titulado *El Génesis revisado*). Sitchin describe en detalle la evolución de la relación de amorodio entre el hombre y los "dioses" y su creencia de que fue esta relación la que modeló los primeros tiempos del hombre en la Tierra.

Independientemente de lo que hayan pensado los Anunaki acerca de su nueva creación, los críticos literarios han calificado de impresionante el trabajo de Sitchin. "Una obra deslumbrante", fue la entusiasta reseña de *Kirkus Reviews*. La publicación *Library Journal* la encontró "emocionante... creíble".

En *Encuentros divinos*, Sitchin relata varias historias provenientes de fuentes bíblicas, sumerias y egipcias. Desde el Jardín del Edén hasta Gilgamés, el autor sostiene que todas las referencias a la deidad, o deidades, en realidad apuntan a los Anunaki, pero hace distinción entre las actuales experiencias de abducción por OVNI según las expone el profesor de Harvard, John Mack, y los encuentros en la era antigua. Aclara que él mismo nunca ha sido abducido y recalca que, aunque la experiencia de los OVNI es generalmente vista como un fenómeno negativo, que involucra el uso de agujas y otras formas de intrusión indeseables, "en tiempos de la antigüedad, unirse a las deidades era un privilegio único. Solo unos pocos eran merecedores de tal encuentro".

Muchos de esos encuentros eran sexuales. La Biblia establece claramente, según Sitchin, "que ellos [los Anunnaki] 'se unieron con las hijas de los hombres y tenían hijos con ellas, que fueron los famosos héroes de antaño', etcétera; también están los denominados semidioses de los que existen relatos más explícitos en la literatura mesopotámica así como en la denominada mitología egipcia; también en la griega, hasta cierto punto, pues Alejandro Magno creía que estos hijos de dioses se habían apareado con su madre".

*La epopeya de Gilgamés* cuenta cómo una diosa intentó atraer al héroe a su cama y cómo él sospechaba que, si lo conseguía, terminaría muerto. Otros encuentros tienen visos de "realidad virtual" y de experiencias difíciles de explicar. También se analizan las experiencias de los profetas Jeremías, Ezequiel e Isaías. Por último, Sitchin afirma haber descubierto la identidad secreta del ser llamado YHWH y haber llegado a una "conclusión alucinante" incluso para él. Nada más se le pudo sonsacar al respecto. "Compren el libro", recomendaba.

Por primera vez, en los casi veinte años desde que apareció *El duodécimo planeta*, Sitchin ha notado un cambio considerable en las actitudes hacia su obra. Y, a diferencia de los estudios de von Däniken y otros, los de Sitchin no han sufrido la arremetida de otros científicos, hecho que él atribuye a la solidez de su investigación. "La única diferencia entre los científicos convencionales y yo —me refiero a los asiriólogos, sumeriólogos, etcétera— es que ellos consideran que todos estos textos son mitología, mientras que yo los interpreto literalmente". Hoy, dice, varios investigadores han comenzado a seguir su razonamiento. Según sus últimos cálculos, hay cerca de treinta libros de otros autores que habrían sido motivados por sus escritos.

Es posible que los "hechos" presentados por Sitchin sean indiscutibles, pero varias de sus conclusiones son harina de otro costal, incluso para algunos de los pensadores más vanguardistas de la actualidad. Richard Hoagland, investigador sobre Marte, se queja de que Sitchin pretende "tratar el texto cuneiforme sumerio como una especie de *New York Times* antiguo", mientras que otros, como el erudito del simbolismo John Anthony West, cree que a Sitchin se le escapan algunas sutilezas de la sabiduría de los antiguos.

Para ellos, sus puntos de vista son básicamente simplistas y materialistas. No sería más que un mecanicista reduccionista, estancado en el positivismo del siglo XIX. A otros les recuerda los esfuerzos de los predicadores funda-

*Sitchin con una cabeza de piedra olmeca en Mesoamérica*
(Derechos reservados, Zecharia Sitchin)

mentalistas al tratar de identificar las visiones místicas del apóstol Juan con personajes históricos específicos como el anticristo (por ejemplo, Napoleón, Hitler o Sadam Husein).

Con todo, Sitchin se mantiene en sus trece y profesa muy poco aprecio a lo que llama "la perspectiva establecida", que afirmaría que "los textos son mitología, que todo es imaginación y que —sean metáforas o no— esas cosas nunca ocurrieron, que simplemente alguien las imaginó". En contraste, Sitchin "no tiene duda de que realmente ocurrieron".

No obstante, el argumento de que el ímpetu de las civilizaciones sumeria y egipcia proviene de los extraterrestres no descarta la idea de que tal vez en la Tierra hayan existido civilizaciones anteriores, e incluso más avanzadas. "Esto es innegable", dice, citando escritos sumerios y asirios. Ashurbanipal, por ejemplo, decía que podía leer escritura de antes del diluvio universal y describe ciudades y civilizaciones que existieron antes, pero que fueron arrasadas. Así pues, en cuanto a cualquier pregunta de si habrá existido una civilización anterior a los sumerios o incluso anterior al diluvio (que Sitchin sitúa entre siete mil y ocho mil años antes), "la respuesta es absolutamente afirmativa". Sin importar cuán lejos retroceda, detrás de todo logro humano Sitchin solo ve la mano de los Anunaki.

Sitchin considera que a Platón también se le debería tomar literalmente, aunque dice tener algo de dificultad para determinar la ubicación de la Atlántida, "si estaba en medio del Atlántico, o si estaba en el Pacífico en lo que

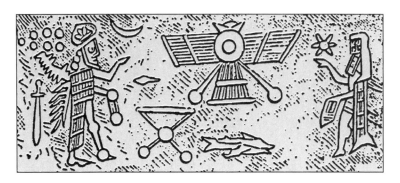

*Según Sitchin, la "nave espacial" que aparece en el centro está
pasando Marte a la derecha y la Tierra a la izquierda.*
(Derechos reservados, Zecharia Sitchin)

posteriormente se conoció como Mu, o en la Antártida, no tengo claro a qué
se refería [Platón] realmente, pero me parece absolutamente válida la idea de
que una vez existió una civilización que fue destruida o que llegó su fin debido
a una gran catástrofe, una gran inundación, o algo parecido".

Sitchin se cuenta entre los que creen que la Gran Pirámide es mucho más
antigua de lo que sostienen los egiptólogos ortodoxos. En su segundo libro,
*La escalera al cielo,* hizo un gran esfuerzo por establecer que la famosa cartela
que se cita como evidencia de que la estructura fue construida por Keops era
en realidad una falsificación. Sitchin elabora meticulosamente el argumento
de que el Coronel Howard-Vyse en realidad falsificó las marcas que están en
los espacios sobre la Cámara del Rey, donde dijo haberlas descubierto. Después de publicar el libro, ha recibido la corroboración adicional del bisnieto
del maestro albañil que ayudó al coronel Howard-Vyse. Al parecer, el coronel
fue visto entrando en la pirámide la noche en cuestión con una brocha y un
bote de pintura y se lo oyó decir que quería repasar unas marcas que había
encontrado, supuestamente para hacerlas más legibles. Al ver que no podía
disuadir a Howard-Vyse de su plan, el albañil renunció a trabajar con él. La
historia, sin embargo, se conservó en la familia y se traspasó de generación en
generación, hasta que al fin llegó a oídos de Sitchin, lo que afianzó aun más
su convicción inamovible sobre la verdadera antigüedad de la Gran Pirámide.

En cuanto a "la cara de Marte", Sitchin es ambivalente. No le importa si
la "cara" es real o si es un efecto combinado de la luz y la arena. Está mucho
más interesado en otras estructuras que se han fotografiado. Basado en lo
que aprendió en su propio entrenamiento en la Universidad Hebrea de Jerusalén durante los años cuarenta, dice: "Una de las reglas que se aprende [en
la arqueología] es que, si ves una línea recta, representa una estructura artificial, porque no hay líneas rectas en la naturaleza. Hay un número conside-

rable de estructuras de este tipo que han sido registradas por las cámaras".

Según Sitchin, todo corrobora la afirmación sumeria que cita en su primer libro. "Marte servía como punto de escala", dice, basado en una descripción sumeria de hace cinco mil años de antigüedad y otros textos. "Dicen que el giro se hacía en Marte". Especula que una antigua base marciana tal vez fue reactivada recientemente, lo que explicaría la desaparición de dos sondas espaciales que hemos enviado a Marte: la misión rusa Fobos y la sonda estadounidense Mars Observer, hace dos años. Añade que ese sitio podría ser el lugar de partida de muchos OVNI en la actualidad.

Cuando el periodista le pidió su opinión de la obra de Giorgio de Santillana y Hertha von Dechend, *Hamlet's Mill: An Essay Investigating the Origins of Human Knowledge and Its Transmission through Myth [El molino de Hamlet: Investigación acerca de los orígenes del conocimiento humano y su transmisión a través de los mitos]*, Sitchin ofreció darle un beso en ambas mejillas. Resulta que estos dos profesores del Instituto Tecnológico de Massachusetts, en su gran investigación sobre los orígenes del conocimiento humano y su transmisión a través de los mitos, hicieron surgir la interrogante: "Ahora bien, ¿es Nibiru tan importante como parece?" A lo que, acto seguido, respondieron: "Creemos que sí. O, para decirlo de otro modo: una vez que se resuelva en forma confiable esta y dos o tres más cuestiones astronómicas, se puede empezar de veras a actuar inteligentemente y traducir los códigos mesopotámicos".

Sitchin no vacila en afirmar: "Creo que yo lo logré". Lo tiene claro: Nibiru es y seguirá siendo el duodécimo planeta.

# 40 Artefactos en el espacio

Para el autor Richard Hoagland,
estamos mucho más cercanos
a la pista de los extraterrestres antiguos

## J. Douglas Kenyon

Desde que en 1981 se descubrió el enigmático y gigantesco rostro que mira hacia arriba en la región de Cidonia, en el planeta Marte, se ha realzado la seductora posibilidad de encontrar pruebas científicas de que la vida inteligente en el universo no es exclusiva del planeta Tierra. Aunque este supuesto rostro fue fotografiado desde un satélite cinco años antes, había permanecido oficialmente desapercibido. El experto espacial Richard Hoagland (autor del libro *The Monuments of Mars [Los monumentos de Marte])* y sus asociados, incluidos varios científicos e ingenieros de renombre, iniciaron su propia investigación porque no veían con optimismo las probabilidades de que la ciencia oficial hiciera una investigación de seguimiento.

Las fotos de "la cara de Marte" y de lo que parece ser un complejo de ruinas a su alrededor fueron sometidas a varios años de exhaustiva investigación. Valiéndose de los medios más avanzados de análisis científico, la "misión a Marte", como se autodenomina el grupo de investigadores, ha obtenido pruebas más que suficientes para que sea plausible su argumento de que los objetos fotografiados en Cidonia son los restos de una civilización antigua que poseía conocimientos científicos y tecnológicos mucho más avanzados que los de nuestros días.

*Richard Hoagland*
(Fotografía de Tom Miller)

La sorprendente posibilidad de que tal tecnología pudiese existir ha creado una considerable presión de la opinión pública a favor de una misión que vuelva al planeta rojo y causó gran consternación en el verano de 1993, cuando la NASA perdió el contacto con su sonda Mars Observer justo cuando iba a empezar a tomar detalladas fotografías que hubiesen podido dirimir el asunto de una manera o de otra.

¿Hasta cuándo tendremos que esperar para que se pueda someter a prueba este argumento? Quizás no tanto. Resulta ser muy probable que las tan ansiadas evidencias concretas de que el hombre no está solo en el universo se encuentren, por así decirlo, en nuestro propio traspatio. El grupo de Hoagland afirma haber descubierto en numerosas fotos de la NASA pruebas de que en nuestro vecino más cercano, la Luna, estuvo presente una civilización antigua. Y, en este caso, si la NASA no está dispuesta a hacer la labor de verificación, Hoagland insiste en que su grupo sí lo está. Como resultado, podrían organizar la primera misión a la Luna financiada con fondos privados.

Si alguien puede conseguir esto, esa persona podría ser Hoagland. Durante más de veinticinco años ha sido una autoridad reconocida en astronomía y exploración espacial y consultor de las principales cadenas de radio y televisión. Entre sus muchas y valiosas contribuciones a la historia y la ciencia, probablemente la más recordada es una en la que colaboró con Eric Burgess: el primer mensaje interestelar de la humanidad, creado en 1971, consistente en una placa grabada que ha llegado más allá del sistema solar en la sonda Pioneer 10, el primer objeto de fabricación humana que ha escapado de la influencia del Sol.

En un inicio, Hoagland y Burgess presentaron la idea a Carl Sagan, quien logró hacer que la placa se incluyera en la astronave y posteriormente reconoció a los creadores de la idea en la prestigiosa revista especializada *Science*. El propio Hoagland fue quien propuso el experimento realizado por la tripulación del Apolo 15, en el que el astronauta David Scott, ante el público televidente del mundo entero, dejó caer simultáneamente un martillo y una pluma de halcón para comprobar si era cierto (como predijo Galileo) que ambos objetos tocarían tierra al mismo tiempo. Una vez más, Galileo fue reivindicado. Desde que en 1981 se descubrió la "cara de Marte", Hoagland ha dedicado la mayor parte de su tiempo a buscar evidencias científicas de inteligencia extraterrestre.

La revista *Atlantis Rising* conversó con Hoagland el día después del estreno nacional en Estados Unidos de *Stargate: Puerta a las Estrellas,* la más reciente epopeya espacial de Hollywood. En vista de que la película toca el tema de la intervención extraterrestre en la historia de la Tierra, queríamos saber si es que Hoagland veía en ella algún augurio. "El problema de la película", dijo Hoagland, "es que, después de la primera media hora, se pierde cualquier posibilidad de presentar una idea verdaderamente interesante. La trama se desintegra en un intento de lanzar al público miles de cabos sueltos que no llevan a ninguna parte". Pero, independientemente de la calidad,

*Una estructura denominada "el fragmento", cuya forma vertical proyecta una sombra alargada. Esta fotografía de la NASA fue tomada por la sonda Lunal Orbiter III. (El objeto de la parte superior izquierda, que parece una estrella, es una marca de la cámara).*

*Una imagen de la misión Apolo de la NASA, tomada desde una órbita lunar cerca de los cráteres de Ukert y Triesnecker. A esta estructura se le ha dado el nombre de "castillo".*

o falta de calidad, del filme, Hoagland se siente animado por la recepción del público. "El hecho de que la gente acuda en gran número a ver esta película me indica que hay una compulsión casi arquetípica por saber más acerca de estos temas y que, si elaboráramos el mensaje adecuado, que es lo que estamos tratando de hacer, tal vez tengamos al público listo para recibirlo".

Hoagland aludía a un par de proyectos cinematográficos, cuyas posibilidades de producción se están analizando, basados en su trabajo relacionado con Marte y la Luna. Es de esperar que el resultado sea, al mismo tiempo, un documental científico y un relato de ficción en el que se presenten algunos de los aspectos más especulativos de la investigación. No obstante, estas cuestiones no son su preocupación principal.

Una de las cosas que Hoagland y sus asociados tienen más presentes son los descubrimientos realizados recientemente en la Luna. En varias fotos de nuestro satélite natural, algunas de las cuales tienen casi treinta años de tomadas (tanto por misiones tripuladas como no tripuladas de la NASA, así como sondas orbitales y sondas de alunizaje) se aprecian claramente estructuras gigantescas que no se pueden explicar con ningún proceso geológico. Son lo que Hoagland llama "objetos arquitectónicos".

"En marcado contraste con los datos de Marte, en los que nos hemos visto limitados a examinar dos o tres fotos de la región de Cidonia valiéndonos de tecnologías cada vez más refinadas (como herramientas tridimensionales, tratamientos de color y mediciones polarimétricas y geométricas), en el caso de la Luna contamos con una inmensa cantidad de datos. Literalmente tenemos miles de fotografías, si no millones".

Valiéndose de fotos tomadas desde muchas direcciones y en muy diferentes condiciones de iluminación, ángulos y circunstancias, el equipo de Hoagland ha podido obtener "una corroboración contundente" de que todas las fotos son "del mismo tipo de objetos arquitectónicos, con un alto grado de diseño geométrico y estructural". De hecho, afirma que "en muchos casos, los arquitectos de nuestro equipo han podido reconocer la forma estándar de las vigas tetraédricas de Buckminster Fuller, consistentes en un diseño hexagonal, reforzado con travesaños. Es decir, se trata de principios ingenieriles estándar, aunque evidentemente estos objetos no fueron creados por seres humanos".

La estructura parece ser muy antigua y "golpeada incesantemente por meteoritos . . . es como si la hubiera atacado un ejército de termitas. Como si la hubieran carcomido las polillas y hubiera sido des-

*Imagen del artista Tom Miller, basada en conjeturas sobre el aspecto original del "fragmento" en la superficie de la Luna*

trozada y golpeada por incontables bombardeos", afirma Hoagland. "Los bordes son indefinidos y difusos debido a la acción abrasiva de los micrometeoritos, parecido al desgaste que produciría la técnica del chorro de arena".

Hoagland explica que, dado que la Luna carece de atmósfera, nada impide que un meteorito llegue a su superficie o a cualquier estructura que se encuentre sobre esta. Aun así, afirma, "hemos podido ver una cantidad enorme de materiales estructurales". Estos han aparecido en diferentes regiones de la Luna, esparcidos en amplias zonas. "Es como si estuviésemos ante los fragmentos de inmensos recintos, o domos, aunque no es exactamente como un cuenco invertido. Son recintos mucho más geométricos, similares a la pirámide en terraza llamada Biosfera II, en Arizona. Estamos viendo objetos extraordinariamente antiguos, creados por algún ente que no es de nuestro planeta, ni de este sistema solar, sino de alguna otra parte".

Una de las estructuras más interesantes parece ser una torre sin apoyos, "una estructura cristalina como hecha de vidrio (una especie de megacubo), parcialmente conservada, que se alza sobre los restos de otra estructura que parece sostenerla, aproximadamente a once kilómetros del extremo suroeste de una parte central de la Luna, que se conoce como región de Sinus Medii".

Si todas estas estructuras existen, una de las preguntas más importantes es: ¿por qué la NASA no las ha notado? Si se confirman las sospechas de Hoagland, parece que "algo raro está sucediendo". Y no está lejos de la verdad.

Hace poco Hoagland presentó su material de investigación sobre la Luna en la Universidad Estatal de Ohio. En los meses posteriores, se produjo una avalancha de comentarios y discusiones en Internet. Muchas de las preguntas que se le hacen a Hoagland provienen de científicos e ingenieros de la propia NASA, muchos de los cuales han tenido contacto directo con el programa lunar y, sin embargo, no se les ha proporcionado información sobre ninguna evidencia acerca de entidades extraterrestres. Hoagland ha compartido los avances hasta el momento de su investigación y solicitado la opinión de estos colegas, y se ha quedado con la inevitable impresión de que "algo increíble ha sido pasado por alto".

A su juicio, solo hay dos explicaciones posibles: "O estamos lidiando con gente increíblemente tonta, en cuyo caso hemos desperdiciado veinte mil millones de dólares para nada, porque fuimos a la Luna, tomamos fotos, volvimos a la Tierra y no nos dimos cuenta de lo que estábamos observando, o estamos lidiando con una cautelosa manipulación de la mayoría por la minoría".

Esta última teoría tal vez no sea tan inverosímil como pueda parecer a primera vista. "Si uno es parte de un sistema que se fundamenta en la honestidad, integridad, apertura y comunicación abierta", explica Hoagland, "y hay personas en ese sistema que operan en forma contraria a estos preceptos, no serán descubiertas porque es que nadie sospecha de nadie".

En realidad, Hoagland ha pasado de las sospechas a la certeza y asegura que puede demostrar lo que piensa. La prueba irrefutable es un informe presentado por el Instituto Brookings, solicitado por la NASA en sus inicios en 1959. El informe se titula "Proyectos de estudio sobre las implicaciones de la actividad espacial pacífica para el quehacer humano". Hoagland dice: "En el estudio se examinan los efectos de los descubrimientos de la NASA en la sociedad estadounidense, proyectados a diez, veinte y treinta años en el futuro. En la página 215 se examina el impacto de los descubrimientos de evidencias, ya sea de inteligencia extraterrestre —es decir, de emisiones radiales— o de artefactos dejados en el sistema solar por alguna entidad, extraterrestre o de otro tipo".

Hoagland continúa explicando que "en el informe se mencionan tres lugares donde la NASA podría encontrar dichas evidencias en el sistema solar: la Luna, Marte y Venus. El informe prosigue a analizar los impactos antropológicos, sociológicos y geopolíticos de dichos descubrimientos. Finalmente, los autores hacen la sorprendente recomendación a la NASA de considerar no decir nada al pueblo estadounidense acerca de las evidencias, por miedo a la desorganización y desintegración de la sociedad. Está escrito ahí, en blanco y negro: una recomendación a la censura. Y eso es exactamente lo que la NASA ha estado haciendo", afirma.

Hoagland cree que la antropóloga Margaret Mead, una de las autoras del informe, fue la responsable de tal recomendación, la cual se basó en la experiencia de la antropóloga con la sociedad de la Samoa Americana. Durante los años cuarenta, la antropóloga fue testigo de la devastación de sociedades primitivas expuestas por primera vez a la sofisticada civilización occidental. "Esta experiencia la conmovió de tal manera", dice Hoagland, "y cambió tanto sus perspectivas que, al examinar el fenómeno de los extraterrestres, proyectó su experiencia y estableció puntos de contacto entre ambas posibilidades. Margaret Mead realmente consideraba que, si nuestra sociedad se enteraba de la existencia de extraterrestres, esto podría conducirnos a la destrucción y, por lo tanto, era mejor que la verdad no fuese comunicada al público".

Debido a su creencia de que la NASA, e incluso niveles más altos en la jerarquía del gobierno, se han dedicado a mantener al público desinformado sobre las realidades de la inteligencia extraterrestre, Hoagland no es muy optimista sobre las posibilidades de éxito de iniciativas ampliamente conocidas, como el programa de búsqueda de inteligencia extraterrestre (SETI, por su sigla en inglés). El astrónomo comenta: "Son una completa y absoluta farsa. Son como esas maquetas falsas de pueblos del viejo Oeste norteamericano. No significan realmente lo que se supone que signifiquen. Son como una cortina de humo. Son una forma burda de apaciguar a la generación que se crió en la era de la exploración espacial".

De hecho, Hoagland duda tanto de las intenciones del gobierno a este respecto, que tiene la sospecha de que todo el fenómeno de los secuestros por alienígenas es parte de una campaña de desinformación calculada para espantar a la gente que se pueda interesar en el tema. "Si ha existido hasta ahora una política dirigida a ofuscar y confundir a las personas con respecto a datos de investigación objetivos", razona Hoagland, "¿cuáles podrían ser los efectos de esas políticas y hasta qué punto llegarían en cuanto a la idea del contacto con extraterrestres? Si ha habido algunos encuentros reales con entidades que están tratando de transmitirnos mensajes y de abrirnos a nuevas perspectivas, pero la estructura del gobierno teme que esto tenga un efecto destructivo en nuestra civilización, ¿no sería razonable pensar que ese mismo gobierno pondría en marcha un programa de desinformación con el objetivo de confundir al público, de dar un giro político incorrecto a esos pocos contactos reales al diluirlos en un mar de información falsa sobre contactos extraterrestres?"

Hoagland ve evidencias de contactos extraterrestres benignos en el fenómeno de los círculos en los cultivos. "Lo que los hace distintos a los monumentos de Marte o a las ciudades antiguas de la Luna", dice Hoagland, "es que están ocurriendo en la actualidad, en los campos de cultivo aquí en la Tierra". El astrónomo no pone en duda que los círculos en los cultivos sean de origen extraterrestre. "Simplemente no poseemos la tecnología, ni los conocimientos, para construir símbolos con tantos niveles distintos de comunicación como los que representan los círculos en los cultivos. Así es que, una vez que descartemos a los falsificadores..." Hoagland se ríe de pronto. "Si alguien ha estado falsificando estos círculos, se merece un premio Nobel".

Hoagland reanuda sus pensamientos: "El nivel de sofisticación de la información codificada en estos símbolos es tan enorme y tan congruente con las obras en la Luna y en Marte, que uno se ve obligado a concluir que, quienesquiera que sean estos artistas, saben un poco más que los científicos contemporáneos, que los medios de comunicación, e incluso que el propio gobierno".

En todo caso, el grupo de investigación de Hoagland está planeando la forma de poner fin al monopolio de información sobre exploración espacial relacionada con fenómenos extraterrestres. Considera que ha llegado el momento de enviar una misión a la Luna financiada en forma privada. Ya tiene inversionistas interesados en la idea. "Solo se trata de unas decenas de millones de dólares", nos cuenta, "que no es siquiera el costo de los efectos especiales de una gran producción de cine. Podríamos ir a la Luna y obtener increíbles videos en colores y en alta definición de los mismos objetos y lugares que vemos en las fotografías tomadas por la NASA hace treinta años".

Si una misión semejante recibe financiamiento, podría estar lista para su despegue en quince meses. Valiéndose de nuevas tecnologías y de un cohete de combustión sólida, podría ponerse en órbita lunar una carga útil de doscientos a trescientos kilogramos de peso, que podría proveer "increíbles transmisiones telescópicas y cinematográficas", calcula Hoagland. La misión podría incluso realizar experimentos científicos. Hay un grupo que ha mostrado interés en enviar un espectrómetro de rayos gamma diseñado para buscar si hay agua en la Luna. Según Hoagland, debe haberla.

Tal vez la mera posibilidad de semejante misión esté obligando a la NASA a ser más abierta. Hoagland y otros miembros de su equipo han recibido hace poco una invitación en la que esta agencia les abre sus puertas para consultar archivos que contienen una gran cantidad de filmaciones hasta ahora inéditas. Hoagland tiene la impresión de que la burocracia ya empieza a tratar de cubrirse y evitar la vergüenza de quedar en evidencia, por decir lo menos.

# 41 El misterio de los púlsares

¿Este enigmático fenómeno podría ser obra
de una antigua civilización extraterrestre?
Un nuevo estudio científico respalda esa
sorprendente hipótesis

## Len Kasten

*El Doctor Paul LaViolette*

Es lógico pensar que debe existir algún tipo de conexión entre todos los planetas de nuestra galaxia, la llamada Vía Láctea. Vista desde lejos, esta galaxia parece ser una sola unidad en forma de espiral con un centro luminoso. ¿Qué fuerzas cósmicas hacen que todos esos miles de millones de estrellas mantengan una unidad coherente? Sin duda son fuerzas increíblemente vastas y poderosas. A las puertas del siglo XXI, su descubrimiento es sin duda la próxima frontera de la física y la astronomía. Este es el paso lógico en el proceso iniciado por Cristóbal Colón hace apenas quinientos años, cuando descubrió la forma esférica de nuestro planeta.

Esta progresión lógica continuó con la "herejía" de Galileo de que la Tierra gira alrededor del Sol, el descubrimiento de Kepler de la órbita elíptica de los planetas y, luego, como culminación triunfante de la "revolución copernicana", la deducción hecha por Newton en 1687 de la segunda ley de la mecánica y la ley de gravitación universal, que elegantemente demostraron, a su vez, las tres leyes de Kepler sobre el movimiento de los planetas. Sin embargo, no fue hasta 1781, cuando Sir William Herschel desarrolló un telescopio con potencia suficiente para observar el cosmos, que empezamos a comprender su complejidad y su inmensidad y a descubrir que, lo que inicialmente nos parecían nubes de polvo cósmico, eran en realidad millones de otras estrellas similares a nuestro Sol.

Herschel, junto con sus hijos John y Caroline, lograron catalogar más de cuatro mil doscientos cúmulos estelares, nebulosas y galaxias, con lo que sentaron las bases de la era moderna de la astronomía. En 1990, cuando el Telescopio Hubble fue puesto en órbita, tuvimos al fin la oportunidad de comprender nuestro vecindario estelar. Lo que se ha dado en llamar "el grupo local de galaxias" es el conjunto compuesto por nuestra Vía Láctea, la gigantesca galaxia en espiral de Andrómeda y otras galaxias menores. Y sin embargo, con todo el conocimiento que ahora tenemos, aún no sabemos casi nada sobre las implicaciones de ser "miembros" de este grupo local. ¿Fue nuestro sistema solar sencillamente "capturado" en forma fortuita por la inmensa fuerza de atracción del núcleo galáctico, o es posible que la galaxia actúe como un todo orgánico?

## EXPLOSIONES GALÁCTICAS

Gracias al autor y doctor en ciencias Paul LaViolette, podemos empezar a entender que determinados "sucesos" galácticos tienen un efecto físico muy profundo sobre nuestro pequeño Sol y nuestro planeta, aquí, en los confines de uno de los brazos de la espiral galáctica. LaViolette, que es físico y tiene un doctorado en teoría de sistemas, ha propuesto la existencia de lo que denomina una "superonda galáctica". En su libro titulado *Earth Under Fire: Humanity's Survival of the Apocalypse [La Tierra bajo ataque: la supervivencia de la humanidad frente al apocalipsis],* LaViolette afirma que existen evidencias astronómicas y geológicas que sugieren que nuestro planeta sufrió un "prolongado desastre climático global" hace aproximadamente quince mil años.

Parte de estas evidencias provienen de una técnica nueva desarrollada por los científicos a finales de los años setenta para medir el grado de concentración de berilio 10 en muestras de hielo extraídas en la estación Vostok, en la Antártida oriental. Se producen minúsculas cantidades de este raro isótopo debido al choque de rayos cósmicos de gran energía con átomos de nitrógeno y oxígeno en la estratosfera.

Es posible asociar un margen de tiempo con cada capa de los núcleos de hielo extraídos, mediante la identificación de las concentraciones de berilio 10 en varios niveles. De este modo, se pueden determinar en forma precisa las fluctuaciones de bombardeos cósmicos que ha recibido la Tierra. Las muestras de la estación Vostok indican claramente un nivel máximo de radiación cósmica hace entre 17 500 y 14 150 años, vinculado con un marcado aumento en la temperatura ambiental de 0 °C a 10 °C. Este cambio, afirma LaViolette, provocó el fin de la Edad de Hielo y trajo consigo una era de temperaturas moderadas que hizo posible el desarrollo de la civilización moderna.

Este concepto de las superondas galácticas, aparentemente causadas por enormes "explosiones" en el núcleo de la galaxia, no es del todo nuevo para los astrónomos. Sin embargo, se considera que son sucesos relativamente raros que quizás ocurren en intervalos de diez o hasta cien millones de años y que no tienen ningún efecto particular sobre nuestro sistema solar, pues se cree que las líneas del campo magnético de la galaxia impiden que cualquier radiación se propague lejos del núcleo.

Pero LaViolette ha acumulado una impresionante cantidad de evidencias de distintas fuentes que indican que estos sucesos son mucho más frecuentes y que son verdaderos bombardeos de partículas de rayos cósmicos (electrones, positrones y protones) con la potencia de cinco a diez millones de explosiones de supernovas, cuya fuerza explosiva, cuando llega al máximo, puede alcanzar hasta los confines más distantes de la galaxia.

Aunque Paul LaViolette presenta sus pruebas de manera cuidadosa y exhaustiva, sus teorías han sido muy controvertidas en los círculos de astronomía. Tal vez esto se deba a que se atreve a entrar en terrenos donde otros científicos tienen miedo pisar, en el ámbito de los mitos y leyendas, con el fin de encontrar evidencias que respalden sus teorías.

En su libro *The Talk of the Galaxy: An ET Message for Us?* [*La voz de la galaxia: ¿Se trata de un mensaje extraterrestre?*], se presenta una hipótesis aun más audaz. Afirma que los púlsares son radiobalizas galácticas de tecnología avanzada, probablemente creadas por civilizaciones inteligentes altamente desarrolladas, y que se usan para anunciar el advenimiento de determinados acontecimientos en nuestra galaxia, en especial, las superondas. Los libros del astrofísico, tomados en conjunto, esbozan un escenario fantástico que cambia en forma radical el estatus quo de las ciencias astronómicas, antropológicas y arqueológicas, y abren un universo potencial de investigación y experimentación.

LaViolette puede ser el investigador clave que sacará a la ciencia del estancamiento viciado y endogámico en que se encuentra imbuida, hacia ámbitos vigorizantes y centrados en la dimensión humana y encaminarla hacia nuevos rumbos en el siglo XXI. En vista de la importancia de sus teorías, concertamos una entrevista con el astrofísico para este artículo. Al hablar con él, nos sorprendió su facilidad para pasar de la ciencia a la mitología en busca de respaldo a sus ideas.

## LA CREACIÓN CONTINUA VERSUS EL BIG BANG

Tal vez la parte más "herética" de las teorías de LaViolette se refiere al propósito de estas explosiones en el núcleo de la galaxia. Su explicación resucita a la "bestia negra" de la ciencia moderna: el concepto del éter. El astrofísico está convencido de que estas tremendas descargas de energía son nada menos que un proceso continuo de creación de la materia misma a partir del flujo etéreo que impregna a todo el universo en forma invisible.

Esta teoría de la "creación continua" es completamente opuesta a la teoría generalmente aceptada del *Big Bang* o "gran explosión". La mayoría de los esotéricos nunca se han sentido realmente a gusto con la teoría del *Big Bang*, pero esta satisface a los grupos religiosos que consideran que la "creación" fue literalmente un acto único y primordial de Dios. LaViolette hace un análisis más completo de este tema en su libro *Genesis of the Cosmos: The Ancient Science of Continuous Creation [La génesis del cosmos: La antigua ciencia de la creación continua]* y también en la continuación de este, titulada *Subquantum Kinetics: The Alchemy of Creation [Cinética subcuántica: La alquimia de la Creación]*.

La existencia de un sustrato etéreo omnipresente a partir del que se creó la materia es un concepto que en realidad se derivó originalmente de la antigua metafísica india, pero que había ganado bastante credibilidad científica hasta que, a finales del siglo XIX, fue "puesto a dormir" por el famoso experimento de Michelson-Morley en 1887. Pero sucede que este experimento tenía importantes defectos porque partía del supuesto de que el éter no era más que otra dimensión física en vez de un precursor de la propia energía. Hoy en día, aunque los científicos ortodoxos no le hayan concedido ningún respeto a la teoría del éter, no les importa usarla cotidianamente para explicar la forma en que se propagan las ondas de televisión y de radio.

## INCENDIOS E INUNDACIONES

Según LaViolette, estas fases de explosiones galácticas se producen cada diez mil a veinte mil años y pueden durar desde unos cientos hasta unos miles de años. Las evidencias de estas frecuencias comenzaron a surgir en 1977, pero los científicos de la época las consideraron una aberración. Los electrones y positrones se alejan radialmente del núcleo a la velocidad de la luz, pero los protones viajan mucho más lentamente porque son dos mil veces más pesados.

Estas partículas se dispersan y luego son capturadas por los campos magnéticos del núcleo de la galaxia. La propia superonda no tendría mayor efecto sobre el Sol o la Tierra, ya que su energía equivaldría a una milésima de la energía irradiada por el Sol. Pero el sistema solar está rodeado por una nube de polvo y residuos cometarios congelados que han permanecido en la periferia debido al viento solar, cuya acción de expulsión limpia todo nuestro sistema.

No obstante, cuando llega la superonda, vuelve a empujar esa nube de polvo y residuos al medio interplanetario y con ello bloquea la luz del Sol, de la Luna y de las estrellas. Parecerá que el Sol se oscurece. La superonda y las partículas de polvo energizan al Sol e incrementan su actividad de erupciones de tal manera, que los pastizales secos y bosques en la Tierra comienzan a incendiarse en forma espontánea. Este calor también derretiría los glaciares, lo que liberaría enormes cantidades de agua y causaría amplias inundaciones en todo el planeta.

Vendría toda una serie de catástrofes una detrás de otra, como terremotos, una mayor actividad sísmica, vientos huracanados, cosechas fallidas, destrucción de la vegetación y una radiación ultravioleta elevada que causaría cáncer de la piel y un aumento de las mutaciones genéticas. En suma, una era de cataclismos que probablemente arrasarían con la mayor parte de la población humana y animal del planeta.

LaViolette cita, en su libro *La Tierra bajo ataque,* todas las leyendas y mitos relacionados con cataclismos, que parecen haber tenido lugar en la época de la última superonda galáctica, es decir, hace unos quince mil años. Por ejemplo, el mito griego de Faetón el hijo semimortal de Helios, el dios solar, al que se le dieron las riendas del carro del Sol y lo hizo estrellar contra la Tierra, desencadenando una enorme conflagración mundial. Se dice que este mito es una metáfora de la era en que la superonda causó un extraordinario aumento en las emisiones solares de rayos infrarrojos y ultravioleta, además de un gran incremento en su actividad de erupciones.

*Un radiotelescopio escucha las señales desde la Nebulosa del Cangrejo*
(Diseño de Tom Miller)

LaViolette cree que el mito describe un fenómeno de "tierra arrasada". El escritor griego Ovidio hizo la siguiente descripción: "Grandes ciudades y sus fortificaciones perecen y las llamas convierten naciones enteras en cenizas". Luego, a medida que los glaciares se derritieron y el nivel del mar subió en todo el mundo, grandes masas terrestres quedaron sumergidas.

Las leyendas del Diluvio Universal, presentes en casi todas las civilizaciones antiguas, podrían ser fácilmente un recuento de estos fenómenos. La Violette hizo una lista de casi ochenta sociedades distintas que tienen alguna versión del mito de una gran inundación. Al astrofísico no le cabe duda de que el diluvio que hundió a la Atlántida fue ocasionado por el deshielo de los glaciares. Dice que "el hundimiento de la Atlántida se refiere simplemente al deshielo y la pérdida total de los mantos de hielo continentales", lo que "engendró una serie de olas glaciales destructivas que inundaron todo". Curiosamente, el mito de Faetón termina con grandes inundaciones enviadas por Zeus para sofocar las llamas. Según el *Timeo* de Platón, estos sucesos tuvieron lugar hace 11 550 años, lo que coincide aproximadamente con la última fase de la superonda.

## PEQUEÑOS HOMBRECITOS VERDES

En su libro *La voz de la galaxia,* LaViolette centra su atención en esas desconcertantes anomalías de la astronomía llamadas púlsares. Tras establecer de forma convincente en sus libros anteriores su argumento acerca de sucesos galácticos que afectan a todos los planetas, era natural preguntarse si los púlsares tienen o no alguna conexión con dichos sucesos. El hecho de que emiten pulsaciones coherentemente regulares le da a entender a LaViolette que tienen que ser de origen inteligente.

Pero no era una teoría nueva. Varios científicos involucrados en el proyecto SETI ya habían hecho especulaciones al respecto. LaViolette nos cuenta que el profesor y radioastrónomo Alan Barrett, a principios de los años setenta, había planteado en un artículo en el diario *New York Post* la teoría de que las señales de los púlsares "podrían ser parte de una enorme red de comunicaciones interestelares con la que nos hemos topado".

De hecho, esto fue lo que se les ocurrió a los dos astrónomos que descubrieron la primera señal de un púlsar, en julio de 1967 en la Universidad de Cambridge, en Inglaterra. La estudiante de postgrado Jocelyn Bell, junto con su profesor de astronomía, Anthony Hewish, llamaron al origen de estas señales LGM 1, por las siglas de la frase en inglés *Little Green Men* ("pequeños hombrecitos verdes"). Sin embargo, en el momento de publicar su sorprendente descubrimiento en la revista *Nature* en febrero de 1968, cuando ya habían descubierto un segundo púlsar, Bell y Hewish decidieron no comentar su teoría acerca de una fuente de inteligencia extraterrestre, por temor a ser ridiculizados por sus colegas y a que su descubrimiento no fuese tomado en serio por la comunidad científica. Con todo, siguieron usando esta nomenclatura hasta el descubrimiento del púlsar LGM 4.

De las muchas teorías que se han propuesto para explicar este fenómeno, la que prevaleció en 1968 y que se sigue aceptando hoy, se conoce como faro de neutrones. Desarrollada por Thomas Gold, esta teoría afirma que las señales provienen de la rápida rotación de estrellas que están en su fase de extinción, después de haberse convertido en supernovas debido a una explosión que las transforma en un grupo compacto de neutrones. En ese estado, una estrella es increíblemente densa y puede reducirse desde un tamaño tres veces más grande que el Sol hasta un diámetro de no más de treinta kilómetros. Thomas Gold teoriza que al girar, la supernova emite un rayo sincrotrónico, parecido al haz de un faro marino, que es captado en la Tierra como una breve pulsación radial. Para alcanzar las frecuencias detectadas en los púlsares, estas supernovas tendrían que girar a una velocidad de cientos de rotaciones por segundo.

## LA COMPLEJIDAD DE LAS SEÑALES

LaViolette ha recopilado un conjunto impresionante y convincente de argumentos que explican por qué los púlsares serían probablemente de origen inteligente y no natural, y por qué no se pueden ajustar al modelo de estrellas de neutrones. Todos los argumentos tienen que ver con el hecho de que estas señales son absolutamente distintas a cualquier otra que se haya descubierto, en lo que se refiere a su complejidad y precisión. De absoluta importancia es el hecho de que las pulsaciones de estos cuerpos celestes no están sincronizadas con precisión entre una y otra, sino solo cuando se promedian sus ciclos cada dos mil pulsaciones.

Cuando se tiene en cuenta ese promedio, las pulsaciones son extremadamente precisas y regulares. Además, en algunos púlsares las señales se derivan a un ritmo constante, lo que añade un nuevo nivel de complejidad. Otro factor importante tiene que ver con la modulación de la amplitud. Algunas de las pulsaciones incrementan su amplitud según patrones variados pero regulares. Y muchas exhiben un comportamiento llamado "conmutación de modos", en la que, de repente, las señales presentan un conjunto completamente nuevo de características que persisten por un tiempo, para luego revertirse a su modo original.

En algunos casos, esta conmutación depende de la frecuencia y, en otros, sigue patrones regulares. LaViolette dice que una civilización extraterrestre esperaría de nosotros que fuésemos capaces de entender que una señal tan compleja tiene que ser de origen inteligente. Tal vez suponen que poseemos el poder computacional necesario para entender la lógica en que se basan las variaciones de señales. El "modelo de estrellas de neutrones" ha tenido que ser "ajustado" en varias ocasiones para poder incluir en él estas nuevas características a medida que se descubren. Ha llegado el punto en que ese modelo se ha distorsionado hasta hacerlo irreconocible para poder explicar esta complejidad, pero los astrónomos se resisten a abandonar "la considerable inversión de esfuerzo intelectual".

En cuanto a precisión, algunas estrellas exhiben variaciones periódicas y regulares en su color y luminosidad. Hay varias estrellas binarias emisoras de rayos X que emiten pulsaciones con una precisión de seis o siete dígitos significativos. En cambio, los púlsares son desde un millón hasta cien mil millones de veces más precisos que dichas estrellas binarias. LaViolette especula que "si Bell y Hewish hubieran sabido lo que sabemos ahora, tal vez no se habrían apresurado a descartar la teoría de comunicación extraterrestre tan rápidamente como lo hicieron".

## RADIOBALIZAS

Tal vez la característica más sorprendente de los púlsares es su ubicación en la galaxia. Cuando las posiciones de los púlsares se representan sobre el "globo" galáctico, una proyección de la galaxia muy similar a la de Mercator para la Tierra, todos parecen congregarse en determinados lugares clave. La mayor densidad de concentración es alrededor del ecuador galáctico, no del centro de la galaxia, como sería de esperar según la teoría de que estas pulsaciones fueron creadas a partir de explosiones de supernovas.

Además, los púlsares parecen aglomerarse en torno a dos puntos a lo largo de la línea ecuatorial, que se encuentran precisamente a la distancia de la marca de un radián, medido desde la Tierra. El radián es una medida geométrica universal de los ángulos, que marca en la circunferencia un arco igual a la longitud del radio del círculo y siempre es de 57,296 grados. Si usamos a la Tierra como referente para el centro del círculo y colocamos el centro galáctico en el ecuador, el púlsar más importante de la galaxia queda precisamente sobre la marca de un radián.

El llamado púlsar de milisegundos es el más rápido de los mil cien que se han descubierto hasta la fecha. Su "latido" es de 642 pulsaciones por segundo. Es también el más coordinado, con una precisión de hasta diecisiete dígitos significativos, lo que supera a los mejores relojes atómicos de la Tierra, y emite pulsaciones visibles de alta intensidad. LaViolette cree que el púlsar de milisegundos fue colocado allí en forma deliberada por extraterrestres para que funcionara como radiobaliza dirigida específicamente a nuestro sistema solar, pues sabían que entenderíamos el significado de la marca de un radián.

La tesis principal de LaViolette es que todos los púlsares "visibles" desde la Tierra fueron puestos en marcha con el fin de transmitirnos un mensaje relacionado con las superondas galácticas. Según él, esta sería la explicación de por qué dos de los púlsares más singulares (cuya explicación sería demasiado compleja para incluirla en este artículo), que LaViolette ha bautizado como "el rey y la reina de los púlsares", fueron colocados en la Nebulosa del Cangrejo y en la Nebulosa de Vela, pues en ambos lugares han ocurrido explosiones de supernovas.

LaViolette calcula que, alrededor de cien años después de alcanzar la Tierra, hace 14 130 años, la última superonda habría alcanzado la Nebulosa de Vela, donde habría detonado una supernova al calentar a las estrellas inestables hasta el punto de hacerlas explotar. Al cabo de seis mil trescientos años, la superonda habría alcanzado la Nebulosa del Cangrejo y producido otra supernova. Estas enormes supernovas habrían empezado a ser visibles desde la Tierra en 11 250 a.C. y 1054 d.C., respectivamente. LaViolette cree que, al instalar estas radiobalizas en estos puntos, los extraterrestres intentaban proporcionarnos información acerca de las superondas, que nos podría servir para predecir futuras ondas y sus efectos cataclísmicos.

LaViolette cree que ya poseemos la tecnología necesaria para construir nuestro propio emisor de rayos de campos de fuerza. Por lo tanto, quizás no esté lejos el día en que los terrícolas seamos capaces de unirnos a la comunidad galáctica y ayudar a informar a otros planetas desafortunados sobre la aproximación de una temible superonda galáctica.

# 42 El físico como místico

## David Lewis

Un niño que observa el cielo en una noche despejada tiene que contemplar la maravilla del universo y su misterio. Para su mente simple, o para cualquier mente, ¿cómo es posible que el firmamento estrellado sea infinito? Porque si hubiese un fin, nos imaginamos que siempre habrá algo más allá. Pero entonces nos preguntaríamos por el comienzo y antes de eso, y así sucesivamente... Esos dos aparentes extremos describen lo que el filósofo y matemático francés Blaine Pascal llamó *les deux infinis,* o sea, los dos infinitos.

Al sondear este misterio, a nivel subatómico y cósmico, la ciencia busca su respuesta dentro del campo del entendimiento finito. Desde la época de Darwin, a pesar de la infinitud que podemos observar en una noche estrellada, los científicos occidentales nos han dicho que la materia dio nacimiento a la realidad y a la vida y que la realidad es concreta, o sea, finita. En su intento por definir la realidad, por colocarla en una casilla intelectual, la ciencia materialista se adentró en el terreno de los místicos, el reino que desde el principio intentó evitar.

En sus incesantes intentos por profundizar cada vez más en las partículas subatómicas del universo, los físicos más avanzados van descubriendo que nada es como parece. De hecho, encuentran que el universo físico no es sino un pequeño rizo en un océano de energía infinita, aunque haya algunos aferrados a la perspectiva clásica, como Paul Kurtz y su Comité para la Investigación Científica de Fenómenos Paranormales, y tantos otros en el campo de las ciencias materiales, que insisten en afirmar que nada existe más allá de la materia. Aseguran que la materia y la realidad son una misma cosa. Desafortunadamente para los materialistas absolutos, hace ya algún tiempo que esta corriente de pensamiento cambió.

En la primera mitad del siglo XX, Albert Einstein sorprendió al mundo con sus descubrimientos en el campo de la astrofísica. Su teoría general de la relatividad abrió las puertas de la ciencia al concepto del misticismo. Nos dijo que el tiempo y el espacio están entrelazados, que son coordenadas relativas de la realidad que conforman el continuo espaciotemporal. Sugirió además que la materia es inseparable de un campo energético cuántico siempre presente, que la materia es una condensación de ese campo energético y que este campo inefable es la única realidad que subyace bajo toda apariencia.

Las implicaciones de lo anterior pusieron en duda las suposiciones más básicas del mundo occidental sobre el universo, la materia y nuestra percepción como seres humanos. Pero Einstein solamente abrió la puerta a la realidad mística. Después de eso vino mucho más.

La teoría cuántica evolucionó más allá de los hitos de los descubrimientos de Einstein. En su empeño por definir las propiedades esenciales de la materia, los físicos descubrieron que las partículas más diminutas del universo, los protones, electrones, fotones, etc. (el tejido mismo del universo material) trascendían la realidad tridimensional. Descubrieron que los electrones no son materia en ninguno de los sentidos clásicos del término. Por ejemplo, el diámetro de un electrón no se puede medir: se puede demostrar que un electrón puede ser a la vez onda y partícula, cada una con características diferentes que, desde un punto de vista puramente material, debería excluir la existencia de la otra.

En tanto partículas, los electrones se comportan como un objeto visible más grande, por ejemplo, una pelota de béisbol o una piedra. Sin embargo, en tanto ondas, se transfiguran misteriosamente, convirtiéndose en grandes nubes de energía. Muestran propiedades mágicas al extenderse por el espacio con la habilidad aparente de la bilocación. Además, los físicos han descubierto que estas habilidades mágicas caracterizan a todo el universo subatómico, lo que añade una dimensión alucinante y mística a la naturaleza del propio universo.

Otras revelaciones aun más sorprendentes aguardaban en el mundo de la física. Los físicos modernos descubrieron que el observador, de hecho, *determina* la naturaleza de una partícula subatómica. Cuando los físicos *observan* las partículas como tales, encuentran, razonablemente, que son partículas. Pero cuando observan las mismas partículas *como ondas,* encuentran que son ondas, lo que implica que la materia, en lugar de ser inamovible o finita, se define en función de la perspectiva consciente más que por ser inamovible o finita.

## UNA COMPRENSIÓN MÁS PROFUNDA

El físico David Bohm, uno de los protegidos de Einstein, ahondó más en este misterio, llevando las implicaciones de la nueva física aun más lejos. Se dio cuenta de que, si la naturaleza de las partículas subatómicas depende de la perspectiva del observador, entonces es inútil buscar las verdaderas propiedades de una partícula, como pretendía la ciencia, o pensar que las partículas subatómicas, la esencia de la materia, existen siquiera antes de que alguien las observe. En sus experimentos con plasma en el Laboratorio de Radiaciones de Berkeley, Bohm descubrió que cada electrón actúa como parte de un todo interconectado.

En el caso del plasma, un gas que contiene una alta concentración de electrones e iones positivos, los electrones asumen más o menos la naturaleza de un organismo autorregulado, como si fueran inherentemente inteligentes. Para su sorpresa, Bohm encontró que el mar subatómico que había creado era consciente. Por extensión, podría decirse que la inmensa realidad subatómica que es la creación material también es consciente.

Para quienes previeron las implicaciones, Bohm hizo añicos la útil pero limitante premisa que en tiempos modernos llevó a la ciencia a la obtención de tantos logros. Además, cruzó una nueva barrera más allá de la que acechaba lo desconocido, una zona de penumbra científica. Resultó ser que la observación intelectual, que había sido el punto de apoyo del método científico desde Francis Bacon, solo era capaz de llevar al observador hasta un límite. Al igual que todo dogma, lo que alguna vez fue una pauta útil se volvió una limitación asfixiante. Bohm demostró que el intelecto humano por sí solo no era capaz de desentrañar la realidad esencial, con lo que desafió al mundo científico a adoptar una comprensión más profunda.

Bohm sugirió que la realidad es de una naturaleza más sutil de lo que es capaz de definir el pensamiento humano lineal, el cual representa los confines de la ciencia y el intelecto modernos. Dentro del tejido de la realidad, descubrió no solo el fenómeno de la dualidad entre ondas y partículas descrito anteriormente, sino una interconectividad, un "no espacio" o realidad "no local" donde lo único que existe es *la apariencia* de que las ondas también pueden ser partículas. Se dio cuenta, tal vez intuitivamente, de que en última instancia carece de sentido tratar de ver el universo como un todo compuesto por partes desconectadas, pues todo está unido y tanto el espacio como el tiempo están formados por la misma esencia que la materia.

Así pues, una partícula subatómica no se transforma repentinamente en onda (a velocidades que tendrían que ser superiores a la de la luz, como lo habría sugerido el mentor de Bohm, Einstein), sino que ya es una onda, que ocupa el mismo "no espacio" que la partícula. Por lo tanto, la realidad no es material en el sentido corriente de la palabra. Es algo mucho más inefable. Los físicos lo llaman "no localidad". Los místicos lo llaman "unicidad".

Aunque hubo quienes no estuvieron de acuerdo, Bohm desarrolló una comprensión más profunda aun, de un todo interconectado, con una esencia consciente, donde toda la materia y los sucesos interactúan entre sí, porque el tiempo, el espacio y la distancia son una ilusión que depende de la perspectiva. Llegó a desarrollar un modelo holográfico del universo, donde se puede encontrar al todo en el segmento más diminuto —en una hoja de hierba o en un átomo— y donde la materia, las circunstancias y las dimensiones son resultado de las proyecciones holográficas de una energía consciente sutil pero poderosa.

Tanto la localización real como, por extensión, la transfiguración de las partículas, son una manifestación de la realidad. Solo existen en el contexto de apariencias relativas. Bohm descubrió que todo está conectado con todo, el pasado, el presente y el futuro, así como el tiempo, el espacio y la distancia, porque todo ocupa el mismo "no espacio" y "no tiempo".

David Bohm aportó a la física y al mundo científico la comprensión que ha impulsado a místicos y a sabios desde el albor de los tiempos. Rechazó la idea de que las partículas no existen sino hasta que son observadas y, al igual que el reconocido físico y premio Nobel, Brian Josephson, comprendió que la física debe ver bajo una perspectiva nueva la naturaleza de la realidad subatómica. Bohm reveló que no se trataba simplemente de que la perspectiva consciente afectara a la naturaleza del nivel cuántico subatómico, sino que este es realmente consciente, lo que significa que todo es consciente, incluso los objetos inanimados y el espacio aparentemente vacío. Esta sería la definición exacta de la realidad mística o espiritual, si es que fuera posible definirla.

## EL ESPACIO SAGRADO

La mayoría de los físicos concuerdan en que un solo centímetro cúbico de espacio rebosa de más energía que la suma de toda la energía contenida en el universo material. Una tendencia de la física encuentra este cálculo tan increíble que lo ve como un error. Pero para otros científicos, como Bohm, este principio es perfectamente lógico. La materia, según los físicos de vanguardia en física subatómica, no puede en definitiva ser separada del espacio vacío. Más bien forma parte del espacio y de un orden más profundo e invisible de realidad no percibida, de la esencia consciente que se precipita como forma material, para luego regresar nuevamente a lo invisible. Por lo tanto, el espacio no está vacío, sino repleto de energía consciente altamente concentrada, la fuente de todo lo existente.

En *The Holographic Universe* [*El universo holográfico*], en una elaboración sobre las implicaciones del genio de Bohm, Michael Talbott describe toda la creación material como una "onda . . . un patrón de excitación en medio de un océano inimaginablemente grande". Talbott continúa diciendo, parafraseando a Bohm, que "a pesar de su aparente materialidad y enorme tamaño, el universo no existe dentro y fuera de sí mismo, sino que es el hijo adoptivo de algo mucho más grande e inefable".

Talbott cuenta la historia de Bohm, sintetizando las implicaciones de sus revelaciones y capturando el nihilismo implícito de la ciencia. Según Talbott, "Bohm cree que nuestra tendencia casi universal a fragmentar el mundo e ignorar la interconexión dinámica de todas las cosas es la responsable de la mayoría de nuestros problemas... creemos que podemos extraer las partes valiosas de la Tierra sin causar un impacto al todo... curar partes de nuestro cuerpo y no preocuparnos por el todo... tratar de resolver... la criminalidad, la pobreza y la drogadicción sin tomar en cuenta... a la sociedad como un todo". Talbott advierte que, para Bohm, esta percepción fragmentada nos conducirá a nuestra destrucción final.

La dificultad para reconciliar la ciencia moderna, incluso la física moderna, con el asombro que siente un niño al observar una noche estrellada —los dos infinitos— sigue siendo el dogma absoluto del materialismo, la falta de interconexión. Aunque las mareas han cambiado en ciertos círculos de la comunidad científica, aún seguimos aprendiendo y enseñando que la materia es la fuente de toda vida. Los científicos siguen asegurando que nada verdaderamente misterioso es real, al contrario de Einstein, que creía que la apreciación del misterio yace en el centro de la verdadera ciencia.

En cartas dirigidas a un amigo, el propio Darwin admite que argumentó enérgicamente a favor de la gradualidad (la teoría de que todas las cosas vivientes evolucionan lenta e inexorablemente a partir de la materia primitiva, sin cambios bruscos), para no apoyar ninguna teoría de explicación sobrenatural o basada en la creación bíblica. Este prejuicio permanece fijo en tal grado, que el materialismo absoluto se ha convertido en el dogma de la ciencia y del mundo académico.

Según el profesor de la Universidad de Chicago, Allan Bloom, la sugerencia de que existe un absoluto, incluso en el ámbito de la filosofía, se ve con desdén en los círculos académicos. En su libro *Closing of the American Mind [Mentes cerradas en Norteamérica]*, revela que el "absolutismo" de cualquier tipo se ha convertido en tema tabú en las aulas universitarias. Los académicos declaran que no existe un orden o inteligencia subyacente. Sin embargo, la vanguardia de la física teórica hace su aparición con una revolucionaria perspectiva del más antiguo absoluto de la filosofía y la metafísica.

## SABIDURÍA ANTIGUA Y CIENCIA MODERNA

El libro de Paul LaViolette titulado *Genesis of the Cosmos [La génesis del cosmos]*, que trata acerca de mitos antiguos y la "ciencia de la creación continua", revela la existencia de un mensaje extraordinariamente persistente codificado a través de las mitologías antiguas de todo el mundo; un mensaje que ahora es propagado por cosmólogos cuánticos tales como Andre Linde, de la Universidad de Stanford, e incluso Stephen Hawking, de la Universidad de Cambridge.

Estos mitos antiguos, que han llegado hasta los tiempos modernos desde las brumas de la prehistoria, describen repetidamente principios (ahora vueltos a descubrir en la física de vanguardia), de un potencial universal que está latente en toda la realidad. "En todos los casos", comenta LaViolette, "el concepto que transmiten [los mitos] indica cómo un éter inicialmente uniforme y monótono se autodivide para producir un patrón de onda... bipolar".

LaViolette explica que a través de los mitos se nos ha transmitido una "antigua ciencia de la creación", que "concibe que toda forma física, animada o inanimada, es sostenida por un proceso subyacente, un flujo de energía vital que está presente en todas las regiones del espacio... Por lo tanto la antigua ciencia de la creación infiere la presencia de una cierta forma de conciencia vital o espíritu, en todas las cosas, incluso en objetos inanimados como una piedra, un río, o la Tierra misma". Aunque respalda su premisa con los principios de la física cuántica, LaViolette advierte a los materialistas que habitan el mundo de la ciencia moderna: "Esta amplia visión acerca de la vida está en marcado contraste con el paradigma estéril y mecanicista . . . que ha negado la existencia de un mundo sobrenatural e invisible y que ha fomentado la división entre ciencia y religión".

Los sumos sacerdotes de la física, como el premio Nobel Steven Weinderg y otros físicos notables, dejan claramente la puerta abierta a la creación continua propuesta por LaViolette. De este modo, según el físico Michio Kaku de la Universidad de Nueva York, se produce un sincretismo entre la cosmología judeocristiana, la budista y la científica. Estos sumos sacerdotes también reconocen la posibilidad de universos paralelos (el concepto de "multiverso"), en el que nuestra realidad es tan solo una de las muchas que existen, sin tiempo ni espacio, un principio que suena como una versión científica de la existencia transcendental.

Michio Kaku, en un artículo publicado en el diario *London Daily Telegraph,* da cuenta de la incapacidad de la teoría del *Big Bang* para explicar qué sucede antes de esa gran explosión. Cita a Weinberg cuando dice: "Una importante implicación es que no hubo comienzo . . . este [multiverso] ha estado aquí entre nosotros, todo el tiempo". Al darse cuenta de lo extremadamente improbable que era que nuestra realidad (y mucho menos otras realidades) produjera las condiciones necesarias para sostener formas de vida biológicas, Freeman Dyson, de la Universidad de Princeton, dice que, desgraciadamente para los materialistas, "es como si el universo hubiese sabido que veníamos".

# MÁS ALLÁ DEL VELO

Los principios de un universo inherentemente inteligente, que la ciencia moderna recién ha comenzado a adoptar, han existido, por supuesto, durante miles de años. Los antiguos textos sánscritos describen la naturaleza de *purusha,* la conciencia suprema, y *chittam,* la sustancia mental, como partes fundamentales de la realidad. Los reinos animal, vegetal y mineral existen solo como grados de la conciencia suprema, y el hombre, siendo altamente consciente, participa en este inmenso y sutil flujo de conciencia.

La mente sería un universo en miniatura y este sería la expansión de aquella. Y mientras persiste el debate en la ciencia occidental, los practicantes de yoga a través de la historia informan de experiencias conscientes, sobre fenómenos que los sumos sacerdotes de la física relegan a teorías abstractas. En estados alterados de conciencia, por ejemplo, el gran yogui Paramahansa Yogananda, que vivió gran parte de su vida en Estados Unidos, era capaz de experimentar su propia conciencia fusionada con la conciencia cósmica, después de haberse dedicado a la tarea por varios años.

En su famosa autobiografía, Yogananda describe su experiencia: "Mi sentido de identidad ya no estaba confinado a mi cuerpo, sino que abarcaba y adoptaba todos los átomos circundantes . . . Mi común visión frontal fue cambiada por una vasta visión esférica, con todas las percepciones fundidas en un mar luminiscente. La luz unificada se alternaba con la materialización de las formas".

Después de explayarse en la descripción de un estado de gozo extático, el famoso yogui continúa diciendo: "Una alegría gloriosa se inflamó dentro de mí y comenzó a envolver ciudades, continentes, la Tierra entera, sistemas solares y estelares, tenues nebulosas y universos flotantes . . . Todo el cosmos . . . brillaba dentro de la infinitud de mi ser". En la jerga de la física moderna, esta experiencia puede describirse como la no localidad en el mar de electrones. En la jerga de la disciplina yoga, se describe como la unicidad con la conciencia suprema, el ser supremo, o Dios.

Al igual que otros sabios que lo precedieron a lo largo de milenios, Yogananda describe el universo más allá de la materia como algo compuesto de una luz sutil indescriptible. Describe el universo material como algo compuesto por la misma esencia pero en una forma más rudimentaria, un principio que se repite en las tradiciones místicas del mundo entero y, en la actualidad, en la física moderna. Con respecto a la fuente de esta luz, Yogananda dice: "Los rayos divinos se dispersaban desde una fuente eterna, ardiendo para formar galaxias transfiguradas con un aura inefable. Una y otra vez, los rayos de la creación se condensan en constelaciones y luego pasan a ser láminas de fuego transparente. Con una reversión rítmica, billones y billones de mundos se adentraron en esta luz diáfana y después el fuego se convirtió en firmamento".

Pero tal vez lo más significativo que el sabio nos transmite es que su experiencia de la Luz y del centro de la Creación emanaba desde un punto perceptual en su corazón, no desde su intelecto, una enseñanza que pone de relieve las limitaciones del método científico occidental. Pero mientras la ciencia occidental se niega a aceptar semejante relato subjetivo, argumentando que carece de verificación objetiva, los místicos que a lo largo de la historia se han dedicado a aprehender un método de percepción absoluta siguen describiendo experiencias similares. La dimensión científica del yoga, practicada en el laboratorio de la mente humana es, de hecho, la ciencia de la conciencia que, según físicos como Bohm, es al mismo tiempo inseparable y responsable de toda realidad.

A su propia manera, es probable que nuestro niño asombrado ante la vastedad del firmamento llegue a la misma conclusión.

# Lecturas recomendadas: bibliografía seleccionada

### Capítulo 1 – El ocaso de Darwin

Behe, Michael. *Darwin's Black Box: The Biochemical Challenge to Evolution.* Nueva York: Touchstone, 1998.

Darwin, Charles. *Origin of Species.* New York: New American Library, 1958.

Milton, Richard. *Facts of Life: Shattering the Myth of Darwinism.* Rochester, Vermont: Park Street Press, 1997.

### Capítulo 2 – Evolución o creación

Capra, Fritjof. *The Tao of Physics.* Boston: Shambhala Publications, 1999.

Chalmers, David. "The Puzzle of Conscious Experience". *Scientific American* (diciembre de 1995).

Darwin, Charles. *Origin of Species.* Nueva York: New American Library, 1958.

Especial televisivo NBC-TV, "The Mysterious Origins of Man", febrero 1996.

Flem-Ath, Rand, y Rose Flem-Ath. *When the Sky Fell: In Search of Atlantis.* Nueva York: St. Martin's Press, 1997.

Hancock, Graham. *Fingerprints of the Gods: The Evidence of Earth's Lost Civilization.* Nueva York: Three Rivers Press, 1995.

Santillana, Giorgio de, y Hertha von Dechend. *Hamlet's Mill: An Essay Investigating the Origins of Human Knowledge and Its Transmission through Myth.* Jaffrey, New Hampshire: Godine Press, 1977.

Thompson, Richard, y Michael Cremo. *Forbidden Archaeology.* Badger, California: Torchlight Publishing, 1993. Versión condensada: *Hidden History of the Human Race.* Badger, California: Govardhan Hill Publishers, 1994.

Weinberg, Steven. *Dreams of a Final Theory.* Nueva York: Vintage Books, 1994.

### Capítulo 3 – Un encubrimiento científico al descubierto

Cremo, Michael. *Human Devolution: A Vedic Alternative to Darwin's Theory.* Badger, California: Torchlight Publications, 2003.

Especial televisivo NBC-TV. "The Mysterious Origins of Man", febrero de 1996.

Thompson, Richard, y Michael Cremo. *Forbidden Archaeology*. Badger, California: Torchlight Publishing, 1993. Versión condensada: *Hidden History of the Human Race*. Badger, California: Govardhan Hill Publishers, 1994.

## Capítulo 4 – En defensa de las catástrofes

Especial Televisivo NBC-TV. "The Mystery of the Sphinx", 1993.

Noone, Richard. *5/5/2000 Ice: The Ultimate Disaster*. Nueva York: Harmony Books, 1986.

Plato. *The Timaeus and Critias of Plato*. Traducido por Thomas Taylor. Whitefish, Montana: Kessinger Publishing, 2003.

Schoch, Robert M., Ph.D., y Robert Aquinas McNally. *Voices of the Rocks: A Scientist Looks at Catastrophes and Ancient Civilizations*. Nueva York: Harmony Books, 1999.

Settegast, Mary. *Plato Prehistorian: 10,000 to 5,000 BC in Myth and Archaeology*. Cambridge, Massachusetts: Rotenberg Press, 1987.

## Capítulo 5 – El cataclismo de 9500 a.C.

Allan, D. S., y J. B. Delair. *Cataclysm! Compelling Evidence of a Cosmic Catastrophe in 9500 BC*. Rochester, Vermont: Bear & Company, 1997.

Bauval, Robert. *The Orion Mystery: Unlocking the Secrets of the Pyramids*. Nueva York: Three Rivers Press, 1995.

Hancock, Graham. *Fingerprints of the Gods: The Evidence of Earth's Lost Civilization*. Nueva York: Three Rivers Press, 1995.

Hancock, Graham, y Robert Bauval. *The Message of the Sphinx: A Quest for the Hidden Legacy of Mankind*. Nueva York: Three Rivers Press, 1996.

LaViolette, Paul, Ph.D. *Earth Under Fire: Humanity's Survival of the Apocalypse*. Schenectady, Nueva York: Starburst Publications, 1997.

Thompson, Richard y Michael Cremo. *Forbidden Archaeology*. Badger, California: Torchlight Publishing, 1993. Versión condensada: *Hidden History of the Human Race*, Badger, California: Govardhan Hill Publishers, 1994.

## Capítulo 6 – Argumentos a favor del Diluvio Universal

Hancock, Graham. *Underworld: The Mysterious Origins of Civilization*. Nueva York: Crown, 2002.

Platón. *The Timaeus and Critias of Plato*. Traducido por Thomas Taylor. Whitefish, Montana: Kessinger Publishing, 2003.

Schoch, Robert M., Ph.D. *Voyages of the Pyramid Builders: The True Origins of the Pyramids from Lost Egypt to Ancient America*. Nueva York: Tarcher/Putnam, 2003.

## Capítulo 7 – El suplicio de Immanuel Velikovski

*Atlantis Rising* #28. "The Fight for Alien Technology: Jack Shulman Remains Undaunted by Mounting Threats". Whitefish, Montana Julio/Agosto 2001.

Freud, Sigmund. *Imago*. Baltimore: Johns Hopkins University Press.

———. *Moses and Monotheism*. Nueva York: Vintage, 1955.

Gardiner, Alan H., *The Admonitions of an Egyptian Sage from a Hieratic Papyrus* (the Papyrus Ipuwer). Baja Sajonia, Alemania.: G. Olms Verlag, 1990.

Rose, Lynn, M.D. "The Censorship of Velikovsky's Interdisciplinary Synthesis". *Pensee Volume 2, Number 2: Velikovsky Reconsidered*. Portland, OR: Foro Libertad Académica Estudiantil, Mayo 1972.

Velikovski, Immanuel. *Ages in Chaos: From the Exodus to King Akhnaton*. Garden City, Nueva York: Doubleday, 1952.

———. *Earth in Upheaval*. Garden City, Nueva York: Doubleday, 1955.

———. *Oedipus and Akhnaton*. Garden City, Nueva York: Doubleday, 1960.

———. *Worlds in Collision*. Nueva York: Dell, 1965.

## Capítulo 8 – Los peligros de la amnesia planetaria

*New Scientist*. Londres: junio 1997.

"Remembering the End of the World", un documental sobre Dave Talbott, disponible en www.kronia.com.

Thornhill, Wallace. CD. *The Electric Universe*. WholeMind, 8350 S.W. Greenway, #24, Beaverton, OR 97008, 1-800-230-9347, o www.kronia.com.

Velikovski, Immanuel. *Worlds In Collision*. Nueva York: Dell, 1965.

———. *Mankind in Amnesia*. Londres: Sidgwick & Jackson, 1982.

## Capítulo 9 – El rayo de los dioses

Hesíodo, *Theogony*. Nueva York: Penguin Classics, 1973.

"Remembering the End of the World", un documental sobre Dave Talbott, disponible en www.kronia.com.

Talbott, Dave. *The Saturn Myth*. Nueva York: Doubleday, 1980.

Talbott, Dave, y Wallace Thornhill. "Thunderbolts of the Gods". Monografía/DVD en serie. www.thunderbolts.info.

Thornhill, Wallace. CD. *The Electric Universe*. WholeMind, 8350 S.W. Greenway, #24, Beaverton, OR 97008, 1-800-230-9347, o www.kronia.com.

www.aeonjournal.com.

www.catastrophism.com.

www.holoscience.com.

## Capítulo 10 – El enigma de los orígenes de la India

Allan, D. S., y J. B. Delair. *Cataclysm! Compelling Evidence of a Cosmic Catastrophe in 9500 BC*. Rochester, Vermont: Bear & Company, 1997.

Doniger, Wendy, Wendy O'Flaherty, y Thomas Wyatt. *The Rig Veda: An Anthology: One Hundred and Eight Hymns, Selected, Translated and Annotated (Classic)*. Nueva York: Penguin Classics, 1981.

Hancock, Graham. *Fingerprints of the Gods: The Evidence of Earth's Lost Civilization*. Nueva York: Three Rivers Press, 1995.

Milton, Richard. *Facts of Life: Shattering the Myth of Darwinism*. Rochester, Vermont: Park Street Press, 1997.

*The Ramayana: A Shortened Modern Prose Version of the Indian Epic,* by R. K. Narayant Kampar Ramayanam. Nueva York: Penguin Classics, 1972.

## Capítulo 11 – Los portales de la civilización se extienden

*Atlantis Rising* #1. "Getting Answers from the Sphinx". Whitefish, Montana: Noviembre de 1994.

*Atlantis Rising* #19. Review of *The Temple of Man*. Whitefish, Montana: Mayo 1999.

Bauval, Robert, y Adrian Gilbert. *The Orion Mystery: Unlocking the Secrets of the Pyramids*. Nueva York: Crown, 1994.

Especial televisivo Fox-TV/National Geographic, "Pyramids Live: Secret Chambers Revealed". Transmisión en vivo desde la Cámara de la Reina en la Gran Pirámide, Egipto. 16 de septiembre de 2002.

Hancock, Graham. *Fingerprints of the Gods: The Evidence of Earth's Lost Civilization.* Nueva York: Three Rivers Press, 1995.

Hancock, Graham, y Robert Bauval. *The Message of the Sphinx: A Quest for the Hidden Legacy of Mankind.* Nueva York: Three Rivers Press, 1996.

Herodoto. *The Histories,* traducido por James McConnell. Londres: Truebner Publishers, 1909.

Schwaller de Lubicz, R. A. *The Temple of Man.* Rochester, Vermont: Inner Traditions International, 1998.

West, John Anthony. *Serpent in the Sky: The High Wisdom of Ancient Egypt.* Wheaton, Illinois: Quest Books, 1993.

## Capítulo 12 – Nuevos estudios confirman la gran antigüedad de la Esfinge

Baines, John, y Jaromír Málek. *Atlas of Ancient Egypt.* Nueva York: Facts on File, 1980.

Coxill, David. "The Riddle of the Sphinx". *Inscription: Journal of Ancient Egypt,* primavera de 1998.

Reader, C. D. "A Geomorphological Study of the Giza Necropolis, with Implications for the Development of the Site". *Archaeometry,* vol. 43, no. 1. Oxford: 2001.

Schoch, Robert M., Ph.D., y Robert Aquinas McNally. *Voices of the Rocks: A Scientist Looks at Catastrophes and Ancient Civilizations.* Nueva York: Harmony Books, 1999.

Yamei, Hou, Richard Potts, Yuan Baoyin, Guo Zhengtang, Alan Deino, Wang Wei, Jennifer Clark, Xie Guangmao y Huang Weiwen. "Mid-Pleistocene Acheulean-like Stone Technology of the Bose Basin, South China". *Science.* Washington, D.C., 3 de marzo, 2000.

## Capítulo 13 – La obra cumbre de R. A. Schwaller de Lubicz

Gurdjieff, G. I. *Beelzebub's Tales to His Grandson: An Objectively Impartial Criticism of the Life of Man.* Nueva York: Arkana, 1992.

Schwaller de Lubicz, R. A. *Nature Word*. Rochester, Vermont: Inner Traditions International, 1990.

———. *The Temple of Man*. Rochester, Vermont: Inner Traditions International, 1998.

Swedenborg, Emanuel. *Essential Readings* (contiene *"Correspondences"*) editado por Michael Stanley. Berkeley: North Atlantic Books, 2003.

———. *Heaven and Hell*. Traducido por George F. Dole. West Chester, Pa.: Fundación Swedenborg y Chrysalis Books, 2001.

## Capítulo 14 – Las huellas de los dioses

Flem-Ath, Rand, y Rose Flem-Ath. *When the Sky Fell: In Search of Atlantis*. Nueva York: St. Martin's Press, 1997.

Hancock, Graham. *The Lords of Poverty*. Nueva York: Atlantis Monthly Press, 1989.

———. *Ethiopia: The Challenge of Hunger*. Londres: Gollancz, 1985.

———. *Fingerprints of the Gods: The Evidence of Earth's Lost Civilization*. Nueva York: Three Rivers Press, 1995.

———. *The Sign and the Seal, Quest for the Lost Ark of the Covenant*. Nueva York: Touchstone, 1993.

Hancock, Graham, y Carol Beckwith, y Angela Fisher. *African Ark: People and Ancient Cultures of Ethiopia and the Horn of Africa*. Nueva York: H. N. Abrams, 1990.

Santillana, Giorgio de, y Hertha von Dechend. *Hamlet's Mill: An Essay Investigating the Origins of Human Knowledge and Its Transmission through Myth*. Jaffrey, New Hampshire: Godine Press, 1977.

## Capítulo 15 – El enigma de América Central

Hart, Will. *The Genesis Race: Our Extraterrestrial DNA and the True Origins of the Species*. Rochester, Vermont: Bear & Company, 2003.

## Capítulo 16 – Destino: el centro de la galaxia

Jenkins, John Major. *Galactic Alignment: The Transformation of Consciousness According to Mayan, Egyptian, and Vedic Traditions*. Rochester, Vermont: Inner Traditions International, 2002.

————. *Mirror in the Sky*. Denver, Colorado: Four Ahau Press, 1991.

————. Sitio web: http://alignment2012.com.

Jenkins, John Major. *Maya Cosmogenesis 2012: The True Meaning of the Maya Calendar End Date*. Rochester, Vermont: Bear & Company, 1998.

*The Secret of the Golden Flower, the Classic Chinese Book of Life*. Traducido por Thomas Cleary. Nueva York: HarperCollins, 1991.

Waters, Frank. *Mexico Mystique*. Athens, Ohio: Swallow Press y Ohio University Press Books, 1989.

## Capítulo 17 – La Inglaterra megalítica: Las dimensiones de la Atlántida

Michell, John. *The Earth Spirit*. Nueva York: Avon, 1975.

————. *The New View Over Atlantis*. Londres: Thames & Hudson, 2001.

————. *The View Over Atlantis*. Nueva York: Ballantine, 1972.

Platón. *The Timaeus and Critias of Plato*. Traducido por Thomas Taylor. Whitefish, Montana: Kessinger Publishing, 2003.

## Capítulo 18 – La verdad sobre Platón

Blackett, William. *Lost History of the World*. Londres: Truebner & Sons, 1881.

Estrabón. *The Geography*. H. L. Jones traducción. 8 volúmenes. Londres: 1924.

Graves, Robert. *The Greek Myths*. Nueva York: Penguin, 1992.

Herodoto. *The Histories*. Traducido por James McConnell. Londres: Truebner Publishers, 1909.

Kukal, Zadenk. *Atlantis*. Traducido por Feodor Vasilliov-Smith. Nueva York: Doubleday and Sons, 1970.

Lissner, Ivan. *Mysteries of the Ancient Past*. Chicago: Henry Regnery, 1969.

Platón. *The Republic*. Nueva York: Penguin Books, 1955.

————. *The Timaeus and Critias of Plato*. Traducido por Thomas Taylor. Whitefish, Montana: Kessinger Publishing, 2003.

Robertson, Geoffrey. *The Sciences in Classical Civilization*. Nueva York: Forestham Publishers, 1928.

Tucídides. *The Peloponesian War*. Traducido por Max Adrian. Londres: Bridgetown Press, Ltd., 1904.

## Capítulo 19 – El fraude de la Atlántida en el Egeo

Haliburton, Arnold. *Ancient Crete*. Westport, Connecticut: Praeger Press, 1963.

Platón. *The Timaeus and Critias of Plato*. Traducido por Thomas Taylor. Whitefish, Montana: Kessinger Publishing, 2003.

## Capítulo 20 – La atlantología: ¿Psicosis o inspiración?

Bacon, Sir Francis. *The New Atlantis*. Nueva York: Scribners & Sons, 1933.

Petraitis, Paul. *Athanasius Kircher, German Genius*. Londres: International House Publishers, Ltd., 1989.

Platón. *The Timaeus and Critias of Plato*. Traducido por Thomas Taylor. Whitefish, Montana: Kessinger Publishing, 2003.

Robertson, Geoffrey. *The Sciences in Classical Civilization*. Nueva York: Forestham Publishers, 1928.

Spence, Lewis. *The History of Atlantis*. Kempton, Illinois: Adventures Unlimited Press, 1995.

———. *The Occult Sciences in Atlantis*. Boston: Red Wheel/Weiser, 1970.

———. *Popol Vuh (Book of Consul): The Mythic and Heroic Sagas of the Riches of Central America*. Whitefish, Montana: Kessinger Publishing, 1942.

———. *The Problem of Atlantis*. Whitefish, Montana: Kessinger Publishing, 1942.

———. *Will Europe Follow Atlantis?* Whitefish, Montana: Kessinger Publishing, 1942.

Spence, Lewis, y Marian Edwards. *Dictionary of Non-Classical Mythology*. Whitefish, Montana: Kessinger Publishing, 2003.

Spence, Lewis, y Paul Tice. *Atlantis in America*. Whitefish, Montana: Kessinger Publishing, 1997.

———. *The Problem of Lemuria*. La Vergne, Tennessee: Lightning Source, Inc., 2002.

Steiner, Rudolf. Cosmic *Memory: Prehistory of Earth and Man*. Nueva York: Rudolf Steiner Publications, 1959.

## Capítulo 21 – La Atlántida en la Antártida

Especial de televisión de la NBC-TV, "The Mysterious Origins of Man", febrero de 1996.

Flem-Ath, Rand, y Rose Flem-Ath. *When the Sky Fell: In Search of Atlantis.* Nueva York: St. Martin's Press, 1997.

Hancock, Graham. *Fingerprints of the Gods: The Evidence of Earth's Lost Civilization.* Nueva York: Three Rivers Press, 1995.

Hapgood, Charles. *Earth's Shifting Crust, A Key to Some Basic Problems of Earth Science.* Nueva York: Pantheon Books, 1958.

———. *Maps of the Ancient Sea Kings: Evidence of Advanced Civilization in the Ice Age.* Kempton, Illinois: Adventures Unlimited Press, 1997.

Platón. *The Timaeus and Critias of Plato.* Traducido por Thomas Taylor. Whitefish, Montana: Kessinger Publishing, 2003.

## Capítulo 22 – El modelo de la Atlántida

Aveni, Anthony F., Ph.D. *Archaeoastronomy in Pre-Columbian America.* Austin: University of Texas Press, 1975.

Bauval, Robert, y Adrian Gilbert. *The Orion Mystery: Unlocking the Secrets of the Pyramids.* Nueva York: Crown, 1994.

Flem-Ath, Rand, y Rose Flem-Ath. *When the Sky Fell: In Search of Atlantis.* Nueva York: St. Martin's Press, 1997.

Hancock, Graham, y Robert Bauval. *The Message of the Sphinx: A Quest for the Hidden Legacy of Mankind.* Nueva York: Three Rivers Press, 1996.

## Capítulo 23 – Las ruinas sumergidas de Japón

Nihon, Shoi, y W. G. Aston (traductor). *Nihongi: Chronicles of Japan from the Earliest Times to A.D. 697.* Tokyo: Charles E. Tuttle, 1972.

Philippi, Donald L. *Kojiki.* Nueva York: Columbia University Press, 1977.

## Capítulo 24 – West, Schoch y Hancock se sumergen en aguas lemures

Hancock, Graham. *Fingerprints of the Gods: The Evidence of Earth's Lost Civilization.* Nueva York: Three Rivers Press, 1995.

Hancock, Graham, y Robert Bauval. *The Message of the Sphinx: A Quest for the Hidden Legacy of Mankind.* Nueva York: Three Rivers Press, 1996.

Schoch, Robert M., Ph.D. *Voyages of the Pyramid Builders: The True Origins of the Pyramids from Lost Egypt to Ancient America.* Nueva York: Tarcher/Putnam, 2003.

Schoch, Robert M., Ph.D., y Robert Aquinas McNally. *Voices of the Rocks: A Scientist Looks at Catastrophes & Ancient Civilizations.* Nueva York: Harmony Books, 1999.

West, John Anthony. *Serpent in the Sky: The High Wisdom of Ancient Egypt.* Wheaton, Ill.: Quest Books, 1993.

## Capítulo 25 – La India en el año 30.000 a.C.

Allan, D. S., y J. B. Delair. *Cataclysm! Compelling Evidence of a Cosmic Catastrophe in 9500 BC.* Rochester, Vermont: Bear & Company, 1997.

*Atlantis Rising* #12. "A Discussion by David Lewis of *Cataclysm! Compelling Evidence of a Cosmic Catastrophe in 9500 BC*". Whitefish, Montana: agosto de 1997.

*The Ramayana: A Shortened Modern Prose Version of the Indian Epic* por R. K. Narayant Kampar Ramayanam. Nueva York: Penguin Classics, 1972.

## Capítulo 26 – Conversación con Peter Tompkins

Muck, Otto. The *Secret of Atlantis.* Nueva York: Crown, 1978.

Tompkins, Peter. *Mysteries of the Mexican Pyramids.* Londres: Thames & Hudson, 1987.

Tompkins, Peter, y Christopher Bird. *The Secret Life of Plants.* Nueva York: Harper and Row, 1973.

————. *Secrets of the Soil: New Solutions for Restoring our Planet.* Anchorage, Alaska: Earthpulse Press, 1998.

Tompkins, Peter y Livio Catullo Stecchini. *Secrets of the Great Pyramid.* BBS Publishing Corporation, 1997.

## Capítulo 27 – La agricultura antigua, en busca de eslabones perdidos

Hart, Will. *The Genesis Race: Our Extraterrestrial DNA and the True Origins of the Species.* Rochester, Vermont: Bear & Company, 2003.

www.mysteriesunsealed.org.

## Capítulo 28 – ¿Cuán avanzada era la tecnología de los atlantes?

Cayce, Edgar. *The Edgar Cayce Readings*, vol. 22. Virginia Beach, Virginia: Association for Research and Enlightenment, 1988.

Cayce, Edgar, y Hugh Lynn Cayce. *Edgar Cayce on Atlantis*. Nueva York: Warner Books, 1968.

Childress, David, e Ivan Sanderson. *Vimana Aircraft of Ancient India and Atlantis*. Kempton, Illinois: Adventures Unlimited Press, 1994.

Herodoto. *The Histories*. Traducido por James McConnell. Londres: Truebner Publishers, 1909.

Joseph, Frank. *Edgar Cayce's Atlantis and Lemuria: The Lost Civilizations in Light of Modern Discoveries*. Virginia Beach, Va.: A.R.E. Press (Association of Research and Enlightenment), 2001.

Platón. *The Timaeus and Critias of Plato*. Traducido por Thomas Taylor. Whitefish, Montana: Kessinger Publishing, 2003.

Robertson, Geoffrey. *The Sciences in Classical Civilization*. Nueva York: Forestham Publishers, 1928.

## Capítulo 29 – La arqueología y la ley de gravedad

Especial televisivo Fox-TV/National Geographic. "Pyramids Live: Secret Chambers Revealed". Transmisión en vivo desde la Cámara de la Reina en la Gran Pirámide, Egipto. 16 de septiembre de 2002.

"Secrets of Lost Empires: Obelisk" (#WG2405). Documentales *NOVA*. WGBH Boston Video, 1997.

"Secrets of Lost Empires II: Pharaoh's Obelisk" (#WG900). Documentales *NOVA*. WGBH Boston Video, 2000.

## Capítulo 30 – Un ingeniero en Egipto

Bauval, Robert, y Adrian Gilbert. *The Orion Mystery: Unlocking the Secrets of the Pyramids*. Nueva York: Crown, 1994.

Dunn, Christopher. "Advanced Machining in Ancient Egypt". *Analog Science Fiction and Fact*, V104 #8, Nueva York: agosto de 1984.

Edwards, I. E. S., Ph.D. *Ancient Egypt*. Washington, D.C.: National Geographic Society, 1978.

"Genesis in Stone", un documental que presenta a Christopher Dunn, Robert M. Schoch, Ph.D., y John Anthony West. Televisión de Holanda. Productor: Rooel Oostra, 1995.

Hancock, Graham. *Fingerprints of the Gods: The Evidence of Earth's Lost Civilization.* Nueva York: Three Rivers Press, 1995.

Petrie, Sir William Flinders. *Pyramids and Temples of Gizeh.* Londres: Keegan Paul International, 2002.

## Capítulo 31 – La planta de energía de Giza y las tecnologías del Antiguo Egipto

Dunn, Christopher. *The Giza Power Plant: Technologies of Ancient Egypt.* Rochester, Vermont: Bear & Company, agosto 1998.

## Capítulo 32 – De vuelta a la planta de energía de Giza

Dunn, Christopher. "Advanced Machining in Ancient Egypt". *Analog Science Fiction and Fact,* V104 #8, Nueva York: agosto 1984.

———. *The Giza Power Plant: Technologies of Ancient Egypt.* Rochester, Vermont: Bear & Company, 1998.

## Capítulo 33 – Querella contra Petrie

Dunn, Christopher. *The Giza Power Plant: Technologies of Ancient Egypt.* Rochester, Vermont: Bear & Company, 1998.

———. "Advanced Machining in Ancient Egypt". *Analog Science Fiction and Fact,* V104 #8. Nueva York: August 1984.

Lawton, Ian, y Chris Ogilvie-Herald. *Giza: The Truth.* Montpelier, Vermont: Invisible Cities Press, 2001.

Petrie, Sir William Flinders. *Pyramids and Temples of Gizeh.* Londres: Keegan Paul International, 2002.

"Secrets of Lost Empires: Obelisk" (#WG2405). Documentales *NOVA.* WGBH Boston Video, 1997.

"Secrets of Lost Empires II: Pharaoh's Obelisk" (#WG900). Documentales *NOVA.* WGBH Boston Video, 2000.

## Capítulo 34 – ¿Cómo diseñaban las cámaras de descarga los constructores de pirámides?

Dunn, Christopher. *The Giza Power Plant: Technologies of Ancient Egypt.* Rochester, Vermont: Bear & Company, 1998.

Ludwig, Daniela. "Offene Fragestellungen in Zusammenhang mit der Cheops-pyramide in Giza aus baukonstruktiver Sicht". *Göttinger Miszellen* 173/1999.

Petrie, Sir William Flinders. *Pyramids and Temples of Gizeh.* Londres: Keegan Paul International, 2002.

## Capítulo 35 – La precisión

Dunn, Christopher. *The Giza Power Plant: Technologies of Ancient Egypt.* Rochester, Vermont: Bear & Company, 1998.

www.gizapower.com.

## Capítulo 36 – El misterio de la cantera de los obeliscos

Dunn, Christopher. "Precision". *Atlantis Rising* #32. Livingston, Montana: marzo/abril 2002.

Lucas, A., y J. R. Harris. *Ancient Egyptian Materials and Industries.* Mineola, Nueva York: Dover Publications, 1999.

Petrie, Sir William Flinders. *Pyramids and Temples of Gizeh.* Londres: Keegan Paul International, 2002.

"Secrets of Lost Empires: Obelisk" (#WG2405). Documentales *NOVA.* WGBH Boston Video, 1997.

"Secrets of Lost Empires II: Pharaoh's Obelisk" (#WG900). Documentales *NOVA.* WGBH Boston Video, 2000.

## Capítulo 37 – Tras las puertas secretas de las pirámides

Bauval, Robert, y Adrian Gilbert. *The Orion Mystery: Unlocking the Secrets of the Pyramids.* Nueva York: Crown, 1994.

Dunn, Christopher. *The Giza Power Plant: Technologies of Ancient Egypt.* Rochester, Vermont: Bear & Company, 1998.

Especial televisivo Fox-TV/National Geographic. "Pyramids Live: Secret Chambers Revealed". Transmisión en vivo desde la Cámara de la Reina en la Gran Pirámide, Egipto, 16 de septiembre de 2002.

West, John Anthony. *Serpent in the Sky: The High Wisdom of Ancient Egypt*. Wheaton, Illinois: Quest Books, 1993.

www.gizapower.com.

## Capítulo 38 – Fundamentos para afirmar que en la Gran Pirámide se usó una tecnología avanzada

Campbell, Joseph. *The Masks of God: Occidental Mythology*. Nueva York: Penguin Books, Rei Edition, 1991.

Petrie, Sir William Flinders. *Pyramids and Temples of Gizeh*. Londres: Keegan Paul International, 2002.

Tompkins, Peter. *Secrets of the Great Pyramid*. Nueva York: Harper and Row, 1978.

## Capítulo 39 – Visitantes del más allá

Platón. *The Timaeus and Critias of Plato*. Traducido por Thomas Taylor. Whitefish, Montana: Kessinger Publishing, 2003.

Santillana, Giorgio de, y Hertha von Dechend. *Hamlet's Mill: An Essay Investigating the Origins of Human Knowledge and Its Transmission through Myth*. Jaffrey, New Hampshire: Godine Press, 1977.

Sitchin, Zecharia. *Divine Encounters: A Guide to Visions, Angels and Other Emissaries*. Rochester, Vermont: Bear & Company, 2002.

———. *The Earth Chronicles Expeditions: Journeys to the Mythical Past*. Rochester, Vermont: Bear & Company, 1994.

———. *The Epic of Gilgamesh*. Nueva York: Penguin Books, 2003.

———. *Genesis Revisited*. Rochester, Vermont: Bear & Company, 2002.

———. *The Lost Realms*. Rochester, Vermont: Bear & Company, 2002.

———. *The Stairway to Heaven*. Rochester, Vermont: Bear & Company, 2002.

———. *The 12th Planet*. Rochester, Vermont: Bear & Company, 2002.

———. *The Wars of Gods and Men*. Rochester, Vermont: Bear & Company, 2002.

———. *When Time Began*. Rochester, Vermont: Bear & Company, 2002.

## Capítulo 40 – Artefactos en el espacio

Hoagland, Richard. *The Monuments of Mars: A City on the Edge of Forever.* Berkeley: North Atlantic Books, 2001.

"Proposed Studies on the Implications of Peaceful Space Activities for Human Affairs", un informe del Instituto Brookings, por encargo de la NASA. Washington, D.C.: 30 de noviembre de 1960.

## Capítulo 41 – El misterio de los púlsares

Bell, Jocelyn. "Observation of a Rapidly Pulsating Radio Source". *Nature* 217: 709 (1968), con A. Hewish, J. D. H. Pilkington, P. F. Scott, y R. A. Collins. Londres.

———. "Observations of Some Further Pulsed Radio Source". *Nature* 218: 126 (1968), con J. D. H. Pilkington, A. Hewish, y T. W. Cole. Londres.

LaViolette, Paul, Ph.D. *Earth Under Fire: Humanity's Survival of the Apocalypse.* Fresno, California: Starlane Publications, 1997.

———. *Genesis of the Cosmos: The Ancient Science of Continuous Creation.* Rochester, Vermont: Bear & Company, 2004.

———. *Subquantum Kinetics: The Alchemy of Creation.* Schenectady, Nueva York: Starburst Publications, 1994.

———. *The Talk of the Galaxy: An ET Message for Us?* Fresno, California:. Starlane Publications, 2000.

Platón. *The Timaeus and Critias of Plato.* Traducido por Thomas Taylor. Whitefish, Montana: Kessinger Publishing, 2003.

## Capítulo 42 – El físico como místico

Bloom, Allan. *The Closing of the American Mind.* Nueva York: Simon & Schuster, 1987.

LaViolette, Paul, Ph.D. *Genesis of the Cosmos: The Ancient Science of Continuous Creation.* Rochester, Vermont: Bear & Company, 2004.

Talbott, Michael. *The Holographic Universe,* Nueva York: HarperCollins, 1991.

# Colaboradores

### Mel y Amy Acheson

Mel y Amy Acheson son periodistas independientes e investigadores que viven en Oregón. Estudiaron el catastrofismo planetario durante cuarenta años y en los últimos cinco años han colaborado con Wallace Thornhill y Dave Talbott en el boletín informativo de Internet THOTH, donde se presentan las teorías convergentes de Thornhill y Talbott. En la actualidad los Acheson trabajan en una monografía y serie en DVD titulada "Rayos de los dioses", disponible desde 2005.

### Peter Bros

Desde una temprana edad se opuso a la explicación común de que los objetos caen porque simplemente tienen esa propiedad. Formado con un avanzado currículo en ciencias en Bullis Preparatory School, una licenciatura en inglés por la Universidad de Maryland y un doctorado en jurisprudencia por la de Georgetown; Peter Bros impugnó los conceptos fragmentarios predominantes en la ciencia empírica. El resultado es su obra *The Copernican Series [La serie copernicana]*, una exposición en varios volúmenes donde se presenta una imagen coherente de la realidad física y del lugar de la humanidad en el universo.

### Christopher Dunn

Christopher Dunn ha pasado más de cuatro décadas trabajando en todos los niveles de la producción manufacturera de alta tecnología y en la actualidad es un directivo de alto nivel en una compañía aeroespacial en el Medio Oeste de Estados Unidos. Su libro, *The Giza Power Plant: Technologies of Ancient Egypt [La planta de energía de Giza: Tecnologías del Antiguo Egipto]*, publicado y traducido por Bear & Company, de Rochester, Vermont, sigue siendo influyente para tecnólogos y científicos de diversas disciplinas.

### William P. Eigles

William P. Eigles es director ejecutivo de *Aperture*, una publicación trimestral de la Asociación Internacional de Visualización Remota, que promueve la validación científica de las percepciones paranormales. Fue procurador e ingeniero profesional, pero en la actualidad se desempeña como escritor, abogado y consejero noético.

# Rand Flem-Ath y Rose Flem-Ath

El canadiense Rand Flem-Ath es bibliotecario y autor, junto a su esposa Rose Flem-Ath, de *Cuando cayó el cielo: En busca de la Atlántida*. En esta obra se planteó por primera vez la teoría de que la Antártida era la Atlántida antes de que ocurriera el desplazamiento de la corteza terrestre. Es también el autor de *The Atlantis Blueprint [El plano de la Atlántida]*, una importante obra científica sobre sitios antiguos alrededor del mundo. Vive junto a su esposa en la isla de Vancouver, en la hermosa costa occidental de Canadá.

# Will Hart

Will Hart es veterano del periodismo y colaborador permanente de la revista *Atlantis Rising*. Es un investigador independiente de profundo y constante interés en los misterios de la historia, así como fotógrafo de exteriores ampliamente publicado y autor de *The Genesis Race [La carrera del Génesis]*.

# Frank Joseph

Los libros de Frank Joseph publicados por la editorial Bear & Company incluyen *La destrucción de la Atlántida; Sobrevivientes de la Atlántida y The Lost Treasure of King Juba [El tesoro perdido del Rey Juba]*. Ha sido editor jefe de la revista *Ancient American* desde 1993, es miembro de la Sociedad Epigráfica del Medio Oeste en Ohio y en el año 2000 fue incorporado a la Sociedad Savant de Japón.

# Len Kasten

Len Kasten es licenciado en Psicología y Literatura por la Universidad de Cornell. Su interés en la temática de la Nueva Era comenzó cuando entró en contacto con el material de Edgar Cayce mientras vivía en Virginia. Estudió teosofía con el autor y profesor inglés Cyril Benton, fundador de la Sociedad Estadounidense del Filósofo, y fue presidente de la sociedad luego del fallecimiento de Benton. Len Kasten fue también editor de la revista *Metamorphosis*, una de las primeras sobre el tema de la Nueva Era. Posteriormente se convirtió en el editor de *Horizons*, publicada en Farmington, Connecticut.

# J. Douglas Kenyon

J. Douglas Kenyon ha pasado los últimos cuarenta años derribando los obstáculos que se interponen a las ideas que ponen en duda los paradigmas. Desde ser anfitrión de programas de entrevistas en los años sesenta hasta narrador de documentales en los noventa, Doug siempre ha promovido puntos de vista en gran medida ignorados por la prensa convencional. En 1994 fundó la revista *Atlantis Rising,* que desde entonces se ha convertido en un archivo de los misterios de la antigüedad, la ciencia alternativa y las anomalías inexplicables. Doug Kenyon vive en Montana.

## John Kettler

John Kettler es poeta y colaborador frecuente de *Atlantis Rising* en temas de ciencia alternativa. Analista militar durante más de once años en Hughes y Rockwell, John Kettler es actualmente director de una firma de mercadeo y artes gráficas. Vive en Carson, California.

## David Samuel Lewis

David Samuel Lewis es un periodista que ha estudiado personalmente los principales temas de la ciencia alternativa. Publica el diario mensual de noticias y asuntos de interés humano *The Montana Pioneer,* que se distribuye en el suroeste de Montana. Contribuye regularmente en *Atlantis Rising* con artículos sobre teorías alternativas de la historia, la ciencia, los orígenes de la humanidad y la conciencia. Nació y creció cerca de Filadelfia, pero actualmente vive en Livingston, Montana.

## Steven Parsons

Steven Parsons obtuvo una maestría en periodismo especializado en reportajes científicos en el campus de Madison de la Universidad de Wisconsin, en 1989. Desde entonces ha trabajado como periodista y escritor técnico. Su interés en el trabajo de Immanuel Velikovski comenzó en los años setenta y halló inspiración en las investigaciones continuas de David Talbott y Wallace Thornhill.

## Marshall Payn

Marshall Payn se licenció en ingeniería por el Instituto Tecnológico de Massachusetts en 1956. Tiene experiencia en ingeniería mecánica e ingeniería de ventas y en la actualidad es gerente de distrito de una compañía de válvulas industriales. Ha llevado a cabo una amplia investigación en arqueología, especializado en el estudio de monumentos megalíticos. Es colaborador frecuente de *Atlantis Rising.*

## Joseph Ray

Joseph Ray estudió en el centro de investigaciones sobre el cerebro de la Universidad de Rochester, donde obtuvo su doctorado en 1965. Partiendo del estudio de los procesos de aprendizaje de varias especies animales, publicó varias "primicias", que han dejado en entredicho la dominante pero incorrecta teoría del conductismo. La meditación y los escritos de G. I. Gurdjieff lo llevaron hasta el pensamiento egipcio y a profundizar su comprensión de las notables enseñanzas de los antiguos sacerdotes, que al mismo tiempo eran filósofos y científicos.

## Robert M. Schoch

Robert M. Schoch, profesor a tiempo completo de la Facultad de Estudios Generales de la Universidad de Boston desde 1984, posee un doctorado en Geología y Geofísica por la Universidad de Yale. El Dr. Schoch es reconocido internacionalmente como especialista en el antiguo Egipto. Sus libros incluyen *Escrito en las rocas: Grandes catástrofes y civilizaciones antiguas* y *Los viajes de los constructores de pirámides: En busca de una civilización primordial* (ambos en coautoría con R. A. McNally).

## Moira Timms

La doctora en ciencias Moira Timms es autora de los grandes éxitos de ventas *Prophecies and Predictions: Everyone's Guide to the Coming Changes [Profecías y predicciones: Guía para los cambios que vendrán]*, *Beyond Prophecies and Predictions [Más allá de las profecías y predicciones]* y *The Six O'clock Bus: A Guide to Armageddon and the New Age [El autobús de las seis: Guía sobre el Armagedón y la Nueva Era]*. Es investigadora y "futurista arcaica" especializada en los inicios y términos de los ciclos históricos. En su trabajo logra una profunda comprensión de las ciencias sagradas de Egipto (su simbolismo, mitología y misterios), la psicología junguiana y las profecías.

## OTROS LIBROS DE
## INNER TRADITIONS EN ESPAÑOL

**El código maya**
La aceleración del tiempo y el despertar
de la conciencia mundial
*por Barbara Hand Clow*

**Catastrofobia**
La verdad detrás de los cambios de la tierra
en el arribo de la era de luz
*por Barbara Hand Clow*

**El Calendario Maya y la Transformación de la Consciencia**
*por Carl Johan Calleman, Ph.D.*

**La Destrucción de la Atlántida**
Convincente evidencia de la repentina caída
de la legendaria civilización
*por Frank Joseph*

**La cábala y el poder de soñar**
Despertar a una vida visionaria
*por Catherine Shainberg*

**Más allá de los niños índigo**
Los nuevos niños y la llegada del quinto mundo
*por P. M. H. Atwater, L.H.D.*

**El 2012 y el centro galáctico**
El retorno de la Gran Madre
*por Christine R. Page, M.D.*

**Alimentos Genéticamente Modificados:
Cambiando la Naturaleza de la Naturaleza**
Qué necesita saber para proteger a usted mismo,
a su familia y a nuestro planeta
*por Martin Teitel, Ph.D., y Kimberly A. Wilson*

INNER TRADITIONS • BEAR & COMPANY
P.O. Box 388
Rochester, VT 05767
1-800-246-8648
www.InnerTraditions.com

O contacte a su libería local